公路工程病害分析与防治

马华堂　孙建豪　张新旺　等编著

黄 河 水 利 出 版 社
·郑州·

内 容 提 要

本书对公路工程病害分析与防治作了全面的阐述。全书共分为八章，主要内容包括路基工程、柔性路面工程、刚性路面工程、桥涵工程及隧道工程的常见病害类型和产生原因分析，并结合工程实际，提出了相应的防治方法及质量防治措施。本书还对公路绿化与病害防治、特殊地基处理技术、试验检测技术及工程质量评定办法等进行了介绍。

本书可供公路、机场、市政、建筑、厂矿等部门的科研、设计、施工、监理及养护管理方面的工程技术人员使用，也可供大专院校和中等专业学校师生参考。

图书在版编目(CIP)数据

公路工程病害分析与防治/马华堂等编著．—郑州：黄河水利出版社，2008.9 (2021.12 修订重印)
ISBN 978-7-80734-515-2

Ⅰ.公… Ⅱ.马… Ⅲ.①道路工程-病害-防治②道路工程-工程质量-质量控制 Ⅳ.U418 U415.12

中国版本图书馆 CIP 数据核字(2008)第 151378 号

出 版 社：黄河水利出版社
地址：河南省郑州市顺河路黄委会综合楼 14 层　　邮政编码：450003
发行单位：黄河水利出版社
发行部电话：0371-66026940、66020550、66028024、66022620(传真)
E-mail：hhslcbs@ 126.com
承印单位：河南新华印刷集团有限公司
开本：787 mm×1 092 mm　1/16
印张：16.25
字数：375 千字
版次：2008 年 9 月第 1 版　　印次：2021 年 12 月第 2 次印刷

定价：48.00 元

前言

随着国民经济的快速发展,高速公路和国、省道干线公路网的密度越来越大,已逐步实现以中心城市为依托,呈放射状延伸至县、乡、村镇,最终达到县县通高速、村村通公路的宏伟目标,公路建设与养护任务日益繁重。伴随着公路交通量的大幅度增长、汽车载重量的显著提高,促使公路建设向高等级、高标准的方向发展。公路运输方式已逐步超越其他运输方式成为我国最主要的运输方式,发挥着无可替代的作用。

公路工程是一个复杂的系统工程,牵涉的点多面广,一条公路就可能穿越多种地质带,沿线地基和土壤情况多变,填筑材料数量巨大、种类繁多,需要使用的机械设备多种多样,施工工艺不一而足,再加上工程实施期限较长,气候复杂多变等因素,都对工程质量产生重要的影响。为保持公路的运营能力,为社会经济的发展提供不间断的服务,必须加强公路的建设及养护管理水平,提高公路的使用质量和服务水平,保证行车安全、舒适、畅通。

如何在公路建设步伐不断加快、公路运输能力不断提高的情况下,克服地质条件,地形条件,气候条件和设计、施工及运营过程中各种因素的影响,提高工程质量,解决工程建设及管理中出现的问题(如公路工程中常见的一些病害、桥梁的维修、地基的处理等),是一个非常突出的问题。本书作者经过多年的公路建设和管理方面的经验积累,依据现行国家标准及规范,对公路工程中常见病害及其原因和防治进行了分析,尤其对工程实际中解决以上问题所采用的工艺、方法进行了阐述,并对近年来公路工程中的新技术、新工艺及其应用进行了简要介绍。本书总结了前人的丰富经验,又突破陈规,给广大公路建设和养护管理人员防治工程病害提供了一些简明实用的新思路、新方法。

本书共分为八章,主要内容及编写分工如下:

第一章主要介绍路基工程设计、施工,病害产生的原因及病害防治技术,由马华堂、孙建豪编写。

第二章主要介绍沥青混凝土路面使用性能的基本要求、引起沥青路面早期破坏的主要原因及其防治措施,并对水损坏问题的主要原因与防治进行了介绍,由张新旺、贯志端编写。

第三章主要介绍水泥混凝土路面工程的特点、设计、施工、病害分析与特征,病害的防治与维修,由王志刚、马华堂编写。

第四章主要介绍桥涵混凝土外观缺陷的成因及防治措施、桩基工程病害与防治、桥头及桥梁伸缩缝处跳车产生的原因和防治技术、涵洞工程病害及防治、桥梁灾害防治技术等，由郭少亭、邓苗毅编写。

第五章主要介绍隧道工程的分类及特点，防、排水设计和质量控制及常见病害防治，由贾志端、王士革编写。

第六章主要介绍道路绿化的意义、苗木常见病虫害的防治，由孙建豪、郭少亭编写。

第七章主要介绍特殊地基的处理技术，由毛翠荣、张新旺编写。

第八章主要介绍试验检测的目的和数据的处理方法，质量检验评定办法，由张新旺、王志刚编写。

全书由马华堂、孙建豪、张新旺统稿。

本书在编写过程中，参考和引用了许多国内外专家和学者的研究成果，在此一并向他们表示谢意。

由于作者水平所限，书中的错误和疏漏之处在所难免，敬请广大读者批评指正。

编著者

2008年7月

目　录

第一章　路基工程病害及防治技术

第一节　概　述

公路是线性建筑物，路基是线性建筑物的主体，它贯穿公路全线，与桥梁、隧道相连。路基又是路面的基础，它与路面共同承受行车荷载的作用。实践证明，没有坚固、稳定的路基就没有稳固的路面。路基的强度和稳定性是保证路面强度和稳定性的先决条件，提高路基的强度和稳定性，可以适当减薄路面的结构层厚度，从而使造价降低。因此，路基是公路的重要组成部分，它的质量好坏，关系到整个公路工程的质量的好坏。

在一条公路建设项目中，路基不仅在工程数量和投资方面占有较大比重，而且是占用土地最多、使用劳动力最多、牵扯面最广的工程。特别是在工程量集中、地质与水文条件复杂的地段，遇到的技术问题更多、更难，常常成为公路建设的关键。

一、路基的基本要求

由于路基的重要作用以及其容易发生破坏等，路基除断面尺寸要符合设计要求外，还应满足下列基本要求。

（一）具有足够的整体稳定性

路基是直接在地面上填筑或挖去一部分地面建成的。路基修建后，改变了原地面的天然平衡状态。在工程地质不良地区，修建路基则可能加剧原地面的不平衡状态，从而发生多种类型的路基破坏现象。因此，为防止路基结构在行车荷载及自然因素作用下，发生过大的变形或破坏，必须因地制宜地采取一定的措施来保证路基整体结构的稳定性。

（二）具有足够的强度

路基的强度是指行车荷载作用下路基抵抗变形的能力。因为行车荷载及路基路面的自重均给予路基下层和地基一定的压力，这些压力都可能使路基产生一定的变形，直接损坏路面的使用品质。因此，为保证路基在外力作用下不致产生超过容许范围的变形，要求路基应具有足够的强度。

（三）具有足够的水温稳定性

路基在地面水和地下水的作用下，其强度将发生显著的降低。在季节性冰冻地区，由于水温状况的变化，路基将发生周期性冻融作用，形成冻胀与翻浆，使路基强度急剧下降。因此，对于路基，不仅要有足够的强度，还要保证在最不利的水温状况下，强度不致显著降低，这就要求路基应具有一定的水温稳定性。

二、路基与其他工程的衔接关系

（一）路基设计与路线设计的关系

在路线设计中，线形的布置和设计标高的控制必须考虑路基的稳定性、工程的难易程度、土石方的数量大小和占用农田多少及环境保护等因素。例如，在多雨的平原区，地面平坦、地下水源充沛、地下水位较高、河沟纵横交错，因此保证路基稳定性的最小填土高度是路线设计标高的主要控制因素之一；在山岭区，地形变化大、地面自然坡度大，路线设计标高主要由纵坡和坡长所控制，但也要从土石方尽量达到平衡和路基附属工程合理等方面综合考虑。因此，路基设计与路线设计是相辅相成的。

（二）路基工程与路面工程的关系

路面结构设计时，应把路基和路面结构层看做一个有机整体。因为路基是路面的基础，路基的强度与稳定性是保证路面强度与稳定性的基本条件，提高路基的强度与稳定性，可以适当减薄路面厚度，降低路面造价。因此，路基设计与路面设计应综合考虑。

（三）路基工程与桥涵工程的关系

桥头引道路基与桥位选择和桥孔设计关系密切，其勘测与设计应相互配合，路基与涵洞等结构物亦应配合恰当。在路线纵断面设计中应考虑路基与桥涵在布置与标高方面的关系，处在河滩的桥头引道路基还应进行稳定性设计与验算。

三、影响路基稳定性的主要因素

影响公路路基稳定性的主要因素一般有以下几个方面：

（1）地形。平原地区地势平坦，一般来说地面水容易积聚，地下水位较高，因此路基需保持一定的最小填土高度；山岭重丘地区地势陡峻，路基的强度与稳定性，特别是稳定性不易保证，需要采取防护与加固措施。

（2）地质。沿线岩土的种类、成因，岩层的走向、倾向和倾角、风化程度等，都影响路基的强度与稳定性。

（3）气候。公路沿线地区气温、降雨量、降雪量、冻土深度、日照、年蒸发量、风力、风向等，都将影响路基的水稳状况。

（4）水文与水文地质。水文是指地面径流、河道的洪水位、河岸的冲刷与淤积情况等，水文地质则是指地下水位、地下水移动的规律、有无泉水及层间水等。所有这些都会影响路基的稳定性，如处理不当，往往会导致路基产生各种病害。

（5）人为因素。影响路基稳定性的人为因素一般有行车荷载的作用、路基设计、施工方法及养护方法等。路基设计时，应根据各路段的具体情况，采用合理的路基结构型式，做好地面和地下排水，对不良地质路段，还应采取必要的措施，防止路基病害的发生。

四、保证路基质量的技术要求

路基的强度与稳定性受水、温度、土质等的影响，在一年内出现显著的季节性变化。在季节性冰冻地区，由于负温差的影响，土基下层较暖的水分向上层较冷的土层移动，产生水分积聚和冻结，导致冻胀；春融时，土基又因过湿而发生翻浆。在非冰冻地区，雨季时,会造成土基过于湿软,强度与稳定性降低。因此,为保证路基的强度与稳定性,必须进行深入调查研究,仔细分析各种自然因素与路基的关系,抓住主要问题,采取有效措施。

保证路基稳定性的措施一般有下列几种:

(1)正确设计路基横断面;

(2)选用工程性质良好的土填筑路基;

(3)适当提高路基,保证要求的最小填土高度;

(4)充分压实土基,保证达到规定的压实度;

(5)正确地进行地面和地下的排水设计;

(6)设置隔离层,用以隔绝毛细水上升;

(7)设置防冻层,减小土基冻结深度,减轻土基冻胀;

(8)采取边坡加固与防护措施,以及修筑挡土结构物。

五、路基设计新技术

随着我国公路建设事业的蓬勃发展,我国广大公路工程科技工作者在路基设计和施工技术方面取得了突破性的进展,积累了丰富的经验。精确的勘测数据采集为公路路基的设计提供了可靠的技术资料,公路路基综合稳定技术的研究列入了"七五"国家重点科技项目,并已通过科技成果鉴定,为生产实践所应用。同时,高路堤、深路堑的设计也取得了许多经验。由于工程实践的需要,许多可用于路基工程的新材料(如土工织物、土工格栅、高强度塑料网、塑料排水板、软硬塑料排水管、加筋软式透水管、轻质填筑路基材料(EPS等)、土壤固化剂(NCS等)及草皮植生带)、新技术方法(如深层搅拌、支挡技术、加筋技术、锚固技术、喷锚支护、网箱席垫、粉煤灰路堤、平孔排水等)得到了充分的开发和应用。在设计与施工规范的制定和修订方面,也有了很大的进展,新的《公路路基设计规范》(JTG D30—2004)、《公路路基施工技术规范》(JTG F10—2006)、《公路桥涵设计通用规范》(JTG D60—2004)、《公路土工试验规程》(JTG E40—2007)、《公路工程质量检验评定标准》(JTG F80—2004)、《公路工程技术标准》(JTG B01—2003)等也已颁布实施。上述的各个方面,对高速公路路基设计与施工的技术进步和提高路基工程设计与施工质量都起到了巨大的促进作用。路基设计和施工的系列成果可以概括为以下几个方面。

(一)土的工程分类

我国依据土的颗粒组成特征、土的塑性指标(塑限、液限和塑性指数)、土中有机质含量情况,将公路用土按不同的工程特性划分为巨粒土、粗粒土、细粒土和特殊土四大类,并细分为11种土。确认土的类别需应用标准的仪器,按统一的规程进行测试界定。为了在野外勘查中能对不同土类作鉴别,系统地总结了"简易鉴别、分类描述"的方法与细节。

(二)公路自然区划

我国现行的《公路自然区划标准》分三级区划,一级区划根据地理、地貌、气候、土质等因素将我国划分为7个大区,二级区划以气候和地形为主导因素,三级区划以行政区域作为界限。

(三)路基强度与稳定性

我国较早就确定以弹性模量作为评价路基强度与稳定性的力学指标,并形成了成套的室内外试验标准方法与仪器。为了在施工中以物理量指标控制工程质量，从而保证达到规定的强度指标，广泛开展了不同土种的最优含水量与最大密实度相关关系的研究，并且统一以重型击实试验法作为基本控制标准。为了提高路基的强度与稳定性，根据不同类别土壤的特性，研究了粒料加固、石灰加固、水泥加固、专用固化剂加固等行之有效的技术措施。在多年冻土地区、膨胀土地区、沙漠地区、黄土地区、盐渍土地区等特殊地区，通过研究采用各种有效技术修建公路路基取得了十分宝贵的经验。

(四)高路堤修筑技术与支挡结构

为了提高高路堤路基的稳定性，采用轻质塑料块修筑路基。修筑轻型路基支挡结构，特别是加筋土挡墙的研究和工程建设在我国取得了许多成果。例如，条带加筋、网络加筋、土工织物加筋等均取得了良好效果。

(五)力学分析

在力学分析的研究方面，通过现场跟踪观测与建立预测分析模型来预估和控制软土地基加固后的工后沉降，从而提高路基的稳定性。

(六)岩石路基爆破技术

利用爆破技术开山筑路在我国有着悠久的历史，最近几十年这项技术在山区筑路工程中又有新的发展，创造了系统的大爆破技术，每次总装炸药量多达数十吨，一次爆破可清除岩石数十万立方米。大爆破技术以现代爆破理论为基础，事先要进行周密的勘测与调查。经过精心设计的大爆破，不仅能降低造价、缩短工期，而且能够使爆破后形成的坡面状况十分接近路基横断面的设计要求。

第二节 路基工程的设计

一、路基湿度

(一)影响路基湿度的因素

路基土的潮湿状态是由土体的含水量或相对含水量高低决定的，而含水量的高低取决于各种湿源的作用和延续时间。导致路基湿度变化的水源有以下几种：

(1)大气降水。其通过路面、路肩、边坡和边沟渗入路基。

(2)地面水。边沟及排水不良时的地面积水，以毛细水的形式渗入路基。

(3)地下水。路基下部浅层的地下水或上层滞水，借助毛细作用上升到路基内部。

(4)水汽凝结水。在土的孔隙中流动的水蒸气遇冷凝结为水，并集聚在路基内部。

(5)薄膜移动的水以薄膜水的形式，从含水量较高处移向含水量较低处，或从温度较高处移向温度较低处的水。

路基的潮湿程度，既影响路基的强度与稳定性，也影响排水结构物的布置、类型、数量和尺寸。因此，对不同的水温情况，路基设计应有相应的措施。

(二)大气湿度对路基水温状况的影响

路基湿度除了受水的来源影响外，还重要受当地大气温度的影响。由湿度与温度变化对路基产生的共同影响称为路基的水温状况。沿路基深度出现较大的温度梯度时，水分在温差的影响下以液态或气态由热处向冷处移动,并积聚在该处。这种现象在季节性冰冻地区尤为严重。

我国华北、东北和西北地区为季节性冰冻地区,这些地区的路基在冬季冻结的过程中会在负温度坡降的影响下,出现湿度积聚现象。气温下降到0 ℃以下,路面和路基结构内的温度也随之由上而下地逐渐降到0 ℃以下。在负温度区内,自由水、毛细水和弱结合水随温度降低而相继冻结,于是土粒周围的水膜减薄,剩余了许多自由表面能,增加了土的吸湿能力,促使水分由高温处向上移动,以补充低温处失去的部分。由试验得知,在温度下降到-3 ℃以下时,土中未冻结的水分在负温差的影响下实际上已不可能向温度更低处移动,因此负温度区的水分移动一般发生在0~-3 ℃等温线之间。在正温度区内,因0 ℃等温线附近土中自由水和毛细水的冻结,形成了与深层次土层之间的温度坡差,从而促使下面的水分向0 ℃等温线附近移动,这部分上移的水分又成了负温度区水分移动的补给来源。这就造成了上层路基水分的大量积聚。

积聚的水冻结后体积增大,使路基隆起而造成面层开裂,即冻胀现象。春暖化冻时,路面和路基结构由上而下逐渐解冻,而积聚在路基上层的水分先融解,水分难以迅速排除,造成路基上层的湿度增加,路面结构的承载能力便大大降低。若是在交通繁重的地区,经重车反复作用,路基路面结构会产生较大的变形,严重时路基土以泥浆的形式从胀裂的路面缝隙中冒出,形成了翻浆。冻胀和翻浆的出现,使路面遭受严重损坏。

(三)路基干湿类型的判定

路基按其在最不利季节所处的干湿状态不同,可分为干燥、中湿、潮湿和过湿四类。为了保证路基路面结构的强度和稳定性,一般要求路基处于干燥或中湿状态。过湿状态的路基必须经处理后方可铺筑路面。因此,正确区分路基的干湿类型是做好路基设计和施工的前提条件。

路基干湿类型的划分有以下两种方法。

1.根据路基土的平均相对含水量(ω)或平均稠度(ω_c)划分

对原有公路,路基土的干湿类型可以根据路基土的分界相对含水量建议值或分界稠度建议值,以实测不利季节路床表面以下80 cm深度内土的平均相对含水量(ω)或平均稠度(ω_c)进行划分。

2.以相对含水量(ω_x)划分

在不利季节,在路床范围内每10 cm取土样测定其天然含水量和液限含水量,以下式求算:

$$\omega_{xi} = \frac{\omega_i}{\omega_y} \tag{1-1}$$

$$\omega_x = \frac{\sum_{i=1}^{8} \omega_{xi}}{8} \tag{1-2}$$

式中　ω_i——路床范围(80 cm)内,每10 cm为一层,第i层土的天然含水量;

ω_y——同一层土的液限含水量(76 g平衡锤);

ω_{xi}——第i层土的相对含水量;

ω_x——路床范围(80 cm)内土的平均相对含水量。

根据 ω_x 判断路基的干湿类型,可按公路所在自然区和路基土的类别查找相应规范要求,与分界相对含水量建议值 ω_1、ω_2、ω_3 相比较,再依据相应规范要求来确定所属的路基干湿类型。

(四)以路基临界高度判别路基干湿类型

所谓路基临界高度,是指在不利季节,当路基分别处于干燥、中湿、潮湿和过湿状态时,路床表面距地下水或地表积水水位的最小高度,分别用 H_1、H_2 和 H_3 表示。临界高度可根据土质和气候因素按当地经验确定。

对于设计中的新建公路,路基尚未建成,路床范围(80 cm)内的平均相对含水量 ω 无法测定,因此不能以 ω 或平均稠度 ω_c 来判断路基的干湿类型。此时,可采用地下水或地表长期积水的水位至路床表面的距离,与路基临界高度进行比较来判别路基干湿类型,其路基的临界高度 H_1、H_2 和 H_3 如图 1-1 所示。其中:

当 $H > H_1$ 时,路基为干燥状态;

当 $H_1 > H > H_2$ 时,路基为中湿状态;

当 $H_2 > H > H_3$ 时,路基为潮湿状态;

当 $H < H_3$ 时,路基为过湿状态。

以临界高度判别路基干湿类型,同样是以分界相对含水量为依据的。路基的干湿类型、土的分界相对含水量和路基临界高度是互相对应的,其关系可参见图 1-1。

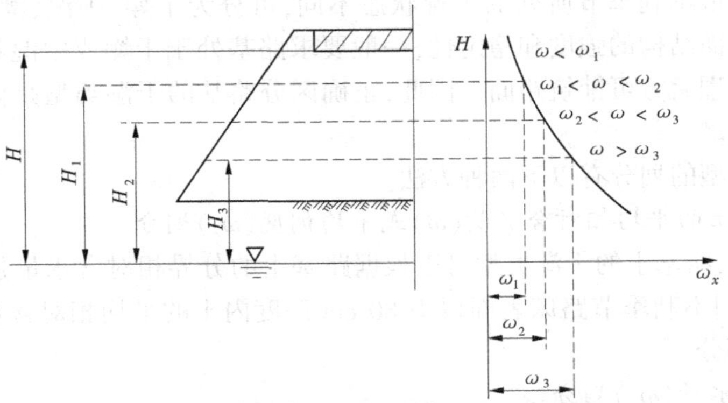

图 1-1　路基临界高度与路基干湿类型

二、路基横断面的基本型式

公路路线大体上随着地形起伏而变化,但汽车行驶要求有平顺的纵坡,高的部分要挖掉,低的部分要填筑,这样就产生了不同的横断面。路基的基本横断面型式有路堤、路堑、半填半挖和不填不挖四种类型。

(一)路堤

高于原地面、由填方构成的路基称为路堤。按其填土高度可划分为:填土高度低于 1 m的为矮路堤;填土高度大于表 1-1 所规定的为高路堤;介于两者之间的为一般路堤。以所处的条件及加固类型分,有沿河路堤、陡坡护角路堤及挖渠填筑路堤等。

表 1-1 路堤边坡的最大高度及坡度

填料种类	边坡的最大高度(m)			边坡坡度		
	全部高度	上部高度	下部高度	全部坡度	上部坡度	下部坡度
黏性土、粉性土、砂性土	20	8	12		1:1.5	1:1.75
砾石土、粗砂、中砂	12			1:1.5		
碎(块)石土、卵石土	20	12	8		1:1.5	1:1.75
易风化的石块	20	8	12		1:1.3	1:1.5

注：采用台阶式边坡时，下部边坡可采用与上部边坡一致的坡度。

确定路基边坡的坡度是路基设计的基本任务之一，边坡值以 m 表示，它是边坡的高度 h 与边坡宽度 b 的比值，一般写为 $1:m$，m 值愈大则边坡坡度愈缓，稳定性愈好，但工程量则愈大；m 值愈小则边坡愈陡，工程量虽小但稳定性差。因此，正确确定边坡值是极其重要的，一般路堤边坡坡度见表 1-1，设计一般路堤时，可参考使用。

矮路堤易受地面水的影响，为满足最小填土高度的要求，两侧均应设置边坡。一般路堤可不设边沟，当横向取土填筑路堤时，可一侧或两侧设置取土坑。为保证边坡的稳定，在取土坑与坡脚设置宽度大于或等于 1 m 的护坡道。

沿河路堤要求浸水部分边坡放缓，水下边坡坡度一般为 1:2，设计水位距变坡点要留有 0.5 m 的安全值。取土坑应设置在背水一侧，以保证路基的稳定，护坡道宽度要求大于或等于 4 m。地面横坡较陡时，路堤填方有可能沿山坡向下滑动，或者填方数量太大占地太宽。为防止滑动或收缩坡脚，减少占地宽度，可以设置石砌护脚。

由于路堤通风良好，排水容易，路基经常处于干燥状态，因此路堤病害较少，强度及稳定性比路堑容易保证，是经常采用的路基型式。对于高路堤不能采用一般路堤型式，应根据力学稳定性验算结果予以个别设计。

(二)路堑

低于原地面、由挖方构成的路基断面型式称为路堑。其基本型式有全挖断面、台口式路基及半山洞路基。典型路堑为全挖断面，路基两侧均需设置边沟。为防止山坡水流进路堑，在路堑边坡上方设置截水沟，要求距坡顶大于 5 m。开挖路堑需横向弃土时，可在一侧或两侧设置弃土堆。陡峻山坡上的半路堑，因填方有困难，为避免局部填方，可挖成台口式路基。在整体坚硬的岩层上，为节省石方工程，有时可采用半山洞路基，但要确保安全可靠，切勿滥用。

路堑边坡坡度应根据边坡高度、土石种类及其性质(密实程度、风化程度等)、地面水及地下水情况、施工方法等因素综合分析论证确定。路堑边坡可采用一坡到底或折线形。地质条件良好、土石质均匀时，可采用一坡到底的边坡型式；地质条件与土质发生变化时，可采用折线边坡，如下部密实、上部较松散，则边坡应为上缓下陡，反之则应上陡下缓，在保证边坡稳定的前提下，以求经济合理。当地质条件良好且土质均匀时，路堑边坡可参照表 1-2 所列数值范围，结合已建成公路的实践经验取值。由于路堑通风和排水不利，其病害比路堤多，尤其在地质条件差、水的破坏作用明显时，更要特别注意做好排水工作。

表 1-2　土质挖方边坡坡度

密实程度	边坡高度(m)	
	<20	20~30
胶结	1∶0.3~1∶0.5	1∶0.5~1∶0.75
密实	1∶0.5~1∶0.75	1∶0.75~1∶1.0
中密	1∶0.75~1∶1.0	1∶1.0~1∶1.5
较松	1∶1.0~1∶1.5	1∶1.5~1∶1.75

(三)半填半挖

半填半挖路基是路堤和路堑的综合型式,主要是设置在较陡的边坡上。以挖作填,给施工带来方便,如果处理得当,路基稳定可靠,则是比较经济的断面型式。原地面的横坡坡度关系到路基横断面型式及稳定性。填方部分在自重作用下有可能沿原地面下滑,为使填方部分与原地面能很好的结合,增强接触面的抗滑能力,要求在填筑之前清除松土和杂草,拉毛原地面。当原地面坡度陡于 1∶5时,填方部分的土质原地面应挖成台阶,每个台阶宽度不小于 1 m;当原地面坡度陡于 1∶2时,会导致占地太宽,无法填筑或填方数量过大,此时可根据实际情况,利用废石方修筑护肩、护墙砌石及挡土墙等支挡建筑物,形成各种型式的半填半挖路基。当地质条件良好且土质均匀时,路基边坡可参照表 1-1 和表 1-2,结合现有公路边坡或天然公路边坡或天然边坡拟定。

(四)不填不挖

不填不挖路基是指原地面与路基标高相同,构成不填不挖的路基断面型式,这种型式的路基,虽然节约土石方,但对排水非常不利,容易发生水淹、雪埋等病害,常用于干旱的平原区、丘陵区和山岭区的山脊线。

三、路基排水系统设计

(一)一般原则

路基排水的任务,就是将路基范围内的土基湿度降低到一定的范围内,保持路基常年处于干燥状态,确保路基、路面具有足够的强度与稳定性。路基设计时,必须考虑将影响路基稳定性的地面水排除和拦截于路基用地范围以外,并防止地面水漫流、滞积或下渗。对于影响路基稳定性的地下水,则应予以隔断、疏干、降低,并引导至路基范围以外的适当地点。路基施工中,首先应校核全线路基排水系统的设计是否完备和妥善,必要时应予以补充或修改,应重视排水工程的质量和使用效果。此外,应根据实际情况与需要,设置施工现场的临时性排水设施,以保证路基土石方及附属结构物在正常条件下进行施工作业,消除路基基底和土体内与水有关的隐患,保证路基工程质量,提高施工效率。

路基排水设计的原则主要有以下几个:

(1)排水设计要因地制宜、全面规划、因势利导、综合治理、讲究实效、注意经济,并充分利用有利地形和自然水系。一般情况下地面和地下设置的排水沟渠,宜短不宜长,以使水流不过于汇集，做到及时疏散，就近分流。

（2）设计前必须进行调查研究，查明水源与地质条件，重点路段要进行排水系统的全面规划，考虑路基排水与桥涵布置相配合，地下排水与地面排水相配合，各种排水沟渠的平面布置与竖向布置相配合，做到综合治理和分期修建。对于排水困难和地质不良的路段，还应与路基防护加固相配合，并进行特殊设计。

（3）各种路基排水沟渠的设置，应注意与农田水利相配合，必要时可适当地增设涵管或加大涵管孔径，以防农业用水影响路基稳定，并做到路基排水有利于农田排灌。路基边沟一般不应用做农田灌溉渠道，两者必须合并使用时，边沟的断面应加大，并予以加固，以防水流危害路基。

（4）路基排水要结合当地水文条件和道路等级等具体情况，注意就地取材，以防为主，既要稳固适用，又必须讲求经济效益。可以考虑先重点后一般，先地下后地面，采取分期修建和逐步完善的步骤，但要注意不应遗留后患而导致短期内路基、路面的严重破坏，从而影响交通和造成经济等方面的损失。

（5）路基排水要注意防止附近山坡的水土流失，尽量不破坏天然水系，不轻易合并自然沟溪和改变水流性质，尽量选择有利地质条件布设人工沟渠，减少排水沟渠的防护与加固工程。对于重点路段的主要排水设施，以及土质松软和纵坡较陡地段的排水沟渠，应注意必要的防护与加固。

（二）路基常用的排水设施

常用的路基地面排水设施包括边沟、截水沟、排水沟、跌水与急流槽等，必要时亦设有渡槽、倒虹吸及积水池等。这些排水设施，分别设在路基的不同部位，各自的主要功能、布置要求或构造型式，均有所差异。路基地表排水设施的流量计算，对于高速公路和一级公路应采用 15 年（其他等级公路应采用 10 年）的重现期内任意 30 min 的最大降雨强度。各类地表水沟沟顶应高出设计水位 0.2 m 以上。

常用的路基地下排水设施包括盲沟、渗沟和渗井等，其特点是排水量不大，主要是以渗流方式汇集水流，并就近排出路基范围。对于流量较大的地下水，应设置专用地下管道予以排除。由于地下排水设施埋置于地面以下，不易维修，在路基建成后又难以查明失效情况，因此要求地下排水设施能牢固有效。

以上所述的排水设施要严格按照现行规范进行设计与施工。

（三）排水系统的综合设计

综合设计的含义，应包括地面排水设施与地下排水设施的协调配合、路基排水设施与桥涵等泄水结构物的合理布置、路基路面的综合治理、排水工程与防护加固工程的相互配合，以及路基排水与沿线农田水利规划及有关其他基本建设项目之间的联系。但其主要目的在于确保路基的强度与稳定性，提高道路的使用效果。实践经验证明，排水系统综合设计的好坏与路基稳定性的关系很大。特别是在多雨的山区、黄土高原地区、寒冷潮湿地带、水网密布地基软弱的平原区，以及水文地质条件不良等情况下，修建高等级道路时，更应重视路基排水的综合设计。排水系统的综合设计有以下基本要求：

（1）流向路基的地面水和地下水，需在路基范围以外的地点设置截水沟与排水沟或渗沟进行拦截，并引至指定地点；路基范围内的水源，应采用边沟、渗沟、渗井与排水沟予以排除。路基排水一般向低洼一侧排除,必须横跨路基时,尽量利用拟设的桥涵,必要时可设置涵洞、倒虹吸或渡槽。水流落差较大时,应在较短段落上设置跌水或急流槽。总之,因地制宜和综合治理,是路基排水综合设计的基本要求。

(2)对于明显的天然沟槽,一般宜依沟设涵,不必勉强改沟与合并。对于沟槽不明显的漫流,应在上游设置束流设施加以调节,尽量汇集成沟,导流排除。对于较大水流,注意因势利导,不可轻易改变流向,必要时配以防护加固工程,进行分流或束流。

(3)为了提高截流效果,减少工程量,地面沟渠宜大体沿等高线布置,尽可能使沟渠垂直于流水方向,且应力求短捷,水流通畅。沟渠转弯处要求以圆曲线相接,以减小水流的阻力。

(4)各种排水设施必须地基稳固,不得有渗漏或滞留,并具有适当的纵坡,以控制与保持适当的流速。沟槽的基底与沟底、沟壁,必要时予以加固,不得溢水、渗水,防止损害路基和引起水土流失。

(5)路基排水综合设计,必须事先做好调查研究工作,查明水源和有关现状,测绘工点平面图,进行必要的水力水文计算,作出总体规划,提出总体布置方案,逐段逐项进行细部设计计算,并进行效益分析与经济核算。

四、高填路堤设计

高填路堤即高填方路堤,是高于原地面的填方路堤,其作用是支承路床和路面。路床以下的路堤分为上路堤与下路堤。上路堤是路面底面以下 80～150 cm 的填方部分;下路堤是上路堤以下的填方部分。

有关高填方路基的高度标准目前尚无统一的定量指标。《公路路基设计规范》(JTG D30—2004)的定义为:高边坡路堤为边坡高度超过 20 m 的路堤。原《公路路基施工技术规范》(JTJ 033—95)的定义为:水稻田及常年积水地带,用细粒土填筑的路堤,高度在 6 m 以上其他地带填土或填石路堤高度在 20 m 以上的称为高路堤。实际上,高路堤与低路堤只是一个相对概念。高填方路堤的稳定不仅与边坡高度有关,也与路基填料、性质、边坡坡度、地质性质、水文情况、路基压实机具、施工方法等有关。因此,也很难肯定 20 m 就是高、低路堤的分界线。所以说,高填方路堤只是笼统地指填方较高的路堤。

(一)填料选择

填方路基宜选用级配较好的粗粒土作为填料。砾(角砾)类土、砂类土应优先选做路床填料,土质较差的细粒土可填于路堤底部。用不同填料填筑路基时,应分层填筑,每一水平层应采用同类填料。泥炭、淤泥、冻土、强膨胀土及易溶盐超过允许值的劣质土不得直接用于填筑路基。

冰冻地区的上路床及浸水部分的路堤不应直接采用粉质土填筑。强风化岩石及浸水后容易崩解的岩石不宜作为浸水部分路堤填料。若用细粒土作为填料,当土的含水量超过最佳含水量两个百分点以上时,应采取晾晒或掺入石灰、固化材料等技术措施进行处理。路基填料最小强度和最大粒径应符合表 1-3 的要求。

表 1-3 路基填料最小强度和最大粒径要求

项目分类		路面底面以下深度(cm)	填料最小强度(CBR)(%)			填料最大粒径(mm)
			高速公路、一级公路	二级公路	三级公路、四级公路	
填方路基	上路床	0~30	8	6	5	100
	下路床	30~80	5	4	3	100
	上路堤	80~150	4	3	3	150
	下路堤	>150	3	2	2	150
零填及路堑路床		0~30	8	6	5	100
		30~80	5	4	3	100

注:1.表列强度按《公路土工试验规程》(JTG E 40—2007)规定的浸水 96 h 的 *CBR* 试验方法规定。

2.表中上路堤、下路堤填料最大粒径 150 mm 的规定,不适用于填石路堤和填土石路堤。

3.三级公路、四级公路铺筑沥青混凝土和水泥混凝土路面时,应采用二级公路的规定。

(二)压实与压实度

填方路基应分层铺筑,均匀压实。路基压实度应符合表 1-4 的规定。

表 1-4 土质路基压实度标准(重型)

填挖类型		路面底面以下深度(cm)	压实度(%)		
			高速公路、一级公路	二级公路	三级公路、四级公路
填方路基	上路床	0~30	≥96	≥95	≥94
	下路床	30~80	≥96	≥95	≥94
	上路堤	80~150	≥94	≥94	≥93
	下路堤	>150	≥93	≥92	≥90
零填及路堑路床		0~30	≥96	≥95	≥94
		30~80	≥96	≥95	—

注:1.表列数值是按《公路土工试验规程》(JTG E 40—2007)重型击实试验法为准的。

2.三级公路、四级公路铺筑沥青混凝土路面和水泥混凝土路面时,其压实度应采用二级公路的规定值。

3.路堤采用特殊填料或处于特殊气候地区时,压实度标准根据试验路在保证路基强度要求的前提下可适当降低。

4.特别干旱地区的压实度标准可降低 2%~3%。

填方路基的压实要求,应符合《公路路基施工技术规范》(JTG F10—2006)的规定或通过试验确定。

天然稠度小于 1.1、液限大于 40、塑性指数大于 18 的黏质土,用做高速公路、一级公路和二级公路上路床的填料时,应采取各种措施使其压实度达到表 1-4 的规定。

(三)路床的要求

路床土质应均匀、密实、强度高。上路床压实度若达不到表 1-4 的要求,必须采取晾晒、掺石灰等技术措施。路床顶面横坡应与路拱坡度一致。

填方路基的基底,应视不同情况分别予以处理:

(1)当基底土密实、地面横坡缓于1:5时,路堤可直接填筑在天然地面上,地表有树根草皮或腐殖土时应予以清除。

(2)当路堤基底范围内由于地表水或地下水影响路基稳定时,应采取拦截、引排等措施,或在路堤底部填筑不易风化的片石、块石或砂砾等透水性材料。

(3)当路堤基底为耕地或土质松散时,应在填筑前进行压实。高速公路、一级公路和二级公路路堤基底的压实度(重型)不应小于85%;当路基填土高度小于路床厚度(80 cm)时,基底的压实度不宜小于路床的压实度标准;当基底松散土层厚度大于30 cm时,应翻挖再回填分层压实。目前,也有一些建设单位结合当地高等级公路建设的经验,将零填及路堑路床下挖80~100 cm,再回填至设计标高,取得了较好效果。

(4)水稻田、湖塘等地段的路基,应视具体情况采取排水、清淤、晾晒、换填、掺灰及其他的土加固措施进行处理。当为软土地基时,应按特殊路基处理。

路基填方边坡坡度应根据填料种类、边坡高度和基底工程地质条件等确定。

(四)高填路堤边坡

路堤基底良好时,边坡坡度可按表1-1确定。对于边坡高度超过表1-1所列全部高度的路堤,应进行路基稳定性验算。对于渗水性土,可采用直线滑动面法进行验算;对于黏质土,可采用圆弧滑动面法进行验算。验算时,稳定系数不得小于1.25。

若填方边坡较高,可在边坡中部每隔8~10 cm设边坡平台一道,平台宽度为1~3 cm,用浆砌片石或水泥混凝土预制块防护。边坡平台设排水沟时,应符合其设计规范的规定。当不设排水沟时,平台应设坡度为2%~5%向外侧倾斜的缓坡。填石路基上的边坡平台不设排水沟。

受水浸淹的路基填方边坡坡度,在设计水位以下部分视填料情况可采用1:1.75~1:2.0,在常水位以下部分可采用1:2~1:3。当用渗水性较好的土料填筑或设边坡防护时,可采用较陡的边坡。

填石路基应采用不易风化的开山石料填筑,边坡坡度可采用1:1,边坡坡面应选用大于25 cm的石块进行台阶式码砌,码砌厚度为1~2 m。填石路堤的高度不宜超过20 m。易风化的岩石及软质岩石用做填料时,应按土质路堤边坡设计。

(五)高填路堤的稳定性

公路路堤的稳定性,特别是高填路堤的稳定性一般是指边坡的稳定性。其稳定性分析常采用极限平衡原理的近似分析法。

填筑路堤、修建桥梁或涵洞等构造物,使地基中土体应力状态发生变化,在土体自重及外荷载作用下,边坡丧失其原有稳定性,一部分土体相对另一部分土体产生移动而失稳,这是最常见的工程问题之一。边坡在发生滑动之前,通常在坡顶首先出现明显的裂缝,坡脚附近的原地面则有较大的侧向位移并微微隆起,随着坡顶裂缝开展和坡脚侧向位移的增加,部分土体突然沿着某一个滑动面急剧下滑,造成工程事故。某些在软淤土上的边坡,由于软淤土的蠕变作用,长期缓慢的发展也可能导致失稳。

引起失稳的根本原因在于土体内部某个面上的剪应力达到或超过它所能提供的抗剪能力,使稳定平衡遭到破坏。在软土地基上,评价边坡稳定性的方法可分为两大类。

一类是首先建立土体的本构关系,应用有限元等数值解法,求出土体各单元的应力和变形，然后通过某些间接的途径来评价地基及边坡的整体稳定性。这类方法的优点是可以比较正确地模拟土的本构关系，也可以通过分步计算了解边坡稳定破坏的发生及发展过程。但此方法需较多的土性参数，参数测定及分析计算均比较复杂。其最大的缺点是不能直观地与潜在滑动面及边坡的整体稳定安全系数建立直接联系，缺少一个为工程界所普遍接受的合理评价标准。

另一类是直接与潜在滑动面相联系的方法，包括滑移场法、塑性极限分析法、变分解法和静力极限平衡法等，其中在工程中得到广泛应用的是静力极限平衡法。静力极限平衡法的基本原理是先假定一个潜在的滑动面，然后通过对滑动面上的滑动土体进行静力平衡分析，求出作用于滑动面上的法向应力和剪应力，并假定土体符合摩尔-库仑破坏准则，从而求出滑动面上土体的抗剪强度。滑动面上平均抗剪强度与平均剪应力之比称为该滑动面的稳定安全系数。假定若干个滑动面，取这些滑动面中安全系数最小的滑动面为最危险滑动面，其对应的最小安全系数也就是边坡的整体稳定安全系数。

第三节　路基工程的施工

一、路基施工的重要性及施工方法

路基的强度和稳定性，不仅要通过设计予以保证，而且还要通过施工得以实现。路基的各种病害关系到养护维修的费用，当病害严重时，将影响公路运营的畅通与安全。

在公路工程施工中，路基土石方工程量要占总工程量的60%～70%，路基填筑往往成为整个公路施工进展的关键。因此，做好施工准备工作，合理选择施工方法，制定周密的施工组织计划，应用并推广先进的技术，不仅能保证施工质量，而且会缩短工期，获得明显的经济效益。

目前，常用的路基施工方法有以下五种：

(1)人工施工。人工施工是使用手工工具施工，其效率低、劳动强度大、进度慢。

(2)简易机械化施工。简易机械化施工是以人力为主，并辅用简易机械的一种施工方法。该方法可以减轻劳动强度，提高工作效率。

(3)水力机械化施工。水力机械化施工是使用水泵、水枪等水力机械，在有充足的水源和电源的情况下，集中土方工程的施工方法。

(4)爆破施工。爆破施工是山区公路和石方路段施工不可缺少的施工方法。

(5)机械化施工。机械化施工使用配套机械，可极大地减轻劳动强度和提高劳动生产率，显著地加快施工进度，提高工程质量，降低工程造价，保证施工安全，是加速公路建设、实现公路施工现代化的根本途径。

施工方法的选择，应根据工程性质、工程数量、施工期限以及可能获得的人力和机械设备等条件进行综合考虑。应尽量采用机械化或半机械化施工，充分发挥机械设备的作用，研制使用效率高、质量好、结构简单、使用方便的新型筑路机械，加强管理，逐步完成公路施工的技术改造。

二、路基施工的一般程序与内容

路基施工过程主要包括下列程序与内容。

（一）施工前的准备工作

做好施工前的准备工作，是保证施工顺利进行的重要前提，准备工作大致分为组织准备、物资准备和技术准备等。

（二）修建小型人工构造物

小型人工构造物包括小桥、涵洞、挡土墙等，这项工程通常与路基施工同时进行，但要求人工构造物先行完工，以利于路基工程施工不受干扰。

（三）路基土石方工程

路基土石方工程包括路堑开挖、路堤填筑、路基压实、路基表面整修、边坡整修、修建排水工程及防护工程。

（四）路基工程的检查与验收

工程检查与验收是工程施工的重要环节，在施工过程中每当一部分工程完成时，特别是隐蔽工程，应按施工标准及技术规范的要求进行检查与验收。中间验收的目的在于检验工程质量，及时发现存在的问题，研究分析并采取补救措施。

三、高填路堤的施工

（一）施工前的准备

路基施工的主要内容大致可归纳为施工前的准备工作和基本工作两大部分。土质路基的基本工作是路堑挖掘成型、土的移运、路堤填筑压实，以及与路基直接有关的各项附属工程。其工程量大，施工工期长，且所需人力物力资源较多，因而必须集中精力，认真对待。为了保证正常施工，施工前的准备工作极为重要，它是组织施工的第一步。无准备的施工，或准备不充分的施工，可能使路基施工的基本工作难以顺利进行。施工前的准备工作内容较多，大致可归纳为组织准备、技术准备和物资准备三个方面。

1.组织准备

施工前的组织准备主要是建立和健全施工队伍和管理机构，明确施工任务，制定必要的规章制度，确定施工所应达到的目标等。组织准备是做好一切准备工作的前提。

2.技术准备

路基开工前，施工单位应在全面熟悉设计文件和设计交底的基础上进行施工现场的勘察、核对与必要时修改设计文件，发现问题应及时根据有关程序提出修改意见，并报请变更设计，编制施工组织计划，恢复路线，施工放样与清理施工场地，搞好临时工程的各项工作等。

现场勘察与核对设计文件的目的是熟悉和掌握施工对象特点、要求和内容，这是整个施工的重要步骤。

施工组织计划是具有全局性的大事，其包括选择施工方案、确定施工方法、布置施工现场（施工总平面布置）、编制施工进度计划、拟定关键工程的技术措施等，它是整个工程施工的指导性文件，亦是其他各项工作的依据。在当前强调加强施工管理、实现现代化科学管理的时期,如何抓好施工组织计划这一环节具有重要的现实意义。

临时工程,包括施工现场的供电、给水,修建便道、便桥,架设临时通讯设施,设置施工用房(生活和生产所必需)等,这些均为展开基本工作的必备条件。

路基恢复路线、清除路基用地范围内一切障碍物等是施工前的技术准备工作,亦是基本工作的一个组成部分。

路基开工前应做好施工测量工作,其内容包括导线、中线、水准点复测,横断面检查与补测,增设水准点等。施工人员还应对路基工程范围内的地质、水文情况进行详细调查,通过取样、试验确定其性质和范围,并了解附近现有建筑物对特殊土的处理方法,以资借鉴。

3.物资准备

施工前的物资准备包括各种材料与机具设备的购置、采集、加工、调运与贮存,以及生活与生产后勤供应等。为使供应工作能适应基本工作的需要,物资准备工作必须制定具体计划。

(二)土方路堤填筑

土方路堤(包括石质土)按填土顺序主要可分为分层平铺和竖向填筑两种方案。分层平铺是基本方案,如分层平铺可满足填平与压实的要求,则分层平铺效果好且质量有保证,条件满足时为优先采用的方案。竖向填筑是在特定条件下局部路堤采用的方案。在某些条件下,也有采用分层平铺与竖向填筑相结合的混合填筑法。

分层平铺有利于压实,可以保证性质差异的土按规定层次填筑。图1-2所示为不同用土进行填筑的组合方案,其中正确的方案要点是:不同用土水平分层,以保证强度均匀;透水性差的土,如黏性土等一般宜填于下层,表面筑成双向横坡,以有利于排除积水,防止水害;同一层次有不同土质时,搭接处做成斜面,以保证在该层厚度范围内强度比较均匀,防止产生明显变形。不正确的方案主要是指:未水平分层,有反坡积水,夹有冻土块、大土块或粗大石块以及有陡坡斜面等,其主要问题还在于强度不匀与排水不利。此外,还应注意填土不应含有害杂质(草木、有机物等)及未经处置的劣质土(细粉土、强膨胀土、盐渍土与腐殖土等)。

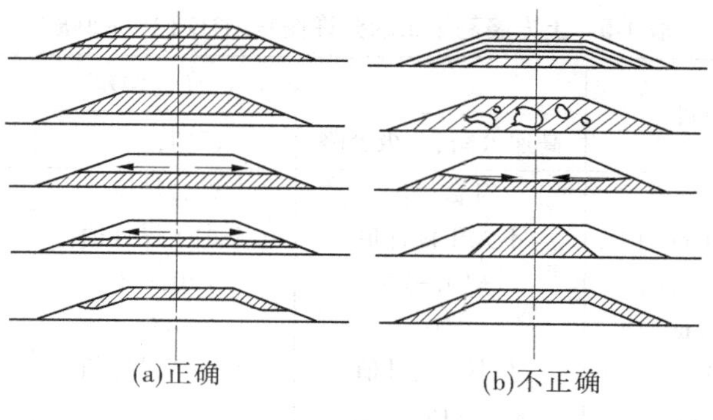

图1-2　土方路堤填筑方案示意图

竖向填筑是指沿路中心线方向逐步向前深填,如图1-3所示。路线跨越深谷或池塘时,地面高差大,填土面积小,难以水平分层卸土,可采用竖向填筑。竖向填筑的质量控制取决于填土的密实程度，为此宜采取必要的技术措施，如选用振动或锤式夯实机械进行压实，选用粒径较均匀的砂石填料；路堤全宽一次成型；暂不修建较高级路面，容许短期内自然沉降；杜绝垂直无搭接填筑，每填筑一层都应有台阶作搭接处理。此外，尽量采用混合填筑方案，上层水平分层，必要时可考虑采取地基加固的技术措施，如注入、强夯等，以保证填土具有足够的密实度。

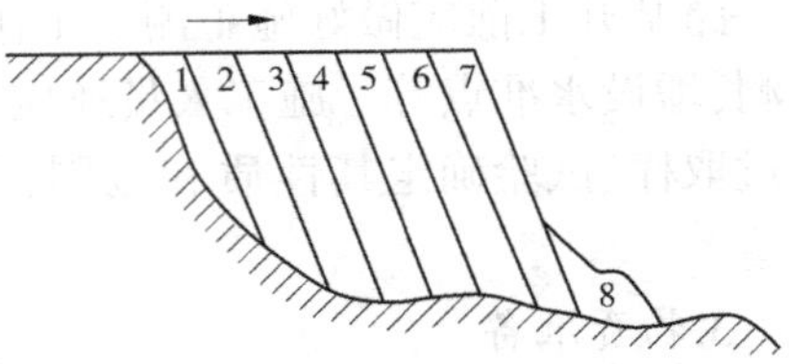

图 1-3　竖向填筑方案示意图

土方路堤应分层填筑、分层压实。路堤填土宽度每侧应宽于填层设计宽度，压实宽度不得小于设计宽度，最后削坡。填筑宜采用水平分层填筑法施工，即按照横断面全宽以水平层逐层向上填筑。如原地面不平，应由最低处分层填起，每填一层，经压实达到规定要求后再填上一层。原地面纵坡大于 12%的地段，可采用纵向分层法施工，沿纵坡分层，逐层填压密实。

采用机械压实时，分层的最大松铺厚度：高速公路、一级公路不宜超过 30 cm，其他等级公路应按土质类别、压实机具功能、碾压遍数等经试验确定，但最大松铺厚度不宜超过 50 cm。填筑至路床顶面最后一层的最小压实厚度不应小于 8 cm。

不同土质混合填筑路堤时，应符合以下规定：

(1) 以透水性较小的土填筑于路堤下层时，其顶面应做成 4%的双向横坡，以保证来自上层透水性填土的水分及时排出。如用于填筑上层，除干旱地区外，不应覆盖在由透水性较好的土所填筑的路堤边坡上。

(2) 不同性质的土应分别填筑，不得混填，每种填料层累计总厚度不宜小于 50 cm。

(3) 凡不受潮湿或冻融影响而变更其体积的优良土应填在上层，强度较小的土应填在下层。

河滩路堤填土，应连同护道在内一并分层填筑。可能受水浸淹部分的填料，应选水稳性好的土料。河槽加宽、加深工程应在修筑路堤前完成。调治构造物应提前修建。

关于土方路基施工的允许偏差见表 1-5。

表 1-5　土方路基施工的允许偏差(JTG F10—2006)

项次	检查项目	允许偏差		
		高速公路、一级公路	二级公路	三级公路、四级公路
1	压实度(%)	符合规定	符合规定	符合规定
2	弯沉(0.01 mm)	不大于设计值	不大于设计值	不大于设计值
3	纵断高程(mm)	+10,-15	+10,-20	+10,-20
4	中线偏位(mm)	50	100	100
5	宽度	不小于设计值	不小于设计值	不小于设计值
6	平整度(mm)	15	20	20
7	横坡(%)	±0.3	±0.5	±0.5
8	边坡坡度	不陡于设计坡度	不陡于设计坡度	不陡于设计坡度

(三)石方路堤填筑

填石路堤的基底处理同填土路堤。

(1)填石路堤的石料强度不应小于 15 MPa(用于护坡的不应小于 20 MPa)。填石路堤石料最大粒径不宜超过层厚的 2/3。填石路堤的压实度检验按《公路路基施工技术规范》(JTG F 10—2006)规定执行。

(2)高速公路、一级公路和铺设高级路面的其他等级公路的填石路堤均应分层填筑、分层压实。二级及二级以下且铺设低级路面的公路在陡峻山坡段施工特别困难或大量爆破以挖作填时,可采用倾填方式将石料填筑于路堤下部,但倾填路堤在路床底面下不小于 1.0 m 范围内仍应分层填筑压实。

(3)分层松铺厚度:高速公路、一级公路不宜大于 0.5 m;其他等级公路不宜大于 1.0 m。

(4)填石路堤倾填前,路堤边坡坡脚应用粒径大于 30 cm 的硬质石料码砌。当设计无规定时,填石路堤高度小于或等于 6 m 时,其码砌厚度不应小于 1 m;当高度大于 6 m 时,码砌厚度不应小于 2 m。

(5)逐层填筑时,应安排好石料运输路线,专人指挥,按水平分层,先低后高、先两侧后中央卸料,并用大型推土机摊平。个别不平处应配合人工用细石块、石屑找平。

(6)当石块级配较差、粒径较大、填层较厚、石块间的空隙较大时,可于每层表面的空隙中扫入石渣、石屑、中粗砂,再以压力水将砂冲入下部,反复数次,使空隙填满。

(7)人工铺填粒径 25 cm 以上石料时,应先铺填大块石料,大面向下,摆放平稳,再用小石块找平,石屑塞缝,最后压实。人工铺填块径 25 cm 以下石料时,可直接分层摊铺、分层碾压。

(8)填石路堤的填料如岩性相差较大,则应将不同岩性的填料分层或分段填筑。如路堑或隧道基岩为不同岩种互层,允许使用挖出的混合石料填筑路堤,但石料强度、粒径应符合规范要求。

(9)用强风化石料或软质岩石填筑路堤时,应按土质路堤施工规定先检验其 *CBR* 值是否符合要求,*CBR* 值不符合要求时不得使用,符合使用要求时应按土质筑堤的技术要求施工。

(10)高速公路及一级公路填石路堤路床顶面以下 50 cm 范围内,应填筑符合路床要求的土并分层压实,填料最大粒径不得大于 10 cm。其他公路填石路堤路床顶面以下 30 cm 范围内,宜填筑符合路床要求的土并压实,填料最大粒径不应大于 15 cm。

(四)土石混填路堤

土石混填路堤的基底处理同填土路堤。

(1)天然土石混合材料中所含石料强度大于 20 MPa 时,石块的最大粒度不得超过压实层厚的 2/3,超过的应清除;当所含石料为软质岩(强度小于 15 MPa)时,石料最大粒径不得超过压实层厚,超过的应打碎。

(2)土石路堤不得采用倾填方法,应分层填筑、分层压实。每层铺填厚度应根据压实机械类型和规格确定,不宜超过 40 cm。

(3)压实后渗水性差异较大的土石混合填料应分层或分段填筑,不宜纵向分幅填筑。

如确需纵向分幅填筑，应将压实后渗水良好的土石混合料填筑于路堤两侧。

(4)当土石混合填料来自不同路段，其岩性或土石混合比相差较大时，应分层或分段填筑。如不能分层或分段填筑，应将含硬质石块的混合料铺于填筑层的下面，且石块不得过分集中或重叠，上面再铺含软质石料的混合料，然后整平碾压。

(5)土石混合填料中，当石料含量超过70%时，应先铺填大块石料，且大面向下，放置平稳，再铺小块石料、石渣或石屑嵌缝找平，然后碾压；当石料含量小于70%时，土石可混合铺填，但应避免硬质石块(特别是尺寸大的硬质石块)集中。

(6)高速公路及一级公路土石路堤的路床顶面以下30~50 cm，应填筑符合路床要求的土，并分层压实，填料最大粒径不大于10 cm。其他公路填筑砂类土厚度应为30 cm，最大粒径不大于15 cm。

(五)特殊路段施工应注意的问题

特殊路段施工时应注意以下问题：

(1)水稻田或常年积水地带，用细粒土填筑路堤高度在6 m以上，其他地带填土或填石路堤高度在20 m以上时，按高填方路堤施工的有关要求进行施工。

(2)按施工规范规定进行原地面清理后，如地基强度不符合设计要求，应按施工规范的有关规定进行处理或加固。

(3)高填方路堤应严格按设计边坡填筑，不得缺填。每层填筑厚度，根据所采用填料的不同，分别按前述土方路堤、填石路堤与土石路堤填筑施工的具体规定执行。

(4)如果填料来源不同，且其性质差异较大，应分层填筑，不应分段或纵向分幅填筑。

(5)高填方路堤受水浸淹部分，应用水稳性高及渗水性好的填料，其边坡比不宜小于1∶2。

(6)半挖半填的一侧高填方基底为斜坡时，应按规定挖好横向台阶，并应在填方路堤完成后，对设计边坡外的松散弃土进行清理。

四、路基工程的压实

未经压实的路基，在自然因素和行车荷载的作用下，必然要产生较大的变形与破坏。为使路基具有足够的强度与稳定性，必须予以压实。因此，路基的压实是路基施工中极其重要的环节，是提高路基强度与稳定性的根本措施。通过压实，可大大增加土基强度，使土基的塑性变形明显减少、土的透水性降低、毛细水上升高度下降、隔温性能加强。对于填石路堤，压实可增强路堤的稳定性，减少路堤的不均匀沉降。

通过细粒土击实试验分析，影响土的密实度的主要因素有含水量、土的颗粒组成及击实功。在现场施工碾压细粒土路基时，影响土质路基压实效果的主要因素有土的含水量、碾压层厚度、压实机械的类型与功能、碾压遍数和地基的强度等。

(一)压实标准

压实施工应首先确定压实度。正确选定压实度，关系到土基的受力状态。路基路面设计要求和施工条件必须兼顾需要与可能，讲求经济与实效。路床范围内的土层承受着强烈的行车荷载的反复作用，路基下层主要承受自身重量。因此，路床范围的压实度要求较高。

路堤路堑和路堤基底均应密实，土质路堤(含土石路堤)的压实度应不低于表1-4所列标准。

填石路堤(包括分层填筑岩块及倾填爆破石块)的紧密程度在规定范围之内,以通过12 t以上振动压路机进行压实试验,当压实层顶面稳定、不再下沉(无轮迹)时,可判为密实状态。

(二)压实机械的选择

路基工程应采用机械压实。压实机械的选择应根据工程规模、场地大小、填料种类、压实度要求、气候条件、压实机械效率等因素综合考虑确定。各种土质适宜的碾压机械见表1-6。

表1-6　各种土质适宜的碾压机械

机械名称	细粒土	砂类土	砾石土	巨粒土	备注
6～8 t两轮光轮压路机	A	A	A	A	用于预压整平
12～18 t三轮光轮压路机	A	A	A	B	最常使用
25～50 t轮胎压路机	A	A	A	A	最常使用
羊足碾	A	C或B	C	C	粉、黏土质砂可用
振动压路机	B	A	A	A	最常使用
凸块式振动压路机	A	A	A	A	用于含水量较高的细粒土
手扶式振动压路机	B	A	A	C	用于狭窄地点
振动平板夯	B	A	A	B或C	用于狭窄地点,机械质量800 kg的可用巨粒土
手扶式振动夯	A	A	A	B	用于狭窄地点
夯锤(板)	A	A	A	A	夯击影响深度最大
推土机、铲运机	A	A	A	A	仅用于摊平土层和预压

注:1.表中符号:A代表适用;B代表无适当的机械时可用;C代表不适用。

2.土的类别按《公路土工试验规程》(JTG E40—2007)的规定划分。

3.对特殊土和黄土(CLY)、膨胀土(CHE)、盐渍土等进行压实机械的选择时可按细粒土考虑。

4.自行式压路机宜用于一般路堤路堑基底的换填等的压实,宜采用直线式进退运行。

5.羊足碾(包括凸块式碾、条式碾)应有光轮压路机配合使用。

(三)填土路堤压实施工

细粒土、砂类土和砾石土不论采用何种压实机械,均应在该种土的最佳含水量±2%以内压实。当土的实际含水量不在上述范围内时,应均匀加水或将土摊开晾干,使其达到上述要求后方可进行压实。运输上路的土在摊平后,其含水量若接近于压实最佳含水量,应迅速压实。

需要加的水宜在取土的前一天浇洒在取土坑内的表面,使其均匀渗入土中,也可将土运至路堤上后,用水车将需要加的水均匀、适量地浇洒在土中,并用拌和设备拌和均匀。

各种压实机具碾压不同土类的适宜厚度和所需压实遍数与填土的实际含水量及所要

求的压实度大小有关,应根据要求的压实度按照所做试验路段的试验结果确定。

(1)用铲运机、推土机和自卸汽车推运土料填筑路堤时,应自中线向两边设置2%~4%的横向坡度,并应及时碾压,雨季施工时更应注意。

压路机碾压前应对填土层的松铺厚度、平整度和含水量进行检查,符合要求后方可进行碾压。

(2)压实应根据现场压实试验提供的松铺厚度和控制压实遍数进行。若控制压实遍数超过10遍,应考虑减小填土层厚。经压实度检验合格后方可转入下道工序;不合格处应进行补压后再次检验,一直到达到合格为止。

(3)高速公路和一级公路路基填土压实宜采用振动压路机或35~50 t轮胎压路机进行。采用振动压路机碾压时,第一遍应不振动静压,然后先慢后快、由弱振至强振。

(4)各种压路机的碾压行驶速度开始时宜用慢速,最大速度不宜超过4 km/h。碾压时直线段由两边向中间,小半径曲线段由内侧向外侧,纵向进退式进行。横向接头振动压路机一般重叠0.4~0.5 m。对三轮压路机一般应重叠后轮宽的1/2,前后相邻两区段(碾压区段之前的平整预压区段与其后的检验区段)宜纵向重叠1.0~1.5 m。应达到无漏压、无死角的要求,确保碾压均匀。

使用夯锤压实时,各夯位宜紧靠,如有间隙,则不得大于15 cm,次遍夯位应压在头遍夯位的缝隙上,如此连续夯实直至达到规定的压实度。

(四)填石路堤压实施工

填石路堤在压实之前,应用大型推土机摊铺平整,个别不平处应用人工配合以细石屑找平。

填石路堤均应压实并宜选用工作质量为12 t以上的重型振动压路机、工作质量为2.5 t以上的夯锤、工作质量为25 t以上的轮胎压路机压(夯)实。当缺乏上述压实机具时,可采用重型静载光轮压路机压实,并减小每层填筑厚度和减小石料粒径,其适宜的压实厚度应根据试验确定,但不得大于50 cm。采用重型振动压路机或夯锤压实填石路堤时,层厚可加厚至1.0 m。

填石路堤压实时应先压两侧(即靠路肩部分)后压中间,压实路线与轮碾应纵向平行,并应反复碾压。对夯锤应成弧形,当夯实密实程度达到要求后,再向后移动一夯锤位置。行与行之间应重叠40~50 cm;前后相邻区段应重叠100~150 cm。填石路堤压实到所要求的紧密程度所需的碾压或夯压的遍数应经过试验确定。

采用重锤夯实时,应压实到重锤下落时不下沉而发生弹跳现象为止,并进行压实度检验。

填石路堤使用各种压实机具压实时的注意事项与填土路堤相同。

填石路堤顶面至路床顶面以下30~50 cm(高速公路及一级公路为50 cm,其他公路为30 cm)应填筑符合路床要求的土,并应按有关规定予以压实。

(五)土石混填路堤压实施工

土石混填路堤的压实方法与技术要求,应根据混合料中巨粒土的含量多少,分别按照填土路基或土石路基的有关规定办理。

土石混填路堤的压实度可采用灌砂法或水袋法检验。其标准干密度应根据每一种填料的不同含石量的最大干密度作出标准干密度曲线，然后根据试坑挖取试样的含石量，从标准干密度曲线上查出对应的标准干密度。

当采用灌砂法或水袋法检验有困难时，可按填石路堤的规定进行检验。

如几种填料混合填筑，则应从试坑挖取的试样中计算各种填料的比例，利用混合填料中几种填料的标准干密度曲线查得对应的标准干密度，用加权平均的计算方法，计算所挖试坑的标准干密度。

土石混填路堤的压实度标准，可采用灌砂法或水袋法检验并应符合规定。当按填石路基的规定方法检验时，应按该规定判定压实度是否合格。

（六）高填路堤的压实

高填路堤的基底应按照施工规范的规定进行场地清理，并应按照设计要求的基底承压强度进行压实。设计无要求时，基底的压实度不宜小于90%。当地基松软仅仅依靠对原土压实不能满足设计要求的承压强度时，应进行地基改善加固处理，以达到设计要求。

高填路堤的基底处于陡峻山坡上或谷底时，应按照有关规定进行挖台阶处理，并严格分层填筑、分层压实。当场地狭窄时，压实工作宜采用小型的手扶式振动压路机或振动夯进行碾压；当场地较宽广时，宜采用自行式自重12 t以上的振动压路机碾压。

高填路堤分层压实松铺厚度与一般公路填方相同，应根据填筑材料类别和压实机具性能按照路堤压实中的有关规定确定。

高填方路堤的压实度必须满足表1-4的规定，压实度检验方法应根据填料类别，按照填土、填石、土石混填路基的有关规定办理。

第四节　路基工程病害分析

一、路基工程常见病害及简析

路基裸露在自然界中，整个路基经常受到自重、车辆荷载和各种自然因素的作用。由于水、温度和各种荷载的作用，路基的各部分将产生可恢复与不可恢复的变形，那些不能恢复的变形将引起路基高程和边坡坡度、形状的改变，甚至造成土体位移和路基横断面几何形状的改变，危及路基及其各组成部分的完整和稳定，形成路基的病害。常见的路基病害有以下几种。

（一）路基的沉陷

路基的沉陷是指路基表面在垂直方向产生较大的沉落。路基的沉陷有两种情况：一是路基本身的沉缩；二是由于路基下部天然地面承载能力不足，在路基自重的作用下引起沉陷或向两侧挤出。

若路基填料选择不当、填筑方法不合理、压实不足，在路基堤身内部将形成过湿的夹层，在荷载和水温综合作用下，引起路基的沉缩。

若原天然地面为新近填土、软土、泥沼等，因承载能力不足，路基修筑前未经处理，在路基自重作用下，地基下沉或向两侧挤出，引起路基沉陷。

(二)边坡的滑塌

路基边坡的滑塌是最常见的路基病害之一,根据边坡土质类别、破坏原因和规模的不同,其可分为以下几种。

1.溜方

溜方是少量土体沿土质边坡向下移动所形成的。溜方通常指的是边坡上薄的表层土下溜,它可能是流动水冲刷边坡或施工不当所引起的。

2.滑坡

滑坡是指一部分土体在重力作用下沿路堤的某一滑动面滑动。其产生的主要原因是地表水或地下水浸入土体,土体单位重增大,内部土体抗剪强度降低,稳定性不足。其可分为路堤滑坡和路堑滑坡。

边坡坡度过陡、边坡坡脚被冲刷挖空或填土层次安排不当,是路堤边坡发生滑坡的主要原因。路堑边坡滑坡的主要原因是边坡高度和边坡坡度与天然岩土层次的性质不相适应。黏性土层和蓄水的砂石层交替分层蕴藏,特别是有倾向路堑方向的斜坡层理时,就更容易造成滑坡。

3.风化剥落

风化剥落是指风化的石质路堑边坡,在外界环境因素(如降水、强风、振动等)影响下,成片或块体剥落,从而危及线路和行车安全。其一般多指地形、地质原因所造成的体积较小而数量较多的风化岩石剥落,在现场常用设防护网或喷射水泥浆等方法对其进行处理。

(三)不良地质和水文条件造成的路基破坏

公路通过不良地质条件(如泥石流、溶洞等)和较大自然灾害(如大暴雨)地区时,均可能导致路基的大规模毁坏。在公路勘测设计过程中,应力求避开这些地区或采取相应的工程技术措施,以保证路基的安全和稳定。

(1)泥石流。山岭地区,暴雨或融雪水挟带大量土、石等固体物质汇入沟谷,形成突然的、短暂的、间歇的破坏性水流为泥石流。泥石流常常具有暴发突然、来势凶猛、迅速的特点,并兼有崩塌、滑坡和洪水破坏的双重作用,其危害程度比单一的崩塌、滑坡和洪水的危害更为广泛和严重。

(2)沿河路基水毁。其成因有以下几个方面:①受洪水顶冲、淘刷的路段,路基缺少必要的防护构造物;②路基防护构造物基础处理不当或埋置深度不足而破坏,引起路基水毁;③半填半挖路基地面排水不良;④风浪袭击路基边坡,边坡过量水蚀而坍垮。

二、填方路基的工程病害

填方路基施工完成后,随着时间的延长与汽车重复荷载的作用,常出现路基的整体下沉与局部下沉。特别是在填挖方接头处,路基下沉尤为突出。因此,填方路基的稳定不仅与边坡高度有关,也与路基填料及其性质、边坡坡度、地基性质、水文状况、路基压实机具、施工方法等有关。在填方路基的施工过程中,即使施工队伍素质较好、设备齐全、施工管理和技术管理严密、质量管理体系健全并能按照《公路路基施工技术规范》(JTG F10—2006)要求进行施工,然而由于填方路基是放在半无限体上的线性工程,所处的环境千变万化，所处地段的水文地质情况错综复杂，又暴露在野外环境中，路堤土的密实与自身固结都需要时间，且常年受重复荷载的作用，故在工程施工过程中和工程完工后的车辆营运阶段，发生的病害较多，而且较难处治。填方路基常见的病害有：

（1）路基整体下沉或局部沉降；

（2）路基纵横向开裂；

（3）路基滑动或者边坡滑坍。

三、填方路基下沉的原因

填方路基下沉的原因包括以下几个方面。

（一）设计方面的原因

设计方面的原因主要包括以下内容：

（1）由于路线几何线形指标采用得较高，通过不良地质路段的情况也增多。不良地质路段地基土强度低、承载力低，设计处理不当，易于产生压缩沉降或挤压移位，导致高填方路堤沉降变形。

（2）对于一般属于宽浅游荡性的河床，其桥梁衔接处路基填土较高，桥梁与路基两种材料的弹性模量差距大，如过渡段结构设计不合理，将导致不均匀沉降，引起桥头跳车。

（3）高速公路采用全封闭全立交，在立交区、通道区的路基填方一般较高。由于施工工期短，地基土和路基土没有足够的时间压缩固结就铺设路面，土体随时间而发生进一步固结沉降。

（4）通道、涵洞铺砌未考虑防水设计，易导致地表水渗透浸泡路基，使路基承载力下降而发生沉降变形。

（5）路线通过沟谷地段和地面横坡较陡地段时，沟谷处路基填方高、恒载大，而沟谷段往往是山体风蚀物的沉积区，土壤密度小、承载力低，易使路基发生不均匀沉降。路线横坡陡的地段，可能产生半填半挖断面或一侧高一侧低的填方断面，易产生不均匀沉降。

（6）填方路段纵、横向排水设计考虑不周，易造成路基两侧长期积水而降低地基承载力，使路基沉降。

（二）施工方面的原因

施工方面的原因包括以下内容：

（1）路基施工前未认真设置纵、横向排水系统或排水系统不畅通，长期积水浸泡路基而使地基和路基土承载力降低，导致沉降发生。

（2）在填方路堤施工中，未严格按分层填筑、分层碾压工艺施工，路基压实度不足而导致路基沉降变形。

（3）原地面处理不彻底（如未清除草根、树根、淤泥等不良土壤），地基压实度不足等因素，在静、动荷载的作用下，使路基沉降变形。

（4）不良地质路段未予以处理而导致路基沉降变形。

（5）路基纵、横向填挖交界处未按规范要求挖台阶，原状土和填筑土密度不同，衔接不良而导致路基不均匀沉降。

（6）填筑路基时，未全断面范围均匀分层填筑，而是先填半幅、后填另半幅所产生的不均匀沉降。

(7)施工中路基土含水量控制不严,导致压实度不足,而产生不均匀沉降。

(8)施工组织安排不当,先施工低路堤,后施工高填方路堤。往往高填方路堤施工完成后就立即铺筑路面,路基没有足够的时间固结,而使路面使用不久就破坏。

(9)台背回填时,由于大型机械作业不便,压实不认真,造成压实度不足而沉降。

(10)路桥过渡段(一般距台背 10~20 m)为施工薄弱地段。一般情况下,路桥先成型,过渡段后填筑,该段易因压实不足而发生沉降。

(11)填方路基在分层填筑时,没有按照相关规范要求的厚度进行铺筑,随意加厚铺筑厚度;压实机具按规定的碾压遍数压实时,压实度达不到规范规定的要求。当填筑到路基设计高程时,必然产生累积的沉降变形,在重复荷载与填料自重作用下产生下沉。

(三)工程地质方面的原因

在工程地质不良、泥沼软基丰富的地段填筑路堤,由于地表土壤密度小、压缩变形大、承载能力低,当路堤填料不断增加时,原地面土壤容易发生压缩沉降和挤压移位,地基的压缩变形致使路堤随之沉降或开裂。

(四)路堤填料方面的原因

如果路堤填料土质差,填料中混进了种植土、腐殖土或泥沼土等劣质土,由于这类土壤中有机物含量多、抗水性差、强度低等,路堤将出现塑性变形或沉陷破坏。尤其是膨胀土,这种土遇水膨胀软化,风干收缩开裂,固体稳定性差,用做填料时随着土壤中水分的蒸发,收缩开裂尤为严重,对路堤的整体结构危害极大。

(五)路基排水方面的原因

路基排水的任务是把路基工作区的土基含水量降低到一定的范围内。土基含水量过大、排水不良会引起土质松软、强度降低、边坡坍塌、堤身沉陷或滑动以及产生冻害等。

第五节　路基工程病害防治技术

一、填方路基病害预防措施

填方路基病害的预防可采取合理的设计措施、有效的施工措施,并应加强养护工作。

(一)采取合理的设计措施

合理的设计措施包括以下几个方面:

(1)路线选线中,在坚持路线总体走向通过主要控制点的原则下,应根据地形、地质环境布设路线,尽量避让不良地质地段,不需要追求高指标的线形,努力做到线形指标搭配合理,即可取得良好的视觉效果。

(2)加强工程地质勘察,严格按照工程地质勘察规程开展工作,对有怀疑的地段应增加探坑数量。在设计、外业验收中,应将工程地质勘察作为重要的检查内容之一。

(3)尽量避免高填方路堤设计,在与其他路线相交时,主线宜采用下穿方案,这样可以有效地降低路基填方高度,避免通道下挖而出现积水问题。

(4)明确原地面的清表深度及压实度,检验原地面的承载比(*CBR* 值),提供可靠的地基承载力，对地基承载力低的路段应采取工程处理措施。

(5)路线通过较陡的横坡及沟谷地段时，应按要求设置纵横向台阶，使填筑路基和原地面形成良好的结合，同时宜放缓边坡。在通过松软的湿陷性黄土地段时，视情况尽量换用水稳性好、承载力大的砾石土填筑路基。

(6)加强路基排水设计，使地表、地下水顺利排至路基以外或将地表水阻隔在路基以外，不能在路基范围内积水。涵洞、通道底铺砌设计中要考虑防水，避免积水浸泡基底而产生沉降变形。

(7)高填方路堤的路桥过渡段要采取特殊设计，避免直接由柔性到刚性的路基设计结构，可以考虑采取半刚性的路基过渡。

(8)对软土、盐渍土等不良地质路段，要采取特殊设计，提高路基的承载能力和水稳性，同时要由试验计算路基的压缩沉降量，设计中要考虑超填厚度，使竣工后的沉降能维持路基设计高程。

(9)路基填料取土，应考虑分段集中取土，尽量避免沿线取土。

(二)采取有效的施工措施

有效的施工措施包括以下几个方面：

(1)做好施工组织设计是保证工程质量的前提。目前，随着工程管理的逐步规范化，工程开工前施工单位均做了不同程度的施工组织设计。在施工过程中，受资金、环境、人员、设备等因素的影响，往往不能按照原定的目标完成工程进度。另外，工程指挥人员喜欢用经验管理工程，没有给高填方路堤留有足够的时间施工和沉降，而导致高填方路堤工后沉降过大。因此，必须重视高填方路堤的施工组织设计，合理安排各施工段的先后顺序，明确构造物和路基的衔接关系，对高填方段应优先安排施工。在施工中，以施工组织设计为依据，结合施工现场的实际情况，合理调配人员、设备，是保证高填方路堤施工质量的重要环节。

(2)做好施工前的准备工作。开工前要认真审阅设计文件，详细了解各段的填方情况，包括地质情况、地形情况、水文情况、材料情况及周围环境情况，对重要地段要重点勘察，进一步核对设计文件提供的资料，做到心中有数，发现与设计文件提供的资料有误时应及时上报业主，妥善处理。

(3)认真清除地表不良土质，加大地表压实力度。地表植被、树根、垃圾、不良土质暴露于自然环境下，相对比较松软，不易压实，有的土壤(如盐渍土、膨胀土等)易产生病害，因此必须予以清除。土是三相体，土粒骨架的空隙被水分和空气所占据。土在压实过程中，土粒受到瞬时荷载或振动力的作用，重新调整位置，重新组合，彼此挤密，空隙缩小，土的单位质量提高，形成密实整体，从而导致强度增加，稳定性提高。土基压实后，土的塑性变形、渗透系数、毛细水作用及隔温性能等均有明显改善。因此，在施工中应加大地表的压实度。

(4)填筑路基前，疏通路基两侧纵横向排水系统，避免路基受水浸泡。地基土和路基填筑土(如粉土、黄土、湿陷性土等细粒土)，在干燥状态下结构性比较强，有较高的承载能力，一旦受水浸泡，结构性很快破坏，强度很快降低，失去应有的承载能力，导致地基、路基沉降。因此，做好路基排水是保证路基稳定的前提条件。工程监理和施工质量检查人员，应认真监督检查。

(5)严格选取路基填料用土。一般的土、石都可以作为路基用土，在填筑高填方路基路段时，应选择水稳性好、干密度大、承载能力高的砾石类土填筑路基。土质应均匀一致，不得混杂，剔除超大颗粒填料，方能保证各点密实度均匀一致。尽量选择集中取土，避免沿线取土。沿线取土，一般不能保证路基填料的均匀性，导致路基强度不均匀，同时也破坏了自然植被，对沿线环境不利。

(6)路堤填筑方式应采用水平分层填筑，即按照横断面全宽分层逐层向上填筑。当原地面为纵坡大于12%的地段，宜采用纵向分层填筑施工，填筑至路基上部时，仍应采用水平分层法填筑。每层应保证层面平整，便于各点压实均匀一致。

(7)合理确定路基填筑厚度。在土质、土中含水量、碾压机具设备一定的情况下，土层越厚碾压效果越差，适中的填筑厚度是保证压实质量及生产效率的重要因素。不同的层厚达到规定的压实度所需要的碾压遍数不同，根据试验，层厚分别为30 cm和50 cm，碾压遍数为4遍和6遍时，测得压实度相差3%~4%。现行规范规定分层松铺厚度一般控制在30 cm，这对保证路基达到良好压实度十分必要。当采用大吨位压路机碾压时，增加分层厚度，必须要有足够的试验数据证明压实效果，同时须征得监理工程师的同意后方可施工。

(8)控制路基填料含水量。根据实践经验，对砾石土及粗粒含量较多的土压实时，压实度取决于压实功。由于砾石土是由不同大小粒径的颗粒组成的，存在着一定的级配，在压实机具的作用下，特别是振动压路机的作用下，土粒间发生振动位移，小的颗粒填充于大颗粒的空隙间而使土密实。细粒土则不同，土颗粒大小均匀，空隙间基本被水和空气填充，最佳含水量越大，最大干密度越小。这是由于颗粒越小，比表面积就越大，需要较多的水分包裹土粒以形成水膜。在外力的作用下，土粒位移程度取决于水分的多少：当水少时，土体间的摩擦力大而不易移动，土体难以压实；当水分多时，除包裹土粒的水膜外，还有一部分自由水，使土粒悬浮而不易压实，如果增加压实功就会出现“弹簧”现象。因此，保证最佳含水量是细粒土压实的先决条件。在工程施工中，如土偏湿，应翻晒，并应及时测定含水量，一般在最佳含水量±2%时即可碾压；如土偏干，应洒水闷料，并使土壤中水分均匀，达到要求后方可进行碾压。在气候特别干燥的地区，一般地表土都低于最佳含水量，但一般地表1 m以下土壤中含水量较大，有的接近于最佳含水量，因此取土时应清除地表覆盖，取用含水量适中的土填筑路基。

(9)选择合适的压实机具。压实功对压实效果的影响十分重要。同一种土的最佳含水量随压实功的增加而减少，而最大干密度随压实功的增加而增加。在相同含水量下，压实功越大密实度越高。不同的填料和场地要选择不同的压实机具，一般情况下，轻型光轮压路机(6~8 t)适用于各种填料的预压整平，重型光轮压路机(12~15 t)适用于细粒土、砂类土和砾石土，重型轮胎压路机(30 t以上)各种填料均适用，尤其是细粒土。羊足碾最适用于细粒土，但需要光轮压路机配合对被翻松表层进行补压；振动压路机具有滚压和振动的双重作用，用于砂类土、砾石土和巨砾土，其效果远远优于其他压实机具。在高填方路段，压实质量要求高，选用重型轮胎压路机和振动压路机效果比较好。

(10)做好压实度的检测工作。在压实过程中，施工单位自检人员应按规定的频率检查路基各层的压实度，目前对于“按 200 m 抽检 4 处”的规定，施工单位感觉工作量偏大，部分人员凭经验减小压实度的抽检频率，甚至伪造试验资料应对检查。面对检测工作量大的问题，可以考虑采用传统的环刀法、灌砂法与快速检测核子密度湿度仪法相结合，对薄弱地点，如路基边缘、台背处，采用传统方法检测，路基中可考虑采用核子密度湿度仪检测，这样可提高检测速度。

(三)加强养护工作

为保证路基有完好的使用功能，路基养护工作必不可少。由于设计和施工过程中或多或少存在着一些不足，道路经过长期使用也会表现出不同程度的破损，通过及时养护修补缺损，保证道路正常使用是养护工作的中心。在养护时应做好以下工作：

(1)加强对防水、排水构造物的养护工作，确保纵横向排水设施畅通无阻；发现水毁地段时应及时加固修补，避免路基遭水浸泡；对地下水位高的地段，要挖排水沟以降低地下水位。

(2)对沉降量大形成跳车的路段，应分析原因，采取注浆加固等有效措施稳定路基，并应及时修补破损路面，保证车辆安全行驶。

(3)对风蚀、水蚀的路基边坡，要及时修补加固，确保路基安全。

(4)在有条件的情况下，要做好坡面植被防护，稳定路基边坡。

二、填方路基病害整治措施

填方路堤由于施工中和工程完工后在自然环境影响和汽车重复荷载作用下，会出现一些路基病害，从而引起路基的整体下沉和局部沉陷、边坡坍塌，影响公路的正常使用，降低公路的评定等级。因此，为了更好地发挥公路的正常作用，对填方路基出现的严重病害，必须采取行之有效的处理方法，使路基处于良好的技术状态。下面介绍几种处治措施，以供处理路基病害时参考。

(一)换土复填法

因填筑土质不符合要求而导致路基出现下沉，但下沉面积不大且深度不深时，采用换土复填法是一种简便快捷的方法。此法是将原路基出现病害部分的土挖去，更换新的、符合规范要求的土。一般采用级配较好的砂砾土、塑性指数满足规范要求的亚黏土为宜。回填时，挖补面积要扩大，且逐层挖成台阶状，由下往上，逐层填筑，碾压密实，压实度以高出原路基压实度 1~2 个百分点为宜。这种方法只要掌握好路基的填筑方法即可，没有复杂的技术要求。

(二)固化剂法

在处理填方路基的下沉中，如果更换路基填料受到限制，且填筑料数量不大，可在原填料中掺入一定品种与数量的固化剂处理路基病害。这种方法在我国已有应用的先例，实践证明效果较好。

固化剂作为一种特殊的建筑材料，其不同的物理性质和化学组成成分决定了其不同的类别、特点和固化方法。路用材料固化剂从形态上看，其可分为固态和液态两大类；从化学构成上看，其可分为主固化剂和助固化剂两大部分。其中，固体粉状固化剂中主固化剂为石灰、石膏、水泥，助固化剂采用高聚物，如聚丙烯酰胺、聚丙烯酸或含有活性基因的有机化合物;液态固化剂中主固化剂多采用水玻璃,助固化剂则采用各种无机盐,如碳酸镁、碳酸钙等。前者与土混合加压,适用于表层或浅层土的固化;后者使用时,采用特殊工艺将浆液注入土中使土固结,适用于深层土的固结。

目前,固化剂的种类很多,在道路工程中使用时,可根据路用土的种类与固化剂的成分、类型选用。各种固化剂的性能与使用方法可参照有关资料。

(三)粉喷桩法

处理 10 m 以内路基下沉病害时,采用粉喷桩加固技术是较为理想的一种方法。粉喷桩处理软基土是通过专门的机械将粉体固化剂喷出后在地基深处就地与软土强制搅拌,利用固化剂和软土之间新发生的一系列物理、化学反应,在原地基中形成强度、刚度较大的桩体,同时也使桩周土体性质得到改善,桩体与桩间土体形成复合地基共同承担荷载。

使用粉喷桩加固路基时应认真调查路基病害的情况,做好粉喷桩施工的设计(桩径、桩距、固化剂掺入量、桩身强度等),施工中要严格掌握固化剂掺入量、粉喷桩龄期、土样含水量、混合料搅拌的均匀性。应着重抓好施工中的以下几个环节:

(1)严格按粉喷桩施工规范施工,严格掌握钻机的就位、钻进、停钻、提升、停喷、重复的工艺流程。

(2)做好粉喷桩的质量控制。粉喷桩处理软基属隐蔽工程,通常是昼夜连续施工,必须做好粉喷桩的质量控制,其包括桩距、桩位检查,逐桩控制喷粉量、桩长等。

(四)布设土工格栅法

有的填方路段路基下沉不明显,只是在路面上出现了纵向开裂,经过一段时间的观察,发现路面标高变化很小,可采用布设土工格栅法。此法只是将裂缝两侧的沥青路面用切割机对称切除(宽度以 1.0~2.0 m 为宜),布设玻纤土工格栅,用钢钉固定,最后恢复沥青路面。这种处理措施既经济又方便,比较实用。

(五)灌浆法

灌浆法是利用液压、气压或电化学原理,通过注浆管将浆液均匀地注入地层中,浆液以充填、渗透和挤密等方式占据土粒间或岩石裂缝中的空间,经人工控制一定时间后,浆液将原来松散的土粒或裂隙胶结成一个整体,形成一个结构新、强度大、防水性能高和化学稳定性良好的结石体。灌浆法在我国煤炭、水电、冶金、建筑、交通和铁道等部门已被广泛应用,并取得了良好的效果。

高填方路基是山区公路的一大特点,而填料多取自于路基附近的挖方段,常以碎石土为主。由于受多种客观因素的影响,高填方路基的特点是路基边缘的压实度往往难以达到标准,久而久之,势必影响路基的稳定性,继而影响行车安全。用灌浆法使水泥浆液在适当压力下,充分填充路基孔隙,形成新的结石体,这对于提高路基的强度将起到很好的作用。

浆液的扩散能力与灌浆压力的大小密切相关。所以,对不同填料及形态的路基采用多大压力灌浆,主要取决于路基的密实度、强度和初始应力、钻孔深度、灌浆位置及灌桩次序等因素。而这些因素又难以准确预知,因而必须通过现场试验来确定。水泥浆液在不同地质条件和不同灌浆压力条件下,在地下流动的形式不同。当灌浆压力较小时,路基填料渗透性较好,水泥浆在中等浓度的情况下以渗流的方式渗入路基土的孔隙,这时认为路基原结构未受扰动和破坏,灌浆量及浆液扩散半径常用线性渗流理论求解。当压力逐渐加大、其他条件不变时,浆液的流动由线性流转变为紊流,在紊流条件下的灌浆量与浆液扩散半径常用紊流理论求解。上述两种情况总称为渗流注浆法,适用于碎石土、砾石土夯填料的路基。对于黏性土夯填的路基,由于其渗透性很小,通过渗入灌浆法难以奏效。当灌浆压力提高到一定程度时,就会发现单位时间的注浆量明显上升,实际上黏性土路基已在注浆孔周围发生径向劈裂,浆液沿裂隙流入土体,并将土体切割成不规则的块体,在块体之间形成互相穿插的脉状水泥结石,黏性土又受到充填浆液时的压缩,形成一种复合型岩土,从而提高路基的强度和刚度。这种方式称为劈开式或胀裂式灌浆。

用渗入灌浆法灌注碎石路基时,灌注压力可由小到大,压力控制在0.5~1.5 MPa即可。黏性土类路基适宜于采用劈裂法,常用注浆压力范围为1.0~4.0 MPa。

公路灌浆法的施工程序如下所述。

1.布孔原则及方法

布孔原则及方法应根据路基的强度要求,结合固结灌浆的特点、路基形态等因素考虑。遵循既要充分发挥灌浆孔的效率,又要保证浆液留在路基有效范围以内的原则,布孔时还应视路基实际情况而定。若全幅灌浆,应采用等距离梅花形方格网布孔,中间孔浅,边缘孔较深,孔间距以2.0 m为宜。

2.成孔钻机选型

成孔必须是干法钻进,钻进时绝对不允许加水。因此,应尽量选用小型潜孔钻成孔,其优点是进尺快、易搬动、操作简单、钻进成本低。对碎石类路基更为显著,宜广泛推广。

3.下注浆花管

注浆花管应根据钻机钻孔的孔径与孔深而定,并采用简单易行的方法。一般来说,注浆结束后注浆花管很难拔出,如果强行拔出,则会破坏路基。因此,注浆结束后将注浆花管作为非预应力锚杆留在路基内,可以起到管架的作用,对于提高路基强度有很大的好处。对高填方路基边坡稳定程度效果更佳。

4.灌浆施工的方法

灌浆施工主要包括灌浆压力、浆液浓度、灌浆量、灌浆次序等内容。如何选择和控制灌浆压力与浆液浓度等,是灌浆施工中首先要解决的问题。灌浆压力是保证灌浆质量的重要因素之一。如果压力过小,浆液射流达不到预计范围内,扩散半径小,易形成空白区;如果压力过大,则会破坏路基原结构,抬升路面或冲垮边坡,还会使浆液沿路基薄弱部位冲出路基,达不到灌注的目的。因此,在大范围灌注前,应先做试验,根据灌浆段的路基类型,结合单孔灌浆量选择合适的灌浆压力。浆液浓度通常用水灰比(重量比)1:1较为合适。在密实度较好的黏土路基中,可适当增大水量,使稀浆更易充分进入黏土路基中。灌浆次序是指灌浆孔的受注顺序。一般以三次序灌注为好,事前应根据灌浆孔平面图,设计好灌浆次序。第Ⅰ、Ⅱ次序孔以单孔注浆量为控制标准,第Ⅲ次序孔为加压灌注。灌浆结束应以设计的终孔压力和平均单孔注浆量为双重控制标准。

$$单孔灌注量=排距\times孔距\times孔深\times路基孔隙率$$

路基孔隙率依路基压实度确定。

三、几种路基工程病害的防治措施

(一)塌方、滑坡的防治

小型的塌方、滑坡,可采取下列措施。

1.设置截水沟、排水沟,防止地表水、地下水流渗入滑体

(1)在塌方、滑坡体上方,按其汇水面积及降雨情况,结合地形设置一道或几道截水沟,使地表水全部汇入截水沟,引至路基边沟或涵洞排出。

(2)塌方、滑坡体内地下水丰富且层次较多时,可设支撑盲沟,用于排水和支撑。

2.设置构造物,维持土体平衡

(1)若滑坡体下有坚实基底,且滑坡体推力不大,可设置抗滑挡土墙。挡土墙尺寸应经过计算确定。

(2)若滑坡体底部有未扰动层,可打桩阻止坍体滑动。桩的间距及打入深度应经过计算确定。

3.稳定边坡

(1)土质边坡可植草皮,风化石质或泥质页岩坡面可植树种草,利用植物根系固定表土,并减少地表水下渗。

(2)岩石风化碎落坡面区可用表面喷浆、三合土抹面或黄泥拌稻草抹面;土质坡面可采用铺砌块石护坡。

(3)根据边坡地形特点和地质条件,采用刷方减缓坡度或在滑坡体上部挖去一部分土体,减轻滑坡体重力,以减小下滑力,增强滑坡体的稳定性。

(二)水毁的防治

为防止和减轻雨季及洪水对道路造成危害,需加强道路的水毁预防工作。可采取以下措施:

(1)在挖方路基上边坡坡顶外开挖截水沟,将大量雨水引到路基外排出;

(2)加宽加深边沟,不使边沟漫溢冲刷路基,并采用石砌边沟、路肩保护路基;

(3)在险要路段修筑石砌护坡或护墙,防止洪水冲刷路基。

(三)泥石流的防治

1.泥石流防治的原则

泥石流的防治应遵循下列原则:

(1)避重就轻选择线路;

(2)调治构造物,宜导不宜挑;

(3)工程和生物水土保持相结合的综合治理。

2.减轻或避防泥石流的措施

减轻或避防泥石流的措施主要有跨越、穿过、防护、排导、拦挡等,常采用多种措施相结合的方法,比用单一措施处治更为有效。

1)跨越

修建桥梁、涵洞时,从泥石流沟的上方跨越通过,让泥石流在其下方排泄,用以避防泥石流。

2)穿过

修隧道、明硐或渡槽时,从泥石流的下方通过,而让泥石流从其上方排泄。

3)防护

对泥石流地区的桥梁、隧道、路基及泥石流集中的山区变迁型河流的沿河线路或其他主要工程部位,做一定的防护建筑物,用以抵御或消除泥石流对主体建筑物的冲刷、冲击、侧蚀和淤埋等的危害。防护工程主要有护坡、挡墙、顺坝和丁坝等。

4)排导

排导的作用是改善泥石流流势,增大桥梁等建筑物的排泄能力,使泥石流按设计意图顺利排泄。排导工程包括导流堤、急流槽、束流堤等。

5)拦挡

拦挡是用以控制泥石流的固体物质和暴雨、洪水径流,削弱泥石流的流量、下泄量和能量,以减小泥石流对下游建筑工程的冲刷、撞击和淤埋等危害的措施。拦挡设施有拦渣坝、储淤场、支挡工程、截洪工程等。

第二章　沥青混凝土路面病害及防治技术

第一节　概　述

沥青混凝土面层具有良好的力学性能和耐久性以及行车舒适性，适合于各种车辆的通行，并且具有表面平整、坚实、无接缝、行车舒适、耐磨、噪声低、施工工期短、养护维修简便、适宜于分期修建等优点，因此得到了广泛的应用。沥青混凝土路面要求具有一定的强度、刚度、平整度，具有足够的承载能力，同时具有较好的高温稳定性和低温抗裂性。另外，沥青混凝土路面的表面层应具有耐久性且应具有良好的抗滑性能和耐磨性。

沥青混凝土路面应具有两个主要功能：一是结构功能，二是使用功能。结构功能是指路面结构应满足汽车荷载的作用，具有足够的承载能力；使用功能是指路面的平整、抗滑、低噪音、美观等，概括地说就是提供一个安全、舒适的行车环境，它是道路路面质量的表现。

沥青混凝土路面的使用性能，除了影响行驶舒适性外，还直接影响行驶的安全性。路面使用性能差，将增加行驶难度，降低运输效率，增加油耗，对运营车辆的磨损增加，直接影响交通运输和经济发展，并带来严重的负面社会影响。因此，路面工程在建设之前就应该对路面在使用期内的使用性能给予高度重视，充分了解路面在设计年限内使用性能的变化情况，按照使用性能随时间或交通量发展的变化规律，制定合理的维修计划。

路面的结构功能和使用功能是相辅相成的，路面没有足够的承载能力就不可能满足使用功能的需要，同样，沥青路面的使用功能不足就会影响甚至降低路面的结构功能。当路面产生坑槽或裂缝时，如不及时修补，雨水渗入路面结构内部，不能顺畅排出，就会导致侵蚀基层或路基结构的强度下降、承载能力不足。所以，路面结构设计应同时满足结构功能和使用功能的要求，两者缺一不可。

第二节　沥青混凝土路面使用性能的基本要求

为了保证沥青混凝土路面的使用性能在很长时间内不发生明显降低，避免早期出现的各种破坏现象，在设计和施工中应着重解决以下几个方面的问题。

一、路面有足够的承载能力

沥青混凝土路面在设计使用年限内反复的行车荷载作用下，应不发生结构性破坏。半刚性路面的结构性破坏一般首先发生在车道轮迹带的小范围内，在轮迹带上产生细小的裂缝，随着荷载的作用，产生通过轮迹带的横向裂缝，最后发展成网裂、变形，如不及时进行维修处理，就会发展到整个行车道产生结构性破坏。当结构层质量不好时，将迅速导致路面破坏。

二、提高沥青混凝土路面的抗变形能力

沥青混凝土路面的抗变形能力强，路面在使用期间就不容易产生严重的辙槽。在路面基层不发生破坏的情况下，路面的抗辙槽能力完全取决于沥青混凝土在高温时的强度和面层的厚度。因为半刚性材料层是不可压缩的，通过厚的半刚性材料层作用在土基顶面的压应力很小，不会引起土基产生明显的压应变而又通过半刚性材料层反映到表面。

三、面层无明显泛油现象

泛油的产生是多个内外因素共同作用的结果，原因有以下几个方面：

(1)高温导致沥青软化膨胀。在连续高温作用下沥青软化、体积膨胀，如果沥青混凝土的饱和度过大，空隙率过小，无法容纳沥青增大的体积，则沥青就容易上泛。

(2)行车荷载的反复作用。高温时已经软化的沥青使沥青混凝土强度降低，在高强度行车荷载作用下，沥青混凝土进一步密实，空隙率减小，空隙率从竣工时的10%左右减小到2%~3%。由于沥青体积的膨胀，沥青在混凝土中所占的体积百分率也增大，膨胀的沥青在混合料内部被行车荷载挤压到表面，形成泛油现象。

沥青面层一旦泛油，会使表面构造深度显著下降，甚至变成光面，摩擦系数显著下降。严重影响车辆高速行驶时，特别是在雨天行驶时的安全性。

四、无明显水破坏现象

路面在雨天产生各种各样的水破坏现象，如唧浆、网裂、形变和坑洞等，使路面的平整度降低、表面粗糙度遭到破坏等。导致沥青路面产生水破坏的外因有以下几个方面：

(1)路面渗水。在降水次数多、降水量大、降水延续时间长的地区，路面自由水可通过沥青面层下渗到基层表面，破坏沥青面层与结构层的黏结力，进而导致路面结构的强度降低、路面脱空、沥青与骨料的剥离等病害。

(2)车轮行驶时的搓揉作用。在面层沥青混凝土的孔隙中或面层与基层的交界面上滞留有自由水时，高速行驶的车辆通过时就会产生相当大的水压力和抽吸力。在交界面上的这种压力水会冲刷基层顶面半刚性材料中的细料，一次冲刷量虽然很小，但上万次甚至几万次冲刷的积累足以将冲刷下的细料形成灰白色浆(水泥稳定集料和石灰粉煤灰稳定集料基层)。车辆高速通过时，轮下的压力会将轮下结构层中的水压挤，而同时车轮驶离时又产生相当大的抽吸力，这两种力的瞬时先后作用能将滞留在基层顶面的浆水唧出表面。在浆水唧出过程中首先是沥青混凝土中较大颗粒上的沥青膜逐渐剥落，沥青混凝土面层向下变形形成网裂或坑洞。压力和抽吸力的反复作用还会使沥青混凝土孔隙中的自由水往复运动，并促使沥青首先从较大颗粒上剥落，从而逐渐使沥青混凝土强度降低，直至发生路面松散。

因为水破坏与车辆高速行驶(特别是重载货车)密切相关，所以沥青路面的破坏通常

发生在行车道与重车道上。

五、路基和桥涵台背不发生明显沉陷

软土地基上的填土需要多年时间才能达到稳定。在软土路段,特别是极软土以及软土层较厚地段的路段常产生桥涵台背沉陷和路基沉陷。这种沉陷产生得较快,往往路面建成通车后不久就产生轻重不一的跳车现象。路基和桥涵台背沉陷,即使经过找平处理后也会使路面的不平整度显著增大。

六、路面结构整体性好,强度均匀

路面结构质量要整体性好且强度均匀,在宽度和深度范围内要形成一个完整的整体,用钻机能取出一个完整的圆柱体钻件。要保证各结构层厚度的均值符合要求,保持厚度均匀,减小厚度的变异系数。

七、避免早期纵向裂缝

路面一旦产生纵向裂缝,首先就会影响平整度。如果不及时灌缝和封缝,或用其他方法处理,雨水很容易从裂缝进入路面结构层,甚至渗入路基,导致路面产生破坏。路面早期纵向裂缝通常是由路基产生横向不均匀沉陷引起的,裂缝开口较宽,长度较大。路基的横向不均匀沉陷则是由以下多个不同因素引起的:

(1)路堤横向压实度有明显差异;

(2)自由水侵入路堤边部下面的地基,使边部地基承载能力显著减弱;

(3)由于雨水侵入路堤边缘引起纵向裂缝。

八、减少横向温度裂缝

沥青混凝土路面的横向温度裂缝是不可避免的。当采用重交通道路石油沥青,或较稀的重交通道路石油沥青和改性沥青以及富沥青的混凝土时,将有利于增加沥青混凝土的抗温度裂缝能力,减少裂缝数量。横向温度裂缝的产生与沥青混凝土的均匀性和压实密度有关。自然产生的不规则的横向裂缝富含锐角,在大量行车反复作用下缝口两侧边缘容易产生碎裂,加速面层破坏,较宽的横向裂缝还会降低面层的平整度。

九、减小路面结构层的变异性

(1)路面施工过程中,在保证土基和路面材料的回弹模量值以及结构层厚度不小于设计值的前提下,应设法提高各层材料的均匀性,减小材料回弹模量的变异系数。在保证混合料均匀性好的条件下,降低结构层厚度的变异性。

(2)提高工艺水平和管理水平,使路面各结构层的承载能力比较均匀,弯沉值的变异性小。降低弯沉的变异系数,可以提高路面结构的耐久性。

第三节　沥青混凝土路面产生早期破坏的原因

一、沥青混凝土路面的病害类型、特征及其产生的原因

由于多种原因,沥青混凝土路面早期破坏的现象时有发生。沥青混凝土路面病害的成因比较复杂,由于环境、地点、气候条件的不同,病害情况不一。

(一)裂缝

1.裂缝的类型及特征

裂缝是沥青混凝土路面最主要的病害。沥青混凝土路面上出现的裂缝,按其成因不同可以分为纵向裂缝、横向裂缝和网状裂缝三种类型。

1)纵向裂缝

纵向裂缝是与道路中线大致平行的长直裂缝,有时伴有少量支缝。这类裂缝通常是由路基压实度不均匀、路面不均匀沉陷或施工接缝质量或结构承载力不足而引起的。不均匀沉降引起的纵向裂缝,通常断断续续绵延很长;施工搭接引起的纵向裂缝,其形态特征是长且直;而结构承载力不足引起的纵向裂缝多出现在路面边缘。

2)横向裂缝

横向裂缝是指垂直于行车方向的裂缝。按其成因不同,横向裂缝又可分为荷载型裂缝与非荷载型裂缝两大类。荷载型裂缝是由于路面结构设计不当,或施工质量低劣,或者车辆严重超载,致使沥青面层或半刚性基层内产生的拉应力超过其疲劳强度而断裂。非荷载型裂缝是横向裂缝的主要形式,这种裂缝又有两种情况,即沥青面层缩裂和基层反射裂缝。

3)网状裂缝

行车荷载反复作用的结果是裂缝相互交错,呈一系列多边形小块组成的网,形如鳄鱼皮状。龟裂的初始形态是在沿轮迹带出现单条或多条平行的纵缝;尔后,在平行的纵缝间出现横向和斜向连接缝,形成裂缝网。裂块的尺寸可以由 500 mm 左右(网裂)发展到 50~100 mm(龟裂)。因路面结构弯沉较大或结构层压密变形出现龟裂的路面,伴随着沉陷变形,路面平整度显著恶化;因沥青层疲劳强度不足引起的龟裂,路面平整度衰变不甚显著。龟裂是沥青路面的一种主要结构损坏类型,反映出沥青层路面结构的强度不足以承受行车荷载的作用。基层排水不良,沥青混合料因老化或低温变硬、变脆为龟裂的加快创造了条件。

2.裂缝成因分析

1)材料方面

沥青混合料的性质是影响沥青混凝土路面温度收缩性裂缝的主要原因。一方面沥青混合料低温劲度是决定其是否开裂的根本因素,沥青劲度又是决定沥青混合料劲度的关键。沥青老化越严重,劲度越大,裂缝出现越早。另一方面,沥青的温度敏感性也影响裂缝的产生。感温性大的沥青易开裂。一般情况下,含蜡量高,会使沥青的拉伸应变减小,脆性增加,温度敏感性变大,裂缝就容易产生。

矿料组成级配也与开裂有一定关系，一般来说，用油量偏低、矿粉含量高，易产生裂缝。

半刚性基层与级配碎石、沥青稳定碎石等柔性基层相比，热容量小，与沥青表面层的附着黏结性能差，尤其是本身收缩的附加影响，使面层的横向裂缝要多些。特别是当我国高速公路分期修建、施工较快时，有相当部分的半刚性基层养生不足，修筑后不久便开裂了，这些裂缝在荷载和温度的作用下，由下层逐渐反射到表面。

2）设计方面

路面结构设计不合理（如基层厚度不够、面层及材料配合比设计不当）时，沥青面层厚度加大，裂缝就减少。这是指用同一种沥青混合料，厚度大的比薄的裂缝率要小，但采用质量好的沥青，即使铺筑较薄的路面，其横向裂缝也可能少于用质量差的沥青铺筑厚度大的路面。

3）施工因素

优良的施工质量，特别是各结构层的压实度达到规范要求、稳定性优良、排水性能好、面层接缝处理完善等是保证裂缝特别是纵向裂缝和网状裂缝不出现的前提条件。

4）气候交通条件

在气候因素方面，极端最低温度、降温速率、低温持续时间、升温和降温循环次数是温度收缩性裂缝出现的四大要素。雨水是加速裂缝形成、扩大甚至路面破坏的催化剂，当然，不论什么样的裂缝，在行车荷载的作用下，都会加速路面破坏。

（二）松散

松散是由于沥青混凝土表面层中的集料颗粒脱落，从表面向下发展的渐进过程。集料颗粒与裹覆沥青之间丧失黏结力是颗粒脱落的原因。沥青混合料采用的沥青黏结力差，沥青用量偏少，所用的矿料过湿，铺撒不均匀，或所用的嵌缝料不合规格而未能被沥青黏牢，沥青混合料铺筑后发生松散。在气温较低的季节施工，沥青裹覆矿料能力差，也易发生松散。松散严重的路面，如材料散失后在路面表面留下一个洼坑，并有足够的深度存水，就可能引起水漂现象而产生安全问题。表面的松散集料会降低抗滑能力，并被行车轮胎带起甩在行车道上，引起其他问题。

（三）坑槽

坑槽是路面破坏而形成的深洼，坑槽的深度一般大于 2 cm，面积在 0.04 m^2以上。如小面积坑槽较多，又相距很近（20 cm 以内），应合在一块儿计算。沥青路面的坑槽往往都有一个形成过程，起初局部龟裂松散，在行车荷载和雨水等自然因素作用下逐步形成坑槽。坑槽的破坏原因也可分为设计、材料、施工及气候等方面。

1.坑槽类型

1）压实不足性坑槽

压实不足性坑槽有两种情况：一种情况是施工时混合料温度太高，使沥青老化，黏结力降低，脆性增加，导致压实不够，黏结不牢，在行车荷载作用下，形成坑槽；另一种情况是混合料温度太低，摊铺不均匀，压实不充分，导致压实度不够形成坑槽。

2）厚度不足性坑槽

厚度不足性坑槽是指对路面底面层局部标高控制不严，导致沥青表面层个别地方厚度不够，在行车作用下，部分混合料易被带走，形成坑槽。

3）水损害性坑槽

水损害性坑槽是沥青混凝土路面早期破坏中最常见的坑槽。水损害破坏往往是从沥青面层的底面层开始的，水分进入沥青路面，滞留在基层上面，沥青底面层又往往是空隙率大的混合料，空隙中充满水，给水损害提供了条件。当集料与沥青膜剥离后，沥青混合料不再是一个整体，集料在荷载作用下，对基层产生了力的作用，使基层的局部松落形成灰浆，从路面的缝隙向上唧出来，在沥青路面上形成白色的唧浆。如此循环不断，水损坏性坑槽必然形成。

2.影响坑槽产生的因素

1）材料因素

a.沥青

沥青与集料的黏附性和抗剥离性是防止路面剥离的基本条件。所以，选用沥青应具有较好的黏附性和抗老化性能。

b.集料

沥青混合料所用的集料一般情况下是碱性集料，它与沥青的黏附性好。如使用酸性集料，通常添加一定数量的抗剥落剂来提高沥青与集料的黏附性和抗剥离性，而这些抗剥落剂的优劣就决定着抗剥落性能。集料的吸水率大不仅影响拌和机的生产能力，而且残存的水分影响施工压实度及空隙率，易使混合料产生剥落。

2）设计因素

a.级配

合理设计混合料级配、尽量减小空隙率可防止或减少水分进入沥青混合料内部，美国战略研究计划（SHRP）推荐最合理的空隙率应为4%。由于Ⅱ型沥青混凝土水稳定性要比Ⅰ型沥青混凝土差，所以底面层应尽量使用Ⅰ型沥青混凝土。

b.防水设计

路面排水可分为路表排水和结构排水。路表排水是指水沿横、纵坡流到路基边沟，排至路基之外。结构排水是指路面结构层的排水，这要充分考虑。

3）施工因素

施工因素要考虑以下几个方面：

（1）控制混合料温度，确保其在规定要求范围之内，若太高或太低绝不能施工；

（2）确保压实度达到规范要求；

（3）严格控制沥青面层的标高，确保沥青面层的厚度。

4）气候条件

坑槽特别是水损害性坑槽与气候条件有相当大的关系，水能加速坑槽的形成，加速路面的破损。冬季过后春融雨季，是对沥青路面的水稳定性的考验。

（四）拥包

拥包是指沿交通流方向路表材料出现较大的竖向位移。这类病害大多是由于路表材料稳定度低、交叉口车辆的频繁启动与制动、水泥混凝土与沥青混凝土路面接点处产生过大应力。此外，面层较薄，以及面层与基层的黏结性较差，也易产生推挤、拥包。

(五) 泛油

泛油是指由于黏结料或沥青溢出路面的所形成局部黑而光亮的斑面。混合料中沥青用量偏多,沥青稠度太低,黏结料过软,或者在高温时下层黏结料上溢等都易引起泛油。而沥青用量过大的主要原因有:沥青混合料设计时的密实度不够;施工控制不严和管理不善。

(六) 沉陷、桥头涵顶跳车

1.沉陷

沉陷是由于路基路面产生竖向变形而导致路面下沉的现象,通常有均匀沉陷、不均匀沉陷、局部较大面积沉陷。均匀沉陷是由于路基路面在自然因素和行车作用下,达到进一步密实稳定的表现,这种沉陷不会引起路面破损。不均匀沉陷一般是基层局部成型不足、强度不够,在行车荷载和自然因素等作用下形成的。对于局部大面积沉陷往往是路基(高填方地段)不均匀沉降或局部滑移而引起的。

2.桥头涵顶跳车

桥头涵顶跳车是路面纵向变形的一种形式,也是纵向变形中的一种最严重的形式。桥头涵顶跳车往往是由于桥台背填土压实不够而引起路基不均匀沉降,从而使路面产生沉陷,形成跳车。导致桥头涵顶跳车的另一重要因素是构造物,桥涵特别是大中型桥通常都采用桩基,桥台的沉降量很小,甚至没有,而桥头填土往往较高,路基路面容易产生较大沉降,造成桥台与其邻接路面的沉降差异显著大于任意局部小段路基路面与其邻接路基路面的沉降差异。

沉陷、桥头涵顶跳车都是施工质量没有严格控制所造成的。可采用新技术、新材料、新工艺来加强填方的压实度,使其达到要求。

(七) 波浪

波浪是指路面上形成的有规则的低洼和凸起变形。波峰与波谷交替出现,间隔很近,一般在 60 cm 之内。造成波浪的主要原因是材料组成设计差、施工质量差,使面层材料不足以抵抗车轮水平力的作用。产生波浪也可能是由于旧面层已有搓板,在加铺沥青面层时未对旧面层的搓板进行铲除处理。

(八) 车辙

伴随着沥青面层压缩沉陷的同时出现侧向隆起,两者组合起来构成车辙。当车辙达到一定深度时,由于辙槽内积水,极易发生汽车飘滑而导致交通事故。车辙一般发生在温度较高的季节,沥青面层在车轮的反复碾压作用下产生永久变形和塑性流动而逐渐形成带状沟槽。车辆的渠化交通作用形成的车辙是公路沥青路面的主要病害之一。

1.车辙的类型

1) 结构性车辙

结构性车辙是指由于荷载作用超过路面各层的强度,而发生在沥青面层以下包括路基在内的各结构层的永久变形。这种车辙宽度较大,两侧没有隆起现象,横断面成凹字形。

2) 流动性车辙

流动性车辙是指在高温条件下,由于车轮碾压的反复作用,荷载应力超过沥青混合料的稳定度极限，使流动变形不断积累而形成的车辙。这种车辙一方面在车轮作用部位下凹，另一方面在车轮作用甚少的车道两侧向上隆起，在弯道处还明显向外推挤，车道线或停车线因此可能成为变形的曲线。

3）磨损性车辙

由于车辆不断地磨损路面，特别是大量重型超载车辆渠道化地行驶在主车道上，磨损路面也会形成车辙，称为磨损性车辙。

4）压实不足引起的车辙

压实不足引起的车辙属于非正常情况车辙，是施工控制不严引起的。由于沥青面层本身压实不足，因而通车后的第一个高温季节混合料继续压密，在交通车辆的反复碾压作用下，空隙率不断减小，达到极限残余空隙率才趋于稳定。它不仅产生压实变形，而且平整度迅速下降，形成明显的车辙。这种由于施工不良造成的非正常性车辙在我国是非常突出的。

2.车辙产生的原因

车辙的产生是内因和外因综合作用的结果，内因包括沥青混合料和路面结构设计，外因包括施工、交通、气候条件。

1）沥青混合料

提高沥青混合料的抗车辙能力是防治车辙最有效的途径，应从沥青、集料、矿粉、级配四个方面入手，提高沥青混合料的抗车辙能力。

沥青：车辙与沥青的黏度直接相关，提高沥青的高温黏度是防治车辙的有效措施，所以施工时应选用低针入度、高软化点、低含蜡量的高黏度沥青。

集料：在集料中掺加破碎砾石对抵抗车辙是不利的，因其缺乏棱角而易变形，酸性集料容易降低混合料的水稳定性和高温稳定性。所以，施工时应选用表面粗糙、嵌挤作用好、与沥青黏结性能强的集料。

矿粉：为提高混合料的高温稳定性，必须使矿粉有足够的数量，以减少游离沥青。

级配：空隙率对车辙的影响非常大，增大集料粒径对提高抗车辙能力有一定效果，当然空隙率也不能太小，4%的空隙率为最小空隙率的临界。

2）路面结构设计

沥青混合料的厚度是影响车辙的重要因素。一般来说，路面厚度的确定，既要保证有足够的承载能力，又要有较高的抗车辙能力。在低于临界厚度时，沥青面层越厚，车辙越严重；而当超过临界厚度时，车辙随厚度变化较小。

3）交通条件

大量重型超载车辆在主车道路上行驶时，速度慢且渠道化现象严重，由于其单轴荷载加大，甚至翻倍，从而使车辙更容易产生。

4）气候条件

由于沥青混合料是弹塑性材料，沥青路面是黑色路面，吸收热量的能力强，所以在气温较高时，路面在行车荷载反复作用下极易产生车辙。

5）施工因素

在施工过程中要加强碾压，切忌片面追求平整度而放松压实度。保证压实度，把空隙率控制在规范要求的范围内,是避免压实度不足引起车辙的有效途径。

(九)滑溜

由于行车作用造成沥青路面表层矿料磨光,发生行车滑溜。沥青面层中多余的沥青在行车荷载重复作用下泛油,也易形成表面滑溜。

二、设计原因引发的沥青路面病害

我国部分沥青路面因设计方面的问题发生早期破坏,其主要原因有以下几个方面:

(1)结构设计不合理,如基层厚度不够、面层分层及材料配合比设计不当、面层厚度设计不合理。

(2)路面、基层、底基层排水设计考虑不周。

(3)路面所处地段土质和水文情况与实际不符,路面设计参数不符合实际。

(4)地基处理设计不合理,地基沉降未达到允许的工后沉降等。

沥青面层是整个路面结构的最上层,直接承受汽车荷载作用和大自然的气候变化,材料本身有较强的温度敏感性。因此,如何保证该结构层使用功能的稳定并达到较高水平是沥青面层设计的关键。沥青路面应按两方面进行设计,即结构功能设计和使用功能设计。对于半刚性基层沥青路面结构来说,结构功能设计应包括路基的稳定、基层的强度和厚度;使用功能设计则包括基层与沥青面层的层间结合问题、沥青面层的合理厚度、沥青面层的材料设计和结构组合设计、路面结构的防水和排水设计以及施工控制等问题。

对于半刚性基层沥青路面来说,结构功能设计是比较明确的。半刚性材料、刚性材料作为主要的承重层,在整个路面结构中起结构性作用。因此,为了满足交通荷载的要求,这些材料层应具有足够的强度和厚度。

三、施工原因引发的沥青路面病害

近十多年来,随着我国高速公路建设的发展,沥青路面才得以大力发展,但因施工队伍经验不足,技术力量不强,施工设备的机械化程度不高,再加上多数工程施工时间紧,使得由于施工质量而造成路面早期破坏的情况较为普遍。这类破坏主要有以下几种。

(一)软土地基沉降

在软土地基上修筑路基,若不加处理,往往会发生路基失稳或过量沉陷,导致公路破坏或不能正常使用。

(二)路基压实度不足

路基压实是路基施工过程中的重要工序,也是提高路基路面强度与稳定性的技术措施之一。土是三相体,土粒为骨架,颗粒之间的空隙为水分和气体所占据。压实的目的在于使土粒重新组合,彼此挤紧,空隙缩小,土的密度提高,形成密实整体,最终导致强度增加、稳定性提高。路基压实度不足,会导致公路路面出现纵向裂缝和横向裂缝。

(三)路面基层施工质量低劣

由于抢工期、赶进度,从而造成料源紧缺,原材料质量难以保证,不能按照施工规范的要求施工。半刚性基层没有合理的龄期，放松对工程质量的控制，使得基层（底基层）质量低劣，出现网裂破坏，反射到面层，面层出现网裂。水从裂缝处下渗到路基中，在行车荷载作用下路面发生破坏。

（四）沥青面层本身的破坏

1.由于水产生的破坏

由沥青面层本身的原因引起的路面早期破坏有沥青面层松散、坑洞、泛油等。引起沥青面层破坏的一个很重要的原因是水。沥青面层中水的来源有地面降水和路基中挤上来的水。大气降水渗到沥青面层中而排不出去，这样在汽车荷载及温度变化的作用下，沥青面层产生破坏。

空隙率大时，雨后势必会在路面中积水。沥青面层中的水无法排出，沥青混合料在饱水后石料与沥青黏附力降低，易发生剥落、松散，降低沥青路面的抗剪强度。冬季降水后，水冻结时体积增大约 9%，在沥青路面内部产生冻胀应力；温度升高，冰冻融化。在冻融循环的作用下，沥青混合料松散，从而出现坑洞等早期破坏。

为了减少由于水引起的沥青面层早期破坏，应提高面层压实标准。在沥青混合料中加入抗剥离剂，以防沥青与石料的剥离。在玄武岩等酸性石料作粗集料时，可用不超过矿料总量 2%的消石灰粉作填料（矿料）。

对于桥面铺装沥青混凝土，当水进入沥青铺装层中时，桥面排水设施的竖向金属泄水管管顶标高高于水泥混凝土桥面的标高，或横向排水管管底标高高于水泥混凝土桥面标高而与沥青混凝土桥面铺装标高齐平，使得渗入沥青混凝土中的水不能排出，造成桥面铺装层松散、坑洞等破坏。因此，桥面水泥混凝土平整度要好，竖向泄水孔处的水泥混凝土桥面标高应稍低于邻近桥面约 3 cm，这样渗到沥青混凝土内的水易于排泄。当采用横向排水管排水时，排水管底标高应略低于其周围水泥混凝土桥面的标高，以利于排水。

2.沥青面层颗粒离析

沥青面层集料大小颗粒离析，局部粗集料偏多，细集料偏少，不易压实。矿料与沥青的黏结力小，抗剪强度低，容易出现松散。局部细集料偏多，粗集料偏少，热稳定性差，容易出现车辙、拥包等破坏。其原因有以下几个方面。

1）集料颗粒组成不均匀性大

目前，沥青混合料所用集料多为个体小石料厂生产，生产的石料规格不稳定，往往同一沥青拌和站由几家石料厂供料，造成集料颗粒组成不均匀性大。虽然在沥青混合料拌和时，在拌和机内要对集料进行二次筛分，但二次筛分不能解决原材料的不均匀性。

矿粉的细度对沥青混合料的质量至关重要。矿粉粒度小，比表面积大，其比表面积约占矿料比表面积的 80%。沥青与矿粉的交互作用影响沥青混合料的抗剪强度。当矿粉粒径比设计配合比的矿粉平均粒径增大 1 倍时，则矿粉比表面积是原比表面积的 1/4。这样，就会有较多的沥青不能直接与矿粉表面交互作用形成结构沥青，而形成了较多的自由沥青，降低了沥青与矿料之间的黏结力，在行车荷载的作用下会形成泛油。因此，控制矿粉的质量十分重要。由于矿粉的质量不稳定，粗细不均匀，甚至潮湿结团或矿粉运至工地后防雨防潮措施不良，造成矿粉潮湿、结团，在拌和机内矿粉不加热，造成沥青与矿粉拌和不均匀，影响沥青混合料的质量。

2)运输和摊铺过程中造成粗细颗粒离析

热拌沥青混合料,特别是粗粒式沥青混合料,从拌和机向运料汽车上放料时,由于落差大,出现沥青混合料离析。沥青混合料从运料车上倒入摊铺机受料斗时再次出现离析。当运料汽车倒完一车料开走后,摊铺机受料斗两翼板上积存料含粗集料较多、细集料较少,所以摊铺机受料斗两翼板应及早翻动,使积存料与较多体积的混合料混合,以减少混合料离析。

3.沥青混凝土铺装层偏薄

在水泥混凝土桥面上加铺沥青混凝土铺装层时,有的设计桥面铺装层厚度偏薄,不按规定洒布黏层油,或黏层油洒布不均匀,在汽车高速行驶时,轮胎后产生真空吸力,在行车荷载作用下沥青面层出现破坏。因此,桥面铺装层应按正常路段的表面层与中面层厚度进行设计,按规定洒布黏层沥青。

4.沥青被油溶解

在施工过程中,施工机械在路面上停留而漏油,造成沥青被柴油溶解,从而产生剥离、松散、坑洞等病害。因此,施工机械在路面上停留时应在机械下面铺垫塑料薄膜或采取其他防油措施,防止油漏到路面上。

5.沥青面层的压实度偏低

沥青面层的压实度对沥青路面的耐久性影响非常重要,压实度的大小直接影响着沥青路面的使用质量。有些单位在施工时对压实度的重要性认识不足,压实不足是一个比较突出的问题。

追求平整度而忽视压实度。有些工程不按照规范要求的方法测定压实度(标准密度取值不合适)或有意调整标准密度,尽管压实度的测定数据都合格,但其真实性受怀疑。或者片面追求平整度,而放松了对压实度的控制,通车以后平整度迅速衰减,面层变形明显,所以必须在确保压实度的前提下来提高平整度。

四、沥青路面原材料性能对路面的影响

沥青路面所铺筑的沥青混合料主要是由沥青结合料、粗集料、细集料和矿粉等多种成分组成的复合材料。在混合料组成中,由于材料质量的差异和数量的多少,可形成不同的组成结构,表现为不同的物理力学性能。

(一)沥青

沥青是由一些化学成分极其复杂的烃类,如环烷烃、芳环烃和这些烃类的非金属元素(氧、氮、硫)的衍生物等组成的。

沥青混合料的使用性能是受沥青结合料影响的,沥青质量的优劣与沥青路面的好坏有密切关系,直接影响到沥青路面的使用性能。由于公路交通量的剧增,一般沥青材料已不能满足更重交通沥青路面结构的需要。从大量路面结构损坏原因的调查分析来看,路用沥青品质不良是其主要原因之一。由于国内石油品质及沥青炼制工艺流程的特点,路用沥青大多数含蜡量高,延度小,温度敏感性高,使得许多沥青路面面层结构在远小于使用寿命的年限内出现损坏。如果沥青含蜡量高,就会出现横向裂缝,故含蜡量一般要求控制在3%以内。沥青的物理性质对路面车辙有很大影响。在给定的温度和加载速率下,

高黏度的沥青会产生劲度高的沥青混合料，较高的劲度具有较高的抗车辙能力。沥青类型对路面开裂也有大的影响，使用稠度低、温度敏感性低的沥青可以减少或延缓路面的开裂。

石油沥青在道路建筑中使用最广，经合理的组成设计，可以用它在不同地区与不同等级的道路上铺筑各种沥青面层和沥青基层。石油沥青的性质与石油的性质及获得沥青的方法有关。高树脂、少石蜡的石油是道路沥青的最好原料，这种石油的特点是黏度大、相对密度大。我国20世纪80年代以前开采的都是石蜡基石油，用它炼制出来的沥青中蜡的含量高，常在10%以上，导致我国沥青的延度小，与石料的黏结力较差，沥青混合料的低温抗裂性能和高温稳定性都不好。

20世纪80年代中期，我国热采稠油取得成功。用这种高黏度的石油可以炼制出质量很好的沥青。但是，有的炼油厂为增加原油产量和降低开采成本，将原来的蒸汽热采改为输入稀油开采及管道运输工艺。由于注入的稀油是石蜡基原油，含蜡量高达14%~17%，用这种混合油和简单的直馏工艺炼制的沥青，黏度大为降低，含蜡量达8%左右，15 ℃延度达不到100 cm的要求，其他有关性质也都相应地受到不良影响。

按照获得沥青的方法，沥青主要分成三类，即直馏沥青、氧化沥青和溶剂沥青。直馏沥青是直接蒸馏石油得到的各种沥青产品的总称，通常包括常压渣油、减压渣油和直馏黏稠沥青。渣油经吹氧稠化就可得到各种不同标号的黏稠沥青，这种黏稠沥青称氧化沥青。与原渣油比，氧化沥青中的油分和树脂减少，地沥青增多，石蜡含量几乎很少变化，因此氧化沥青的稠度和软化点增加了，但延度仍然很低。用溶剂和多段脱沥青工艺，可以生产出质量较好的溶剂沥青。

（二）矿料

矿料质量的好坏直接影响沥青混合料的强度。碎石的压碎值、磨耗值不符合要求，将造成沥青混合料的稳定度偏低，引起沥青路面早期的剥落。碎石与沥青材料的黏附性大小，对沥青混合料的强度和耐久性有极大的影响。沥青混合料一般使用碱性矿料，若使用酸性矿料，应添加一定数量的抗剥落剂。

石料的吸水率大不仅会降低加热效率，影响拌和料的生产能力，而且残存在空隙中的水分影响施工压实及空隙率，这将使混合料造成剥落。因为矿料很细，筛分时不容易通过筛孔，特别是不太干燥的矿粉，筛分难度更大，往往出现筛分结果偏粗的现象，使配合比中实际矿粉偏多。细骨料中0.075 mm以下的成分在烘干过程中有很大一部分被吸尘设备排出，在配合比设计中应予适当扣除。

（三）矿料的级配及空隙率

认真选择面层矿料级配非常重要，最主要的指标是混合料的设计空隙率和路面的实际空隙率。当沥青路面的实际空隙率在7%以下时，沥青层中的水在荷载作用下一般不会产生动水压力，不容易造成水损害破坏。排水性混合料的路面空隙率大于15%时，水能够在空隙中自由流动，也不易造成水损害破坏。但是，当路面的实际空隙率为7%~15%时，水容易进入混合料内部，并且在荷载作用下容易产生较大的毛细压力或动水压力，造成沥青混合料的水损害破坏。

五、管理问题引发的路面病害

路面产生早期损坏不仅仅是材料和设计、施工的问题，管理不严格、技术水平低同样是造成路面产生病害的重要原因之一，主要体现在以下几个方面：

(1)路面设计方案未经仔细研究，试验不够。

(2)未严格实行招投标，一些无路面施工经验、无路面施工设备和技术力量的施工队伍承担路面施工，监理也未严格监理。

(3)工期紧迫，搞献礼工程，不能科学地按施工技术规范要求施工。质量管理不严，发生质量问题时，不能认真吸取教训、严肃对待。

(4)技术水平低，对采用新技术、新工艺、新设备开发研究不够。

第四节　沥青混凝土路面早期病害的防治措施

一、精心设计

公路工程的设计质量是工程质量的基础和前提。设计应从实际出发，对气候、水文、地质、材料交通量、载重进行认真调查，综合各种因素，选择多种路面结构、材料，以及多种配合比、不同结构层厚度进行试验、研究、比选，必要时应铺筑试验路段。沥青路面的设计按图 2-1 的步骤进行，设计中还应注意以下问题。

(一)精心选择路面各结构层的类型，确定各层的合理层位与合理厚度

1.面层

沥青混凝土路面的沥青面层是保证行驶质量和使用性能的关键层次。沥青面层要求致密、防水、平整、抗滑、裂缝少、车辙轻，因此一般都采用两层或三层，即表面层、底面层和中面层。

表面层直接经受车辆、大气及各种自然作用，除应满足行车安全性的要求，具有一定的摩擦系数和表面构造深度，还应该具有很好的高温稳定性、低温抗裂性、较高的抗疲劳强度。另外，表面层还应具有不透水性，以防止雨水渗入结构，以及防止地表面长时期积水。

为满足上述各方面的性能要求，应精心选择面层沥青混合料。密实型沥青混凝土混合料最宜用于表面层，它的空隙率一般为 3%~6%。在这个最佳范围内可以防止水害及冻害。由于混合料保留一定的空隙率，有利于保持表面有一定深度的表面构造，且热季不会泛油。表面层切忌使用空隙率大于 6%的半密实型级配沥青混合料，因为空隙率过大将造成水害及冻害。此外，密实型级配沥青混合料的抗裂性、疲劳强度和耐久性均优于半密实型级配混合料。

为了提高沥青混合料的高温稳定性，要求混合料含有较多的粗集料、采用较稠的沥青和较少的沥青用量。相反，为了提高混合料的抗裂性能，则应采用稠度较低的沥青和较多的沥青用量。其他几项性能指标也有相类似的矛盾。为此，混合料的各项性能都应通过精心设计，选取恰当的沥青标号、沥青用量，优质矿料、填料和矿料级配，统筹协调、兼顾各方，保证主要性能指标为最佳，所有指标都合格。

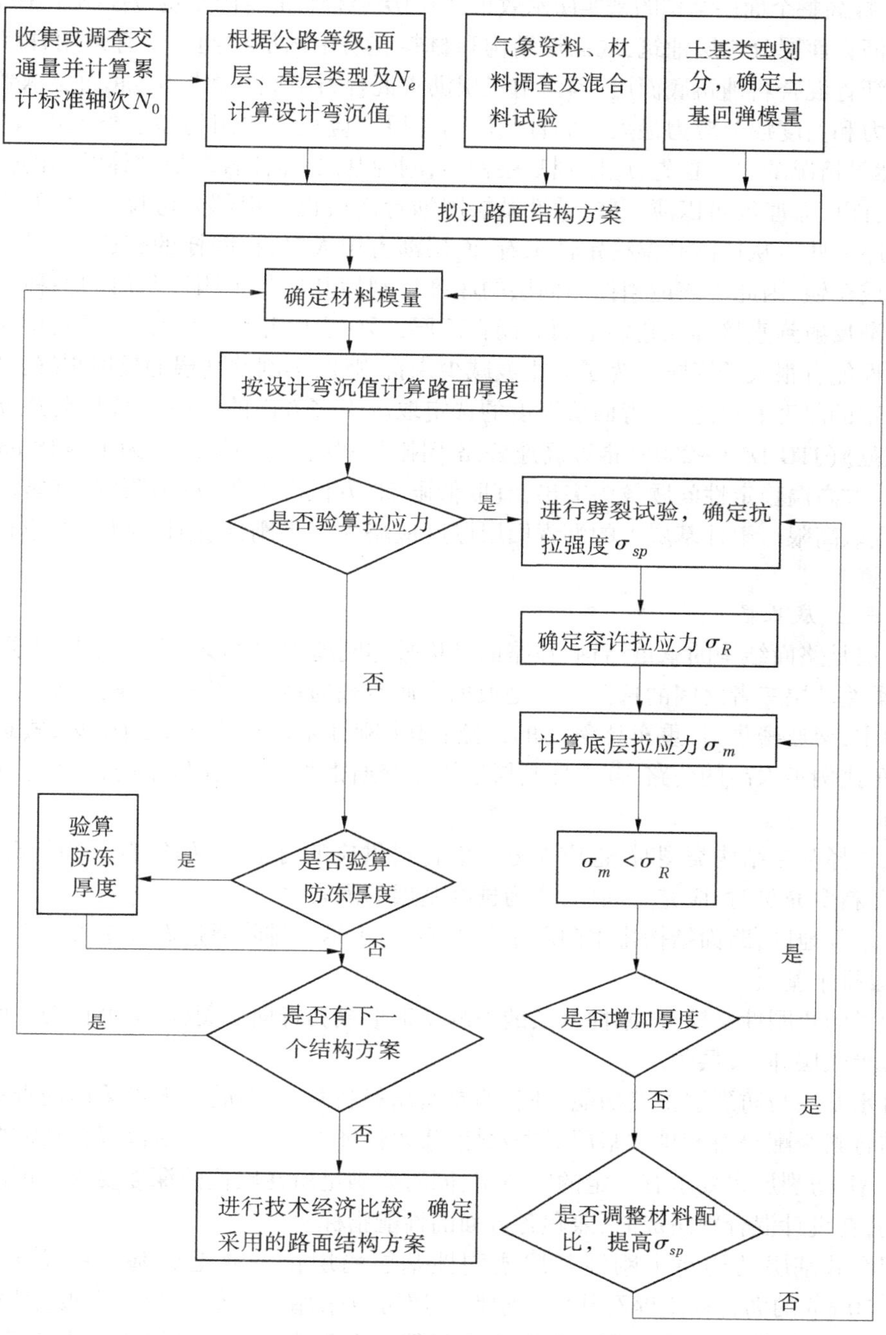

图 2-1　沥青路面的设计步骤

表面层的厚度与混合料的最大粒径有关,以取最大粒径的 3 倍为宜。中面层沥青混合料主要考虑具有足够的抗变形能力,特别是在高温条件下抵抗变形的能力,即高温稳定性。为此,宜采用粒径较表面层大的粗粒式密实型沥青混合料。中面层可采用较表面层更稠的沥青，为提高整个面层结构的密实防水效果，中面层混合料的空隙率也应控制在6%以下。

若沥青面层分三层铺筑，底面层结构和材料宜与中面层相同。不宜采用开级配或半开级配沥青混合料铺筑底面层，因为由三层沥青混合料组成的面层中，底面层承受的荷载疲劳应力和温度疲劳应力最大。沥青面层的总厚度应根据选用的基层类型以及交通、环境、自然等情况酌定。首先，应区别基层种类，刚性基层、半刚性基层整体结构的强度与刚度较大，面层总厚度可以薄一些；柔性基层因沥青面层也承担部分弯拉应力，因此面层厚度应略厚一些。从提高高温稳定性来看，面层沥青层太厚，在同样的交通与气候条件下，容易形成车辙，因此应该适当控制面层的厚度。刚性基层与半刚性基层的各种类型的裂缝会逐渐反射到直接铺在它们上面的沥青面层，形成表面开裂，这对沥青面层的路用性能与耐久性能有很大的影响。为了防止或减少来自刚性、半刚性基层的反射裂缝，沥青面层应有一定的厚度。总之，沥青面层厚度的选定取决于多方面的考虑，我国《公路沥青路面设计规范》(JTG D50—2006)推荐高速公路半刚性基层沥青面层厚度为12~18 cm。一般认为，南方高温稳定性问题较为突出，宜取低限，北方低温缩裂、反射裂缝、冻害问题较为突出，宜取高限。柔性基层上的沥青面层厚度应略大于半刚性、刚性基层，并应通过弯拉应力验算。

2.基层、底基层

基层是路面结构的承重结构，在路面结构整体刚度中起主要作用。刚性基层、半刚性基层、柔性基层三者之间的选择主要是根据交通荷载的轻重决定的：①刚性基层适用于以货运为主，交通密集，且重车比例高的公路；②半刚性基层适用于交通密集，货运比例较高，重车比例不太高的公路；③柔性基层适用于交通密集，货运比例不高，以客运车辆为主的公路。

在选择基层结构类型时，也应充分考虑材料供应的可能性，如集料、水泥、石灰、工业废渣等，料源充足时，应充分利用，作为选择基层的因素之一。

在多雨地区，路面结构排水问题十分重要，为了迅速排除通过面层渗入路面结构的雨水，可设排水基层。

为了防止刚性基层、半刚性基层的裂缝反射形成沥青面层裂缝，也可在沥青面层以下设应力吸收层、防裂层等。

排水基层与防裂层虽然功能不同，但是所用材料基本相同，一般都采用沥青稳定碎石或无结合料级配碎石。排水基层对透水性、渗水性能有一定要求，所以混合料需要有一定的空隙率，防裂层也要求有一定的空隙率，同时要满足所在层位的深度要求。可以采用同种结构，在设计混合料组成时，兼顾各方面的性能指标。

组合式基层结构将半刚性基层或刚性基层的层位下放至底基层的位置，中间设置10~20 cm的沥青稳定碎石基层。刚性基层可以采用不配筋混凝土面板、配筋混凝土面板、连续配筋混凝土面板、碾压混凝土面板等。由于连续配筋路面板不设横缝，它固有的裂缝极其微小且不会扩展，因此沥青面层不会出现反射裂缝。从使用品质来看，它是一种最佳选择，同时也应论证其技术经济的合理性。

半刚性基层目前最普遍使用的是水泥稳定类和石灰粉煤灰稳定类两种类型。从强度、刚度来说，水泥稳定类早期强度、刚度高，增长速度快，一个月以后基本达到设计强度要求;而石灰粉煤灰稳定类早期强度低,增长速度慢,约半年后基本达到设计强度要求,但是最后达到的强度、刚度指标两者无太大差别。从变形能力、裂缝数量来说,水泥稳定类比石灰粉煤灰稳定类更为严重。前者的干缩系数为后者的5倍以上,因此水泥稳定类的反射裂缝更为严重。

选择半刚性基层类型,应考虑结合料的来源。若是石灰、粉煤灰供应量充足、质量优等,可优先使用石灰粉煤灰稳定类;若是水泥供应更为方便,应优先使用水泥稳定类;若是两者皆能足量供应,应优先考虑石灰粉煤灰稳定类或者石灰水泥粉煤灰综合稳定类。无论采用何种类型的半刚性基层,均应认真进行混合料组成设计。

柔性基层的选择,对于高速公路沥青路面应优先考虑沥青稳定碎石基层。除非是交通负荷较弱的公路(如旅游区),或是交通负荷不大但是有重要意义的公路,可以采用无结合料级配碎石基层。

基层、底基层厚度应根据交通量大小、材料性能,充分发挥压实机具的功能,以及考虑有利于施工等因素选择各结构层的厚度。为便于施工组织、管理,各结构层的材料不宜频繁变化。各种结构层压实最小厚度与适宜厚度应符合表2-1的要求,并不得设计小于150 mm厚的半刚性材料薄层。

表2-1 各种结构层压实最小厚度与适宜厚度

结构层类型	压实最小厚度(mm)	适宜厚度(mm)
级配碎石	80	100~200
水泥稳定类	150	180~200
石灰稳定类	150	180~200
石灰粉煤灰稳定类	150	180~200
贫混凝土	150	180~240
级配砾石	80	100~200
泥结碎石	80	100~150
填隙碎石	100	100~120

为了增强基层的支撑或控制基层厚度不要过大,设置底基层时,可选择比基层标准略低的材料铺筑底基层,如采用无结合料天然级配砂砾或强度指标略低的半刚性材料。在路基处于干燥状态的路段或者雨量较少的地区,也可以采用石灰稳定类底基层,如石灰土、石灰稳定粒料等。底基层用于增强基层支撑时,其厚度可参照同类型基层的最小厚度与适宜厚度选用。

地基软弱而交通荷载特别繁重的路段,可以采用刚度、强度较高的底基层,以提高路面整体结构的强度和耐久性,如采用刚性板底基层、半刚性材料底基层或沥青稳定碎石底基层。其厚度可参照基层各种结构层的最小厚度和适宜厚度范围(见表2-1)选用。另外,应进行专门的混合料组成设计。

用于排水的底基层的主要功能是将地下潜水、泉水、毛细水通过路基顶面进入路面结构底部的水截住,使其不影响路面主体结构的稳定,同时沿着设计的排水方向将地下水排出路基。排水底基层材料要求由不含细粒土、以粒料为主、空隙率较大的粒料组成,其厚度应通过计算确定。排水底基层与土基之间应设反滤层(如采用土工织物)阻止土基中的细粒土随着地下水进入底基层,造成污染,使之失去排水功能。排水基层下游方向应有出水口,以便直接把水排出路基或排入盲沟。

3.垫层结构

垫层结构位于底基层之下,是专门为某一功能要求而设置的结构层,因此垫层结构的材料和结构层厚度选择主要应满足其特定的功能要求。

1)防水垫层

在路基处于潮湿、过湿状态,土质不良,粉性土的含量高时,由于毛细水作用,水分将自下而上渗入底基层和基层,为隔断水源,应设计防水垫层。此时,多采用粗砂、砂砾、矿渣等粗颗粒材料铺筑,在垫层以下应铺设不透水层(如透水系数低的黏土层及土工织物反滤层),防止渗透及污染。

2)排水垫层

排水垫层的功能与排水底基层相似,主要是排除通过路基顶面渗入的潜水、泉水和毛细上升水。材料的规模、要求以及排水功能与厚度应通过计算确定,其他构造方面的要求与排水底基层相同。

3)防冻垫层

防冻垫层应采用隔温性能良好、导热系数低的材料,如煤渣、矿渣、石灰煤渣稳定粒料等,防冻垫层的厚度可通过最小防冻垫层厚度验算确定。

4)防污垫层

防污垫层用于软弱路基路段,为防止路基土污染结构层而设置的隔离层,通常采用土工合成材料与粒料分层铺筑,可以达到防污的目的。有时在防水垫层及排水垫层下设置防污层,两种垫层同时使用,取得良好的效果。

4.层间结合

路面结构各层之间结合紧密,不产生层间滑动或松散而丧失整体性。

(1)沥青面层与基层之间应设置透层沥青或黏层沥青。当采用半刚性基层,表面可能出现细集料松散现象时,在透层沥青上增加粗砂或石屑;在多雨地区,宜采用单层表面处治做下封层,防止雨水渗入基层。

(2)沥青面层由两层或三层组成或不能连续施工时,则在铺筑上一层沥青层之前,在下一层沥青层表面设黏层沥青。

(3)水泥混凝土刚性基层上应设黏层沥青。

(4)透层沥青、黏层沥青、下封层沥青的材料规格与用量,应根据地区特点、施工季节和结构类型不同,按《公路沥青路面施工技术规范》(JTG F 40—2004)的要求选定。

(二)正确确定路面结构设计参数

1.土基回弹模量

土基回弹模量与土的性质、密实度、含水量,路基所处的干湿状态及测试方法有着密切的关系。目前,常用现场实测法或查表法测定土基回弹模量。

2.沥青混合料设计参数

我国现行沥青路面设计方法采用抗压回弹模量和抗弯拉强度两项参数,按照《公路工程沥青及沥青混合料试验规程》(JTJ 052—2000)规定的方法确定。

3.基层、垫层材料设计参数

基层材料的设计参数随基层种类而定,不同类型的基层取用不同的参数。刚性基层沥青路面按我国水泥混凝土路面设计规范规定,作为复合结构进行设计计算。设计参数取用弯拉弹性模量和弯拉强度。半刚性基层沥青路面基层的设计参数取用抗压回弹模量与劈裂抗拉强度。柔性基层沥青路面因基层材料大多数为无机结合粒料或沥青碎石混合料,一律都不作弯拉强度验算,仅取回弹模量为参数。

(三)合理进行各层材料组合设计

在完成结构组合设计和厚度设计之后,结构层材料组成设计是确保路面结构层各项性能指标是否能达到规定要求的重要步骤。沥青面层材料组成设计是路面设计的重要组成部分。沥青面层材料组成设计包括沥青和集料的选择、级配类型的选择、沥青用量的确定及混合料各项性能的试验与评定。

1.沥青材料的选择

我国道路石油沥青分为A级沥青、B级沥青和C级沥青。各个沥青等级的适用范围应符合表2-2的规定。道路石油沥青的质量应符合表2-3的规定的技术要求。经建设单位同意,沥青的*PI*值、60 ℃动力黏度、10 ℃延度可作为选择性指标。

表2-2　道路石油沥青的适用范围

沥青等级	适用范围
A级沥青	各个等级的公路,适用于任何场合和层次
B级沥青	(1)高速公路、一级公路沥青下面及以下的层次,二级及二级以下公路的各个层次; (2)用做改性沥青、乳化沥青、稀释沥青的基质沥青
C级沥青	三级及三级以下公路的各个层次

沥青路面采用的沥青标号宜按照公路等级、气候条件、交通条件、路面类型及结构层中的层位及受力特点、施工方法等,结合当地的使用经验,经技术论证后确定。

对于高速公路、一级公路,夏季温度高、高温持续时间长、重载交通、山区及丘陵区上坡路段、服务区、停车场等行车速度慢的路段,尤其是汽车荷载剪应力大的层次,应采用稠度大、60 ℃动力黏度大的沥青,也可提高高温气候分区的温度水平选用沥青等级;对于冬季寒冷的地区或交通量小的公路、旅游公路等宜选用稠度小、低温延度大的沥青。

当缺乏所需标号的沥青时,可采用不同标号掺配的调和沥青,其掺配比例由试验决定。掺配后的沥青质量应符合表2-3的要求。

2.集料的选择

集料质量差是目前公路建设中特别严重的问题,其突出的表现是:材料脏、粉尘多、针片状颗粒含量高、级配不合格等,经常不能达到规范的要求。我国公路部门的集料多半取自社会料场,国有企业、乡镇企业、个体生产都有,各料场质量、规格参差不齐,使用时离析严重,导致实际级配与配合比设计有很大差距,这是造成沥青路面早期损坏的重要原因。所以,要严把集料选择这一环节。

表 2-3　道路石油沥青技术要求

指标	等级	沥青标号																	试验方法①
		160 号④	130 号④	110 号			90 号					70 号③					50 号③	30 号④	
针入度(25 ℃,5 s,100 g)(0.1 mm)		140~200	120~140	100~120			80~100					60~80					40~60	20~40	T 0604
适用的气候分区⑥		注④	注④	2-1	2-2	3-2	1-1	1-2	1-3	2-2	2-3	1-3	1-4	2-2	2-3	2-4	1- 4	注④	附录 A⑥
针入度指数 *PI*②	A	-1.5 ~ +1.0																	T0604
	B	-1.8 ~ +1.0																	
软化点(R&B)不小于(℃)	A	38	40	43			45			44		46		45			49	55	T0606
	B	36	39	42			43			42		44		43			46	53	
	C	35	37	41			42					43					45	50	
60 ℃动力黏度②不小于(Pa · s)	A	—	60	120			160			140		180		160			200	260	T0620
10 ℃延度②不小于(cm)	A	50	50	40			45	30	20	30	20	20	15	25	20	15	15	10	T0605
	B	30	30	30			30	10	15	20	15	15	10	20	15	10	10	8	
15 ℃延度不小于(cm)	A、B	100															80	50	
	C	80	80	60			50					40					30	20	
蜡含量(蒸馏法)不大于(%)	A	2.2																	T0615
	B	3.0																	
	C	4.5																	
闪点不小于(℃)		230					245					260							T0611
溶解度不小于(%)		99.5																	T0607

续表 2-3

指标	等级	沥青标号							试验方法①
		160 号④	130 号④	110 号④	90 号	70 号③	50 号③	30 号④	
密度(15 ℃)(g/cm³)		实测记录							T0603
TFOT(或 RTFOT)⑤									T0601 或 T0609
质量变化不大于(%)		±0.8							
残留针入度比(25 ℃)不小于(%)	A	48	54	55	57	61	63	65	T0604
	B	45	50	52	54	58	60	62	
	C	40	45	48	50	54	58	60	
残留针入度比(10 ℃)不小于(%)	A	12	12	10	8	6	4	—	T0605
	B	10	10	8	6	4	2	—	
残留延度(15℃)不小于(cm)	C	40	35	30	20	15	10	—	T0605

注:①试验方法按照现行《公路工程沥青及沥青混合料试验规程》(JTJ 052—2000)规定方法执行。用于仲裁试验求取 *PI* 时的 5 个温度的针入度关系数不得小于 0.997。

②经建设单位同意,表中 *PI* 值、60 ℃ 动力黏度、10 ℃延度可作为选择性指标,也可不作为施工质量检验标准。

③70 号沥青可以根据需要要求供应商提供针入度范围 60~70 或 70~80 的沥青,50 号沥青可要求提供针入度范围为 40~50 或 50~60 的沥青。

④30 号沥青仅适用于沥青稳定基层。130 号和 160 号沥青除冷寒地区可直接在中低级公路上直接应用外,通常用做乳化沥青、稀释沥青、改性沥青的基质沥青。

⑤老化试验以 TFOT 为准,也可以 RTFOT 代替。

⑥气候分区见《公路沥青路面施工技术规范》(JTG F40—2004)的附录 A。

1) 粗集料

沥青路面表面层粗集料包括碎石、破碎砾石、筛选砾石、钢渣、矿渣等，但高速公路和一级公路不得使用筛选砾石和矿渣。粗集料必须由具有生产许可证的采石场生产或施工单位自行加工。粗集料应该洁净、干燥、表面粗糙，技术要求及规格见表 2-4、表 2-5。

表 2-4　沥青混合料用粗集料质量技术要求

指标	高速公路及一级公路		其他等级公路
	表面层	其他层次	
石料压碎值，不大于(%)	26	28	30
洛杉矶磨耗损失，不大于(%)	28	30	35
表观相对密度，不小于	2.60	2.50	2.45
吸水率，不大于(%)	2.0	3.0	3.0
坚固性，不大于(%)	12	12	—
针片状颗粒含量(混合料)，不大于(%)	15	18	20
其中粒径大于 9.5 mm，不大于(%)	12	15	—
其中粒径小于 9.5 mm，不大于(%)	18	20	—
水洗法小于 0.075 mm 颗粒含量，不大于(%)	1	1	1
软石含量，不大于(%)	3	5	5

碎石应采用匀质、洁净、坚硬、无风化的，并应不含过量<0.075 mm 的颗粒（小于 3%），吸水率小于 3%。颗粒形状接近立方体并有多棱角、细长或扁平的颗粒（长边与短边或长边与厚度比大于 3）、含量应小于 15%、压碎值应不大于 30%。碎石与沥青材料的黏附性大小对沥青混合料的强度和耐久性有极大的影响，应优先选用同沥青材料有良好黏附性的碱性碎石。

沥青路面表面层粗集料应选用坚硬、耐磨、抗冲击性好的碎石，并应符合石料磨光值规定的要求。为了保证石料与沥青之间有较好的黏附性能，经检验属于酸性岩石的碎石，宜使用针入度较小的沥青，必要时要在沥青中掺加抗剥离剂等，以提高其黏附性。

2) 细集料

沥青面层的细集料可采用机制砂、天然砂及石屑。细集料应洁净、干燥、无风化、无杂质，并由适当的颗粒组成。热拌沥青混合料的细集料宜采用优质的机制砂和天然砂，在缺砂地区也可以采用石屑。由于一般情况下石屑的含泥量高、强度低，因此用于沥青混凝土面层及抗滑表层的石屑用量不宜超过天然砂及机制砂的用量。细集料与沥青应有良好的黏结性能，与沥青黏结性能很差的天然砂及用花岗岩、石英岩等酸性石料的机制砂或石屑不宜用于沥青面层，必须使用时，则应有抗剥离措施。

表 2-5　公路沥青路面层粗集料规格

规格名称	公称粒径(mm)	通过下列筛孔(mm)的质量百分率(%)												
		106	75	63	53	37.5	31.5	26.5	19	13.2	9.5	4.75	2.36	0.6
S1	40~75	100	90~100			0~15		0~5						
S2	40~60		100	90~100		0~15		0~5						
S3	30~60		100	90~100			0~15		0~5					
S4	25~50			100	90~100			0~15		0~5				
S5	20~40				100	90~100			0~15		0~5			
S6	15~30					100	90~100			0~15		0~5		
S7	10~30					100	90~100				0~15	0~5		
S8	10~25						100	90~100		0~15		0~5		
S9	10~20							100	90~100		0~15	0~5		
S10	10~15								100	90~100	0~15	0~5		
S11	5~15								100	90~100	40~70	0~15	0~5	
S12	5~10									100	90~100	0~15	0~5	
S13	3~10									100	90~100	40~70	0~20	0~5
S14	3~5										100	90~100	0~15	0~3

表 2-6 为沥青混合料用天然砂规格；表 2-7 为沥青混合料用机制砂或石屑规格；表 2-8 为沥青混合料用细集料质量要求。

表 2-6　沥青混合料用天然砂规格

筛孔尺寸(mm)	通过各筛孔的质量百分率(%)		
	粗砂	中砂	细砂
9.5	100	100	100
4.75	90~100	90~100	90~100
2.36	65~95	75~100	85~100
1.18	35~65	50~90	75~100
0.6	15~30	30~60	60~84
0.3	5~20	8~30	15~45
0.15	0~10	0~10	0~10
0.075	0~5	0~5	0~5

表 2-7　沥青混合料用机制砂或石屑规格

规格	公称粒径(mm)	通过下列筛孔(方孔筛(mm))的质量百分率(%)							
		9.5	4.75	2.36	1.18	0.6	0.3	0.15	0.075
S15	0~5	100	90~100	60~90	40~75	20~55	7~40	2~20	0~10
S16	0~3	—	100	80~100	50~80	25~60	8~45	0~25	0~15

表 2-8　沥青混合料用细集料质量要求

项目	高速公路、一级公路	其他等级公路
表观相对密度不小于	2.50	2.45
坚固性(>0.3 mm 部分)不大于(%)	12	—
含泥量(<0.075 mm 的含量)不大于(%)	3	5
砂当量不小于(%)	60	50
亚甲蓝值不大于(g/kg)	25	—
棱角性(流动时间)不小于(s)	30	—

注:坚固性试验根据需要进行。

3)填料

沥青混合料的填料宜采用石灰岩或岩浆岩中的强基性岩石(憎水性石料)经磨细得到的矿粉,原石料中的泥土杂质应小于 3%。矿粉要求干燥、洁净,其质量应符合表 2-9 的技术要求。

表 2-9　沥青面层用矿粉质量要求

指标	高速公路、一级公路	其他等级公路
视密度不小于(t/m^3)	2.50	2.45
含水量不大于(%)	1	1
粒度范围　<0.6 mm(%)	100	100
<0.15 mm(%)	90~100	90~100
<0.075 mm(%)	75~100	70~100
外观	无团粒、结块	
亲水系数	<1	

拌和机的粉尘可作为矿粉的一部分回收使用,但每盘用量不得超过填料总量的 25%,掺有粉尘填料的塑性指数不得大于 4。

粉煤灰作为填料使用时,用量不得超过填料总量的 50%,粉煤灰的烧失量应小于 12%,与矿粉混合后的塑性指数应小于 4,其余质量要求与矿粉相同。高速公路、一级公路的沥青面层不宜采用粉煤灰作填料。

3.沥青混合料配合比设计

沥青混合料配合比设计包括下列步骤:

(1)选定沥青混合料的类型与型号;

(2)调整级配曲线、沥青用量范围,测定马歇尔试验技术指标;

(3)选定混合料配合比及沥青用量；

(4)评定各项路用性能，调整材料用量。

沥青路面面层结构一般分两层或三层铺筑，各个层次的沥青有不同的功能要求，应选择不同类型的混合料。应充分考虑当地气温、降雨等气象条件和交通量与交通组成等因素，参考相似条件下建成多年的沥青路面使用材料的经验进行选择。

我国沥青路面设计与施工规范规定，沥青混合料配合比设计按马歇尔试验法进行。马歇尔试验方法的详细介绍见《公路工程沥青及沥青混合料试验规程》(JTJ 052—2000)。试验时首先按照道路的使用要求，初选出几种混合料级配型号，取选定的沥青材料、粗细集料与填料矿粉，按各个型号的级配范围确定各种材料的用量，按标准方式成型试件，然后测定其稳定度、流值、空隙率和沥青饱和度，密级配沥青混凝土混合料马歇尔试验技术标准见表2-10。

表2-10　密级配沥青混凝土混合料马歇尔试验技术标准

试验标准			高速公路、一级公路				其他等级公路	行人道路
			夏炎热区(1－1、1－2、1－3、1－4区)		夏热区及夏凉区(2－1、2－2、2－3、2－4、3－2区)			
			中轻交通	重载交通	中轻交通	重载交通		
击实次数(双面)(次)			75				50	50
试件尺寸(mm)			101.6×63.5					
空隙率 *VV*	深90 mm以内	%	3~5	4~6	2~3	3~5	3~6	2~4
	深90 mm以上	%	3~6		2~4	3~6	3~6	—
稳定度 *MS* 不小于(kN)			8				5	3
流值 *FL*(mm)			2~4	1.5~4	2~4.5	2~4	2~4.5	2~5
矿料间隙率 *VMA* 不小于(%)	设计空隙率(%)		相应于以下公称最大粒径(mm)的最小 *VMA* 及 *VFA* 技术要求(%)					
			26.5	19	16	13.2	9.5	4.75
	2		10	11	11.5	12	13	15
	3		11	12	12.5	13	14	16
	4		12	13	13.5	14	15	17
	5		13	14	14.5	15	16	18
	6		14	15	15.5	16	17	19
沥青饱和度 *VFA*(%)			55~70	65~75			75~85	

注：1.对空隙率大于5%的夏炎热区重载交通路段，施工时应至少提高压实度1个百分点。

2.当设计的空隙率不是整数时，由内插确定要求的 *VMA* 最小值。

3.对改性沥青混合料，马歇尔试验的流值可适当放宽。

4.本表适用于公称粒径≤26.5 mm的密级配沥青混凝土混合料。

根据试验和计算的结果分别绘出沥青用量与密度、沥青用量与稳定度、沥青用量与流值、沥青用量与空隙率的关系曲线，其中满足所有技术指标的沥青用量范围即为共同范围。通常采用共同范围的中间值作为最佳的沥青用量。有时亦可根据本地区的具体情况，在共同用量范围内选用适当的沥青用量。例如，交通量较大和预计会产生较大车辙的路段，可在中间值与下限之间选择；交通量较小、多雨潮湿或寒冷的地区，则可在中间值与上限之间选择。

(四)加强沥青路面的防水、排水设计

沥青路面排水分为路面表面排水和路面结构层排水。尽管沥青面层多采用密实型沥青混合料，但是雨水还是可能发生渗透，特别是面层产生局部微小裂缝时。因此，对沥青路面的防水、排水问题应引起重视。

1. 路面横坡排水

路面横向排水采用路面横坡，路面横坡不能太小，一般不宜小于1.5%，对于采用抗滑面层的路段，由于表面构造有一定深度，横坡太小容易滞水，一般宜采用2.0%。横坡设置方向有两种型式，即向中央分隔带倾斜和向外侧边坡倾斜。横坡向中央分隔带倾斜时，中央分隔带内应设置有完善的集水装置和纵向排水沟渠或管道。采用这种型式的优点是可以减少边坡冲刷损害、行车安全性好；缺点是中央分隔带积水，排水设施需要额外投资。向外侧边坡方向倾斜的型式比较常见，采用这种型式应认真处理边缘排水，防止边坡冲刷，特别是四车道以上的多车道公路，由于路幅宽、来水量大，更应采取防止冲刷的措施。

路肩为硬化路肩时，如采用与行车道路面相同的结构和材料，则硬路肩的横坡应与行车道的横坡一致；土路肩的横坡应向外侧倾斜，取3.0%为宜。

当采用向外侧倾斜的路面横坡排水时，应注意防止雨水冲刷路基边坡，目前有两种防止方法供选择：其一，采用漫坡排水，对边坡表面进行加固(植草皮或铺砌坡面)或减缓边坡坡度(用1:2或1:3)；其二，采用拦水带阻止雨水直接冲刷边坡，沿拦水带长度方向每隔20~50 m设一长度为2~4 m的泄水口，泄水口处顺路基边坡设急流槽。具体使用时，应根据当地情况而定。采用拦水带排水的缺点是在暴雨集中的季节，排水不够通畅，有的漫水超过行车道外侧边线，影响正常行车。在纵坡平缓地段，拦水带处长期积水，渗入路面造成病害。因此，在条件许可时应尽量采用第一种方法，但漫坡排水应防止冲刷。

2.路面结构排水

雨水通过沥青面层的空隙和裂缝渗入沥青面层，若不能及时排除，将会产生很大危害。特别是采用半刚性基层，沥青面层直接铺筑在半刚性基层之上，渗入水留在基层顶面，相当于将面层结构浸泡在水中。在夏季高温气候条件下，若有大量重车通过，则沥青面层在高温动水压力之下，将导致严重的水损害直至沥青面层彻底破坏，因此必须认真解决路面结构排水问题。目前，最有效的方法是设置排水基层，采用沥青处治稳定碎石或采用无机结合料碎石(无机结合料级配碎石)等修筑基层，并在路肩部位的基层端部设纵向集水管，将结构内部积水排出路基，也可将基层直接铺筑至边坡，将结构内部积水直接排出路基。

3.底基层或垫层排水

除了雨水渗入路面结构，在挖方路段、低路基处于潮湿与过湿状态的路段，还经常发生地下水自下而上渗入路面结构，此时为降低地下水位，应设纵向排水盲沟和排水垫层（或排水底基）。

（五）提高沥青面层压实度，减小空隙率

为了尽可能提高沥青混凝土面层的不透水性，完全有必要提高沥青面层的压实度，表面层的压实度应不小于98%，中面层和底面层的压实度应不小于97%。另外，还应增加现场空隙率的指标要求，应要求表面层现场空隙率不大于6%，中面层或底面层空隙率不大于7%。

二、严格施工质量管理

沥青路面质量的好坏，除结构设计、材料组合，主要取决于施工，施工对工程质量起保证作用。沥青路面施工必须按全面质量管理的要求，建立健全有效的质量保证体系，实行目标管理、工序管理，明确岗位责任制，对施工的全过程及每道工序的质量进行严格的检查、控制、评定，以保证达到规定的质量标准。要以分项工程、分部工程、单位工程逐层的质量保证来最终保证建设项目的整体质量。搞好工程施工质量的关键是要抓好以下工作。

（一）加强原材料的检验工作

材料的质量是沥青路面质量的保证。沥青路面早期破坏，其中材料不合格是原因之一。施工开始前及施工过程中，发现材料来源、规格变化时，应对材料的质量进行全面检查，检查的主要内容有：

（1）材料的质量是否符合要求，对质量不合格的材料，绝不能使用，并不准运入工地，已运入工地的，必须限期清除出场。

（2）由于一项工程往往使用多个不同料场或分几次购入材料，故必须以“批”为单位，每批都要进行检查。

（3）对材料的数量、供应来源、贮存堆放等也要进行检查。

（二）加强沥青混合料配合比的控制

加强沥青混合料配合比的控制应注意以下方面：

（1）要严格控制材料规格、用量和矿料级配组成及沥青用量。

（2）沥青混凝土的沥青用量应按马歇尔稳定度试验确定，并应在施工过程中经常加以校验，对马歇尔稳定度试验、材料规格、用量等进行抽检。

（三）提高设备的工作性能

机械设备是保证沥青路面施工质量的又一个重要因素。因此，在沥青路面施工前，必须对拌和厂、摊铺、压实等施工机械设备的配套情况、性能、计量精度等进行严格检查，对不符合要求的机械设备应立即更换。

（四）铺筑试验路段

铺筑试验路段的目的在于验证施工方案的可行性，通过铺筑试验路段来修改、充实、完善施工方案，熟悉施工工艺，为大规模施工作指导。沥青混合料路面试验路段应解决以下一些问题：

（1）确定施工机械设备的型号、数量和组合方式；

(2)确定拌和机上料速度、拌和数量、拌和时间、拌和温度等操作工艺；

(3)确定透层油的沥青标号、用量、喷洒方式和温度；

(4)确定摊铺机的摊铺温度、速度、宽度和自动找平方式等操作工艺；

(5)确定压路机的型号，压实顺序，碾压温度、速度和遍数等压实工艺；

(6)验证沥青混合料配合比，确定现场矿料配比和沥青用量及混合料的松铺系数、接缝方法等；

(7)测定密度的对比关系(钻孔法与核子密度仪法对比)，确定压实标准密度；

(8)全面检查材料及施工质量；

(9)确定施工产量、作业段长度，修订施工进度计划；

(10)确定施工组织、管理体系、质量自检体系、人员、通讯联络、指挥方式等。

(五)加强施工过程中的质量管理与检查

应跟班对施工质量进行检查，对各种施工材料进行抽检，对沥青混合料拌和厂的拌和温度、均匀性、出厂温度进行检查，取样进行马歇尔稳定度试验；检测混合料的矿料级配和沥青用量，对于拌和温度过高、致使沥青老化的沥青混合料，应予以废弃或另作他用。

铺筑现场必须检查混合料质量、施工温度(摊铺温度、压实温度)、沥青层厚度、压实度、平整度。

三、加强养护，保证路面的使用性能

预防路面早期出现病害，工程竣工后加强养护、提高养护质量能有效地防止病害的发生和继续扩散。应随时掌握路面的使用状况，加强日常维修保养，及时修补各种损坏，保持路面清洁、完好、无杂物或硬物堆积于路面上。疏通排水设施，避免积水渗入路基、路面，影响路面强度和稳定性。

(一)热拌沥青混合料路面的初期养护

热拌沥青混合料路面的初期养护应注意以下方面：

(1)热拌沥青混合料面层，必须充分压实，待摊铺层完全自然冷却、混合料表面温度低于 50 ℃后方可开放交通。

(2)纵、横向的施工接缝是路面的薄弱环节，应加强初期养护，随时用 3 m 直尺量测平整度，铲高补低，经拉毛后，用混合料垫平、压实。

(3)开放交通初期，应控制车速不超过 20 km/h，不得制动和调头。如有损坏，要及时修理。

(二)沥青路面的日常保养要求

沥青路面的日常保养要求做到以下几个方面：

(1)保持路面平整、横坡适度、线形顺直、路容整洁、排水良好。

(2)加强路况巡查，掌握路面情况，随时排除有损路面的各种因素，及时发现病害，研究分析病害产生的原因，并有针对性地及时对病害进行维修处理，把病害消灭在萌芽状态，提高路面的工作性能和使用寿命。

第五节 沥青混凝土路面病害防治技术

一、路面裂缝的修补

由于路面基层温缩、干缩引起的纵、横向裂缝，缝宽在 5 mm 以内时，先将缝隙中的杂物及尘土清除干净，将稠度较低的热沥青灌入缝中或用乳化沥青灌缝撒料法封堵，热沥青灌入深度大致为缝深的 2/3，然后填入干净的石屑或粗砂振捣密实，最后将溢出的沥青及石屑、砂等清理干净；缝宽在 5 mm 以上的，把裂缝内处理干净后，用热拌沥青混合料填充、捣实，缝内潮湿时应采用乳化沥青混合料。

在高温季节全部或大部分可愈合的轻微裂缝可不加处理。在高温季节不能愈合的轻微裂缝，可采用下列方法处治：

（1）将有裂缝的路段清扫干净并均匀喷洒少量沥青（在低温潮湿季节宜喷洒乳化沥青），再匀撒一层 2~5 mm 厚的干燥、洁净的石屑或粗砂，最后用轻型压路机将矿料碾压。

（2）沿裂缝涂刷少量稠度较低的沥青。

因路基、基层强度不足或路基翻浆等引起的严重龟裂，应先处治基层后再重做面层。

由于沥青性能不好或路面设计使用年限较长、油层老化等原因出现的大面积裂缝，但基层强度尚好时，通过技术经济比较，可选用下列方法修补：

（1）乳化沥青稀浆封层，封层厚度宜为 3~6 mm；

（2）加铺沥青混合料上封层，或先铺设土工合成材料后，再在其上加铺沥青混合料上封层；

（3）采用改性沥青薄层罩面；

（4）采用单层沥青表面处理进行处治。

二、路面麻面、松散的修补

（1）对于大面积的麻面、松散路段，可在气温上升（10 ℃以上）后，清扫干净，重新喷油进行下封，下封层沥青用量为 0.8 ~ 1.0 kg/m^2，撒铺 3 ~ 5 mm 厚石屑或粗砂（5 ~ 8 m^3/（1 000 m^2）），用轻型压路机压实。

（2）由于油温过高，沥青老化失去黏结性而造成松散的地方，应将松散部分全部挖除后，重做面层。

（3）由于基层或土基软化变形而引起的路面松散，先处理基层或土基的病害，再重做面层。

（4）因酸性石料与沥青黏附性差造成的路面松散，应将松散部分挖除后，重做面层。重做面层的矿料不应再使用酸性石料，在缺乏碱性石料的地区，应在沥青中掺加抗剥离剂、增黏剂，改善沥青与矿料的黏附力，提高沥青混合料的水稳性。

三、坑槽的维修

(一)路面的基层完好,仅面层有坑槽时

路面的基层完好,仅面层有坑槽时,应注意以下方面:

(1)测定破坏部分的范围和深度,画出大致与路中心线平行或垂直的坑槽修补轮廓线(正方形或长方形)。

(2)开槽应开凿到稳定部分,槽壁要垂直,并将槽底、槽壁清理干净。

(3)在干净的槽底、槽壁刷一薄层黏结沥青,随即填铺备好的沥青混合料,新填补部分要略高于原路面(高出量应根据坑槽深浅、用料粗细及压实度而定),使填料压实后与原路面相平,烙平四周接缝。

(4)根据条件采用热拌法、冷拌法或乳化沥青拌和法制备填补用混合料,要求与原路面面层用料规格相同,视坑槽深度采用单层或双层填补。

(二)路面基层破坏时

路面基层破坏时,应针对破坏原因,先处理基层病害,基层密实、稳定后,再修复面层。

(三)用预制块修补坑槽

用预制块修补坑槽,应做到以下几个方面:

(1)在寒冷地区,为使出现坑槽的路段不因气温条件限制,能及时得到修补,可采取预制板修补的办法。

(2)预制板的要求。可选用几个通用尺寸制作模型,用沥青混合料热拌预制沥青混合料预制块,使用平板振捣器压实,冷却后待用,尽量减少搬运中的破损(如破损用热沥青修补)。

(3)现场开挖坑槽的尺寸应是预制板尺寸的倍数,边部尺寸应略放大 1 cm,以便于预制块能正好填入坑槽内,不需改切。开挖深度应与预制板的厚度相适应(略小于预制块的厚度,视预制块的实际压实系数而定)。

(4)修补坑槽的方法。将槽开凿到稳定部分,槽壁垂直,并将槽底、槽壁清除干净。在槽底、槽壁薄刷一层黏结沥青,随即选用尺寸、形状相匹配的沥青混合料预制块铺平,并用细粒式沥青混合料填塞预制块四周,接缝烙平压实。

在寒冷地区为保证路面平整完好过冬,可用乳化沥青作结合料及时进行修补。

四、拥包的修补

拥包的修补应注意以下方面:

(1)由基层原因引起的较严重拥包,先用挖补方法处理基层,待基层稳定密实后,再重做面层。

(2)因施工时操作不慎,将沥青漏洒在路面上形成的拥包,将拥包除去即可。

(3)因面层沥青用量过多或细集料集中而产生的较严重拥包,或路面连续多次出现拥包且面积较大,但路面基层稳定,则可用机械或人工将拥包全部除去,并低于路表面约 10 mm。将基层表面的碎屑、杂物及粉尘等清扫干净后浇洒黏层油用热沥青混合料重做面层。

(4)对已趋稳定的轻微拥包,将拥包用机械刨削平齐或用人工挖除。

五、泛油的修理

(一)泛油路段的处治措施

对于泛油路段,先取样做抽提试验,求出油石比,然后确定不同的处治措施:

(1)严重泛油路段,先撒一层粒径为 10~15 mm 或更大的碎石,用压路机强行压入路面,等基本稳定后,再分次撒上 5~10 mm 粒径的碎石嵌缝,并碾压成型。另外,还可将含油量过高的软层铣刨清除后,重做面层。

(2)泛油较重路段,根据情况可先撒粒径为 5~10 mm 的碎石,用压路机碾压,待稳定后撒铺一层粒径为 3~5 mm 的石屑或粗砂,并用压路机或引导行车碾压,使粒料嵌入油层。

(3)轻度泛油路段可撒粒径为 3~5 mm 的石屑或粗砂,用压路机或控制行车碾压,使粒料嵌入油层。

(二)施工要求

泛油的施工要求如下:

(1)处治时间应选择在泛油路段已出现全面泛油的高温季节。

(2)撒料应顺行车方向撒,先粗后细;做到少撒、薄撒、匀撒、无堆积、无空白。

(3)禁止使用含有粉粒的细料。

(4)采用压路机或引导行车碾压,使所撒石料均匀压入路面。再撒铺第二层细粒料,进行碾压。

(5)如采用行车碾压,应及时将松散的粒料扫回,待泛油稳定后,将浮动的多余石料清扫并回收。

六、啃边的修理与防治

啃边的修理与防治应做到以下几点:

(1)挖出破损边缘,切成纵横规则断面,并适当挖深,采用局部加厚面层边部的方法修复。

(2)改善加固路肩或设硬路肩,使路肩平整坚实,与路面边缘衔接平顺,并保持路肩应有的横坡,以利于排水。

(3)在路面边缘设置路缘石,其顶面与路面面层平齐,以防止啃边。

(4)平交道口或曲线半径较小的路面内侧,可适当加宽路面。

七、脱皮的修复

脱皮的修复应做到以下几点:

(1)由于面层与基层之间黏结不良而脱皮者,清除脱落和已松动部分的面层,清扫干净,喷洒透层沥青后,重新铺面层。

(2)由于沥青面层间黏结不牢固,产生脱皮,应将脱落及松动部分清除,在下层沥青面上涂刷黏结沥青,并重做沥青面层。

(3)由于面层与上封层之间黏结不好或初期养护不良而引起脱皮的部分,应先清除脱皮和松动的沥青面层,清扫干净,然后洒布黏层沥青,重新做上封层和面层。

八、沉陷的修理

因路基不均匀沉降而引起的局部路面沉陷,若土基和基层已经密实稳定,不再继续下沉,可只修补面层,并根据路面的破损状况分别采取下列处治措施:

(1)路面略有下沉,无破损或仅有少量轻微裂缝,可在沉陷处喷洒或涂刷黏层沥青,再用沥青混合料将沉陷部分填补,并压实平整。

(2)因路基沉陷导致路面破损严重,矿料已松动、脱落形成坑槽的,应按坑槽的维修方法处治。

九、波浪、搓板的修理

波浪、搓板的修理应做到以下几点:

(1)因基层强度不足或稳定性差引起波浪时,应挖掉面层,对基层进行补强后,再铺设面层。

(2)因面层和基层间有夹层而引起波浪时,应挖除面层、清除不稳定夹层,将下承层表面清扫干净,然后喷洒透层沥青,重铺面层。

(3)小面积面层搓板(波浪),可在波谷内填补沥青混合料找平,但必须黏结牢固,稳定密实;起伏较大者,铲除波峰部分进行重铺。

(4)严重的大面积波浪或搓板,应将波浪段面层全部挖除,查找原因,重新铺筑面层。

十、翻浆的修理

翻浆的修理应做到以下几点:

(1)因基层水稳定性不良或含水量过大造成的翻浆应挖去面层及基层全部松软的部分。将基层材料晾晒干,并适当增加新的硬粒料(有条件时应换填透水性良好的砂砾或工业废渣等),分层(每层不超过 15 cm)填补并压实,最后铺筑面层。

(2)低温季节施工的石灰稳定类基层,发生上层翻浆,应挖除到坚硬处,另换新料,修补基层和重铺面层,也可采取短期封闭交通的办法防止翻浆蔓延扩大。

(3)对于因排水不良而造成的翻浆,可加深边沟,增设纵横盲沟,加速路基排水;或使用水稳定性好的垫层、基层,重修面层或增设隔离层。

十一、沥青面层罩面

沥青面层罩面按其使用功能划分为普通型罩面(简称罩面)、防水型罩面(简称封层)和抗滑层罩面(简称抗滑层)三种。

(一)罩面

1.罩面的适用范围

罩面主要用于消除破损,完全或部分恢复原有路面平整度,改善路面性能等所采取的路面修复工作。

2.罩面材料的要求

罩面材料应满足以下要求:

(1)结合料宜使用性能较好的黏稠型道路石油沥青、乳化石油沥青、改性乳化沥青或改性沥青。应选择耐磨、强度高的石料。

(2)高速公路、一级公路宜采用中粒式、细粒式密级配沥青混凝土或沥青玛瑞脂结构;二级及其以下公路可采用热拌沥青碎石混合料结构;三级及其以下公路可采用沥青表面处治层结构。

3.罩面的厚度

罩面的厚度应根据所在路段的交通量、公路等级、路面状况、使用功能等综合考虑确定。

(1)当路面状况指数、行驶质量指数为中、良等级,路面仅有轻度网裂时,可采用1~3 cm的厚度进行面层的罩面。

(2)当路面破损、平整度、抗滑三项指标都在中等以下,又要求恢复到优、良等级时,应采用3~5 cm的厚度进行面层的罩面。

(3)高速公路、一级公路罩面宜采用4~5 cm的厚度;其他等级公路可采用较薄的罩面层厚度(1~4 cm)。

(4)各级公路的罩面层厚度不得小于最小施工层厚度。

(二)封层

1.封层的适用范围

封层主要用于提高原有路面的防水性能、平整度和抗滑性能的修复工作。

2.封层所选用的材料

封层所选用的材料应满足如下要求:

(1)封层的结合料宜采用乳化石油沥青、改性乳化石油沥青,应选用耐磨、强度高的石料。各种材料技术指标应符合有关规范规定。

(2)高速公路、一级公路可采用沥青稀浆封层,但宜用粗粒式改性乳化沥青混合料,其他等级公路可采用乳化沥青混合料。

3.封层的厚度要求

封层的厚度应满足如下要求:

(1)对于交通量较大、重型车较多的路段宜采用厚度为1 cm的封层。

(2)在中等交通量路段宜采用0.7 cm厚的封层。

(3)在交通量小、重型车辆少的路段可采用厚度为0.3 cm的封层。

(三)抗滑层

1.抗滑层的适用范围

抗滑层用于提高路面抗滑能力、改善路面磨耗层的工作性能。

2.抗滑层选用材料的要求

抗滑层应选用适合铺筑抗滑表层的材料和沥青混合料。高速公路、一级公路宜选用重交通道路石油沥青、改性石油沥青、改性乳化石油沥青作为结合料。石料应选用抗滑耐磨性能好的石料,磨光值应大于42。其他所用材料技术指标应符合有关规范要求。

3.抗滑层的厚度要求

抗滑层的厚度应满足如下要求：

(1)抗滑层用于改善高速公路、一级公路路面时宜采用不小于4 cm的厚度。

(2)二级公路宜用中粒、细粒式沥青混凝土结构，也可采用热拌沥青碎石或沥青表面处治结构，厚度不得小于最小施工层厚度。

(3)三级、四级公路可采用乳化沥青封层结构，厚度可为0.5~1 cm。

(四)沥青面层罩面的施工

沥青面层的罩面应该按照《公路沥青路面施工技术规范》(JTG F40—2004)有关规定进行，施工时应符合下列要求：

(1)对确定罩面的路段，在罩面前必须完成各种病害的处治修复工作，并清除路面上的泥土杂物。

(2)根据施工气温、旧沥青路面状况等因素采取相应施工工艺措施，罩面前必须喷洒黏层沥青，确保新、老沥青面层的结合，沥青用量为0.3~0.5 kg/m^2，裂缝及老化严重时用量可适当提高，为0.5~0.7 kg/m^2。有条件时，洒黏层沥青前最好对基层进行机械打毛处理。

(3)当气温低于10 ℃或路面潮湿时，不得进行沥青罩面层。采用乳化沥青进行稀浆封层时，必须有固定的专业人员、固定的专业乳液生产和施工(洒布、摊铺)设备、专职的检测试验人员，按有关规定进行检测和质量控制。稀浆封层洒布机在使用前，应根据稀浆混合料配合比设计，对集料、乳液、填料、加水量进行认真调试，调试稳定后，方可正式摊铺。

十二、沥青混凝土路面雪防治技术

(一)利用新型环保融雪剂

为了提高除雪效率、节约公路的养护费用，改变以往公路养护部门一直沿用的除雪车、抛撒除冰盐等被动除雪方式，科研部门开发研制了一种具有良好的水溶解度，对道路、车辆无腐蚀，对环境无污染，可长期贮存的道路融雪剂——“玉米”融雪剂。

该道路融雪剂是利用玉米深加工过程中的副产品加工而成的棕色略带黏稠的液体。该融雪剂流动性好，便于喷洒。喷洒设备可采用现有洒水车改装，也可用洗车喷枪进行喷洒，这两种方式均可使该液体以雾状喷出，使用起来非常方便。该防冰除雪对策是行之有效的，刚一降雪融雪剂就开始工作，反应时间很快，融雪剂防止了冰雪黏结在路面上，使除雪机械很容易把雪从路面除去，该除雪方法不用撒砂子或炉灰等抗滑材料，不仅可使除雪成本降低，而且可保护路面、车辆，减少环境污染。

(二)有效配合使用机械除雪和融雪剂清雪

机械除雪有效配合融雪剂清雪的办法具体是，一级公路降雪厚度大于2 cm，具备机械除雪的基本厚度时，立即进行机械除雪，并根据除雪进度在夜晚上冻前2 h内，适量喷洒环保融雪剂防冻以保证清雪的顺利。当遇到连续降雪过程时，应做到快速清除上下行各一条车道上的降雪，供车辆安全通行，并根据情况在夜晚上冻前2 h内，喷洒环保型融雪剂防冻，待雪停后或渐停时，出动机械设备彻底除雪。其他公路降雪厚度在5 cm以下时，以喷洒环保型融雪剂，靠行车碾压、太阳辐射融雪为主，机械辅助除雪；当降雪厚度大于 5 cm 时，以机械除雪为主，并根据除雪进度，在夜晚上冻前 2 h 内，适量喷洒环保型融雪剂防冻；当遇到连续降雪过程时，做到快速清除上下行各一条车道上的降雪，并每隔 500 m 清出一段错车道，供车辆安全通行，同时根据情况在夜晚上冻前 2 h 内，喷洒环保型融雪剂防冻，待雪停后或渐停时，出动机械设备彻底除雪。公路清雪先要清除路面主车道部分积雪，再清除路肩积雪。

第六节　沥青混凝土路面水破坏的原因与防治

公路工程沥青面层破坏的一个很重要的原因是水。沥青面层中水的来源有地面降水和路基中挤上来的水。大气降水渗到沥青面层中而排不出去，在汽车荷载及温度变化的作用下，使沥青面层产生破坏。冬春季节，降雪（白天融化后）和降水渗入路面，夜间冻结，第二天白天融化，夜间又冻结，这种多次反复冻融作用会使水破坏更严重。

一、路面水破坏的原因

水破坏的现象在各地路面中普遍存在，对公路路面造成了十分严重的破坏。路面积水渗入面层后，根据水的不同滞留位置，在车辆高速行驶作用下，会产生以下不同的破坏现象。

（一）表面产生坑洞

降水过程中，雨水会进入并滞留在表面层沥青混凝土的空隙中，在大量车辆高速行驶所产生的冲击荷载的作用下，路面积水所产生的动水压力使沥青从碎石表面剥落下来，局部沥青混凝土变成松散碎石被车轮甩出，路面形成坑洞。在采用半开式沥青混凝土表面层时，路面产生的水破坏较为严重。

（二）表面层和中面层同时产生坑洞以及局部表面产生网裂和变形

降水过程中，如自由水渗入并滞留在表面层和中面层内，行车荷载作用使两层内沥青混凝土中部分碎石上的沥青剥落，导致表面产生网裂、变形和向外侧推挤或形成坑洞。

（三）唧泥、网裂、坑洞

路面水透过沥青面层滞留在半刚性基层顶面，在车辆高速行驶作用下，基层混合料表层的细料在自由水所产生的动水压力的冲刷下，形成灰白色泥浆。灰浆被行车压唧到路表面，使路面出现一块一块的白色灰浆。在灰浆数量大的情况下，会逐步形成坑洞。在基层表面大面积唧泥的情况下，基层顶面松软，路面出现变形或网裂。由于路面的变形和网裂，路面水更容易渗入，产生恶性循环，最终导致路面破坏。

沥青路面产生破坏的主要因素是沥青混凝土本身的空隙率大、压实度不够、粒料不均匀。空隙率大时，雨后势必会在路面中积水。沥青面层中的水无法排出，沥青混合料在饱水后，石料与沥青黏附力降低，易发生剥落、松散，降低沥青路面的抗剪强度。冬季降水后，水冻结时体积增大约 9%，在沥青路面内部产生冻胀应力；温度升高，冰冻融化。在冻融循环的作用下，沥青混合料松散，从而出现坑洞等早期破坏。

二、路面水破坏的防治

沥青混合料的压实度不够,使原本空隙率较大的Ⅱ型沥青混凝土的现场空隙率更大,也使Ⅰ型沥青混凝土的空隙率偏大,水容易侵入面层。沥青混凝土矿料颗粒组成过大的变异性以及混合料的离析,都会使竣工后沥青混凝土的密实度、空隙率和沥青用量变异性大。沥青混凝土的这种不均匀性在面层上形成了许多小面积的孤立水容易侵入的通道。

我国的路面结构设计习惯上不考虑路面内部(或结构层)排水,也不考虑防止水侵害基层,结果使水进到面层但出不来,任其在路面结构层内发挥破坏作用。

因此,必须从设计和施工两方面考虑采取多种措施,才能基本解决路面的早期水破坏,使水破坏现象减到最少。在这方面,需要和可能采取的措施如下所述。

(一)沥青面层的各层都用空隙率不大于5%的密实沥青混凝土

我国公路沥青路面多为三层或二层式结构。从减少水破坏的角度来说,首先要从多方面考虑如何使水不容易侵入路面结构层。

为了防止中央分隔带植草植树后水侵入路面,将中央分隔带封闭后可在其上摆大盆栽树;防止凸型中央分隔带两侧缘石与面层沥青混凝土连接处(通常黏结不好,而且靠缘石的沥青混凝土边部通常难以压实)透水,可不做凸型中央分隔带和取消路缘石,这样可以消除水侵入面层的这一途径;及时封闭纵向和横向裂缝,防止水侵入。

要减小路面水破坏,防止沥青面层本身透水是十分重要的,它既可以减轻水破坏,又可以减少严重辙槽。若沥青面层结构中仅有一层是密实式Ⅰ型沥青混凝土或仅设计一层沥青砂面层来防止水破坏是远远达不到要求的。实际情况是沥青面层中哪一层空隙率大,在水渗入后哪一层就会产生水破坏。面层空隙率较大的沥青混凝土路面,在开放交通后容易产生早期纵向裂缝。雨水从纵向裂缝进入并滞留在面层中,使沥青混凝土的强度减弱,路面逐渐产生网裂变形。

因此,沥青面层各层都应该采用密实式沥青混凝土,但专门设计的排水层不包括在内。抗滑表层也应该采用空隙率不大于4%的密实式沥青混凝土。

(二)提高沥青与矿料的黏结力

雨水进入并滞留在沥青混凝土中,在大量车辆高速行驶所产生的冲击荷载的作用下,路面内积水所产生的动水压力使沥青从碎石的表面剥落下来。为减轻沥青剥落现象,改善沥青混凝土的水稳定性和耐久性,需要增强沥青与矿料的黏结力。对于用做中面层和底面层的沥青混凝土,沥青与矿料的黏结力应不小于4级;对于用做表面层的沥青混凝土,沥青与矿料的黏结力应不小于5级。用做表面层的沥青混凝土,应采用耐磨且高磨光值的硬质岩石料。玄武岩、安山岩、闪长岩、花岗岩、砂岩和辉绿岩等岩石与沥青的黏结力较差,往往只有3级,偶尔能达到4级,因此需要添加抗剥落剂,以改善黏结力。

同一种抗剥落剂(沥青相同)针对不同的岩石,其效果不一样;同一种岩石(沥青相同),用不同厂家生产的抗剥落剂,它们的效果也不一样;对于同一种岩石、同一种抗剥落剂加入不同的沥青中,其效果也不一样。因此,需要针对所用的碎石和沥青做黏结力试验,并选择合适的抗剥落剂。

试验可采用如下方法(先老化,后做水煮法试验),其步骤为:

(1)按常规方法使集料裹覆沥青,用同一种沥青与同一种碎石做16个样品,均分成4组。

(2)第1组在室温下冷却15 min后,开始做水煮法试验,评定其黏附性等级。

(3)第2组、第3组和第4组分别放在165 ℃烘箱中24 h、48 h和96 h先进行老化试验,然后取出在室温下冷却15 min后,做水煮法试验,评定各自的黏附性等级。

(4)根据4组样品的结果,特别是老化试验的结果,评定黏附性等级,并最后评价哪种抗剥落剂最合适。

若用消石灰或水泥作抗剥落剂,则不能用水煮法评价其效果,需要用沥青混合料的水稳定性试验来评价,可做残留稳定度或冻融劈裂强度比或浸水轮辙试验。若用水泥作抗剥落剂,当用量过少时,将起不到良好的抗剥落作用或使沥青混凝土的水稳定性不足。

(三)提高压实度标准,增加路面现场空隙率指标

1.压实度对沥青混凝土路面的影响

沥青混凝土的压实度对沥青混凝土的物理力学性质有着至关重要的影响。配合比设计时,空隙率为4%的同一种沥青混凝土,在不同压实度下的现场空隙率有明显的差别。在压实度为96%时,现场空隙率接近8%;在压实度为98%时,现场空隙率接近6%,前者的渗透系数将明显大于后者。

2.以生产配合比时的马歇尔试件密度为标准

由于沥青混合料所用碎石多是从市场上购买的,不同粒级碎石的颗粒组成很不一致,加上拌和厂材料管理方面的问题,导致每天生产的沥青混凝土的实际颗粒组成有较大的差别,从而使每天马歇尔试验所得的密度和空隙率等指标都发生明显的差别。如果采用当天的马歇尔试件的平均密度作为标准密度,则无疑于承认每天生产的沥青混合料,不论其颗粒组成也不论其技术指标是否符合规定,都是可以接受的合格产品。这样做是不合适的,它不能保证沥青面层应有的质量。

配合比设计时,根据规定的技术指标要求选定了矿料颗粒组成和沥青用量。通过试验路段检验其现场性能,对于表面层还应检验其表面构造深度,甚至还要通过轮辙试验检验其高温稳定性,在这些性能都符合要求的前提下,以最后确定的矿料级配、沥青用量以及相应的密度作为正式生产时的标准,以保证每天生产的沥青混合料都能符合要求。

在相同碾压功能的情况下,沥青混合料在现场能够达到的密实度随矿料级配的变化而变化,只有当矿料级配符合设计配合比确定的级配曲线(在较小的容许误差范围内)时,才能以当天的马歇尔试件的平均密度作为标准密度。但是,每天的矿料颗粒组成试验一般仅做两次,不一定能反映当天沥青混合料的实际矿料颗粒组成情况。用生产配合比时的马歇尔试件密度作为标准密度,实际上可间接反映沥青混合料应有的物理力学性质。

3.提高压实度标准

为了尽可能提高沥青混凝土面层的不透水性,可以提高沥青面层的压实度。表面层的压实度应不小于98%,中面层或底面层应不小于97%。按马歇尔试件的空隙率4%确定沥青混凝土的沥青用量。在98%和97%压实度时,现场空隙率约为6%和7%,在这种情况下,面层的透水性就会大大减小。只要施工时严格要求、加强管理,就完全可以达到压实度98%的要求。

4.增加路面现场空隙率指标

沥青混凝土压实后，其体积由矿料体积、沥青体积（吸入矿料开口空隙中的沥青不计）和空气体积三部分组成。现场空隙率是指面层碾压结束和冷却后沥青混凝土内部空气所占的体积百分率。用现场空隙率可以更确切地反映沥青混凝土的压实结果，因此应该在沥青混凝土层碾压结束后的第二天用钻机在现场取钻件（或心样）。由于取钻件的过程中有水侵入钻件内部的开口空隙中，因此钻件应先用热吹风机吹干到恒重，或放在40 ℃烘箱中烘干并冷却后，接着用蜡封法测定其体积并计算出试件的毛体积密度，然后将试件打碎成小块（越小越好，但不破碎石料颗粒）后用真空吸气法测定沥青混凝土的最大理论密度，计算出空隙率。沥青混凝土的最大理论密度，也可以用上述各粒级矿料的视密度和毛体积密度的平均值计算出各自的综合密度后，用计算法得到。

（四）路面结构中设排水层或防水层

为了尽可能减少水渗入和透过沥青面层以及提高沥青混凝土的多个力学强度，减小水进入沥青混凝土内部后沥青剥落的可能性，还应在路面结构中设置排水层（特别是在南方多雨地区），使水进得去也出得来；或者在基层顶面或面层结构中设置防水层（前者是为了防止水冲刷基层，后者是为了防止水透入中、底面层）。

在较厚沥青面层下面设置排水层，有时水还没有来得及渗透到排水层前，上面的沥青混凝土层就可能已开始破坏，排水层可能起不到明显作用。防止基层受水冲刷的防水层也有同样的问题。只有在沥青面层较薄的情况下，排水层和防水层才能明显地减轻甚至消除水破坏。

1.排水层

水进入路面结构层后，最好的办法是在面层底部（或底面层）设置多孔隙沥青混合料排水层，使水能尽快排至路外。排水层宜直接铺到边坡面上，必要时在处于土路肩内的排水层顶面用土工布保护，以防止土颗粒渗入排水层内部。

2.防水层

为了防止进入沥青表面层的水继续下渗到面层的下层及到达并滞留在基层顶面，可设置防水层，以避免因水所引起的冲刷、唧浆和路面坑洞等水破坏。

防水层设在厚沥青面层下面，只能保护基层不受冲刷等水的侵害，而不能保护其上各个沥青层不受水侵害。为了防止水渗入下层造成水破坏，可考虑将防水层设在表面层下面。

（五）减少水泥混凝土桥面沥青面层水破坏的措施

公路上水泥混凝土桥面沥青面层的水破坏比路面沥青面层更容易发生。桥面上沥青面层的设计厚度通常只有4 cm，实际厚度的偏差较大，使得桥面沥青面层更容易破坏，表现为小块脱落和水破坏。当桥面铺装采用两层沥青混凝土时，桥面上的两层沥青混凝土就与路面上的相同，可以避免局部脱落破坏，提高桥面平整度，也便于摊铺机作业，但仍会存在水破坏。

混凝土铺装层上沥青面层产生水破坏的因素大致有以下几点：

（1）桥面上沥青混凝土的级配和性质与路面上所用的相同。

（2）桥面上沥青混凝土的压实度常次于路面上的沥青混凝土，因此桥面上沥青混凝土的实际空隙率大于路面上沥青混凝土的空隙率，更容易透水。

（3）桥面铺装层的平整度不好，凸凹不平，采用水泥砂浆抹平，此层水泥砂浆既薄又很不均匀，得不到正常养生，强度较低，容易被行车轧碎，致使桥面沥青混凝土容易被破坏。

（4）桥面泄水孔只能排表面水，当表面水进入沥青铺装层中，桥面排水设施的竖向泄水管管顶标高高于水泥混凝土桥面的标高，或横向排水管管底标高高于水泥混凝土桥面标高而与沥青混凝土桥面铺装标高齐平时，使得渗入沥青混凝土中的水只能滞留在交界面上并积在局部低洼处，不能排出，造成桥面铺装层松散、坑洞等破坏。

（5）混凝土铺装层未设防水层。行车作用下的动力水直接冲刷铺装层表层的细料并形成白色灰浆。灰浆被行车车轮唧到表面，使沥青面层逐渐破坏，与路面上发生水破坏的过程相同。

根据桥面沥青混凝土面层产生严重水破坏的主要原因，可以采取以下措施来减轻或解决桥面沥青面层的水破坏：

（1）混凝土铺装层应有严格的平整度要求，纵向和横向 3 m 直尺下最大间隙不超过 3 mm。

（2）铺装层混凝土要重视养生，按水泥混凝土路面的养生要求进行。

（3）不用水泥砂浆抹平铺装层表面。

（4）混凝土铺装层上设防水层，改变泄水孔设计，将泄水孔处的水泥混凝土桥面标高稍低于邻近桥面约 3 cm，这样渗到沥青混凝土内的水易于排泄。当采用横向排水管排水时，排水管管底标高略低于其周围水泥混凝土桥面的标高，使泄水孔既能排表面水又能排进入沥青面层后滞留在界面上的水。

（5）混凝土铺装层横坡下侧边部做成一条宽 6~8 cm、深 4 cm 的纵向沟槽，连接各个泄水孔。沟中用碎石填平，成为盲沟。

（6）桥面沥青面层分两层设计。下层用多孔隙沥青混合料（类似排水磨耗层OGFC），其空隙率为 18%~20%以上。表面采用与路面表层相同的抗滑表层。

（7）认真控制桥面沥青面层的压实度，达到与路面上相同的现场空隙率，抓紧在高温时段碾压，保证沥青面层的压实度。

三、应用新技术降低水对路面的破坏

（一）沥青路面排水技术

排水性沥青路面技术使路面不仅能排水抗滑，还有很好的路用性能。排水性沥青路面的表层结构就像我们吃过的“沙琪玛”一样，它有比普通路面更大的缝隙率，可以为路面上的积水提供疏散的通道，使它们流入道路表层下面的排水结构中，并通过路肩排出。排水性沥青路面这种“大禹治水”式的排水方式，使得它既保证行车的安全性，又防止了水对道路的侵蚀，能同时获得经济效益和社会效益。

沥青路面胶结料的选择和沥青混合料的配合比设计是排水路面技术的重点。在胶结料方面，选用的是高黏度改性沥青，这种沥青在抗水损坏能力、抗车辙能力和抗疲劳能力方面最为突出。在配合比方面,使用高品质集料,设计成为充分嵌挤-空隙结构,并在混合料中掺加消石灰和纤维。

排水性沥青路面的造价要比普通沥青路面高 35%,要大规模推广这种路面,降低它的修筑成本很重要。修筑排水性沥青路面需要使用高黏度沥青,在高黏度沥青的配制中要加入一种日本制造的名叫"PS"的改性剂,但这种改性剂比较昂贵。研究人员正在研究新的配制方案,希望继续降低这种路面的修建成本,使它真正规模化地为我们服务。

(二)沥青玛琋脂混合料(SMA)技术

SMA 路面是一种强度很高的路面,优点是既抗滑,又耐磨。其抗滑性可以保证雪后道路行车安全;耐磨性又可使路面有效防止车轮防滑链、埋钉轮胎乃至装甲履带对沥青路面的过度磨损。

SMA 路面能有这些优点是因为该沥青混合料含有高比例的粗大颗粒,提供最大的石对石接触,紧密聚在一起的粗大颗拉,让路面变得很"强壮",不惧怕由车辆带来的磨损,提高了路面的耐久性,而其路面构造深度大保证了抗滑性能。

SMA 路面还有很好的抗水性能,不过它的抗水原理和排水路面不一样,路面的空隙率很小,几乎不透水,把水挡在了路外。

第七节　沥青路面再生技术

沥青路面再生技术是将需要翻修或者废弃的旧沥青路面,经过翻挖回收、破碎、筛分,再和新集料、新沥青材料适当配合,重新拌和,形成具有一定路用性能的再生沥青混合料,用于铺筑路面中面层、底面层或路面基层的整套工艺技术。沥青路面若产生破损,除了采用前述的罩面、封层、灌缝、修补坑槽等项技术措施,还可以采用路面再生技术进行修复。沥青路面再生技术,按施工温度可分为热拌再生法和冷拌再生法;按废旧料拌和场地不同可分为集中厂拌再生法和就地再生法。所以,沥青路面再生技术可分为厂拌热再生、就地热再生、就地冷再生、厂拌冷再生四种施工方法。

沥青路面的再生技术,能够节约大量的沥青和砂石材料,节省工程投资;同时,有利于处治废料,节省能源,保护环境,因而具有显著的经济效益、社会效益和环境效益。近年来,世界各国广泛进行沥青路面再生技术的试验研究,取得丰硕的成果,并且已在生产中大面积推广应用。现在,沥青路面再生技术,已成为当代公路建设中的重大科学技术之一。

一、厂拌热再生技术

所谓厂拌热再生技术,是指将旧的沥青路面混合料切削回收,集中到再生拌和厂,接着根据旧混合料技术性能的变化,掺入不同的添加材料,然后拌和成符合路面技术性能要求的再生混合料,运入施工现场,摊铺并碾压成为新的沥青路面的施工技术。厂拌再生技术在国内外应用非常普遍,其施工机械为多台功能单一的再生设备如路面铣削机(或冲击镐)、破碎筛分机、再生拌和机、运输厂拌热和设备、路面摊铺机及压路机等共同配合,完成全部再生作业。厂拌再生通常均采用热拌再生技术,再生混合料的级配、新旧料的掺配比例、温度及拌和均匀程度等，均由再生拌和设备进行控制。因此，沥青路面厂拌热再生混合料的质量主要由再生拌和设备来实现和控制。

（一）厂拌热再生技术的特点

厂拌热再生技术具有如下特点：

（1）它所用的机械设备，除了拌和设备与热拌沥青混合料路面施工所用的拌和设备有一部分不同，其他设备基本相同。对于拌和设备，有的厂家在出厂时就提供了相应的废料再生利用的配套设备，特别是对于连续式拌和设备，目前它能很好地解决废料再生问题，而对于厂家没有提供相应的废料再生设备的拌和楼，施工单位在不改变原拌和楼性能的基础上，也能很容易自行加工解决废料再生利用配套设备。

（2）通过试验，确定废旧混合料中的沥青含量与性能及其矿料级配比例，从而确定再生剂的数量及新混合料的级配，使新拌的沥青混合料符合设计要求的技术标准，并具有良好的施工性能。

（3）摊铺碾压成型的沥青混合料路面与新沥青混合料路面基本相同，能较好地恢复路面的承载能力，平整、美观。其施工质量标准不会因为使用了废旧混合料而降低。

（二）厂拌热再生技术的主要施工工艺

1.废旧料铣刨、运输、破碎、筛分

1）铣刨旧路面

路面铣刨要采用适当的铣刨方法并按照质量要求对路面进行铣刨，应避免破坏基层，并应在气温合适的季节进行。

2）运输、贮存旧料

将光泽好、不呈干涩发脆、不带杂质的旧料收集并运到拌和厂（场）贮存。堆场地基应平整坚实、排水良好，多雨地区宜设雨棚遮阳挡雨，保持干燥、松散，料堆高度一般小于1.5 m，以不结块为度。

3）破碎、筛分

按照相关要求来设置破碎、筛分设备，在废旧料进入搅拌缸前进行破碎、筛分。由于铣刨料本身较细，所以用一级破碎筛分即可；对于翻挖来的路面或老油皮，由于其为片状或块块，所以可考虑采用二级破碎筛分。加热破碎法即采用各种热能（如太阳能、红外线加热器或炒料器等）使沥青旧料热融分解。

2.混合料的制备

1）掺加再生剂

宜预先将需要掺加的再生剂（常用的有润滑油、机油、玉米油等）喷洒掺拌在沥青旧料中，静止数小时或1~3 d，使再生剂渗入、软化旧料；也可在拌制再生混合料时，将再生剂喷洒入旧料。

2）施工配料

按再生混合料的组成设计，将旧料、新料、新沥青及再生剂（如有需要）进行配料。

3）再生沥青混合料的拌和

必须准确掌握加热、掺配工艺和剂量，切实控制拌和温度。不同的掺配比例，废料不同的含水量，新料的加热温度、新旧料在搅拌缸中的热传递拌和都不相同。

4)认真做好工地试验

检验再生沥青混合料的沥青含量、物理力学性能等指标,如有不合设计要求的,应及时检查原因,修正配比或工艺,以确保工程质量。

3.摊铺、碾压和初期养护

1)准备工作

再生混合料摊铺前的准备工作包括修整原有基层、清理基层上的泥土及污秽杂物、修整基层表面、浇洒透层油或黏层油,必要时还应考虑设置下封层。对于基层拱度不当的,要进行调拱。

2)混合料摊铺、碾压和初期养护

对再生沥青路面的摊铺、碾压和初期养护等工艺的质量要求与一般路面施工基本相同。

4.施工质量控制与验收

再生沥青路面施工质量控制和验收参照《公路沥青路面施工技术规范》(JTG F40—2004)和《公路工程质量检验评定标准》(JTG F80—2004)执行。

二、就地热再生技术

在许多情况下,沥青路面表面虽然被行车所磨损,失去了应有的粗糙度;或者由于沥青混凝土混合料中含油较多,出现了并不十分严重的车辙;或者由于低温收缩,路面出现许多裂缝,但面层材料并未老化,下层还仍然坚实完好,则没有必要将路面面层进行大修,而只要在表面加以修整,就能恢复路面的使用性能。为此,出现了就地修复沥青路面的施工方法,它可以使原沥青路面材料全部被重新利用。就地热再生施工技术也称为热表面再生施工技术,主要是指加热旧路面面层至要求的深度(一般不超过3 cm),翻松旧路面,添加还原剂或再生剂,重新铺筑成型的施工方法。

(一)就地热再生技术的主要特点

就地热再生技术具有如下主要特点:

(1)旧沥青路面混合料可以就地再生利用,不需要搬运废料过程及废弃物堆放场地,可减少环境污染。

(2)旧沥青路面混合料100%得到再生利用,可以节省新混合料的用量,工程费用低,经济效益显著。

(3)与其他维修方法相比,施工进度快、施工周期短,可以快速开放交通。

(4)减少路面材料往返运输量,节约了运输费用,减少了工程配套车辆及其对正常道路运输的干扰。

(5)施工中产生的振动、噪声比其他施工方法小,市区可以进行夜间作业。

(6)由于使用专用机组进行连续机械化施工,此方法不适用于小型维修工程及难以确保连续机械化施工的工程。

(二)就地热再生技术施工方法

根据路面破损情况的不同和对修复后路面质量等级的不同要求,就地热再生的施工工艺主要有以下三种。

1.重铺再生法

重铺再生法是用复拌机在整形再生法施工的基础上，把旧路面材料翻松、搅拌均匀并整平后作为路面底面层，同时在其上面再铺设一层新的沥青混合料作为磨耗层，形成全新材料的路面，最后用压路机碾压成型。这种方法适用于破损较严重（如出现大面积坑槽）路面的维修翻新和旧路升级改造施工，修复后形成与新建道路性能完全相同的全新路面。重铺再生法分两种工艺：加热—整型—压入碎石工艺和加热—整型—罩面工艺。

2.复拌再生法

复拌再生法是由加热机将旧路面加热至一定温度后，用复拌机将旧路面翻松，并把翻松后的材料与新沥青混合料在复拌机的搅拌器中拌和均匀，形成新品质的沥青混合料，然后摊铺到路面上，用压路机碾压成型。这种方法适用于维修中等程度破损的路面，修复后可以恢复沥青路面的原有特性。

复拌再生法可以改善矿料级配、沥青含量，达到改善路面结构综合性能指标的目的，并能够形成全断面均匀的再生面层；重铺再生法由于最上层使用的是新沥青混合料，即使有局部路段的旧混合料发生变化，也能确保表面层具有均一的外观质量，但再生层不能改变矿料级配及沥青含量。

复拌再生工艺使用的机械与上述翻修摊铺机有些相似，不同的是它除了能够将旧路面材料加热、翻松，添加再生剂拌和再生，还能和来自集料斗中的新混合料按比例混合，然后再进行摊铺整平，压实成路面，这样可使旧路面材料的性能获得某种程度的改善。

3.整形再生法

整形再生法是由加热机对旧沥青路面加热至一定温度后，用复拌机将路面翻松，并在复拌机上的搅拌器中把翻松的材料拌和均匀（可同时加入适量的添加剂恢复沥青性能），然后摊铺到路面上，用压路机碾压成型；也可以用人工将已加热软化的路面进行翻松作业。这种方法适用于维修破损不严重、破损面积较小的路面，修复后可消除原路面的车辙、龟裂等病害，恢复路面的平整度，改善路面性能。

三、就地冷再生技术

就地冷再生工艺是20世纪80年代后期发展起来的一种较新的路面翻修技术。就地冷再生工艺是指对旧路面进行冷破碎、翻松，添加乳化沥青及其他外加剂，拌和、摊铺、压实而成路面的施工方法。这种工艺包括了四个主要工序：第一是准备旧路面的再生材料，包括破碎和翻松旧路；第二是加入乳化沥青与还原剂、水泥以及其他添加剂和水，并加以拌和；第三是成型和压实；第四是在再生的路面上加铺磨耗层。为了增强补强作用，还可以加铺黏结层和结构层。就地冷再生工艺主要用于结构层的翻修。

（一）就地冷再生技术的特点

就地冷再生工艺与其他工艺相比，具有如下主要特点：

（1）全部旧料就地再生，不仅减少了新料的用量，而且节省了运输费用。

（2）在翻修路面的补强问题上有着很大的灵活性，可以在再生的路面上只铺一层稀浆封层，也可以在其上加铺一层热沥青混合料磨耗层，也可以将再生路面作为底面层，在其上加铺中面层和表面层，构成三层结构的路面，还可以将再生路面作为第一层结构层而在其上铺多层构成多层结构的沥青路面。

(3)消除旧路面不规则的横向裂缝。

(4)由于已经有了再生路面作为底面层，在其上加铺其他面层的工作量将相应减少，因而节约了施工时间、降低了施工成本。

(5)减轻环境污染、减少能源消耗。

(二)就地冷再生技术的种类

就地冷再生技术按掺加新胶结材料的种类可大致分为掺水泥类、掺沥青类和水泥沥青综合类。

在就地冷再生施工中，绝大多数情况下需要使用再生添加剂，以便提高被再生材料的强度，而水和新集料则视情况而定。采用何种添加剂，添加量多少；是否加水和新集料，加入量多大，均应根据试验确定。首先应将旧路材料取样化验，获得原始数据；然后根据原始数据加入再生添加剂，必要时加入水和新集料制成新材料试件并进行承载力检测；最后将检测结果与现行的施工规范进行比较，即可确定出合适的添加剂、新集料种类及添加量。

就地冷再生添加剂主要有水泥、水泥稀浆、乳化沥青、泡沫沥青、石灰、粉煤灰等。目前常使用的添加剂以水泥和乳化沥青为主，可单独或两者结合使用。两者结合使用能在获得所需承载力的同时提高基层弹性，以防产生裂缝。

四、厂拌冷再生技术

厂拌冷再生施工技术，是采用乳化沥青与旧料和新料在常温下拌和成混合料，经摊铺、碾压而成沥青路面的施工方法。另外，用黏度较低的沥青材料，稍予加热，和常温的旧料、新料拌和成混合料，即冷料热油的再生施工法，由于集料不加热，故也属冷拌施工。

现着重介绍用乳化沥青铺筑再生沥青路面的施工工艺。

(一)准备工作

1.旧料的加工

旧沥青路面铣刨、破碎、筛分等工艺过程，同前所述，但厂拌冷再生施工为了保证再生路面的质量，对旧料的破碎有较高的要求。用于厂拌冷再生的旧料，破碎后的团粒宁小勿大，即要求破碎得更为充分一些，即使是旧料中的粗集料有所破碎也没有关系，因为可以通过添加粗集料调整其级配。其原因在于，厂拌冷再生施工旧料中所含的沥青不可能像热法再生那样能和新沥青材料充分交融，而需要在气温较高的季节经过长时间的行车反复碾压，新沥青、旧沥青调整位置，才能发生某种程度的融合。旧料破碎愈充分，和新沥青材料接触的表面积就愈大，新沥青、旧沥青交融就愈快、愈好，就愈利于再生路面的早日成型。

总结厂拌冷再生施工再生沥青路面的经验，旧路面材料破碎充分，是保证再生路面表面致密而均匀、成型快、质量好的技术关键。

2.基层处理

基层处理同前所述。若基层需洒布透层油，可直接使用乳化沥青。乳化沥青渗透性好，故透层油可以在摊铺面层混合料前 1 ~ 2 h 洒布，无须提前过多，这样既可避免污染，又便于组织施工。

（二）厂拌冷再生沥青路面施工

1.乳化剂的选择

乳化沥青有阳离子型、阴离子型等品种。阳离子型乳化沥青具有和潮湿石料黏附的能力等许多优点，因而推荐使用。

2.混合料拌和

用沥青乳液拌制再生沥青混合料的方法基本与普通乳化沥青路面施工一样。厂拌冷再生沥青混合料，在热季因乳液会很快破乳而造成油水分离，故冷拌再生混合料一般不宜长距离运输，拌制再生混合料的地点宜设在现场或距离现场附近不远的地方。

与热拌再生混合料不同的是，不管采用何种拌和方式，冷拌再生混合料中的粗集料（尤其是新集料中的粗集料），并不都能全部被沥青乳液所裹覆，不过对此无须过于担心。因为在摊铺和碾压过程中，还有可能再获得进一步的裹覆，最终不会出现白石子露出路表面的现象，故冷拌再生混合料允许见到一定数量的花料。

夏季高温季节施工时，为了延缓破乳时间，在拌和之前可用氯化钙水溶液浇洒在集料上，使之湿润，然后再加乳液拌和。

3.混合料摊铺与压实

冷拌再生混合料摊铺整平后，首次碾压应在乳液刚开始破乳或在破乳前即进行。但是碾压也不能过早，过早碾压会阻碍混合料水分的蒸发，影响压实度，这对密级配混合料尤其应该注意。然而碾压推迟时间太长，又会造成压实困难，有时甚至会导致沥青与集料之间已形成的黏结发生破坏。因此，适时地进行碾压是重要的。

碾压时应按先轻后重、自路边向路中的方式进行。初始碾压可用双轮光碾，也可以用轮胎压路机或振动压路机。压实冷拌再生混合料，大多用低频振动，其振幅和频率可以根据混合料的类型而改变，这由现场试验确定。终压均应用光轮钢碾压实，以消除轮迹，获得平整的路面表面。

4.加铺封层

高等级公路路面养护中，冷拌再生混合料一般不能直接作面层，而要在其上加铺一层新沥青混凝土面层。在再生层上加铺封层有助于改善路面状况。在冷拌再生路面完工后，应立即加铺封层。

5.初期养护

用乳化沥青铺筑的冷拌再生沥青路面，在完工后，其初始状态往往使人担心能否成型。必须在开放交通后，经过较长时间行车反复碾压才能逐渐成型。因此，初期养护显得格外重要。

冷法施工的再生沥青路面，其成型的快慢与气温高低有密切关系。在高温季节，沥青能够在行车荷载的挤压揉搓作用下，调整位置而重新分布，从而使路面较快成型。如果施工后气温长时间较低，或者在秋季施工、很快就进入冬季，则往往路面成型较差，易出现松散、坑洞等病害。所以，使用乳化沥青铺筑再生路面和铺筑热拌沥青路面一样，都应尽可能安排在高温季节来到之前进行施工。

第三章　水泥混凝土路面工程病害及防治技术

第一节　概　述

水泥混凝土路面俗称白色路面，也是一种高级路面，它是以水泥与水拌和而成的水泥浆为结合料，以碎（砾）石、砂为集料，再加适当的掺和料及外掺剂，拌和成水泥混凝土混合料而筑成的路面。经过一定时间的养护，其可达到很高的强度与耐久性。当车轮驶过时，水泥混凝土路面的板块作用使所受荷载均匀分布，不使路面产生较大的弯曲变形，荷载过后，又重新恢复原来的形状。这种性质的路面又称为刚性路面。

水泥混凝土路面不但具有很高的强度，而且具有汽车运行中所必需的平整度、很好的耐磨性和必要的粗糙度，可以确保汽车的高速安全行驶。

第二节　水泥混凝土路面结构的构造及特点

一、水泥混凝土路面结构的构造

水泥混凝土路面是由水泥混凝土面层，以及基层或垫层等结构层所组成的路面，具体如下所述。

（一）面层

水泥混凝土面层直接承受行车荷载的竖向力、水平力和冲击力的作用，同时又受到降水和温度变化的影响。水泥混凝土面层应具有较高的弯拉强度、耐久性、耐磨性和抗滑性。

（二）基层

基层是位于面层之下的结构层次。混凝土面层下的基层应具有一定的刚度和良好的抗冲刷能力。当基层由两层组成时，其下面一层称做底基层，其设置可以减薄土基层厚度，并充分利用当地材料。

（三）垫层

垫层是介于基层和土基之间的结构层次，其作用是改善土基的湿度和温度状况，保证面层和基层强度和刚度的稳定性。其不受冻胀翻浆影响，通常在季节性冰冻地区，水温状况不良时设置。

（四）路基

混凝土路面要求路基稳定、密实、均质，对路面提供均匀的支承。

（五）路肩

路肩设在行车道两侧，供车辆临时或紧急停靠，或者在路面大修、中修期间作为临时车道供车辆行驶，并对面层、基层和垫层起侧向支承作用。路肩也设置面层、基层或垫层等结构层次。

（六）排水设施

混凝土路面表面设置一定的横向坡度，以迅速排除路表水。通过接缝、裂缝和路面边缘会有部分水下渗，在交通繁重和降水量大时，宜设置排水设施以排除这部分下渗水。

二、水泥混凝土路面的类型

水泥混凝土路面是指由水泥混凝土面板和基层所组成的路面，可分为以下几种类型：

（1）普通混凝土路面（或称无筋混凝土、素混凝土路面）。除接缝区和局部范围，其余均不配筋的水泥混凝土路面。

（2）钢筋混凝土路面。为防止可能产生的裂缝缝隙张开，板内配置纵、横向钢筋或钢筋网的水泥混凝土路面。

（3）碾压混凝土路面。水泥混凝土混合料采用摊铺、碾压成型的水泥混凝土路面。

（4）钢纤维混凝土路面。在混凝土混合料中掺入钢纤维的水泥混凝土路面。

（5）连续配筋混凝土路面。沿纵向配置连续的钢筋，除了在与其他路面交接处或邻近构造物处设置胀缝以及视施工需要设置施工缝外，不设横向缩缝的水泥混凝土路面。

（6）复合式混凝土路面。由两层或两层以上不同强度或不同类型的混凝土复合而成的混凝土路面。

（7）预应力混凝土路面。为减小使用状态下混凝土的拉应力，在施工过程中对混凝土截面施加一定压力的混凝土路面。

（8）各类混凝土路面加铺层。为提高原有水泥混凝土路面的承载能力和改善表面功能，对原来的水泥混凝土路面进行清理，通过涂刷水泥浆、水泥砂浆或环氧树脂等黏结料的方法对原路面进行处理，在其上加铺新的面层。

目前采用最广泛的是就地浇筑的普通混凝土路面，简称混凝土路面。

三、水泥混凝土路面的基本要求

水泥混凝土路面应满足以下基本要求：

（1）水泥混凝土路面的弯拉强度应满足设计要求，表面平整、耐磨、抗滑。

（2）水泥混凝土路面的平整度以 3 m 直尺量测为准。3 m 直尺与路面表面之间的最大间隙，高速公路和一级公路不应大于 3 mm，其他各级公路不应大于 5 mm。

（3）水泥混凝土路面的抗滑以构造深度（TD）为指标。竣工验收值，高速公路、一级公路为 0.7～1.10 mm，其他各级公路为 0.5～0.9 mm。年降水量在 500 mm 以下的地区可适当降低。

四、水泥混凝土路面的优缺点

水泥混凝土路面存在以下优点：

（1）强度高。水泥混凝土路面具有较高的抗折、抗压强度和抗磨耗的力学强度，能经受较重的车轮荷载和车轮重复作用引起的路面磨耗。

(2)稳定性好。水泥混凝土路面的物理力学性能受自然因素作用的影响较小,它的水稳定性、高温稳定性和低温稳定性均较好,不会出现沥青路面的“老化”现象。水泥混凝土路面突出的优点是它的强度能随着时间的增长而提高,对各种油类侵蚀的抵抗力也较强。

(3)耐久性好。水泥混凝土路面具有耐磨耗、抗冻、耐化学腐蚀等性能,强度和稳定性好,经久耐用,能通行包括履带式车辆等在内的各种运输工具。

(4)有利于夜间行车。混凝土路面色泽鲜明,能见度好,对夜间行车有利。

(5)抗滑性能好。水泥混凝土路面由于表面耐磨耗性能好,能保持车辆有较高的安全行驶速度。特别是在下雨时,虽然路面潮湿,仍能保持较高的摩擦系数,使车辆不滑行,从而提高车辆行驶的稳定性。

(6)养护费用少,经济效益高。与沥青混凝土路面相比,水泥混凝土路面的养护工作量和养护费用均较少。它的建筑投资虽较大,但使用年限长,均摊到每年的工程费用较少。从长远角度来看,选用水泥混凝土路面的经济效益是比较显著的。

但其同时也存在着一些问题和缺点:

(1)对水泥和水的需求量大。每 1 000 m^2 厚度为 25 cm 的 C30 水泥混凝土路面要耗费大约 90 t 水泥和大约 14 t 水(尚不包括养生用的水在内)。这在水泥供应不足和缺水的地区会有较大困难。

(2)有接缝。混凝土路面在修建时要设置各种接缝,这些接缝不但增加施工和养护的难度,而且容易引起行车跳动,影响行车的舒适性。接缝又是路面的薄弱点,处理不当,容易导致路面板边和角隅破坏。

(3)开放交通较迟。水泥混凝土路面铺筑后,一般要经过 28 d 的潮湿养生,才能开放交通,如需提早开放交通,则须采取特殊措施。

(4)修复困难。混凝土材料的抗滑性能主要取决于集料与硬化水泥浆表面的抗滑能力,一旦磨光后,很难直接用薄层水泥浆来恢复。混凝土路面损坏后,修补工作量很大,影响交通,而且修补后路面整体强度下降。大修或改建时,对废旧混凝土块不易再生利用,对周边环境造成不利影响。

(5)水泥混凝土路面板为脆性材料,其抗折强度远较抗压强度为小,对地基的变形敏感,在可能产生不均匀沉陷的湿软地基、沟槽部位地基等处容易发生折断、破损等病害,给工程带来隐患。

(6)噪声大。轮胎与混凝土路面直接撞击发出的噪声大于沥青路面,特别是在重车通行时更为明显。

五、水泥混凝土路面的力学特性

水泥混凝土与其他建筑材料相比,铺成路面后具有较高的强度,并且具有板体性能,所以水泥混凝土路面又称为刚性路面。水泥混凝土路面板在车辆荷载作用下变形微小,混凝土板工作在弹性阶段,即在汽车荷载作用下,板内产生的最大应力不超过水泥混凝土的比例极限应力。同时,由于板体处于弹性工作状态,在荷载作用下,基层和土基所承受的荷载单位压力及产生的挠度(变形)也较小,其也基本处于弹性阶段。

水泥混凝土路面与柔性路面相比,主要有以下力学特性:

(1)混凝土面板的弹性模量与力学强度远远高于基层和土基的相应模量与强度。

(2)混凝土的抗拉强度远小于抗压强度,为抗压强度的1/6~1/7,因此其设计强度指标是极限抗弯拉强度。

(3)由于混凝土板与基层或土基之间的摩阻力一般不大,所以在力学上可把水泥混凝土路面结构看做弹性地基板。

(4)在车辆荷载作用下,混凝土板产生弯曲。当荷载作用于板中部时,板顶面承受压应力,而板底面承受弯拉应力。当荷载作用于板角时,板底面承受压应力,而板顶面承受弯拉应力。

在重复荷载作用下,混凝土板反复承受弯拉应力与压应力的作用,其破坏是由疲劳引起的。由于混凝土的抗拉强度比抗压强度低得多,在车辆荷载作用下,当弯拉应力超过混凝土板极限抗弯拉强度时,混凝土板产生断裂破坏。

(5)混凝土板顶面和底面的温度变化,致使在板体内产生温度翘曲应力,板的平面尺寸越大,翘曲应力越大,这种温度疲劳应力是导致混凝土板破坏的主要原因之一。所以,在设计中应考虑荷载疲劳应力与温度疲劳应力的综合作用。

(6)水泥混凝土是一种脆性材料,它在断裂时的相对拉伸变形很小,在弯曲断裂时的表面相对拉伸变形只有1/10 000~3/10 000。在荷载作用下,土基、基层的变形情况对混凝土面板的影响很大。不均匀的变形会导致面板与基层脱空,板体由此而产生断裂。因此,要求板下的土基和基层不但要有足够的强度,更要注意其均匀性和水稳性,同时要求基层要有相当好的平整度。

第三节　水泥混凝土路面结构的设计

一、水泥混凝土路面设计的主要技术指标

(一)标准轴载

水泥混凝土路面设计以重100 kN的单轴荷载作为标准轴载,其他各级轴载均应换算成标准轴载,然后再进行混凝土路面设计。对于单轴荷载,以其实际作用次数和轴重计;对于双轴荷载,后轴经过一次可视为作用一次,轴重以双轴的总重计。

(二)交通量的分级

交通量和轴载大小是路面设计的基本依据。在路面使用年限内对混凝土强度、面板厚度、基层类型和模量等各方面提出了不同的技术要求。为了区分各项要求在程度上的差别,按使用初期设计车道上每日通过的标准轴载作用次数,将交通划分为轻、中等、重和特重4个等级,见表3-1。

表3-1　交通等级的划分

交通等级	特重	重	中等	轻
使用初期设计车道标准轴载作用次数 N_e(次/日)	>2 000	100~2 000	3~100	<3

(三)设计使用年限

路面设计使用年限是指路面达到规定损坏标准时所能使用的年限。交通越繁重,设计使用年限越长。见表 3-2。

表 3-2 水泥混凝土路面的设计使用年限

公路技术等级	高速公路	一级公路	二级公路	三级、四级公路
设计使用年限(年)	30	30	20	20

(四)累计轴载作用次数

设计使用年限内路面临界荷位上所受到的标准轴载累计作用次数是路面结构设计的重要参数之一,由设计车道内的初始标准轴载的作用次数、交通量年平均增长率和车轮轮迹在车道横断面上的横向分布系数来确定,其计算公式为

$$N_e = \frac{N_{s1}[(1+r)^T - 1] \times 365}{r} \times \eta \tag{3-1}$$

式中 N_{s1}——使用初期设计车道标准轴载作用次数,$N_{s1}=N_s \times \beta \times \beta_1$,$N_s$ 为路段(断面)日标准轴载作用次数,次/日,β 为方向分配系数,通常取 0.5~0.6,β_1 为车道分配系数,通常单车道/方向取 1.0,双车道/方向取 0.8~1.0,三车道/方向取 0.6~0.8,具体数值依据交通情况和车道数通过调查确定;

r——交通量年平均增长率(%),由调查确定;

T——设计年限,年;

η——车轮轮迹横向分布系数,按表 3-3 取值。

表 3-3 车轮轮迹横向分布系数 η

公路等级		纵缝边缘处
高速公路、一级公路		0.17~0.22
二级、三级、四级公路	行车道宽度>7 m	0.34~0.39
	行车道宽度≤7 m	0.54~0.62

(五)综合影响系数

综合影响系数考虑了由于超过额定载重和载重在各侧车轮上分配的不均匀性、在行驶过程中因路表面不平整和车辆自振所引起的变动,以及路面结构厚度和材料性质的变异等因素对路面疲劳损坏的影响。它实际上是荷载应力安全系数,其数值是参照国内外资料确定的。各交通等级综合影响系数见表 3-4。

表 3-4 综合影响系数

公路等级	高速公路	一级公路	二级公路	三级、四级公路
综合影响系数	1.30	1.25	1.20	1.10

(六)基层顶面的当量回弹模量和计算回弹模量

在水泥混凝土路面设计中,通常把混凝土面板下的基层、垫层和土基看做一层考虑,

将其换算成与土基相当的一层，强度用基层顶面的当量回弹模量来表示。在进行路面设计时，一般按新建公路和改建公路分别进行考虑。

（七）混凝土面板的弯拉强度和弹性模量

混凝土路面在行车荷载和温度变化等因素的作用下，将产生压应力和弯拉应力。混凝土面板所能承受的弯拉应力很小，荷载作用可能导致混凝土面板开裂破坏。因此，在进行混凝土路面设计时应以弯拉强度为标准。

水泥混凝土的强度对路面的使用寿命有重大影响，强度的变化同路面容许的标准轴载作用次数的对数成正比，增加混凝土的强度可以大大延长路面的使用寿命。混凝土面板的弯拉强度和弹性模量应满足表3-5的要求。

表3-5　混凝土面板的设计弯拉强度和弹性模量

弯拉强度（MPa）	1.0	1.5	2.0	2.5	3.0	3.5	4.0	4.5	5.0	5.5
弹性模量（GPa）	10	15	18	21	23	25	27	29	31	33

二、接缝的设置

（一）接缝设置的目的

混凝土路面是由一定厚度的混凝土面板组成的，它具有热胀冷缩的性质。受大气温度影响，一年之中，由于冬夏气温的差异，混凝土面板会产生不同程度的周期性的膨胀和收缩。在一昼夜中，白天气温升高，混凝土面板顶面温度较底面高，这种温度差造成面板中部突起；夜间气温降低，混凝土面板顶面温度较底面低，板的周围和角隅翘起。这些变形受到面板和基础之间的摩阻力和黏结力，以及面板自重和车轮荷载等的约束，致使面板内产生过大的应力，造成面板断裂或拱胀破坏。

为了避免这些缺陷，减小各类裂缝的危害，减小或消除温度应力，使得混凝土面板所承受的荷载均匀分布，于是在纵横方向设置许多接缝，把整个路面分割成为许多板块。接缝处是混凝土路面最薄弱的地方，车轮通过时，边、角部位面层应力较中部的大，容易产生断裂。除了路表水渗入，接缝处板边弯沉大和温度翘曲变形大是混凝土面层易于产生板底脱空和板块断裂的重要因素。

水泥混凝土路面的接缝可分为纵缝和横缝两大类，与路线平行的接缝称为纵缝，与路线垂直的接缝称为横缝。混凝土路面通常采用纵缝同横缝垂直相交的形式，板块宜尽可能接近正方形，以改善其受力状况。纵缝两侧的横缝需对接为一条直线，以避免纵缝处两侧板块黏结时由于纵向相对位移受阻而使横缝两侧的板块出现横向感应裂缝。设置接缝的目的如下：

（1）控制收缩应力和翘曲应力所引起的裂缝出现的位置；

（2）通过接缝提供足够的荷载传递以防止裂缝的出现；

（3）防止路表水下渗和坚硬的杂物落入接缝缝隙内。

(二)纵缝及其构造

纵缝分为纵向缩缝和纵向施工缝,即沿着施工纵向分仓边缘的施工缝和设在两条纵缝之间的纵向缩缝。

纵向接缝,无论是施工缝还是缩缝,均应在缝内设置拉杆,以保证接缝缝隙不张开,纵向缩缝的槽口深度应大于纵向施工缝,以保证混凝土在干缩或温缩时能在槽口以下位置开裂。否则,会由于缩缝外截面的强度大于缩缝区外无拉杆的混凝土,导致缩缝区外的混凝土板出现纵向断裂。纵缝构造如图 3-1 所示。

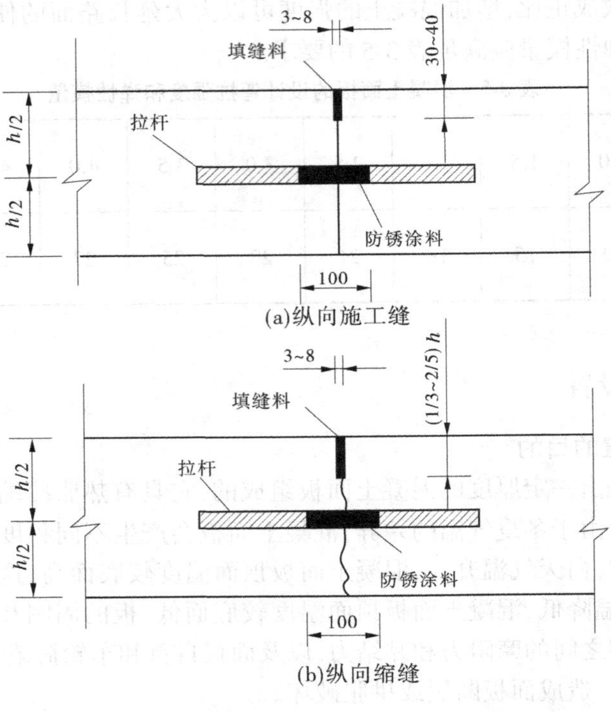

图 3-1　纵缝构造　(单位:mm)

纵缝间距通常按车道宽度确定。路面宽为 9 m 的公路,板宽可按路面宽的一半(4.5 m)确定。由于板块过宽易产生纵向断裂,特别是在旧路加宽或半填半挖的路段上。因此,《公路水泥混凝土路面设计规范》(JTG D40—2002)规定板宽不得超过 4.5 m。

纵向缩缝可采用假缝加拉杆型,设置拉杆可以防止板块横向位移使缝隙扩大,拉杆设置在板的 1/2 处;在缩缝上部设置的槽口,应在混凝土达到一定的抗压强度(碎石混凝土为 6.0~12.0 MPa,砾石混凝土为 9.0~12.0 MPa)时用切缝机切缝。槽口深度要适中,过浅时混凝土截面的强度削弱得不够,不能保证混凝土开裂准确地发生在接缝位置上;过深时不规则断裂面面积过小,使接缝传荷能力降低。切缝深度一般为板厚的 1/4~1/5,切缝宽度通常为 3~8 mm。

在混凝土面板施工时,当一次铺筑宽度小于路面宽度需分两次以上浇筑时,应设置纵向施工缝。纵向施工缝按其构造的不同,可分为平缝和企口缝两种形式。企口缝易产生破坏,其原因有以下几个方面:

(1)榫舌过长,降低了接缝处的强度,并导致槽口破坏。

(2)企口大而深时,浇筑混凝土容易出现漏浆、槽舌和棱角变形。

(3)拆模困难。

(4)震动大,常给企口造成早期损伤,有时甚至震坏企口,需重新修补,这些损伤以细微裂纹潜于企口处,在重复荷载作用下,产生局部应力集中,导致裂缝发展直至破坏。

(5)施工比较麻烦。

因此,纵向施工缝一般采用平缝,并在板厚中央设置拉杆,防止接缝张开和板的上下错动。

(三)横缝及其构造

横缝分为横向胀缝、横向缩缝和横向施工缝。横缝间距大小将影响板内温度应力、接缝缝隙宽度和接缝传荷能力。根据国内外的使用经验,横缝间距宜为4~6 m。路面结构相对刚度半径大的可取高值,反之取低值。面板越厚,基层顶面的回弹模量值越小,横缝间距可较大。

1.横向胀缝

横向胀缝的设置目的是为混凝土板的膨胀提供伸长的余地,避免产生过大的热压力。在胀缝处混凝土面板完全断开,因而也称之为伸缝、真缝。

混凝土面层在温度升高的情况下体积膨胀,如果变形受到限制,则会产生温度压应力。温度每升高1 ℃,压应力大约增加0.3 MPa。如果接缝构造不合理,在温度压应力作用下将导致接缝处面层挤碎,严重时面层发生拱胀现象。

横向胀缝必须贯穿到底,缝壁垂直,缝宽为2.0~2.5 cm,施工时气温较高或胀缝间距较短时应采用低值,反之采用高值。缝隙上部3~4 cm深度浇灌沥青填缝料,下部设置填缝板,填缝板应选用能很好地适应混凝土板的膨胀收缩、施工时不变形、耐久性良好的材料,如油浸木纤维板、甘蔗板或沥青预制板。填缝板要富有弹性,当天热时,胀缝缩小,填缝板压缩;当天冷时,胀缝增大,填缝板随之伸长,这样可防止杂质渗入缝内逐渐使缝失去伸缩作用。填缝板应有适当的硬度,以免在混凝土振捣过程中变形。在板厚的中央设置传力杆。传力杆的一半固定于混凝土中,另一半涂沥青或加塑料套,加套长约10 cm的铁皮或塑料套筒,套底和杆头之间留3 cm的空隙,以棉纱或木屑等弹性材料填塞。构筑物或其他公路交叉处的胀缝无法设传力杆时,可在边缘设钢筋或增加面板厚度。最外边的传力杆距接缝或自由边的距离一般为15~25 cm,传力杆一般尺寸及间距见表3-6。

横向胀缝宜尽量少设或不设,但在邻近桥梁或其他固定构筑物处,与柔性路面相接处,板厚断面改变处,隧道口、小半径平曲线和凹形竖曲线纵坡变换处,均应设置横向胀缝。胀缝间距可根据板厚、施工温度、混凝土集料的膨胀性并结合当地经验确定。夏季施工,板厚等于或大于20 cm时可不设,因为在气温较高的夏季施工时,混凝土本身已处于较高的膨胀值,在今后其他季节中温度不可能高于此值,在以后出现的高温高于施工时的温度也不大,由这个温差引起混凝土板的伸长数值也不会很大。因此,由于未设胀缝引起混凝土板的温度应力,20 cm以上的混凝土板厚是承受得了的。其他季节施工或采用膨胀性大的集料(如砂岩或硅酸质集料)时,宜设置横向胀缝,其间距一般为100~200 m。

表 3-6 传力杆一般尺寸及间距

板厚 h(mm)	直径(mm)	最小长度(mm)	最大间距(mm)
220	28	400	300
240	30	400	300
260	32	450	300
280	35	450	300
300	38	500	300

胀缝是混凝土路面的薄弱点,当水通过胀缝渗入地基后,易使地基软化,时间久了,就会使板在胀缝处破坏。当砂石进入胀缝后,胀缝极易被挤碎。同时,胀缝容易引起行车跳动颠簸,增加施工和养护的麻烦。

2.横向缩缝

横向缩缝是为减小混凝土的收缩应力和温度翘曲应力而设置的。

在特重交通的公路上,由于荷载的重复作用次数多和轴载大,使接缝的传荷能力降低,出现错台现象,应在板厚中央设置传力杆。一般交通的公路,在邻近胀缝或路面自由端的三条缩缝内均应加设传力杆。横向缩缝内设置传力杆是降低板边弯沉和温度翘曲变形、增加接缝传荷能力、保证使用性能和使用寿命的最有效的措施。

横向缩缝间隔应根据当地气候条件、板厚和经验等确定,一般采用 4~5 m,最大不得超过 6 m,板宽与板长之比以 1:1.3 为宜,当混凝土面板较窄时,横缝间距相对也要短些。面层越薄,基层刚度越大,选用的间距应越短。碾压混凝土或钢纤维混凝土面层的缩缝间距可长些,但过长不利于接缝的荷载传递,一般不宜超过 10 m。钢筋混凝土面层板的长度与配筋量成正比,其缩缝间距应结合需要和经济两方面考虑,一般为 6~15 m。缩缝必须用切缝机进行切缝,缝深为路面板厚度的 1/4~1/5,缩缝宽度为 3~8 mm,缩缝内必须浇灌沥青填缝料,防止水分渗入基层、砂石等杂物进入缝内。

3.横向施工缝

每日施工终了,或浇筑混凝土时因故中断,浇筑作业无法进行时,必须设置横向施工缝。施工缝采用平头缝构造,位置应设在胀缝或缩缝处,并设置传力杆。传力杆一端固定在混凝土中,另一端涂沥青或其他材料,允许滑动。

(四)特殊部位的接缝布置

1.交叉口

两条道路正交时,各条道路的直道部分均保持本身纵缝的连贯,而相交路段内各条道路的横缝位置应按相对道路的纵缝间距做相应变动,以保证两条道路的纵缝垂直相交,互不错位。两条道路斜交时,主要道路的直道部分保持纵缝的连贯,而相交路段的横缝位置应按次要道路的纵缝间距做相应变动,保证与次要道路的纵缝相连接。相交道路弯道加宽部分的接缝布置应不出现或少出现错缝或锐角板。

在次要道路弯道加宽段起终点断面处横向接缝应采用胀缝形式,膨胀量大时,应在直线段连续布置2~3条胀缝。

两条相交混凝土道路的弯道段,板块划分时会出现非矩形板块,但其短边长不宜小于1 m,板角不宜小于90°。相交道路接合处的接缝应尽量对齐,避免出现错缝。

在相交道路接合处出现错缝时,以及在弯道起终端处,应设置胀缝。

2.与桥梁衔接处

在混凝土面层板与桥头搭板之间设置长度不小于5 m的钢筋混凝土面层板。搭板与钢筋混凝土板之间的接缝,采用设拉杆的平缝,拉杆的尺寸和间距按传力杆的要求设置。毗邻钢筋混凝土板的普通混凝土面层板,其前后各设置一条胀缝。

3.构造物横穿公路

在横穿公路构造物的上方采用钢筋混凝土面层板,它与普通混凝土板之间的接缝采用设传力杆缩缝。

4.端部处理

混凝土路面与固定构造物相衔接的胀缝无法设置传力杆时,可在毗邻构造物的板端部内配置双层钢筋网,或在长度为6~10倍板厚的范围内逐渐将板厚增加20%。混凝土路面与沥青路面相接时,其间应设置至少3 m长的过渡段。过渡段的路面采用两种路面呈阶梯状叠合布置,其下面铺设的变厚度混凝土过渡板的厚度不得小于200 mm。

三、混凝土路面板厚设计

(一)路面设计理论

目前,世界各国刚性路面设计方法所依据的力学理论主要是弹性地基板理论,其基本假定如下:

(1)板为具有弹性模量E和泊松比μ的等厚体。

(2)作用于板上的荷载,其施压面的宽度和长度均大于板厚,此时可用薄板弯曲理论进行计算。当施压面积很小时,需按厚板理论对它进行修正。

(3)地基对板仅有竖向反力,即地基和板之间无摩阻力,同时地基与面板存在着完全的接触,即使在反力为负值(向下)时也是如此。

(二)路面厚度的设计

路面厚度的设计方法有经验法和解析法两大类。经验法是以试验路为基础,经过长期的观测建立起标准轴载作用次数、路面结构厚度和使用性能之间的经验公式。解析法则是以结构分析为基础,利用弹性地基板理论来计算荷载应力,并以疲劳开裂作为路面破坏临界状态。板厚的确定与混凝土的弹性模量、抗弯拉强度,土基、基层的力学性质,路面设计使用年限,交通量组成及其增长率,温度等众多因素有关。设计板厚的方法有多种,而设计标准可以概括为两种:

(1)以混凝土面板的使用性能在使用期末下降到行车所不允许的程度为标准。

(2)以使用年限期末混凝土面板出现疲劳开裂为临界状态为标准,我国现在就是采用这种标准。

(三)临界荷位的确定

混凝土路面设计是以荷载应力和温度应力产生的综合疲劳损坏作为设计标准的,因而选用使路面板产生最大综合疲劳损坏的位置作为临界荷位。如果仅考虑荷载应力和温度应力综合疲劳作用的情况下，只有在纵缝具有较大传荷能力的企口缝加拉杆和横缝不考虑传荷能力的假缝（当做自由边处理）时，临界荷位出现在横缝边缘中部，其余情况应选取纵缝边缘中部为临界荷位。由于前一种情况出现的可能性很小，因此《公路水泥混凝土路面设计规范》（JTG D40—2002）中规定选取纵缝边缘中部作为临界荷位。

（四）混凝土板厚的计算

确定混凝土板厚，可参照下述步骤进行：

（1）依据所设计公路的技术等级，查相应表格确定路面结构的设计安全等级以及相应的设计基准期、目标可靠度和变异水平等级。

（2）收集交通资料。主要包括初始年日平均交通量与交通组成（即各种车辆的比例），方向分配系数（来向和去向的比例）和车道分配系数（每个方向有两个以上车道时每个车道的比例）、交通量的年平均增长率等。

（3）利用以上资料，计算设计车道上的初始年日标准轴载作用次数 N_s，确定公路的交通等级及其设计使用年限 T。根据公路的交通组成状况和车道宽度，选定轮迹横向分布系数 η，计算设计车道使用年限内的标准轴载累计作用次数 N_e。

（4）初拟路面结构。根据路基干湿类型和土质，以及垫层和基层的类型，确定路面垫层和基层的厚度，并初估面板的厚度和平面尺寸。

（5）根据混凝土设计弯拉强度的最低要求，进行混凝土混合料组成设计。通过对混合料的强度测试，确定 28 d 或 90 d 设计弯拉强度 f_{cm}，确定混凝土的弯拉弹性模量 E_c。

（6）确定基层顶面计算回弹模量 E_{tc}。对于新路，按初拟路面结构，确定各层的弹性模量和基层顶面当量回弹模量；对于老路，用承载板或弯沉法确定基层顶面的当量回弹模量 E_t，然后计算基层顶面的计算回弹模量。

（7）计算荷载疲劳应力 σ_p，确定标准轴载产生的荷载应力。依据纵缝类型和交通等级，选定应力折减系数 K_r、综合影响系数 K_c 和疲劳荷载应力系数 K_f。将以上各项相乘后即得到荷载疲劳应力 σ_p。

（8）计算温度疲劳应力 σ_t。按公路所在自然区划选取最大温度梯度 T_g，计算路面结构的相对刚度半径 r，按相对板长 L/r、板厚 h 和温度应力系数 k_x，计算确定最大温度梯度时的温度应力 σ_{tm}。按 f_{cm} 和公路所在地区的自然区划，确定温度疲劳应力系数 k_t。σ_{tm} 同 k_t 相乘即得到温度疲劳应力。

（9）检验 σ_t 与 σ_p 之和是否满足要求。若满足，则初估厚度可以作为设计厚度；若不满足，则重新拟定路面结构，重复第（4）步以下的计算，直到上述要求满足为止，设计厚度取整至厘米。

（五）排水设计

1.路面表面排水

路面表面排水的任务是把降落在路面和路肩表面的水迅速排走，以免造成路面积水而影响行车安全，并使渗入路面结构内部的水减至最小程度。

路面表面排水设计应遵循下列原则：

（1）降落在路面上的雨水应通过路面横向坡度向两侧排流，避免行车道路面范围内出现积水。

(2)在路线纵坝平缓、汇水量不大、路堤较低且边坡坡面不会受到冲刷的情况下，应采用在路堤边坡上横向漫流的方式排除路面表面水。

(3)在路堤较高，边坡坡面未做防护面，易遭受路面表面水流冲刷，或者坡面虽已采取防护措施但仍有可能受到冲刷时，应沿路肩外侧边缘设置拦水带，汇集路面表面水，然后通过泄水口和急流槽排离路堤。

(4)设置拦水带汇集路面表面水时，拦水带过水断面内的水面，在高速公路及一级公路上不得漫过右侧车道外边缘，在二级及二级以下公路上不得漫过右侧车道中心线。

对于路表面横坡的布设，无中间带或采用分离式路基的公路，在未设超高的路段上，行车道路面应沿中心线设置向两侧倾斜的双向横坡；在设超高的路段上，应设置向曲线内侧倾斜的单向横坡。设中间带的公路，各个行车方向的行车道路面应分别设置单向横坡，单向车道数超过3个时，也可设置双向横坡。路面和路肩横坡的坡度，根据面层类型选用。混凝土路面的横坡坡度为1%~2%，路肩铺面的横向坡度值宜比行车道路面横坡值大1%~2%。设拦水带时，右侧硬路肩的横向坡度宜采用5%。拦水带宜由沥青混凝土现场浇筑，也可由水泥混凝土预制块铺砌而成。

2.路面内部排水

进入路面结构内部的水，如果不能及时排出，将浸湿结构层材料和路基，使其强度降低，变形增加。更为严重的是，进入面层板与基层层间空隙内的自由水，在行车荷载作用下形成高压水流，冲刷基层材料，严重时产生唧泥、错台及断裂等病害。大量的路面损坏状况调查和路面使用经验表明，进入路面结构内的水是造成或加速路面损坏的主要原因。因此，设置路面结构内部排水系统，使渗入路面结构内部的水迅速排出，将有利于防止病害产生，延长路面使用寿命。

路面内部排水系统的设计包括以下几方面：设置路面内部排水系统的场合或条件，路面内部排水系统的组成和布设，排水材料的组成与性能指标的确定，以及水文分析和水力计算等。

设置路面内部排水系统的目的是迅速排除积滞在路面结构内的自由水，其设置条件则要根据造成路面结构内部积滞水的影响因素来确定。这些因素主要是水的来源，包括降水、两侧滞水、路基冻融水和旧路面结构内的滞留水等，以及渗入水的排除条件，如路基、基层的运水性。同时，应考虑水对路面使用性能的危害程度，据以确定使用路面内部排水系统的公路和路面等级。

路面内部排水系统有边缘排水系统和排水层排水系统两大类，其中排水层排水系统分为排水基层排水系统和排水垫层排水系统。

水文分析和水力计算的目的是确定排水设施的设计流量和所需的结构尺寸，检验自由水在排水设施内的渗流时间和速度。

四、水泥混凝土路面与构造物的衔接

在路面工程中，与混凝土路面连接的部位有沥青路面、桥梁、涵洞和通道等，这些相接部位路面往往发生跳车现象，严重影响行车速度和舒适性以及路面寿命。由于这些部位易产生差异沉降，所以应着重处理，减少这些部位基础的沉降，加强和提高路面整体的耐久性。

(一) 水泥混凝土路面与沥青路面相接

由于沥青路面难以承受混凝土面板末端的水平推力，因而在水泥混凝土路面和沥青路面相接处，应首先在沥青路面的一端发生损坏，然后在混凝土路面的一端发生损坏。此外，由于沥青路面与混凝土路面之间的沉降不同，接头处变得不平整，引起跳车。因此，当混凝土路面和沥青路面连接时，可在沥青路面面层下埋设混凝土板，长度一般为 3 m，与混凝土路面相接的一端的厚度与混凝土面板相同，另一端不小于 15 cm，如图 3-2 所示。埋设在混凝土板与混凝土路面相接处的拉杆，应采用螺纹钢，直径一般为 25 cm，长为 70 cm，间距为 40 cm。

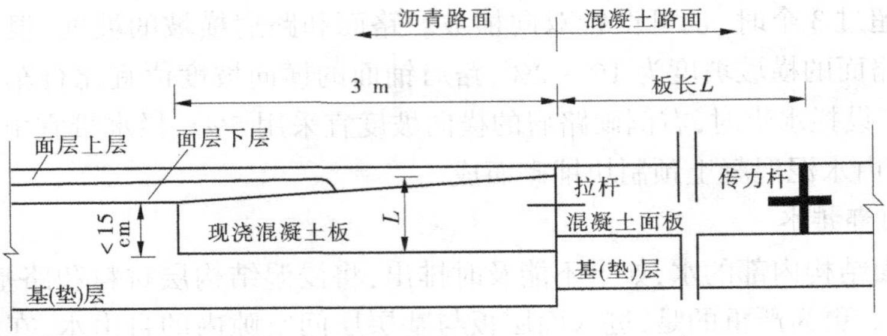

图 3-2 混凝土路面与沥青路面相接的处理

对于汽车行驶速度低、交通量不大的公路，水泥混凝土路面与沥青路面相接时，可采用混凝土预制块相连接。

(二) 混凝土路面与桥梁相接

混凝土路面与桥梁相接，可根据公路等级、使用要求和当地经验采取以下或其他适当的措施。

在高等级公路上，应设置桥头搭板。搭板与混凝土路面之间采用钢筋混凝土面板过渡，其长度不小于 5 m。搭板与钢筋混凝土面板之间的接缝应设置传力杆，钢筋混凝土面板与混凝土面板之间应设置胀缝。当与桥梁斜交时，钢筋混凝土面板的锐角部分应采用钢筋网补强。搭板与钢筋混凝土面板相接处设拉杆，其尺寸、间距和混凝土路面与沥青路面相交时设置的拉杆相同。对于低等级公路，或作为高等级公路的过渡措施，桥头可铺筑一段混凝土预制块或沥青路面，待沉降稳定后，再铺筑混凝土路面。当桥头设有搭板时，其长度不小于 5 m；当桥头未设搭板时，其长度不小于 8 m。

(三) 构造物横穿公路

为了防止过路构造物如涵洞等上方的路面出现横向裂缝、错台和跳车等现象，应将构造物顶部及两侧适当范围内的混凝土面板采用钢筋网补强，或采用钢筋混凝土面板。

当箱状构造物顶面至板底的距离小于 80 cm 时，其顶面及两侧各 6 m 范围内的混凝土板应采用钢筋网补强。当箱状构造物顶面至底板的距离小于 30 cm 或箱状构造物嵌入基层时，应采用双层钢筋网补强。钢筋网分别布设在距板底和板顶 1/3 ~ 1/4 板厚处，钢筋采用直径为10~12 mm的光圆钢筋，纵筋间距10~15 cm，横筋间距20~30 cm；如构造物顶面上的基层厚度小于10 cm，基层应改为混凝土找平。当构造物顶面至板底距离为30~80 cm时，可采用单层钢筋网补强，钢筋网布设在距板顶1/3~1/4板厚处，钢筋采用直径为8~10 mm的光圆钢筋，纵筋间距10~15 cm，横筋间距20~30 cm。

管状构造物如圆管涵、管线等的顶部至板底的距离小于80 cm时，其两侧各6 m范围内的混凝土面板应采用钢筋网补强。当管状构造物的顶部至板底的距离为30~80 cm时，采用单层钢筋网补强，钢筋网布设在距板顶1/3~1/4板厚处，钢筋采用直径为8 mm的光圆钢筋，纵筋间距10~15 cm，横筋间距20~30 cm；当管状构造物的顶部至板底的距离小于30 cm时，采用双层钢筋网补强，钢筋网分别布设在距板底和板顶1/3~1/4板厚处。钢筋采用直径为10~12 mm的光圆钢筋，纵筋间距10~15 cm，横筋间距20~30 cm。

第四节　水泥混凝土路面工程的施工

一、混凝土材料要求

混凝土混合料由水泥、粗集料与细集料、水和外加剂四部分组成。

(一)水泥

水泥混凝土路面应采用强度高、干缩性小、耐久性好和抗冻性好的水泥。一般可采用硅酸盐水泥、普通硅酸盐水泥和道路硅酸盐水泥，中等和轻交通的路面，也可采用矿渣硅酸盐水泥。对于特重交通路面，水泥的标号不宜低于525号，其他交通等级混凝土路面水泥的标号不宜低于425号。

(二)粗集料与细集料

在混凝土中粗集料指碎石或砾石，细集料指砂或石屑。无论是粗集料还是细集料均应质地坚硬、耐久、洁净，符合规定的级配，技术指标应满足施工规范的有关规定。粗集料最大粒径不应超过40 mm；细集料的细度模数宜在2.5以上。

(三)水

一般饮用水均可用于水泥混凝土路面施工和养护；对非饮用水，应检验其硫酸盐含量和pH值，符合要求时也可以采用。

(四)外加剂

为了改善混凝土的技术性质，可以在混凝土的制备过程中加入一定数量的外加剂。常用的外加剂有流变剂、调凝剂和改变混凝土含气量的外加剂等。外加剂的质量应符合现行的国家标准。

二、施工操作程序和方法

(一)安装模板

在安装模板和钢筋前，应根据设计图纸放样定出路面中心线和路面边缘线，并检查基层顶面标高和路拱横坡度。模板宜采用钢模,长度为 3 m,接头处应有牢固拼装配件,装拆应简易。模板高度应与混凝土面板厚度相同,顶面与混凝土面板顶面设计高程一致,底面与基层顶面紧贴,局部低洼处(空隙)要事先用水泥砂浆铺平并充分捣实,两侧用铁钎打入基层固定。

模板安装完毕后,应再检查一次模板相接处的高差和模板内侧是否有错位及不平整等情况,高差大于 3 mm 或有错位和不平整的模板应重新安装。安装完毕后应在模板内侧面均匀涂刷一薄层油(如废机油等),以利脱模。

(二)接缝的施工

接缝是混凝土路面的薄弱环节,接缝施工质量不高,会引起面板的各种损坏,并影响行车的舒适性。因此,应特别认真地做好接缝的施工。

1.纵缝

纵缝采用以下三种方式设置:第一种方式是在模板上设孔,立模后在浇筑混凝土之前将拉杆穿在孔内,这种方式的缺点是拆模较费事;第二种方式是把拉杆弯成直角形,立模后用铁丝将其一半绑在模板上,另一半浇在混凝土内,拆模后将外露在已浇筑混凝土侧面上的拉杆弯直;第三种方式是采用带螺丝的拉杆,一半拉杆用支架固定在基层上,拆模后另一半带螺丝接头的拉杆同埋在已浇筑混凝土内的半根拉杆相接。

2.横向缩缝

横向缩缝应在混凝土固结后用切缝机切割或在新鲜混凝土上以压入的方式修筑。切缝可以得到质量比压缝好的缩缝,应尽量采用这种方式。施工时必须严格控制切缝时间,否则易产生早期裂缝。

1)切缝

混凝土固结硬化后,要在尽早的时间内用金刚石或碳化硅锯片切缝。切缝时间要特别注意,切忌过早,由于混凝土的强度不足,会引起粗集料从砂浆中脱落,不能切出整齐的缝;切忌过迟,混凝土由于温度下降和水分减少而产生的收缩,因混凝土强度已初步形成而受阻,导致收缩应力超出其抗拉强度而在非预定位置出现早期裂缝。合适的切缝时间应控制在混凝土获得足够的强度,而收缩应力并未超出其强度范围的时段。它随混凝土的组成和性质(集料类型、水泥类型和用量、水灰比)、施工时的气候条件(温度及其变化、风)等因素而变化。

切缝方式宜根据施工气温情况而选择,参照表 3-7。

2)压缝

为防止出现早期裂缝,可每隔 3~4 条切缝做一条压缝。用振动刀在新鲜混凝土的预定位置压缝,至规定深度时,提出压缝刀。用原浆修平缝槽,放入嵌条,再次修平缝槽,待混凝土初凝前泌水后,取出嵌条,将缝槽抹修平整。

3.横向胀缝

胀缝应与路中心线和缝壁垂直,缝隙宽度一致,缝中不得连浆。胀缝可在一天浇筑混凝土终了时设置或在施工中设置。

一天施工终了时设置的胀缝传力杆长度的一半穿过端部挡板,固定于外侧定位模板中。混凝土浇筑前先检查传力杆位置。浇筑时,先摊铺下层混凝土,用插入式振捣器振实，并校正传力杆位置，再浇筑上层混凝土。浇筑邻板时拆除顶头木模，并设置下部胀缝板、木制嵌条和传力杆套管。

表 3-7　根据施工温度所推荐的切缝方式

昼夜温差（℃）	切缝方式	缩缝切深
<10	最长时间不得超过 24 h	硬切缝切深为 1/4~1/5 板厚
10~15	软硬结合切缝，每隔 1~2 条提前软切缝，其余用硬切缝补切	软切深度不应小于 60 mm；不足者应硬切补深到 1/3 板厚，已断开的缝不补切
>15	宜全部软切缝，抗压强度一般为 1~1.5 MPa，人可行走，软切缝不宜超过 6 h	软切缝深≥60 mm，未断开的接缝，应硬切补深到不小于 1/4 板厚

施工过程中设置胀缝，传力杆长度的一半穿过胀缝板和端头板，用钢筋支架固定就位。浇筑时应先检查传力杆位置，在胀缝两侧摊铺混凝土至板面。振捣密实后，抽出端头板，空隙部分用混凝土填补，并用插入式振捣器振实。

4.施工缝

施工缝宜设于胀缝或缩缝处，多车道施工缝应避免设在同一横断面上。施工缝如设于缩缝处，板中应增设传力杆，传力杆必须与缝壁垂直，一半锚固于混凝土中，另一半应先涂沥青，装入套管内，允许滑动。

（三）混凝土的拌和与运输

1.混凝土的拌和

水泥混凝土拌和机械按结构形式可分为自落式和强制式两类。

自落式的原理是将混合料提到一定高度后自由落下而达到拌和的目的。它能耗小，机械制作精度要求不高，价格便宜，适用于塑性和半塑性混凝土。对坍落度小的混凝土，难以拌和均匀，甚至粒料黏附在叶片上，不能正常拌和，出料困难。自落式拌和机不能用以拌制干硬性混凝土。

强制式混凝土拌和机在固定不动的密闭搅拌筒内装有多组搅拌叶片，通过搅拌叶片高速旋转，对筒内材料进行强制搅拌。此种搅拌方式适用于干硬性及细粒料混凝土，搅拌时间短、效率高、操纵系统灵巧、卸料干净。强制式拌和机从构造上分为立轴和双卧轴式两种，双卧轴式能耗低、拌和时间短，效益好于立轴式。在选择机型时应优先选用双卧轴强制式拌和机。

为了按规定的配合比拌制混凝土，必须对各组成材料进行准确的计量。计量的容许误差，水和水泥为 1%，集料为 3%，外掺剂为 2%，应采用电子秤等自动计量设备，当条件不具备时可采用磅秤计量的方法进行计量。坍落度为 1~5 cm 的混凝土，最佳拌和时间一般为：立轴强制式拌和机 90~100 s；双卧轴强制式拌和机 60~90 s。最短的拌和时间不低于最佳拌和时间的低限，最长拌和时间不超过最短拌和时间的 3 倍。

2.混凝土的运输

混凝土在运输中要防止污染和离析。从拌和到开始浇筑的时间应尽可能短,混凝土运输的最长时间,应以初凝时间和留有足够摊铺操作时间为限。不能满足此要求时,应使用缓凝剂,运输设备可参考表 3-8 选用。

表 3-8 混凝土运输设备

类型	容积范围(m^3)	运输距离(m)	通道宽度(m)
手推车	0.10~0.16	30~50	1.6~1.8
机动翻斗车	0.4~1.2	100~500	2.0~3.0
自卸车	2.4	500~ 2 000	3.5~4.0
混凝土搅拌机	8.9~11.8	2 000~5 000	2.5~3.5

(四)混凝土的摊铺与振捣

1.摊铺

摊铺混凝土前,应先检查模板的位置和高度以及基层的标高与压实度等是否符合要求,钢筋安设是否准确和牢固。混凝土混合料由运输车辆直接卸在基层上。卸料时,混合料尽可能卸成几个小堆,如发现有离析现象,应进行二次拌和。混凝土板厚度不大于 24 cm 时,可一次摊铺;大于 24 cm 时,宜分两次摊铺,下层厚度宜为总厚度的 3/5。摊铺的松铺厚度应考虑振实的影响而预留一定的高度,具体数值根据试验确定。用铁锹摊铺时,应用“扣锹”方法,严禁抛掷和搂耙,以防止离析。在模板附近摊铺时,用铁锹插捣几下,使灰浆捣出,以免发生蜂窝。

2.振捣

摊铺好的混凝土混合料应迅速用插入式振捣器和平板振捣器均匀地振捣。插入式振捣器宜选用频率为 6 000 次/min 以上的。振捣时应先用插入式振捣器在模板边缘角隅处或全面顺序插振一次,每一位置不宜少于 20 s。插入式振捣器移动间距不宜大于其作用半径的 1.5 倍,至模板的距离不应大于其作用半径的 0.5 倍,避免碰撞模板和钢筋。平板振捣器的有效作用深度一般为 18~25 cm。不采用真空脱水工艺施工时,宜采用 2.2 kW 的平板振捣器;采用真空脱水工艺施工时,可采用功率较小的平板振捣器。

插入式振捣器振捣过后再用平板振捣器全面振捣。平板振捣器应重叠 10~20 cm,当水灰比小于 0.45 时,不宜少于 30 s;水灰比大于 0.45 时,不宜少于 15 s,以不冒气泡并泛出水泥浆为准。混凝土在全面振捣后,用振动梁进一步拖拉振实并初步整平。振动梁是将附着式振动器安装在焊接成的钢梁或其他金属梁上,由振动器激振,梁振动而使混凝土受振密实并振动找平。振动梁往返拖拉 2~3 次,使表面泛浆,并赶出气泡。振动梁移动的速度要缓慢而均匀,前进速度以每分钟 1.2~1.5 m 为宜。如有不平之处,应及时以人工挖填补平。补平时应用较细的混合料,但严禁用纯砂浆填补。振动梁行进时,不允许中途停留。牵引绳不宜过短,以减少振动梁底部的倾斜。振动梁底面要保持平直,当弯曲超过 2 mm 时应调直或更换,不用时要清洗干净,放在平整处,不得暴晒或雨淋。最后用平直的滚杠进一步滚揉表面,使表面进一步提浆并调匀。滚杠的构造一般是用挺直的无缝钢管,在钢管两端加焊端头板,板内镶配轴承,管端焊有两个弯头式的推拉定位销,伸出的牵引轴上穿有推拉杆,既可滚拉又可平推提浆赶浆,使混凝土表面均匀地保持5~6 mm的砂浆层,以利于密封和做面。

如混凝土表面与模板有较大的高差,应重新挖填找平,振滚平整,挂线检查平整度。

(五)表面修整和拆模

1.表面修整

当采用真空脱水工艺时,脱水后可用振捣梁复振一次,并用滚杠拉一次,以确保板面平整度。不采用真空脱水工艺时,用大木抹多次抹面至表面无泌水,然后将混凝土表面修整光滑。待表面混凝土初凝后用压纹器压纹,或在强度形成后采用刻纹机器刻制横向槽纹。

2.拆模

模板在浇筑混凝土60 h以后拆除,拆模时应能保证混凝土边角不因拆模而损坏。当车辆不直接在混凝土面板上行驶、气温又不低于10 ℃时,可在20 h后拆模;温度低于10 ℃时,可在36 h后拆模。拆模时应先拆除模板支撑、铁钎等,用扁头铁撬插入模板与混凝土之间,慢慢向外撬动模板。撬动时应垫塞木块,防止损坏混凝土边角。拆下的模板应及时清除圆钉、残余混凝土,移至堆放处,整理保养并堆放平稳,将现场清理干净。

(六)混凝土路面的养生和灌缝

混凝土表面修整完毕后,应进行养生,使混凝土面板在开放交通前具备足够的强度和质量。养生期间,须防止混凝土的水分蒸发和风干,以免产生收缩裂缝;采取措施减小温度变化,以免混凝土板产生过大的温度应力;防止人畜和车辆等损坏混凝土面板的表面。常用的养生方法有下列两种:

(1)湿治养生。混凝土抹面2 h后,当表面已有相当的硬度,用手指轻压不出现痕迹时,即开始养生。采用湿草袋、草垫或者20~30 mm厚的湿砂覆盖于表面。每天均匀洒水数次,使表面保持潮湿状态。在温差大的地区,混凝土浇筑后3 d内,应采取保温措施,防止板产生收缩裂缝。养生期间禁止车辆通行。

(2)塑料薄膜养生。当表面不见浮水,用手指压无痕迹时,均匀喷洒塑料溶液(由轻油剂、过氯乙烯树脂和苯二甲酸二丁酯三者按88:9:3的重量比配制而成),形成不透水的薄膜黏附于表面,从而阻止混凝土中水分的蒸发,保证混凝土的水化作用。也有用塑料布覆盖以代替喷洒塑料溶液的养生方法,效果良好,养生时间按混凝土抗弯拉强度达到35 MPa以上的要求经试验确定。

填缝一般在养生期满后即可进行,未填缝前严禁车辆行驶,以免板缝和角隅损坏。灌注深度以3~4 cm为宜,下部可填入多孔柔性材料。填缝之前须将缝内进入的石、砂、泥土等杂物用小铁钩子钩出,并用钢丝刷和吹风器(俗称“皮老虎”)或小型空压机将缝内尘土吹净,必要时用水冲洗干净,待缝内干燥后进行灌缝,接缝清理不干净会导致路面拱胀挤碎破坏和影响填缝料与混凝土的黏结。在缝口两边各涂一层宽约10 cm的石粉水(水与粉之比约为2:1)作为填缝料与混凝土表面之间的防粘剂,但不得淌入缝内或沾在缝壁上,以免影响填缝料与缝壁的黏结。填缝料应富有弹性、不透水、耐疲劳、与混凝土表面黏附牢固,有良好的温度稳定性,高温不流淌、低温不缩裂。填缝料的灌注高度,夏天应与板面平,冬天宜稍低于板面。常用的填缝料有两种:一种是现灌液体填缝料;另一种是预制嵌缝条。

现灌的液体填缝料常用的有以下两种:

(1)沥青橡胶填缝料。用沥青、石棉屑、石粉与橡胶粉混合配制而成,具有一定弹性和塑性。

(2)聚乙烯胶泥。用煤焦油聚氯乙烯、邻苯二甲酸二丁酯、硬脂酸钙和滑石粉配制而成,具有良好的防水性、黏结性、弹塑性、抗老化性、耐热和耐寒等性能。

这两种填缝料适用于缩缝、纵缝及胀缝的上半部分。

沥青橡胶嵌缝条适用于缩缝、纵缝及胀缝的上半部分,用沥青、石棉粉、石粉按比例配合压制而成。

多孔橡胶嵌缝条采用氯丁橡胶原料,按设计图形用橡胶挤出机挤压成型,然后放在硫化罐内硫化而成,适用于胀缝的上半部分。

(七)特殊季节施工

水泥混凝土路面施工质量受环境因素影响较大,对高、低温季节及雨季施工应考虑其特殊性,确保工程质量。混凝土路面施工如遇下述条件之一者,必须停止施工。

(1)现场降雨;

(2)风力大于 6 级,风速在 10.8 m/s 以上的强风天气;

(3)现场温度高于 40 ℃或拌和物摊铺温度高于 35 ℃;

(4)摊铺现场连续 5 d 平均气温低于 5 ℃,夜间最低气温低于-3 ℃。

1.高温季节施工

施工现场(拌和铺筑场地)的气温大于或等于 30 ℃,拌和物摊铺温度在 30~35 ℃时,应按高温施工采取措施。混凝土在高温下坍落度降低,失去原有施工和易性,给混凝土操作、振捣等带来困难。由于水分过快的蒸发,混凝土表面难以翻出足够的砂浆磨耗层,给表面整平和收水抹面带来困难。高温烈日下可以使混凝土表面产生严重收缩裂缝。缩缝形状一般为直线形,缝长为 20~100 cm,裂缝深度可达 3~5 cm,这主要是由于混凝土内水分蒸发量超过混凝土出现裂缝前的每小时容许蒸发量为 1~1.5 L/m^2。

高温会促进水化作用,增加水分的蒸发量,容易使混凝土板表面出现裂缝。因而,在高温季节施工应尽可能降低混凝土的浇筑温度,缩短从开始浇筑到表面修整完毕的操作时间,并保证对混凝土进行充分的养生。施工时应提出高温施工的施工组织设计,包括降温措施、保持混凝土工作特性和基本性质的措施等。高温季节施工时,为防止水分过早大量蒸发,可采取以下措施:

(1)预先估计到混凝土在运输、摊铺过程中水分过快蒸发所造成的坍落度的降低,事先调整好配合比,适当增加用水量。至于用水量增加多少,应根据运距、气候、日照、风力大小来决定。一般在 30 ℃气温下,要保持气温 20 ℃时的坍落度,就要增加单位用水量 4~7 kg。

(2)混凝土在运输时要遮盖,及时运送至工地,中途不许延隔过久。

(3)摊铺、振捣、收水抹面与养护各道工序应衔接紧凑,尽可能缩短施工时间。

(4)在已摊铺好的路面上,可搭设凉棚(用雨季施工的雨篷代替),以避免混凝土表面遭到烈日暴晒。

(5)设置防风墙,以减弱吹到混凝土表面的风速,减少水分蒸发。

(6)遇到高温烈日和大风时,在已振捣的混凝土面层可适当喷洒少量水加以湿润,以防止混凝土内水分过量蒸发。同样,收水抹面时,在表面过分干燥而又无法操作的情况下容许喷洒少量水于表面进行收水扫毛或滚槽。

当施工环境气温大于 35 ℃,却不能采取专门的施工工艺措施时,不应进行水泥混凝土路面施工。在高温季节施工时,应定时测量混凝土拌和物的温度,无论什么情况和条件,混凝土拌和物的温度都不宜超过 35 ℃。

2.低温季节施工

混凝土强度的增长主要依靠水泥的水化作用。温度高,混凝土水化作用迅速完成,强度增长快;温度低,则水化作用缓慢,强度增长慢。若在日平均气温低于 5 ℃或最低气温在-3~5 ℃时施工,必须采取冬季施工措施,否则应停止施工。

冬季温度降到 0 ℃以下时(混凝土冻结温度为-3 ℃),混凝土即产生冰冻,表面产生冰晶,混凝土解冻后,这种印迹仍然存在。早期受冻的混凝土,其强度可降低 40%~50%。强度大幅度降低的原因是:结冰时混凝土中水的体积增加 9%,解冻后不再恢复,集料周围有层水膜或水泥浆膜,在结冰后其黏结力被破坏。严重受冻的混凝土可以形成一堆互不起作用的混合物。因此,混凝土路面应尽可能在气温高于 5 ℃时进行施工。当昼夜平均气温为-5~5 ℃时,为保证混凝土受冻前至少能达到设计强度的 70%左右,应采取措施,并提出低温施工的施工组织设计,主要包括低温操作和养生的各项措施。

1)提高混凝土拌和温度

对水、粗集料进行加温,不允许对水泥加热,水加热温度不能超过 60 ℃。砂石料应采用间接加热法,如保暖储仓、热空气加热、在矿料堆内埋设蒸汽管等,不允许用炒烧等方法直接加热,也不允许直接用蒸汽喷洒石料。砂石料加热后在拌和时的温度不能超过 40 ℃,摊铺后的温度不低于 10~20 ℃。收水抹面结束后,即覆盖保温,温度低于 0 ℃时不必洒水。如果气温更低,或不具备材料加热条件,可添加总量不超过 2%的氯化钙或氯化钠,同时掺入等量的亚硝酸钠。

2)路面保温措施

混凝土铺筑后,用蓄热法保温养生。可选用合适的保温材料覆盖路面,使已加热材料拌成的混凝土热量和水泥的水化热量蓄保起来,以减少路面热量的损失,使之在适宜温度条件下硬化,从而达到要求的强度。这种方法只对原材料加热而路面混凝土本身不加热,施工简便,易于控制,附加费用低,是简单而经济的冬季施工养护手段。

保温层的材料应就地取材,在满足保温要求的同时要注意经济性。可用麦秸、谷草、油毡纸、锯末、石灰等作保温材料,覆盖于路面混凝土上。保温层至少 10 cm 厚,具体视气温而定。

3)其他应注意的问题

设计混凝土配合比时,不宜用过大的水灰比,一般不宜超过 0.6。搅拌时应延长搅拌时间,较常温施工增加 50%左右。混凝土摊铺时,不宜把工作面铺大、拉长,应集中力量全幅尽快推进,加速完成摊铺工艺。建立定时测定温度制度,在拌和站测定砂石料、水和水泥拌和前温度,混凝土拌和物出料时温度不能低于 10 ℃。测定混凝土摊铺时的温度、工地卸料后的混凝土温度和摊铺振实后的温度。测定混凝土养生阶段温度,在浇筑完后头两天每隔 6 h 测 1 次,其后每昼夜至少 3 次,其中 1 次应在凌晨 4 时气温最低时测定。测温孔位置应设在路面板边缘,路面纵向每 50 m 设一对测孔,深度 10~15 cm,温度计在测孔内应停留 3 min 以上。全部测孔应按路面桩号编号绘制测孔布置图,并绘出每一测孔的温度时间曲线。摊铺后的路面混凝土,要求在 72 h 内养生温度应保持在 10 ℃以上,接下来 7 d 养生温度保持在 5 ℃以上。

3.雨季施工

雨季来临之前,应掌握年、月、旬降雨趋势、降雨时间和雨量的中期预报,合理安排施工。制订雨季施工方案,了解和掌握施工路段的汇水面积和历年水情,调查施工区段内桥涵和人工排水构造物系统是否畅通,防止雨水和洪水影响施工。在拌和场地,对拌和设备搭雨篷遮雨。砂石料场因含水量变化较大,需经常测定,以调整拌和时的用水量。雨季空气潮湿,水泥要防止淋雨和受潮。混凝土在运输途中应加以遮盖,严禁淋雨并要防止雨水流入运输车厢中,在铺筑现场,禁止下雨时施工。如铺筑前现场有水,应及时排除基层积水。在混凝土达到终凝之前,应覆盖塑料膜,不允许雨水直接落在已抹平的路面上。若需要在下雨时施工,现场应配备工作雨篷,雨篷应轻便,易于移动,方便施工。

第五节 水泥混凝土路面病害分级及其特征

目前,破损水泥混凝土路面的处理方法归纳为以下三大类:

(1)按原结构进行整修,如断板更换、压浆处理、灌注聚脂胶类黏结剂等,该类方法已普遍适用于断板率较低、病害较轻的混凝土路面。

(2)以混凝土路面作基层,在其上加铺其他结构层,该种方法适用于路面破损较严重的道路。

(3)对于混凝土面板严重破损的路面,将老路面混凝土板全部拆除掉,重新铺筑新的路面。

促使路面出现损坏的原因是多方面的(荷载、环境、施工、养护等),因此结构损坏所表现出的形态和特征也是多种多样的。各种损坏对路面结构完好程度和路面使用性能有不同程度的影响,需相应采取不同的养护或改建对策。

一、路面损坏状况的分级

水泥混凝土路面按其损坏的位置可分为断裂类、竖向位移类、接缝类、表层损坏类等类型。面层断裂类主要指纵向、横向、斜向裂缝,交叉裂缝,断裂板等;面层竖向位移类主要指沉陷、胀起等;面层接缝类主要指接缝填缝料损坏、纵向裂缝张开、唧泥、板底脱空、错台、接缝碎裂、拱起等;表层损坏类主要指磨损、露骨、纹裂、网裂、起皮、活性集料反映病害、粗集料冻融裂纹、坑洞、修补损坏等。其损坏的分类分级见表 3-9。

表 3-9　水泥混凝土路面损坏状况分级

损坏类型		分级标准
断裂类	纵向、横向、斜向裂缝	轻:缝隙边缘无碎裂或错台的细裂缝,缝隙宽度小于 3 mm 中:缝隙边缘中等碎裂或错台小于 10 mm 的裂缝,缝隙宽度小于 15 mm 重:缝隙边缘严重碎裂或错台大于 10 mm 的裂缝,缝隙宽度大于 15 mm
	交叉裂缝、断裂板	轻:板被轻微裂缝分割成 2~3 块 中:板被中等裂缝分割成 3~4 块或被轻微裂缝分割成 5 块以上 重:板被严重裂缝分割成 4~5 块或被中等裂缝分割成 5 块以上
竖向位移类	沉陷、胀起	轻:车辆以限速驶过时仅引起无不舒适感的轻微跳动 中:车辆驶过时产生不舒适感的较大跳动 重:车辆驶过时产生过大的跳动,引起严重不舒适或不安全
接缝类	接缝填缝料损坏	轻:整个路段接缝填缝料情况良好,仅有少量接缝出现损坏 中:整个路段接缝填缝料情况尚好,1/3 以下的接缝长度出现损坏,水和硬质材料易渗入或挤入 重:接缝填缝料情况很差,1/3 以上的接缝长度出现损坏,水和硬质材料能自由渗入或挤入
	纵向裂缝张开	轻:接缝张开<10 mm 重:接缝张开≥10 mm
	唧泥、板底脱空	轻:车辆驶过时有水从板缝或边缘唧出,或在板接(裂)缝或边缘邻近的表面残留有少量唧出材料的沉淀物 重:在板接(裂)缝或边缘的表面残留有大量唧出材料的沉淀物,车辆驶过时有明显的颤动和脱空感
	错台	轻:错台量小于 5 mm 中:错台量为 5~10 mm 重:错台量大于 10 mm
	接缝碎裂	轻:仅出现在接缝或裂缝两侧 8 cm 范围内,可暂不采取修补措施 中:碎裂范围大于 8 cm,部分碎块松动或散失,但不影响安全或危害轮胎 重:影响行车安全或危害轮胎
	拱起	轻:车辆以限速驶过时仅引起无不舒适感的轻微跳动 中:车辆驶过时产生不舒适感的较大跳动 重:车辆驶过时产生过大的跳动,引起严重不舒适或不安全
表层损坏类	磨损、露骨	轻:深度≤3 mm 重:深度>3 mm

续表 3-9

损坏类型		分级标准
表层损坏类	纹裂、网裂、起皮	轻:板大部分面积出现纹裂或网裂,但表面状况良好,无起皮 中:板出现起皮,面积小于或等于混凝土板面积的 10% 重:板出现起皮,面积大于混凝土板面积的 10%
	活性集料反映病害	轻:板出现网裂,面层可能变色,但未出现起皮和接缝碎裂 中:出现起皮和(或)接缝碎裂,沿裂缝和接缝有白色细屑 重:出现起皮和(或)接缝碎裂的范围发展到影响行车安全或危害轮胎,路面表面有大量白色细屑
	粗集料冻融裂纹	轻:裂纹出现在缝或自由边附近 0.3 m 范围内,缝未发生碎裂 中:裂纹出现在缝或自由边附近,范围大于 0.3 m,受影响区内缝出现轻微或中等碎裂 重:裂纹影响区内裂缝出现严重碎裂,不少材料散失
	坑洞	不分轻重程度
	修补损坏	轻:轻微破损或边缘处有轻微碎裂 中:轻微裂缝或车辙、推移,边缘处有中等碎裂和 10 mm 以下错台 重:出现严重裂缝、车辙、推移或错台,需重新进行修补

二、病害的特征及分析

(一)水泥混凝土面层断裂类病害

面层由于所受内应力超过了混凝土的强度而出现横向或纵向以及板角的断裂和裂缝,其原因有以下多个方面:板太薄或轮载太重;行车荷载的渠化作用(荷载次数超过允许值);板的平面尺寸太大,使温度翘曲应力过大;地基过量塑性变形使板底脱空失去支撑;养生期间收缩应力过大;由于材料或施工质量不良,混凝土未能达到设计要求等。断裂裂缝破坏了板的结构整体性,使板丧失了应有的承载能力。因而,断裂裂缝可视为混凝土面层结构破坏的临界状态。

纵向裂缝大多出现在路基横向有不均匀沉降的路段。横向或斜向裂缝通常是重载反复作用、温度或湿度梯度产生的翘曲应力或者干缩应力等因素单独或综合作用所引起的。在开放交通前出现的横向或斜向裂缝,则主要是施工期间锯切缝的时间安排不当所造成的。

角隅断裂通常由表面水侵入、地基承载力降低、接缝处出现唧泥、板底形成脱空、接缝传荷能力差、重载反复作用等综合作用所引起。有裂缝板在基层和路基浸水软化及重载反复作用下进一步断裂,便形成交叉裂缝和破碎板。

(二)水泥混凝土面层竖向位移类病害

膨胀破坏是在一定长度的板上,夏季的高温产生了很大的压应力,或者在密封不好的接缝处有碎石子,或者是膨胀缝的数量不够所引起的。这种破坏在严重的时候会戏剧性地出现一块板搭在与它相邻的破碎的板上。经过一定次数的膨胀与收缩,板在垫层上产生的蠕变在接缝处限制了板活动而引起膨胀破坏。

沉陷是路面在局部路段范围内的下沉,主要是路基填土或地基的固结沉降或不均匀沉降所引起的。

胀起是混凝土路面板在局部路段范围内的向上隆起,主要是路基的冻胀或膨胀土膨胀所引起的。

错台是横向接缝两侧路面板出现的竖向相对位移。当胀缝下部嵌缝板与上部缝隙未能对齐,或胀缝两侧混凝土壁面不垂直时,使缝旁两板在伸胀挤压过程中,会上下错开而形成错台。地面水通过接缝渗入基础使其软化,或者接缝传荷能力不足,或传力效果降低时,都会导致错台的产生。当交通量或基础承载力在横向各幅板上分布不均匀,各幅板沉陷不一致时,纵缝也会产生错台现象。

(三)水泥混凝土面层接缝类病害

接缝处的浅层破坏大都是因为接缝的密封不好或者是接缝处的混凝土振捣不密实、混凝土的强度低。接缝未能完全密封或者混凝土板的开裂使水分或者坚硬的小石子进入接缝,使接缝失效以致出现接缝破坏。如果是在冬天,水分进入接缝后,温度降到 0 ℃以下时,水结冰膨胀会使板边开裂,接缝破坏。如果是小石子进入接缝,夏天温度升高时,所需要的膨胀间隙减少了,这会在接缝的槽底部产生压应力使混凝土出现边角开裂。在施工时如果接缝周围的混凝土振捣不密实,使接缝周围的强度降低,发生开裂的危险会更大。这样的破坏可以用稀薄的黏结物来维修。

接缝处的深层开裂很容易被认为是边角开裂,实际上这种裂缝在形式上是半圆形的,出现在距离接缝 200 mm 以外的地方。这种破坏一般是由于传力杆的位置不当,使传力杆不能活动,或者是混凝土中的粗集料脱落进入接缝。这样的破坏需要彻底维修。

纵向裂缝张开病害是由于在纵缝内未按规定要求设置拉杆,相邻车道板块在温度和横向坡度的影响下出现横向位移,使纵缝缝隙逐渐变宽。

唧泥和脱空是指板接(裂)缝或边缘下的基层细粒料被渗入缝下并积滞在板底的有压水从缝中或边缘处唧出,并由此造成板底面向基层顶面出现局部范围的脱空,接缝填封料失效。基层材料不耐冲刷、接缝传荷能力差和重载反复作用是引起唧泥的主要原因。唧泥发生和发展过程中,基层顶面受冲刷细料被有压水冲积在近板底脱空区内,使接缝或裂缝两侧板面出现高程差,形成错台病害。

由于接缝施工不当(包括传力杆设置不当)或者缝隙内进入不可压缩材料,邻近接缝或裂缝约 60 cm 宽度范围内出现并未扩展到整个板厚的裂缝,或者混凝土分裂成碎块或碎屑,这种损坏称为接缝碎裂病害。

拱起是混凝土面板在受膨胀而受阻时,某一接缝两侧的板突然向上拱起。这是由于板收缩时缝隙张开,填缝料失效,坚硬碎屑等不可压缩的材料塞满缝隙,使板在膨胀时产生较大的热压应力,从而出现纵向压曲失稳。拱起病害通常发生在春季和炎热的夏季,横向接缝或裂缝处板块由于膨胀受阻而出现突发性的向上隆起,有时还伴随出现邻近板块的横向断裂。

挤碎出现于横向接缝(主要是胀缝)两侧数十厘米宽度内。这是由于胀缝内的滑动传力杆位置不正确，或滑动端的滑动功能失效，或施工时胀缝内局部有混凝土搭连，或胀缝内落入坚硬的杂屑等，阻碍了板的伸长，使混凝土在膨胀时受到较高的挤压应力，当其超过混凝土的抗剪强度时，板即发生剪切挤碎。

(四)水泥混凝土面层表层类病害

磨损、露骨主要是行车荷载的反复作用，以及混凝土的耐磨性差所造成的。混凝土面层表面水泥砂浆在车轮反复作用下被逐渐磨损，沿轮迹带出现微凹的表面。长期磨损使表层砂浆几乎全部磨去，粗集料外露，并且部分粗集料被磨光。

纹裂或网裂是在混凝土板表面出现的一连串细裂纹；起皮是板上部3~13 mm深的混凝土出现脱落。这类病害主要是施工或材料所造成的。

活性集料与水泥或外加剂中的碱产生碱-硅或碱-碳酸反应，出现膨胀，从而破坏水泥基层，引起类似于网裂但较一般网裂要深的开裂。

粗粒料冻融裂纹是在混凝土表面接近纵、横向接缝，自由边边缘或裂缝处出现的许多密布的半月形细裂纹，裂纹表面常有氢氧化钙残留物，使裂纹周围变成暗色，并最终导致接缝或裂缝0.3~0.6 m的混凝土崩解。这种病害是某些粗集料的冻融膨胀压力所造成的，通常先从板的底部开始崩解。由于冻融或膨胀，粗集料从混凝土中脱落出来而形成坑洞，其直径为3~10 cm。出现个别坑洞，可不作为病害。

修补损坏一方面反映路面损坏和养护的历史，即出现各种病害的维修情况；另一方面也反映了修补后的使用情况，即出现了新的损坏。

主要病害特征有以下几种。

1.表面不平整

不规则的撞击最容易形成这种破坏，在施工时对低洼地点的错误处理也能形成这种破坏。当开放交通一段时间以后，地基和基层的沉降同样会使板出现裂缝或者导致板出现错台。

2.塑性缩裂

塑性缩裂包括在混凝土表面上出现的一系列细而短的对角方向的平行裂缝，这些裂缝没有达到板的边缘而且长度也不会超过50 mm。这种破坏是混凝土在硬化时养护不当，快速干燥所造成的。

3.表面脱落

表面脱落也称为露骨，这是在缺乏加气的情况下，由于冰冻作用而形成的结果，为了防止出现这种破坏，在公路的水泥混凝土路面和机场的水泥混凝土路面上，板顶以下至少50 mm以内需要加气。缺少表面材料引起的露骨是在施工过程中因雨水的破坏或者是后来的交通荷载所引起的。

第六节 水泥混凝土路面病害的防治与维修

一、接缝修补

接缝是水泥混凝土板块的薄弱部位，要保持接缝填料的完好。当填缝料老化、接缝渗水时要立即更换填缝料，否则冬季水泥混凝土板块收缩，填缝料与板块之间被拉开，形成空隙，雨雪水渗入路基，造成板块唧泥。此外，坚硬的石子落入缝内，夏季板块受热膨胀，石子易将板边挤碎。修补主要是对填缝料的填补，填缝料常因高温被挤出而脱落，日久老化而失去弹性，因此在冬季缝隙增宽时增补或更新填缝料，使缝隙填料保持饱满而不渗水，避免碎屑杂物等不可压缩的材料混入。

（一）接缝防治方法

1.采用预应力混凝土路面

采用预应力混凝土路面以改善路面的性能。尽管预应力的原理被广泛地应用于房屋、桥梁等结构领域，但在道路上的应用却很有限。众所周知，混凝土的主要特性就是抗压强度远大于抗拉强度。预应力混凝土路面就是充分利用这一特性，事先在工作截面上施加压应力，以提高它的抗弯拉强度，提高承受荷载的能力。在纵向预应力混凝土路面中，由于车轮经过而产生的应力仍可保持在受压范围，而且预应力混凝土面板可以做得较长，没有裂缝，可以大大减少以至取消横向缝（接缝），这使得路面寿命延长，车辆行驶平滑，改善了行车的平稳性和舒适性。同时，由于接缝的数量减少，路面渗透到基层的水分大为减少，改善了基层和路基的水稳性能，降低了接缝养护更新工作量，也减少了由于接缝产生的路面破坏，并且通常可以大大减小路面厚度，节约路面的造价。后张预应力路面的试验和使用经验肯定了这种路面在实用和经济上有竞争力。

虽然预应力混凝土路面板可以做得较长，但随长度的增加，由路基约束所引起的张拉应力也随之增大，另外板的位移量也会增大，这对横向接缝的设计要求很严，同时对路基摩擦约束要尽可能小。

2.采用连续配筋混凝土路面

连续配筋混凝土路面的特点是沿纵向配置连续的钢筋，除了在与其他路面交接处或临近构造物附近设置胀缝以及视施工需要设置施工缝，一般不设置横缝。正是由于只有很少的接缝，故可以大大减少接缝所引起的挤碎、拱起、错台、唧泥等一系列路面破坏，从而增加了行车的安全性、平稳性和舒适性。其一般适用于高速公路或一级公路和机场混凝土路面。

（二）接缝修补方法

接缝修补方法如下：

（1）用小扁凿凿除旧填缝料，用钢丝刷清理缝壁，并用皮老虎技术或吸尘器吹吸干净缝内尘土。

（2）用稀释沥青涂刷缝壁，低温施工时，采用喷灯烘吹，使沥青涂匀。

（3）在缝的两侧路面上撒一层石粉（或用石灰水涂刷），防止接缝料污染路面。

（4）缝的下部填塞25~30 mm高的泡沫塑料嵌条。

（5）用配制好的接缝材料进行填缝，缝的顶部须留有5 mm的膨胀空间。

（6）在已填好的缝上，用烙铁烙平，使接缝密实。

（三）采用新型接缝结构

选用J.F填充料，其优点在于：J.F填充料属于无机材料，相对于水泥混凝土路面的设计寿命而言不会老化。J.F填充料为永不吸水的松散粉态材料，不受温差影响，在任何频率振动下,J.F 不断地“颗粒重分布”,能始终与缝壁“贴切”。因此,夏不溢,冬不裂,不会“断裂蹦离”和“缩裂渗水”。J.F 具有很强的憎水性,防水性能极佳,5 mm 厚的 J. F 材料在承受 10 000 Pa 的静水压力下,168 h 不渗水,远远满足路用需要。同时,可以选定四层结构体系:采用隔离层+防水层+隔离层+覆盖层的四层结构体系,可保证 J.F 不流失。本结构适用于机械施工,操作简易,速度快。

(四)接缝密封

F9201 型密封材料由于黏度较大,不能人工灌注。为了保证接缝质量,经常采用灌封机灌注。接缝密封的施工工艺流程如图 3-3 所示。

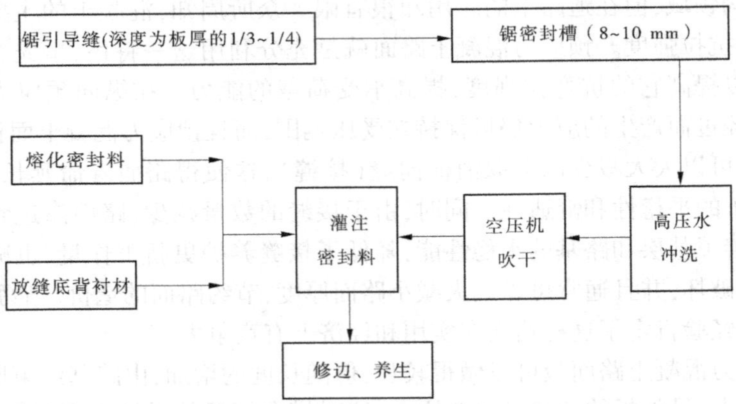

图 3-3　接缝密封的施工工艺流程

接缝密封时还需注意以下方面:

(1)密封槽断面尺寸。在工程中采用交通部重庆公路科学研究所推荐的“高脚杯”形密封槽 6 mm×20 mm(宽×深)的断面尺寸。这种断面形状需两次切割,第一次用 3 mm 的刀片切割引导缝,深度为板厚的 1/3~1/ 4;第二次用 6~8 mm 的刀片切割出密封槽。多一道工序,增加一定的施工难度和造价,但保证了接缝质量,延长使用寿命。

(2)接缝的清洗和表面处理要做好。接缝壁上黏附水泥浆、有灰尘或潮湿,即使性能好的密封材料也难以黏结牢固。接缝壁粗糙有利于提高黏结强度。混凝土强度低时切割的缝壁具有较粗糙的表面;强度较高时切割,表面较光滑。因此,接缝的引导槽和密封槽最好能采用不等厚锯片一次切出。密封材料一般是碱性或中性,与酸性混凝土不易黏牢。为了提高密封料与酸性缝壁的黏结强度,一方面是灌缝前对缝壁进行碱化处理;另一方面是采用合适的底涂料。F9201 型密封材料则是一种能够与不同特性表面黏结的密封材料。

(3)使用灌注型密封材料,缝内应先敷设背衬材料,以保证密封料不流入缝底。

(4)对接缝密封材料加强养护能够延长混凝土板的使用寿命。接缝中的密封料流失或老化,应及时补充或更换密封材料,以保持良好的弹性和防水功能。

二、裂缝修补

混凝土路面的裂缝情况比较复杂,修补时要根据具体的情况采取相应的修补措施。

对于较小的裂缝,应及时将裂缝内的尘土清除干净,再灌填沥青或沥青玛瑅脂封缝;或用环氧树脂胶结。对于严重的裂缝,宜先将松动部分凿掉并清除干净后,在干燥情况下用液体沥青涂刷缝壁,再填入沥青砂捣实、烫平,并以细砂覆盖。裂缝的修补工作宜在秋末冬初缝隙较宽时进行。

混凝土路面裂缝常用的修补方法有压注灌浆法、扩缝灌浆法、直接灌浆法、条带罩面法和全深度补块法等。

(一)压注灌浆法

对于宽度在 0.5 mm 以下的非扩展性的表面裂缝,可采用压注灌浆法处理:

(1)用压缩空气清除缝隙中的泥土杂物。

(2)每隔 30 cm 安置一个灌浆嘴,将松香和石蜡按 1∶2配制,并加热熔化粘住裂缝,用胶带将缝口贴牢,在灌浆嘴及胶带上加封松香和石蜡。

(3)根据缝口宽窄及要求开放通车时间,选用适宜的灌缝材料及配合比,混合调匀倒于容器中。

(4)将配制的灌浆材料倒入注射器或其他特制的压力灌浆器中,在 30~40 min 内用压力将灌缝料灌入缝中,至灌满要顶动上面的胶布为止。其上应加一层水泥浆或砂浆抹面并喷养护剂,使表面颜色一致。

(二)扩缝灌浆法

对裂缝宽度小于 3 mm 的轻微裂缝,可采用扩缝灌浆法处理,其步骤如下:

(1)先顺着裂缝用冲击电钻将缝口扩宽成 1.5 cm 的沟槽,槽深根据裂缝深度确定,最大深度不得超过板厚的 2/3。

(2)用压缩空气吹除混凝土碎屑,填入粒径为 0.5 mm 清洁的小石屑(含泥量小于 1%)。

(3)根据选用的裂缝修补材料使用方法,准备好灌浆材料。

(4)用灌缝机灌入选用的裂缝修补材料。

(5)用远红外灯加热增强 2~3 h,灌缝材料固化达到通车强度后即可通车。

(三)直接灌浆法

对于施工中产生的非扩展性混凝土收缩裂缝,在通车前可用聚硫树脂等材料直接灌注,其步骤如下:

(1)先将缝内泥土、杂质清除干净,随后用钢丝刷将缝口刷一遍,并用吸尘器将浮土吸掉,确保缝内无水、干燥。

(2)缝内及路面先铺一层聚氨酯底胶层,厚度为(0.3±0.1)mm,底胶用量为 0.15 kg/m,底胶铺设采用涂刷方法。

(3)准备好灌浆材料。

(4)将灌浆材料灌入缝内,固化后达到通车强度即可。

(四)条带罩面法

对于贯穿水泥混凝土全板厚且宽度为 3~15 mm 的中等裂缝,可采用条带罩面法修补,其步骤如下:

(1)首先,顺裂缝两侧各约 20 cm 且平行于裂缝切 7~10 cm 深两条横缝。

(2)在两横缝内侧用风镐或液压镐凿除7~10 cm深混凝土。

(3)沿裂缝两侧10 cm,每隔50 cm钻一对钯钉孔,钯钉孔的直径大于钯钉直径约4 mm,并在两钯钉孔之间打一对与钯钉直径相一致的钯钉槽。

(4)钯钉用φ16螺纹钢筋制作,长20 cm、弯钩长7 cm。螺纹钢筋使用前应除锈。

(5)将孔槽内填满快硬砂浆,安装钯钉。

(6)人工将切割的缝内壁凿毛,以增强新、老混凝土的黏结力,去除已破裂尚未除掉的表面裸石。

(7)在修补面上刷一层同混凝土配合比的环氧水泥砂浆,然后浇筑快硬混凝土。

(8)喷洒养生剂养生。为防止修补混凝土中的水分沿相邻老混凝土孔中失去,养护剂的喷洒面应延伸到相邻老混凝土内20 cm以上。

(9)用切缝机加深裂缝。

(10)灌填缝料。

(五)全深度补块法

对于裂缝宽度大于15 mm、错台大于12 mm的严重裂缝,可采用全深度补块法。全深度水泥混凝土补块可以恢复裂缝传递板块之间荷载的能力,并可最大限度地减少垂直变形。一般来讲,处于动态中的正在张开的和正在发生弯沉的中度和重度损坏的裂缝,需做全深度补块,以建立一条能提供适当荷载传递的工作缝。没有裂开或仅显现出细小裂缝的轻度破坏,一般不要进行全深度修补。

1.全深度补块法分类

全深度补块法又可分为集料嵌锁法、刨挖法和设置传力杆法。

1)集料嵌锁法

集料嵌锁法适用于二级公路无筋混凝土路面的接触面交错的接缝内,而且间隔要小于300~450 cm;不适用于寒冷气候和承受重型交通荷载的刚性路面。施工方法见图3-4。

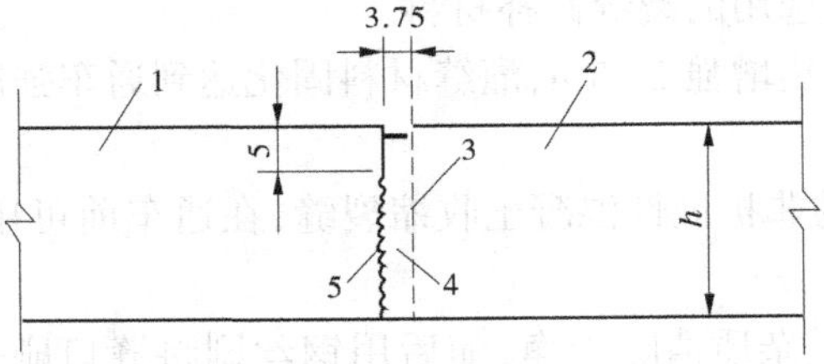

图3-4　集料嵌锁法　(单位:cm)

1—保留板;2—全深度补块;3—全深度锯缝;4—凿除混凝土;5—缩缝交错接面

2)刨挖法

刨挖法即倒T形法。由于这种设计缺乏水平边联结的接缝系统,因此只能在每条缝的一侧提供荷载传递。在相邻板横边的下方暗挖15 cm×15 cm的一块面积用于荷载传递。施工方法见图3-5。

3)设置传力杆法

传力杆荷载传递体系适用于寒冷气候和承受重型交通荷载的水泥混凝土路面裂缝。施工方法见图3-6。

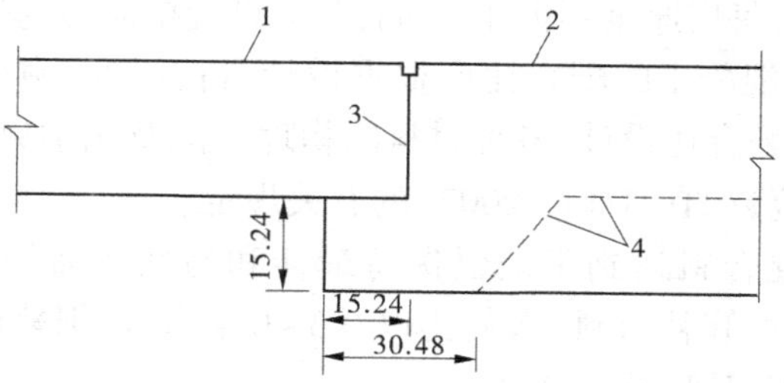

图 3-5　刨挖法　(单位:cm)

1—保留板;2—补块;3—全深度锯缝;4—垫层开挖线

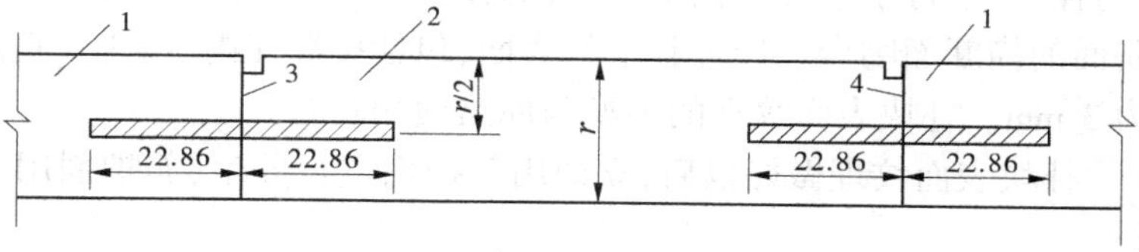

图 3-6　设置传力杆法　(单位:cm)

1—保留板;2—全深度补块;3—缩缝;4—施工缝

2.补块尺寸

补块尺寸可依据以下内容确定:

(1)路面基础已恶化的部分应全部清除掉。

(2)锯缝的位置应离破损位置至少 30 cm。

(3)若边界距现有(另一条)横向裂缝不足 180 cm 或距现有未设传力杆接缝不足 90 cm,应考虑边界外移,把裂缝或接缝包括在补块内,这样可以最大限度地减少板块松动、唧泥。

3.补块施工方法

补块的施工方法如下:

(1)去除破损的混凝土板。沿着指定的横向和纵向边界进行全深度切割,在保留板块边部,沿内侧 4 cm 位置,锯 5 cm 深的缝,用铰链、吊杆或其他装置将混凝土块吊出,在去除过程中要特别谨慎小心,尽量不要使混凝土与其他材料混在一起,不要伤及基层、相邻路面和路肩。在锯混凝土板和吊降过程中被损坏的地方,要通过外移补块边界将其包括在补块内一并修理。

混凝土的去除面积不能超过 1 d 内所能完成的全深度混凝土补块量。在工地现场应储备足够的临时补块用的材料,其量应大致等于去除的混凝土量。在白天完不成混凝土摊铺工作的情况下,需要做临时补块,施工间歇时不允许任何补块位置处于空缺状态。无传力杆的补块要做接面交错的接缝。

(2)全深锯口和半深锯口之间的 4 cm 宽条混凝土垂直面应凿成毛面。

(3)垫层、基层的准备。去除混凝土以后,把所有混杂的或松散的结构层材料挖除。如果垫层太干,则需喷水,水量要控制在摊铺混凝土前能被吸收掉。垫层地基处在饱和状态时,不适宜摊铺混凝土。对级配集料垫层要压实到最佳密实度的 95%,要一层一层地摊铺,一层一层地压实,每层厚度不大于 5 cm,并应设置横向地基排水。

(4)混凝土配料。混凝土的配合比应根据设计弯拉强度、耐久性、耐磨性、和易性等要求,先用原材料进行配合比设计,各种材料的物理性能及化学成分应符合现行《公路水泥混凝土路面设计规范》(JTG D40—2002)的有关规定。

用水量应控制在混合料运到工地仍保持最佳和易性所需的最小值,最大水灰比为 0.4。如采用混凝土快速修补材料,水灰比以 0.3~0.4 为宜,坍落度宜控制在 2 cm 以内。混凝土 24 h 弯拉强度应不低于 30 MPa。

(5)混凝土的摊铺、整平。混凝土应在搅拌开始以后 30~40 min 内卸到补块区内摊铺,采用插入式振捣器及平板振捣器振实混凝土,确保传力杆周围和板边振捣密实。长度小于 300 cm 的补块,平行于中心线找平,较长的补块最好采用振动梁纵向刮平,其形状变化要与相邻路面的横断面吻合。经过整平的表面,包括接缝在内,用 3 m 直尺量测纵向平整度允许值为 3 mm。补块表面纹理的类型与原路面相吻合。

(6)养生。补块表面纹理做好以后,立即用养护剂进行养生,养护剂用量根据养护材料性能确定。

(7)接缝。混凝土施工完毕,开放交通前的 12 h 内,将板中间的各缩缝先锯到 1/4 板厚处。将接缝材料填入缩缝内,随后 5 d 内要完成接缝的封缝工作。

包括施工在内的所有接缝的缝用模板成型或锯成设计图要求的封缝。模板拆除后或锯缝以后,要用水将缝槽彻底冲洗干净,并用压缩空气吹干。待水泥混凝土达到通车强度后,即可开放交通。

以上步骤同时适用于集料嵌锁法和刨挖法。设置传力杆方法的施工除完成以上步骤,还应注意以下几点:

(1)处理基层后,应修复、安设传力杆和拉杆。

(2)原混凝土面板没有传力杆或传力杆折断时,应用与原规格相同的钢筋焊接或重新安设。安装时应在板厚 1/2 处钻出比传力杆直径大 2~4 mm 的孔,孔中心距 30 cm,其误差不应超过 3 mm。

(3)横向施工缝传力杆直径为 25 mm,长度为 45 cm,嵌入相邻混凝土板内的深度为 22.5 cm,传力杆间距为 30 cm。

(4)拉杆孔直径宜比拉杆直径大 2~4 mm,并应沿相邻板块间的纵向接缝板厚 1/2 处钻孔,中心距 80 cm。拉杆采用 ϕ16 螺纹钢筋,长度为 80 cm,40 cm 应嵌入相邻车道的混凝土板内。

(5)传力杆和拉杆应采用环氧砂浆牢牢地固定在规定位置,摊铺混凝土前,传力杆的伸出端应涂少许润滑油。传力杆若安装倾斜或松动失效,应更换。

(6)新补板块与沥青路面路肩相接时,应和现有路肩平齐。

4.表面裂缝的修补工艺

表面裂缝虽不是结构性破坏,但裂缝的存在会造成应力集中,进而引起结构破坏,灌缝是处理表面裂缝最经济有效的办法。

裂缝修补常用的高聚物灌缝工艺的施工方法有:直接灌入、喷嘴灌入、钻孔灌入、注射器注射等方法。

1）直接灌入法

直接灌入法适用于施工中产生的混凝土收缩裂缝。在开放交通前，若发现混凝土板块出现裂缝，则可用聚硫环氧树脂灌缝料直接灌注。

2）喷嘴灌入法

喷嘴灌入法适用于通车路段冬季裂缝修补。其主要操作工艺为：清缝—埋设灌浆嘴封闭裂缝—配灌浆材料—灌浆—加热增强。

3）钻孔灌浆法

钻孔灌浆法适用于非冬季裂缝修补。其施工工艺如图3-7所示。

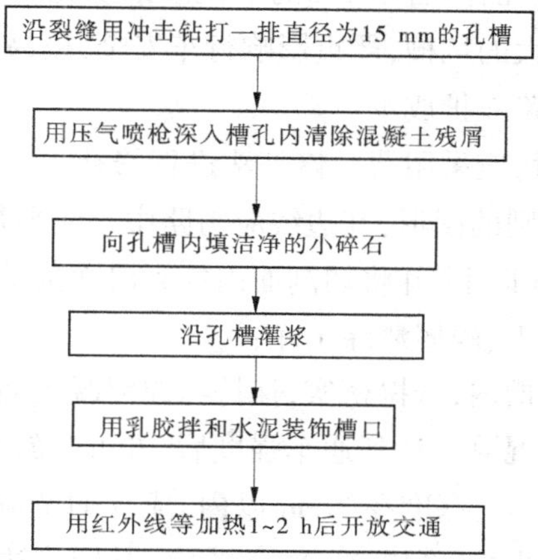

图3-7　钻孔灌浆法施工工艺

4）注射器注射法

注射器注射法适用于通车时间较短、裂缝杂物少、缝宽在3 mm左右的裂缝修补。其主要工艺为：清缝—配料—注射灌入—浇干水泥砂浆装饰缝口，3 h后可开放交通。

（六）表面龟裂的处理

造成水泥混凝土板龟裂的原因是多种多样的，概括起来主要有以下几个方面：

（1）原材料质量控制不够严格，未按规范要求严格控制砂、石的含泥量及石粉含量。

（2）施工配合比控制不准确；混合料拌和不均匀。

（3）混合料在运输过程中防雨、防晒及防风等保护措施不够。

（4）混凝土施工过程中没有防雨、防晒及防风设施。

（5）养生时间掌握不准，致使面层过早失水。

（6）混凝土养护时间不足或养护过程中缺水。

表面龟裂常用修补方法如下：

（1）对于表面裂缝较多及表面龟裂，可把裂缝划为一个施工面；

（2）将其施工面中的裂缝凿成一块3~6 cm凹槽，把混凝土碎屑吹除干净；

（3）配制聚合物乳液混凝土或备好其他修补材料；

（4）浇筑修补混凝土，喷洒养生剂养生至规定通车强度时即可通车。

三、坑洞处理

坑洞主要是混凝土材料中夹带木块杂物所造成的,其影响行车的舒适性。个别的坑洞应清除洞内杂物,用水泥砂浆等材料填充,达到平整密实。

跳子现象是在集料中含有冰冻敏感的材料引起的。冬季以后会在混凝土路面上出现一些小的圆洞。一种情况是由于集料中混进了黏土块,为避免这种情况,在使用前必须进行筛分;另外一种情况是在粗的碎石中混进了石灰石,导致在行车道上出现大量的跳子现象。小的跳子洞可以在现场扩孔,然后用1:3的水泥砂浆填充。坑洞若不及时进行维修,将会发展非常快,继而发展为大的坑槽,严重影响行车安全,极易酿成交通事故。同时,又缩短公路的使用寿命,增加公路养护成本。

当坑洞较多且连成一片时,应采用薄层修补法进行修补:

(1)先将坑洞凿成形状规则的图形,其边线应与路中心线平行或垂直;

(2)切割的深度应在6 cm以上,并将切割面内的光滑面凿毛;

(3)用钢丝刷将槽内的尘土、碎屑清除干净;

(4)将混凝土拌和物填入槽内,振捣密实,保持与原混凝土面板齐平;

(5)喷洒养生剂养生。待混凝土达到通车强度后,方可开放交通。

低等级公路上坑洞面积较大,深度在3 cm以内,成片的坑洞可用沥青混凝土进行修补:用风镐凿出一个处治区,凿除深度以2~3 cm为宜,其图形边线应与路中心线平行或垂直,并将混凝土碎屑清理干净;向凿出的槽底面和槽壁洒黏层沥青,其用量为0.4~0.6 kg/m^2;铺筑沥青混凝土并碾压密实平整;待沥青混凝土冷却后恢复通车。

目前,修补路面表面缺陷类病害(如坑槽等)大都采用热拌沥青混合料。其对于地点集中、工程量大的路面维修是可行的;但对于较小范围的养护不仅费工费时,而且浪费了大量能源,极为不便,特别在冬季和雨季是不能施工的。因此,需要一种能够随时可以用于路面修补的新型材料——冷补材料。

冷补材料具有耐温性强、防水性强、黏附性强、压实性好和强度高等性能特点,适用于路面修补。其施工工艺如下:

(1)施工前,应配齐常规修补坑槽所需的一些小型机械和工具,如铁锹、铁镐、扫帚等。压实机具根据实际需要确定是否使用。

(2)施工时,先设置安全标志,划定施工范围后开始作业。将坑挖成方坑,并清理干净,有积水时要排除,然后填上冷补材料(高出路表面1 cm左右),撒上干石屑,压实即可。

(3)压实时,若在高等级公路路面上修补,建议使用小型压实机具,以提高其平整度。一般道路修补可采用行车碾压方法压实。

注意:填料量要合适,太少容易在重载车下再次出现坑洞,太多则会使路面不平而影响行车,并尽量选择推荐使用的碾压工具。

四、拱起的处理

水泥混凝土路面接缝处的拱起，一方面是基层中的生石灰消解膨胀或渗漏到路基中的水结冰膨胀造成的。因此，防止灰土掺有生石灰和防止水渗漏到路基中是预防水泥混凝土路面横缝处拱起的主要措施。另一方面是接缝处理不符合要求，路面板伸缩膨胀所导致的。

根据拱起的发生原因可采取相应的处理措施。

（一）加强施工管理，严格操作规程，按照技术标准进行监督检查

其一，严把进料关，生石灰的含量要高，不要石灰石，尤其是未烧透的石灰石；其二，生石灰加水消解要完全，要防止部分加水过剩，而另一部分水又渗透不到而不能消解；其三，消解后的石灰要认真过筛，灰筛孔径要符合标准，破漏处要及时修理；其四，剩余灰渣要充分加水，使没有消解或没有消解完全的生石灰继续进行消解；其五，灰渣尽量不要加入到基层里，防止没有消解完全的生石灰日后遇水消解膨胀，尤其防止将漏掉的生石灰块掺杂到灰土里进行碾压。

（二）加强养护管理

交付使用的新建公路要认真进行检查，及时查找出现的问题。为防止水泥混凝土路面接缝处的拱起，对水泥混凝土路面的接缝必须及时采用新的灌缝材料灌缝，防止雨水渗漏到路面基层，尤其是要防止车辆或人为将胀缝处的填料板和填缝料拉出而出现大缝隙。因此，入冬前灌缝防止水泥混凝土路面的接缝处拱起是养护工作的重点，一定要及时认真地进行。

（三）对于已经出现的水泥混凝土路面接缝处的拱起，视不同情况进行不同处理

对于行车影响不大的较小的拱起，可以暂不进行处理，看拱起以后的发展变化情况而定。对于严重影响行车的较大的拱起，应该进行挖补，挖补时应注意基层的灰土不要掺杂生石灰。对行车影响较大的、由冰冻膨胀造成的拱起，可等到气温升高、冻冰融化后，冻胀即消失，拱起也就自然缓解，但以后应加强养护，防止冻胀再次引发拱起。

当拱起不是上述原因造成的时，可采取相应处理措施。当板端拱起但板块完好时，可用锯缝机缓慢地将拱起处两侧板的2~3道横缝加宽、切深，通过释放其应力予以处理；或切开拱起端，将板块恢复原位，然后用填缝料填封接缝。当板端拱起板块已经发生断裂或破损时，应根据破损情况按前述裂缝修理的方法予以处理。

五、错台的处治

混凝土路面错台的处治方法可根据错台的轻重程度选定：

（1）错台高度 $h=0.5\sim1.0$ cm时，采用切削法修补。使用带扁头的风镐，均匀地将高起处凿下去，使之与相邻的混凝土板块平齐。

（2）错台高度 $h\geqslant1.0$ cm时，采用凿低补平罩面法修补。将低下去的一侧水泥板凿除1~2 cm，使用J-6胶乳砂浆材料修补。修补长度按错台高度除以1.0%坡度计算。

错台其他的处治方法如下：

（1）完整的水泥混凝土路面板之间的错台，可用沥青砌成细粒式密级配沥青水泥混凝土接顺;也可以用细粒式水泥混凝土或水泥砂浆修补,修补时可用具有细小性能的环氧黏结剂。

(2)因水泥混凝土路面板下基础沉陷,发生空隙而产生的错台,可向板下注浆或使用顶开与注浆相结合的施工方法维修。

(3)如错台处水泥混凝土板已碎裂,则宜至少锯切、翻挖宽度 1 m 以上,处理好土基和基层后重新铺筑水泥混凝土。

六、沉陷的处治

沉陷主要是由路基不均匀引起的路面沉降、基层结构不均匀引起的路面沉陷和车辆运行荷载超过设计极限荷载等原因造成的。

当水泥混凝土板开始出现板底局部脱空现象(有时伴有板块角隅轻微裂缝)时,应立即采用板底灌浆的方法进行处理,将病害消除在萌芽状态。板块断裂时,应及时组织力量进行修补,以免波及周边板块,致使损坏扩大。

对于严重断裂的混凝土采用整块换板。先将损坏的混凝土剔除,然后再置换入新的混凝土或其他材料。

为使沉陷的混凝土板恢复到原来的位置,可采用顶升施工法进行处治。面板顶升的基本过程如下:

(1)面板在顶升前,用水准仪测量下沉板的下沉量,测站距下沉处应大于 50 m,并绘出纵断面,求出升起值。

(2)在混凝土面板上钻孔,孔深应大于板厚约 2 cm。

(3)板块顶升宜采用起重设备或千斤顶。灌注材料可采用水泥砂浆。

(4)灌注材料压入后,每灌一孔用木楔堵塞。压浆全部完毕,应拔出木楔,用高强水泥砂浆堵孔。

(5)压浆材料的抗压强度达到 6 MPa 时,方可开放交通。

七、表面起皮(剥落、露骨)处治

在冬季,为了保证交通畅通无阻,防止路面因冰雪致滑而引起交通事故,常在路面撒除雪盐。然而,除雪盐的使用将导致混凝土严重剥蚀,其破坏速度远快于普通冻融循环所引起的破坏及其他种类的破坏,从而严重影响这些路面的使用寿命,也不利于园林绿化和环保。

表面剥蚀是盐冻最主要的破坏特征,破坏从表面逐步向内部发展,使表面砂浆层剥落,集料暴露,导致表面凹凸不平。在混凝土遭受破坏的界面上,可清楚地看到剥蚀破坏的痕迹和白色的结晶体,这是由于进入混凝土内的除雪盐很难排出,并不断富集,即使不结冰时也会产生盐结晶腐蚀破坏。大量研究结果表明,盐对混凝土的侵蚀是物理作用及化学作用的综合效应。

混凝土盐冻剥蚀破坏是指在冻融循环的条件下,因使用除雪盐而引起的混凝土表面起皮、剥落、开裂等破坏。

与单纯的冻融破坏不同,由于盐的存在,混凝土内产生的渗透压增大,饱水度提高,结冰压力增大,加剧了混凝土的受冻破坏。同时,由于盐的作用而产生的过冷水最终在毛细孔中结冰而产生的内应力以及混凝土表面和内部之间的盐浓度梯度使混凝土受冻时因分层结冰而产生应力差等都使破坏力增加,导致混凝土分层剥落。

(一)提高水泥混凝土路面抗盐冻性的措施

1.引气剂

在混凝土中掺入高质量的引气剂。所引入的气泡平均孔径、气泡间距小和气泡稳定性好,因此抗冻性能及抗盐冻性能都相对提高。引入的含气量应由设计的抗冻性要求决定。

2.水泥种类

水泥是混凝土的胶结料,混凝土的性能很大程度上取决于水泥的质量,高等级混凝土路面应采用强度高、干缩性小、抗磨性与耐久性好的水泥。在修筑水泥混凝土路面时,应尽量选用硅酸盐水泥或普通硅酸盐水泥。

3.纤维

纤维的选用也是很有必要的,纤维的加入可以大幅度提高混凝土的强度和抗折性能,同时使混凝土的韧性、抗裂性、抗弯拉强度以及抗冲击性均有所增强。这对于提高水泥混凝土路面的抗盐冻性是十分有利的,可以大大增加混凝土寿命。

4.减水剂、硅粉

混凝土配合比设计时应尽量采取防止 Cl^- 渗透或减慢渗透的措施。可以采用高效减水剂降低水灰比,增加混凝土的密实度,同时在混凝土中掺入硅粉、磨细粉煤灰或磨细矿渣等活性掺和料,增加水泥混凝土路面的抗盐冻性能。

5.水灰比及混凝土的密实性

在水泥混凝土路面设计中,应尽量降低混凝土的水灰比,提高混凝土的密实度,改善混凝土的孔隙结构,提高混凝土的抗渗透性,防止或减少路面水分的渗入,避免冻害的发生。

综上所述,北方地区的水泥混凝土路面工程,一定要将抗盐冻性能作为控制指标。另外,水泥混凝土只有在饱水时才会因受冻而破坏,因此只要把水泥混凝土内的饱水度控制在很低的水平上,水泥混凝土的盐冻剥蚀破坏就可大大降低。因而,在结构设计中,能快速地把路面融化水排出,将对延长混凝土结构的使用寿命极为有利。

表面的霜冻作用是引起表面大面积剥落的主要原因,同时也与混凝土板缺乏足够的加气有关。如果混凝土拌和时水灰比很大,同时含有的空气却较少,就会使混凝土具有很大的渗透性,特别是在滑模施工时属于人工铺筑的路段,更容易出现这种破坏。根据破坏的严重性可以采取下面几种补救措施:

(1)先对表面进行必要的切除处理,然后用硅底材料将表面浸渍以减小其渗透性。但是这可能会稍微降低混凝土路面的抗滑性能。

(2)用凿石锤将混凝土表面的 30~50 mm 凿去,然后在表面加铺一层混凝土黏结材料。

(3)将整块板凿出并换掉。

(二)表面起皮的形成原因

在施工中,因混凝土面板被雨水浸入而导致水泥浆的流失,然后采用水泥浆粉刷补救,或是混凝土坍落度大及水泥保水性差使面板泌水严重,或用干水泥补撒吸水等都会产生起皮。

(三)表面起皮的防治措施

在施工中,应防止雨淋,严格控制坍落度和保水性。当引起起皮时,根据情况按以下方法进行修补:

(1)小面积的剥落、磨损可用1∶2水泥砂浆(水灰比0.42~0.5)或掺有50%聚乙烯乳液的水泥砂浆填充。

(2)大面积的剥落、磨损可用坚硬木屑在其上进行双层表面处治,或在其上按"结合法"加铺基层细粒式水泥混凝土。

(3)当剥落、磨损继续发展进行,裂缝也显著发生时,则必须查明原因。经处理后,翻挖并新铺筑路面。

混凝土板块表面起皮(剥落、露骨)的处治,应根据公路等级和表面破损程度,采用不同的材料和施工方法进行。一般公路可采用稀浆封层处治,高等级公路可采用改性沥青稀浆封层或沥青混凝土处治;对于较大面积的水泥混凝土面板表面起皮(剥落、露骨),可采取稀浆封层及沥青混凝土罩面等措施处理。

八、板角断裂和断板的处治

防止混凝土路面板断裂有以下两个途径:一是降低混凝土收缩量;二是改善混凝土面板的约束条件,将强限制转化为弱限制。这两个途径均能大幅降低混凝土路面板内的收缩拉应力,防止路面板断裂。

(一)断裂的修理

根据断裂位置把硅板凿成深约10 cm的方形刷洗干净后,用水泥砂浆涂抹槽壁和底面,然后用硅填补。较彻底的方法是将槽壁凿至贯通整个板厚,并在凹槽边缘板厚中央打洞,洞深10 cm左右,直径3~4 cm,水平间距30~40 cm。每个洞应先将其周围润湿,插入一根直径18~20 mm、长约20 cm的钢筋,然后用0.5~1.0 cm细石混凝土填塞捣实,洞口留下1~2 cm不浇筑,钢筋应一半伸出洞外,待细石混凝土凝结后,再将凹槽边壁润湿,涂刷水泥浆一道,然后将与原先相同的混凝土浇入槽中夯捣密实。

当裂缝分布遍及全板时,可将该块板的破碎挖除,然后在水泥混凝土中掺加JK系列混凝土快速修补,另浇筑新混凝土板,24 h之后即可通车。

(二)水泥混凝土路面防断裂技术和措施

1.降低混凝土收缩率的措施

降低混凝土收缩率的措施如下:

(1)优先选用道路硅酸盐水泥,该水泥具有很高的抗弯拉能力,满足了混凝土路面在车辆行驶中的受力特点——不仅受压同时还受弯拉作用。同时,水泥中的铝酸三钙成分含量较低,要求不超过5%,从而有效降低了因该成分产生的混凝土干缩问题;另一方面,道路硅酸盐水泥表现出优良的路用性能,具有较高的抗折强度,且耐磨性好、干缩小、抗冲击性强、抗冻性和抗硫酸盐侵蚀性强等特点。

(2)在路面混凝土中,可以掺用技术指标符合规定的电收尘Ⅰ、Ⅱ级干排或磨细低钙粉煤灰,降低水泥用量,减弱水泥与水的水化反应,减少水化热。

(3)路面混凝土的配合比与普通混凝土配合比相比,多了弯拉强度要求,路面混凝土施工应采用路面混凝土配合比。

(4)混凝土集料级配严格按规范执行,并应严格控制水灰比,保持水灰比的相对稳定。

(5)拌和混凝土时加冷水或用水将碎石冷却以降低混凝土的浇筑温度。

(6)热天浇筑混凝土时应减小浇筑厚度,分层浇筑,利用浇筑层面散热。

(7)规定合理的拆模时间,气温骤降时进行表面保温,以免混凝土表面发生急剧的温度梯度。

(8)加强混凝土路面后期养生,使用保湿膜、土工毡、土工布、麻袋、草袋等覆盖物保湿养生并及时洒水,保持混凝土表面始终处于潮湿状态。

2.改善约束条件的措施

改善约束条件的措施如下:

(1)严格控制路面板的厚度,保持其均匀性,避免厚薄不等造成的断板。

(2)及时切缝。按照设计图纸的要求及时切缝,防止混凝土面板的断裂。切缝应在混凝土强度达到设计强度的50%~70%时进行,通常温度应选在200~240 ℃。该数值即混凝土面板施工完成后的气温乘以时间所得的积,这个数值控制在200~240,但时间最长不能超过24 h。

(3)切缝宽度宜控制在4~6 mm,切缝时锯片晃度不大于2 mm。可先用薄锯片锯切到板厚的1/4~1/3,再使用6~8 mm厚锯片扩宽填缝槽,填缝槽深度宜为2.5~3 mm,宽度宜为7~10 mm。

(4)浇筑混凝土面板之前,应在做好的路面基层上铺一层均匀的薄薄的塑料薄膜,以减小面板与基层间的黏结剪应力。

(5)混凝土路面板完成后,要管制好交通。在达到设计强度之前,禁止所有车辆通行。

3.外加剂的作用

为了保证混凝土面板的质量,防止断板,提高混凝土的耐久性,正确使用外加剂也是减少面板开裂的措施之一。外加剂的主要作用如下:

(1)水灰比是影响混凝土收缩的重要因素,使用减水防裂剂可使混凝土用水量减少25% 。

(2)水泥用量也是混凝土收缩率的重要因素,掺加减水防裂剂的混凝土在保持混凝土强度不变的条件下可减少15%的水泥用量 ,其体积可用增加集料用量来补充。

(3)减水剂可以改善水泥浆的稠度,减少混凝土泌水,提高水泥浆与集料的黏结力,提高混凝土的抗裂性能。

(4)减水防裂剂可以有效地提高混凝土的抗拉强度,大幅地提高混凝土的抗裂性能。

(5)掺加外加剂可使混凝土密实性好,可有效地提高混凝土的抗碳化性,减少碳化收缩。

(6)掺减水剂后混凝土缓凝时间适当,在有效防止水泥迅速水化放热的基础上,避免因水泥长期不凝而带来的塑性收缩增加。

(7)掺外加剂的混凝土和易性好,表面易抹平,形成微膜,可减少水分蒸发和干燥收缩。

按破裂面的大小和深度确定修补范围,并按规则形状放样,然后用切割机械按放样位置锯缝,凿除破损部分,保持缝壁垂直,避免切断钢筋,若钢筋难以全部保留,至少也要保留长短交错的20~30 cm的钢筋头。如原有传力杆有缺陷应予以修理或另行设置。如果板角在胀缝断裂,应设置接缝板;如在缩缝处断裂,应对接缝涂刷沥青或铺以塑料薄膜,以防新、旧混凝土黏连。最后填补混凝土并振捣密实、整平、养生,待混凝土硬化后用锯缝机切出接缝并灌注填缝料。修补后的路面及接缝要与原路面一致。

九、水泥混凝土路面改善的方法

水泥混凝土路面整条路段出现较大面积的磨损、露骨,应采取铺设沥青磨耗层的措施进行处治。磨耗层可为沥青砂(厚度为1.0~1.5 cm)、稀浆封层或改性沥青稀浆封层。对局部路段出现路面磨光,应采取机械刻槽的方法,以恢复水泥混凝土路面的表面平整度和摩擦系数。对板面裂缝很多或者表面磨损严重开始剥落的路段,可采取加铺面层的方法,以延长路面的使用寿命。

加铺层可采用普通水泥混凝土、钢纤维混凝土、钢筋混凝土或沥青混凝土。面层加铺的基本方法如下:

(1)加铺水泥混凝土面层之前应对旧混凝土路面病害进行处理。凿除破碎板,铺筑与旧板块等强度的水泥混凝土。

(2)清除干净旧混凝土面板表面的杂物、尘污,清除旧混凝土面板接缝杂物,灌入接缝材料,铺筑一层隔离层。隔离层根据所用材料不同,可分为沥青混凝土隔离层(厚度为1.5~2.5 cm)、土工布隔离层、沥青油毡隔离层。

(3)铺筑混凝土加铺层时,加铺层厚度应通过计算确定。加铺层的最小厚度在采用水泥混凝土、钢筋混凝土时应不小于18 cm;采用钢纤维混凝土时可取普通混凝土路面板厚度的0.65倍,且不小于12 cm;采用沥青混凝土时应不小于7 cm。加铺层的纵、横缝应与旧混凝土面板一致,拆模时必须作好锯缝标记。钢筋混凝土板间横向缩缝间距宜为10 m,并应设传力杆,其他缝的处理同普通混凝土板。路面加铺层的施工应符合公路路面有关施工规范的规定。

十、板下封堵

板下封堵是指对水泥混凝土路面板下和基层、垫层中的细小空隙进行灌浆,以加固现有路面的技术。采用板下封堵的目的是恢复对路面结构的支撑,灌浆时施加压力将灌注材料压入板底空隙中,而不使路面板抬升。

(一)板下封堵的应用范围

板下封堵作为一种预防性维护措施,应在板角刚一出现支撑丧失的情况时就尽快地进行。支撑丧失的表现是弯沉增大，横向接缝形成错台，交通车道或路肩的接缝和裂缝附近积存细屑。在路面板尚未发生严重裂缝时，板下封堵是一种比较经济的修复方法。如果初始弯沉很小，最好不要灌浆，因为板下封堵所造成的扰动可能会使弯沉增大。

板下封堵不能矫正沉降，不能提高结构设计能力，也不能消除因板内温度、湿度变化及板上交通荷载而造成的垂直错台，但是由于空隙被填充，减小了弯沉，恢复了结构的整体性。因此，减小了未来发生唧泥以及错台和板断裂的可能性。只有在支撑能力丧失程度有限的接缝、裂缝处才进行板下封堵。

（二）板下封堵工程设计

板下封堵工程设计主要包括选择合格的灌浆混合料、测试路面有没有脱空、预计灌浆量和确定适宜的灌浆孔等。

1.灌浆混合料

灌浆混合料应能渗入细的空隙，同时应具有足够的强度和耐久性，能够抵抗荷载、湿度和温度的影响。

2.脱空空隙位置的测定

用JN150黄河车、贝克曼梁、千分表测定接缝两侧靠近路肩边缘板角弯沉。

3.砂浆量的预测

每个接缝的灌浆量一般为0.03~0.09 m^3。

4.材料

采用粉煤灰水泥混合料并掺外加剂。粉煤灰掺水泥是一种能支撑荷载的高强度耐久混合料，粉煤灰的颗粒级配和球形形状还使它具有填充细小空隙所需要的易流动性。外加剂包括减水剂、膨胀剂，可以补偿粉煤灰的收缩。

5.设备要求

配制粉煤灰砂浆需要专门用于配制胶质材料的混合器，由此才能配制出处于悬浮状态、抗游离稀释的、真正的胶质混合料。可用一部水泥喷射泵为砂浆加压。为了能在发现板移动时尽快地停止灌浆，应使用回流管以减少板的移动或过度灌浆。采用砂浆回流系统有助于消除砂浆在喷射管内初凝，砂浆的流动一被切断，管内的砂浆就可回流到泵中。水箱也需要加压泵，且容量应能满足一天的生产需要，有些砂浆拌和装置带有大小适宜的水箱。应使用能扩张的胶喷嘴，以便使喷射管牢牢地贴紧孔壁。

6.封堵砂浆孔的分布

对钻孔分布形式的要求是应能提供足够多的孔，使砂浆能流到路面下的所有空隙内。孔的分布形式随水泥混凝土路面的不同设计类型而变化。因为对于不同的板长，使用性能和破损形式的分布会有所不同，板下封堵的位置也需作相应的调整。钻孔应穿过板并进入未经处治的垫层。如果基层经过稳定处理，空隙往往存在于垫层和土基之间。侧孔应穿透垫层并钻入土基内，深度最大不超过7 cm。砂浆喷射管的输出管口不能低于混凝土板的板底，这样才能使砂浆流入混凝土板以下的所有空隙以及基层以下的所有空隙。在砂浆流不到的地方，必须用泵向孔内射入少量的空气以形成一个小空腔同脱空部位贯通。

板下封堵施工期间要进行严密的观察，以免灌浆过度而使板被抬升。当砂浆从相邻孔流入裂缝、接缝与路肩下方时,可停止灌浆。

(三)施工准备

板下封堵工作是用泵将稀砂浆混合料从路面上的钻孔灌入板下的空隙中,使水泥混凝土路面稳定。板下封堵是用混合料填充板下的空隙,使之形成一个不溶解的坚硬块体。

1.定位

根据弯沉测试数据在水泥混凝土路面板上标出灌浆点的位置。凡弯沉超过 0.6 mm 的板,就应进行板下封堵。

2.制备砂浆混合料

粉煤灰水泥砂浆配合比可选用水泥∶粉煤灰∶水=1∶3∶1.5,7 d 的抗压强度不小于 5 MPa。

3.机械设备

1)砂浆成套装置

用于配制粉煤灰砂浆的成套装置由一部能产生高达 1.75 MPa 压力的水泥喷射泵、一部高速胶体搅拌机和砂浆回流系统组成。其柱形转筒的锥形底同一部胶体碾磨机相连,胶状砂浆在这个碾磨机内搅拌而成。胶体碾磨机转速最小 800 r/min,最大 2 000 r/min,可产生很强的剪切作用和连续的压力,以生产出拌和均匀的混合物。喷射泵具有 5.7 L/min的低速连续泵送能力。通过给泵增设回流管和泄放阀,对系统加以改造。如果是散装卸料,应准确地计量材料质量。

2)水箱

如果水箱和泵与整个装置不是一体化的,水就要由水车来供给。水车上要配备水泵,其容量大小要能满足配制砂浆的需要。

3)钻孔设备

应提供空气压缩机,以及能在混凝土板、垫层材料上钻喷射孔的凿岩机或其他装置。设备应处于良好状态并能钻出既垂直又圆的孔。

4)其他设备

应准备各种必要的软管,控制压力和容积的带阀门的软管、强制断流器和旁通,带保护的压力计,用于喷射密封砂浆的能扩张的灌浆栓塞、木质插塞,冲刷钻孔用的工具,钻孔用的钢钎和凿子等。

(四)施工方法

1.钻喷射孔

孔的直径不大于 5 cm,要保持既垂直又圆,其深度要穿过稳定的基层和垫层,但钻入土基的深度不得大于 7 cm,用吹气的方法形成空腔,以便于砂浆的初始分布。

2.制备砂浆

将水泥、粉煤灰放入筒内搅拌 15 s,然后加入所需的外加剂搅拌 15 s,再加水搅拌,将砂浆送入搅拌器,用泵送出。

3.板下封堵

将膨胀橡胶灌浆栓塞或装配有和出料口相接的软管插入孔内,灌浆栓塞或软管的出料口不能伸至混凝土板底部以下。连续地向泵内送砂浆,直至观察到砂浆已从一个孔流入另一个孔。当观察到板开始抬升或砂浆流动线路内的压力迅速升高时停止泵送。持续压力最大允许值为0.88 MPa,压力将借助一只放在砂浆输送管线中的精密压力计来监视。压力计带有保护罩,以防稀砂浆流入。

空隙中的水被砂浆排挤出来后,可任其排走。流到路面接缝内的砂浆应予以清除,以保持适宜的接缝缝隙。在相邻的两个砂浆喷射孔之间出现横向裂缝的情况下,可用喷涂环氧树脂的方法封堵。

一个孔灌浆完后,应拔出灌浆栓塞并立即插上木塞,以便有足够的时间使砂浆充分凝固。在回复压力的作用下不会将砂浆从孔中挤出时,方可将临时用的木塞拔出,并将孔用快凝水泥砂浆永久性地密封,抹平与路面等高。

残留在路面或路肩顶面上的砂浆要趁其尚未沾在面层上时扫掉,并用水冲刷,以免留下斑渍。如果砂浆流到了缝隙内,应趁其尚未将缝隙密封时,及早将砂浆混合料去除,并将损坏的接缝及时用填缝料填好。灌浆后至少 2 h 以内要封闭交通,避免车辆通过灌浆区。

十一、路面结构的排水

在水泥路面使用过程中发现,水泥混凝土路面的损坏,在很多地方是地表水渗入路基而造成的。为减少水对混凝土路面的影响,应从减少路面结构的渗入水量(尤其是抗冰盐除雪后的水)和从路面结构中排出渗入的水等方面入手。

(一)减少路面水渗入路面结构

减少路面水渗入路面结构的措施有以下几种:

(1)设置路面横坡。路面和路肩应具有足够的横向坡度,以便能从路面面层上迅速排走地表水。

(2)铺设硬路肩。硬路肩铺筑后,将降水从行车道排至路肩以外,从而使向路内渗透的水量减少。路肩宜采用水泥混凝土,应易于维护,便于防水。

(3)设置排水沟和涵洞。对路面径流的处理不能忽略路肩以外的地方,排水沟的维护要得当,使水能迅速排出。水沟内不允许积水。涵洞应设计得能承受预期的荷载和设计流量。

(4)路面维修。实施路面定期维修计划可以减少路面水渗入路面结构。定期维修包括密封裂缝和接缝、清理排水沟、清理涵洞并保持路面的横坡度。

(二)路面下积水的排除

为使路面内的游离水从路面接缝和裂缝流入纵向边部排水系统排出,应封填接缝和裂缝,减少水分进入路面结构;封填路面及路肩面;为路肩设出水口;设置纵向边部排水设施,排除截留在路面结构内的水。

1.纵向管及出水管的设置

采用纵向边部排水设施改善路面排水,需要用纵向聚水干管和横向出水管把路面中的游离水排放到道路以外。纵向管一般为有孔管,出水管为管壁无孔的管。可采用 10 cm 多孔塑料管作为聚水管。一般出水口间距不应超过 90 m,它与纵向排水管水流方向的交角应为45°~90°。如果按90°交角接出水管,应设便于清理的宽大弯头(直径为60~

90 cm)。

出水管的管端应从路面伸出,延伸到排水沟内,或延伸到离它最近的集水结构物内。排水管的流水线应比集水结构物或排水设施的设计水位至少高出 15 cm,最好是 30 cm,这样可以防止雨水回灌到排水系统并回流到路面结构内。设置端墙可以抑制妨碍水流出的杂草的生长,为出水管所设置的现浇的或预制的端墙要与排水沟的坡度协调一致,以便于除草。

纵向边部排水管的深度为从基层顶部到土基之上。在横断面上,纵向排水管铺设在路面与路肩接缝处。

2.渗滤层的设置

为了使排水系统能在较长时期里发挥其排水功能,不能让附近的材料堵塞排水层和聚水系统,需要在排水系统和相邻的材料之间设渗滤层。选择集料或织物构成的渗滤材料必须符合以下三条要求:

(1)能够防止细料(通常是土基的土)进入排水管或排水层而本身不堵塞。

(2)有足够的渗透性能,在水通过时无明显的阻力。

(3)具有足够的强度以承受荷载作用,对于集料渗滤层来说,要能够把动荷载分布到下一层。

渗滤织物用来保护排水层不被堵塞,必须具有足够的坚韧性才能在施工中不受损伤,并在所处的环境下保持稳定性。渗滤织物有编织的布、纺织布和无纺布等三种,确定使用前应认真地检验其渗滤功能,判断其是否既能透水又能挡土。如果渗滤层没有空隙或空隙很小,就不会很快被堵塞,而且可以较长时间地发挥其功能。如果在将要被排走的材料和渗滤层之间有空隙,那就给土壤颗粒提供了一种进入悬浮状态的机会,最终导致渗滤物的堵塞。

3.排水系统的施工

(1)沿混凝土路面的边缘挖出一条沟,宽 15~25 cm。

(2)在聚水管上要围绕管子沿纵向开间距相等的三排孔,纵横约为 3 cm,孔径为 1 cm。在已经铺有面层的区域内设置边部排水和边部排水出水口、通气孔和清理孔,应在面层上画线确定纵向边部沟槽位置,开挖边部沟槽。

在摊铺渗滤织物之前,紧贴织物的表面不应有松散的材料或异物及有棱角的物体,以免在铺放过程中损坏渗滤织物。要以不会发生折皱的方式排列和摊铺织物。相邻的两卷织物应搭接 30~45 cm。先铺的一卷织物应在材料的摊铺方向上搭接到后铺的一卷织物上。在摊铺过程中,织物一旦受损,要用大小足以覆盖损坏部位并足以满足搭接要求的一片织物加以修补,然后填放外围渗滤集料。渗滤集料应是松散的,要有适当的湿度以达到满意的压实度,可用振动板压实器压实。

设置聚水管的具体施工步骤如下:铺渗滤布;铺设直径 10 cm 有孔塑料管聚水;用渗滤布包裹塑料管;把横向排水管与集流管接通,把聚水管分成若干独立段,使水由最近的横向排水管排出。

(3)沥青混凝土或水泥混凝土均可用做封盖排水沟的材料,但应使用与路肩相同的材料,以使接缝严密并易于维修。使用水泥混凝土时,应用塑料布将混凝土与排水沟的回填料隔开。使用沥青混凝土时，沟的宽度要能够容得下压实设备。

(4)修筑横向出水管，修筑现浇端墙并标明出水口。设置出水管的沟内应避免凸凹不平，横向出水管的坡度至少应大于或等于纵向边部排水坡度。为了防止水被截留，露出来的管口不得朝上，也不得抬高。

4.排水系统的维护

制定纵向边部排水系统的常规检查、预防性维护和修理的连续性维护计划。

(1)清理聚水管。由于排水系统不均匀沉降以及重沉积物荷载可能造成的管内沉降物的聚积，应使用大量清水冲洗聚水管，或采用管道清理工具疏通。

(2)出水口的维护。出水系统必须在排水系统的使用寿命期内始终保持畅流无阻。对于管的出水口，要注意清除植物、淤积、堵塞。进入雨季之前、一场暴雨之后或至少每隔3个月应进行一次检查。

(3)作好记录。应保存好已建好的排水系统的施工详图，以便于以后修理和更换。记录排水设施的位置、出口，以便于维修、更新。

第七节　混凝土再生利用技术

维修水泥混凝土路面的一种常用工艺是将加热的沥青混凝土覆盖在原来的路面上。旧水泥混凝土路面作为基层直接利用了，然而该方法的缺点是易产生反射裂缝。

所谓反射裂缝，就是被覆盖在沥青混凝土下面的混凝土板已存在的裂缝随时间的推移会进一步扩张、受温度影响板块产生变形和水泥板交接处的沉降所产生的位移等效应反映到表层沥青混凝土面层上所造成的裂缝。

目前，打裂-压稳(Cracking-Seating)、碎石化(Rubblizing)等旧水泥混凝土路面再生利用的技术和设备在国外的水泥混凝土路面维修保养指南中已经是现有工艺技术，而国内维修保养指南中还未提及。

水泥混凝土路面作为路面的主要结构形式，对其再生利用研究意义重大。旧水泥混凝土路面再生利用主要方式有原位利用和移除粉碎利用。原位利用的方式很多，主要有以下四种：一是压浆稳固后作为中下基层，加铺基层后再重新铺筑路面；二是压浆稳固后作为基层，加铺防止反射裂缝的土工材料后再重新铺筑路面；三是破碎再生后作为中下基层，加铺基层后再重新铺筑路面；四是破碎再生后作为基层，直接加铺路面。旧水泥混凝土路面的破碎处治技术，主要包括打裂-压稳、碎石化和碎裂-压稳。

一、再生方法简介

(一)打裂-压稳

该施工工艺在美国被称为打裂-压稳技术，20世纪80年代就开始在国外应用。其主要目的是利用旧水泥混凝土做基层，减少施工时清除旧路面的作业量，由于对旧水泥混凝土路面碴块的再生利用，因而可以减少维修时间、降低成本、保护环境。

近年来，国内施工企业也引进了此项技术。由于国内水泥混凝土路面的板块尺寸与国外不同，一般将旧水泥混凝土板块沿路面纵向每隔0.5~0.6 m的间距进行打裂-压稳施工即可。打裂后,用常规振动压路机压实。据现场使用者介绍,采用该技术并进行沥青罩面处理后,可以延缓水泥路面反射裂缝的产生,并可以充分利用原有路面基础的强度。一般根据公路的等级和交通量等因素来确定罩面层的厚度,该技术要求罩面层厚度为 75 mm 以上。

(二)碎石化

该工艺是将旧的水泥混凝土破碎到更小的颗粒,通常被称为碎石化工艺。该工艺源于美国,也被称为碎石化技术。碎石化工艺的产生是源于重新利用旧钢筋混凝土路面的目的。由于混凝土都处在钢筋网络之间,只有破碎成小颗粒才能使其脱离钢筋网络,当做重修道路的原料来使用。

当前的碎石化工艺是指一种破碎水泥混凝土路面的施工方法,普通混凝土和钢筋混凝土路面都适用。它不用将破碎的碴块移去,但是被破碎的颗粒要小,一般在表层的外接圆直径为 25~50 mm,在基层碴块的外接圆直径为 200 mm 左右,一般要求将旧水泥混凝土块至少破碎至 350 mm 以下。当预应力混凝土路面被碎石化后,碴块与预应力钢筋网不连接。破碎的碴块被压实后可以作为新铺混凝土或沥青道路面层的垫层。

该工艺的要点是,破碎的碴块不用移去,将其用压路机压实后作为基层,此后再在其上铺设沥青混凝土面层。

(三)碎裂-压稳

鉴于上述两种工艺的实际效果,有人提出了碎裂-压稳工艺。该工艺与打裂-压稳工艺的不同点仅在于打裂后的旧水泥混凝土路面裂纹深度要增加,打裂的旧路面的板块要小。该工艺与碎石化技术工艺的最大不同点在于被打裂的旧路面碴块仍然保持混凝土路面板块的结构性强度。目前尚未见到国外有关方面施工工艺的详细报道。

在国内旧水泥混凝土路面再生利用的施工实践中,采用改进的冲击压路机来进行碎裂-压稳施工取得了一定实效。2004 年,厦门厦工机械施工有限公司采用四边形冲击轮的冲击压路机和加凸块的五边形冲击轮的冲击压路机分别在江西、安徽等省进行碎裂-压稳混凝土旧路面的施工,取得实效。

采用上述三种施工工艺表明,在对旧水泥混凝土路面进行沥青或沥青混凝土罩面处理时,可不必除去原有旧水泥混凝土路面板,避免了以往因破碎旧水泥混凝土所产生大量建筑垃圾的清除和运输,使用现场被破碎的旧水泥混凝土碎块作为基础层,省时省事。推广这些工艺既降低了维修成本,又做到了就地取材和旧水泥混凝土路面的再生综合利用,因而具有非常重要的环境保护意义,值得在国内推广应用。

二、碎石化再生利用技术

碎石化是破碎后颗粒粒径最小的一种破碎方式,因破碎后其颗粒粒径小,力学模式更趋向于级配碎石,而将其命名为碎石化。旧水泥混凝土路面碎石化再生技术在国外早有应用,国内也进行了大量研究,该技术的应用有利于节约资源、减少浪费、防止废料污染环境等优点,符合国家倡导的积极建设资源节约型、环境友好型社会的指示精神,具有强大的生命力和应用价值。

(一)碎石化技术简介

碎石化技术的基本原理是:通过利用专用设备对旧水泥混凝上路面进行均匀的冲击、破碎、压实,在损失一部分结构强度和整体性的情况下,把混凝土路面在温度、湿度变化和荷载作用下的位移降低到新铺路面允许的范围内,从而彻底解决反射裂缝,为加铺路面提供坚实、安全的基础。

1.碎石化专用破碎设备

碎石化再生技术对破碎要求很高,受其设备限制相对较为严重。目前主要设备有多锤头破碎(MHB)设备和共振破碎机械设备两种。

MHB(Multiple- Head Breaker)设备是一种多锤头破碎设备,如图 3-8 所示。它利用设备所带多个重锤的重力下落对水泥混凝土路面板进行锤击。该设备由两部分组成,前半部分为动力系统,柴油发动机,液压传动;后半部分为破碎系统,中间备有 2 排各 3 对 650 kg 的锤头,两侧各有一对 865 kg 的翼锤。每对锤头提升高度可独立调节,MHB 具备一次全宽破碎 4 m 的能力,设备工作速度一般在每天单车道 1.5 km。

图 3-8　MHB 设备示意

共振破碎机械的施工效率比较高,如图 3-9 所示,可以达到每天单车道 1.5 km。它所施加的振动是高频低幅的,所以产生的破碎颗粒粒径较小。这种破碎机械产生的冲击能量传播范围较小,对附件构造物的影响较小。但其破碎宽度也较小,需往返多次,这样破碎后板块要受到机械胶轮作用,产生不利影响。

2.专用压实设备

Z 型钢轮压路机(见图 3-10)为单钢轮振动压路机,钢轮外包 Z 型钢箍并通过螺栓固定在压实轮表面。振动压路机的最小毛重不低于 9 t。该压路机主要用于 MHB 设备破碎混凝土后的补充破碎并压实。

(二)碎石化技术的优点

碎石化技术具有以下优点:

(1)以全面解决混凝土路面加铺沥青混凝土面层后反射裂缝为出发点,同时在一定程度上改善了路面性能指标。

(2)仅从改造费用上看,碎石化改造技术比其他处理方法每平方米节省投资近 1 000 元。

图 3-9 共振破碎机

图 3-10 Z 型钢轮压路机

(3)施工工期短,不需要全封闭交通,有明显的社会效益和经济效益。

(4)节省能源、保护环境,破碎的混凝土路面可原地利用,没有弃方。

(三)碎石化再生技术应用条件

在使用碎石化工艺前,要对水泥混凝土路面的使用状况(包括排水状况)进行详细调查。通过调查结果与以下原则和标准进行比较,可以初步确定是否可以使用这种工艺。

确定碎石化适宜条件是合理使用这种方法的前提,根据国内外资料,进行碎石化应具备以下条件:

(1)功能性罩面上出现大量反射裂缝(接缝处,纵、横缝及不规则裂缝处和修补处);

(2)大量接缝破坏,如错台、翻浆和角隅破坏,以至于超过 20%的接缝需要修补;

(3)超过 25%的板开裂;

(4)超过 20%的工作长度出现纵缝缺陷,且宽度超过 10 cm;

(5)超过 10%的路面需要开挖修补以达到结构性要求;

(6)超过 20%的路面已经修补或需要修补;

(7)出现冻胀开裂或碱-集料反应或其先兆，需要加铺罩面或重建；

碎石化方法比其他重建方法费用低。

(四)施工质量控制要点

1.碎石化施工的一般工序要求

使用 MHB 设备进行碎石化并加铺路面结构的一般过程如下：

(1)移除现有的罩面层；

(2)在进行碎石化前至少两周设置排水设施；

(3)在与非破碎段或其他重要构造物邻接处须进行适当处治；

(4)破碎水泥混凝土路面；

(5)切割移除暴露的加强钢筋；

(6)对破碎后水泥混凝土路面进行检验性碾压；

(7)对软弱区域进行移除替换；

(8)对破碎后路面需进行碾压；

(9)洒布沥青黏层；

(10)摊铺热拌沥青混合料调面层。

2.施工质量控制

施工质量控制应在碎石化大面积施工开始前，及施工过程中和施工后分别加以控制。其一般过程如下：

(1)设置路段条件具有代表性的试验段，其长度最小 100 m，在该试验段中安排不同锤迹间距(2 cm 左右级差)的子区段，每段长度不少于 50 m，其分界要标记清楚。

(2)根据推荐值并结合施工经验选择设备控制参数，为试验段施工采用。

(3)试验段施工结束后，对不同锤迹间距的子区段粒径进行检测，选择对应的设备控制指标。

(4)检测回弹弯沉(或回弹模量)，验证其是否满足变异性要求，推荐采用回弹模量指标，测试的点位随机选定，并应不少于 9 个。如果不满足，要增加试验段长度并根据增加落锤高度或减小锤迹间距的方式调节，以使其破碎程度增加，变异性减小，直到达到前述质量控制指标要求。

(5)进行大面积施工过程中，要注意单幅路面长度破碎超过 1 km 时，每 1 km 要补充 1~2 个试坑，验证粒径是否满足要求，如果不满足要作小幅调整，在此过程中无须继续检测回弹模量指标，而以试坑粒径状况与试验段有无显著差别作为判断是否合格的依据。

(6)对于下卧层强度差异较大的不同路段要作不同的设备参数控制，可在其中一段控制参数的基础上，作小幅调整以满足其他段的破碎要求。

对粒径的确认应通过开挖试坑(试坑面积为 1 m×1 m，深度要求达到基层)后，用卷尺结合目测的方式进行，试坑位置的选取应有随机性。

试验段测试的内容除颗粒粒径，还有顶面的当量回弹模量(或增加回弹弯沉测试)，检测要在乳化沥青洒布后、粒径合格的试验子区段内进行。以上测试的试验段测点数目至少需要 9 个。试验段子区段安排过程中应包含开始破碎的前 10 m 和结束破碎的前 5 m，指标的检测不能安排在这一区域进行。

第四章　桥涵工程病害分析及防治技术

桥涵工程是公路工程系统的重要组成部分。公路桥涵工程的病害主要体现在以下几个方面:①混凝土的外观缺陷;②桩基混凝土施工中出现的断桩等病害;③桥头跳车病害。

本章将对公路桥涵工程病害产生的原因及其防治技术进行讨论,并特别就自然灾害(如洪水、雪和地震)所引起的桥梁病害及防治进行分析。

第一节　桥涵混凝土外观缺陷的成因及防治措施

一、桥涵混凝土外观缺陷的成因

混凝土是指以水泥和水组成的水泥浆体为黏结介质,通过振捣将分散其间的不同粒径的粗、细集料胶结在设计的容积内,使其硬化成为一种具有一定力学性能的人工石材。混凝土外观颜色应一致,平整光滑,节缝平顺,棱面分明,无蜂窝麻面、露筋、裂缝、胀模、掉角等外观缺陷。

影响混凝土外观质量的因素是多方面的,从外观设计、原材料、配合比、浇筑、养护、修补到使用均可导致出现外观缺陷。影响混凝土外观质量的因素如图 4-1 所示。

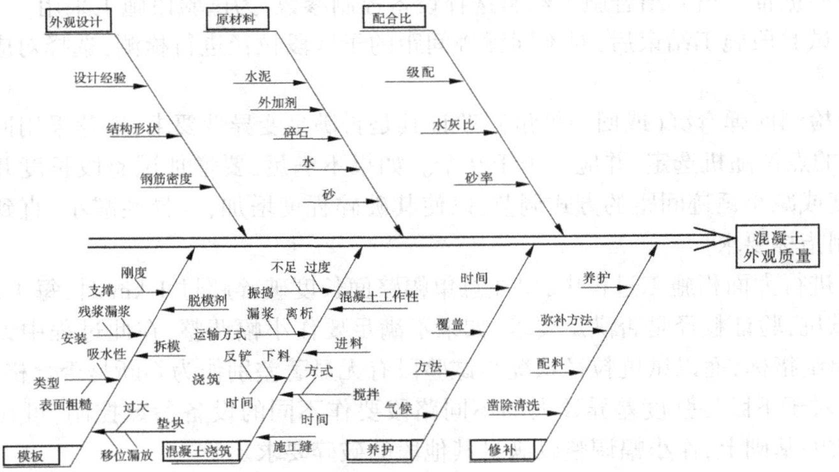

图 4-1　混凝土外观质量的因果分析图

二、混凝土最常见外观缺陷

以下将说明混凝土最常见的外观缺陷——蜂窝麻面产生的原因、预防措施以及修补方法等。

(一)外观设计

结构物表观的面、线形式及外观形状是结构混凝土外观美的先天条件,一定程度上决定外观缺陷出现的频率。在工程实际中发现,同等条件下折面更易出现蜂窝麻面现象,方柱的棱角容易在拆模或使用过程中被其他外力损伤,特别是下大上小、有折线形的结构物更易在施工中产生外观缺陷。如混凝土防撞墙内侧,大多设计成下大上小折线形表面,该面的水泡不易浮出,出现水泡麻面的频率增大。另外,钢筋疏密、混凝土保护层厚薄、梁反边侧下是否设置滴水檐边,也在一定程度上影响混凝土的外观质量。

(二)原材料及配合比

水泥混凝土是将各种原材料按适当的级配和比例搅拌均匀,采用适当的方法将混凝土中的空气和游离水排出,使水泥浆填充粗细颗粒之间空隙,使其成为内实外光的胶结实体。水泥、水、粗颗粒、细颗粒是混凝土的四种基本材料,外加剂是改善混凝土技术性能的辅助添加剂。因此,在选择符合技术规范要求的原材料基础上,对混凝土外观质量影响最主要的因素是混凝土的配合比。

水泥是影响混凝土外观的主要材料之一。由于同种或不同种水泥的生料是按一定的化学成分比例配制并磨研到一定的细度,经均匀混合,在立窖或旋窖中煅烧而成;由于水泥生产工序的差异性,各种、各批水泥所具有的物理、化学性质也有所不同。因而,不同的品种、规格,甚至不同批号的水泥所浇筑的混凝土颜色也不一致。粗颗粒、细颗粒的级配是为了使混凝土达到最大密度,前一级颗粒之间的空隙,由次一级颗粒所填充,其他所余空隙由水泥浆的细小颗粒包裹,使混凝土强度提高,外表密实光滑。粗、细颗粒在混凝土中起到骨架作用,水泥浆晶体在硬化后的混凝土中起到连接作用,粗、细颗粒被水泥浆晶体结构所包裹,形成一个整体。如果混凝土中水泥用量不足,则混凝土外表出现松散麻面、鱼鳞纹麻面等现象;如果混凝土中水泥用量过多,则混凝土凝结时易出现收缩龟裂。外加剂能通过降低混凝土中水灰比,改善混凝土的和易性,间接起到提高混凝土外观质量和强度的作用。

在混凝土施工中,通常采用适当增加混凝土中水泥浆,采用颗粒适中、级配良好(Ⅱ区)的中砂,减少混凝土中的游离水,排出混凝土中空气的办法来提高混凝土的密实度和混凝土强度。另外,为使混凝土拌和均匀,必须保证有足够的拌和时间,但要注意拌和时间也不能过长,否则会造成混凝土混合物的分离现象。

(三)混凝土的运输

混凝土在运输过程中由于运输不当会产生离析、泌水等现象,势必影响其外观质量。因此,混凝土应以最少的转运次数、最短的距离迅速从搅拌地点运往浇筑位置。运输道路要平整,防止混凝土因颠簸振动而发生离析、泌水和灰浆流失现象,一经发现,必须在浇筑前进行再次搅拌。

当混凝土自高处倾落时,为防止离析,其自由倾落高度不宜超过 2 m;超过 2 m 时,应采用溜管、溜槽或串筒输送;倾落高度大于 10 m 时,串筒内应附设减速叶片。

(四)模板制作、安装

在保证模板的刚度、支撑稳固的前提下,对于较大批量、同一形状的现浇或预制构件,一般首选定型钢模板;对于体积较大、外露较多的构造物,一般选取工程木、竹胶合板;对于外观质量要求不严、需掩盖的结构物,可选择组合钢模板或拼装木板。

钢模板和木模板(包括胶合板)在使用性能上有所不同。一般常用的5~10 mm厚钢模板,加设足够的棱条后,不易变形,便于拼装,表面光滑,但不利于混凝土外表游离水吸收,增加混凝土外表出现水泡的机会。木模板具有一定的吸水性,但表面粗糙,不当振捣会损坏模板表面纤维,易于翘曲变形,从而有损混凝土外观美。两者在使用脱模剂方面也有所不同,钢模在除锈后,均匀涂抹无色或浅色油脂,而木模的脱模剂在一定程度上起到防水和隔离作用。较好的脱模剂是无色石蜡质油基,其石蜡:柴油:滑石粉的比例为0.8:1.0:0.02。从外观角度考虑,特别是混凝土外露面,不应使用黑色废机油或颜色较重的油脂作为脱模剂。

在模板施工时,下列因素可能使混凝土外观出现蜂窝麻面等缺陷:模板表面粗糙不平;木模吸水性太强(适当的吸水性有利于消除混凝土外表水泡);脱模剂涂刷不均匀;模板上残渣未清干净;模板拼缝漏浆;砂浆垫块过大或漏放;过早拆模或拆模损坏结构混凝土边角等。

针对上述原因,可采取不同的措施,使模板表面光洁、脱模剂均匀、接缝封嵌,按技术规范要求时间小心拆模,以保证混凝土外观质量。

(五)混凝土浇筑

混凝土应严格按照配合比投料,外加剂以水剂形式掺加,控制搅拌机的转速和搅拌时间,运输混凝土的道路尽可能平整,所使用的机具应不渗漏,转载次数尽可能少,以防混凝土漏浆、离析,失去均匀性。

在混凝土浇筑过程中,对外观质量影响最大的是分层振捣,混凝土运送到施工现场,应通过溜槽、溜管、输送泵或人工反铲进入模板内,以防离析,分层厚度一般为35~40 cm,上下层同时浇筑时,前后距离相差不小于15 m;分层往返浇筑时,时间间隔应保证下层混凝土不超过其初凝时间,否则因混凝土凝结速度不一致在外表上将出现明显施工缝。振捣棒行程可按直线行列移位或交错行列移位,插入点之间距离为75 cm,采取快插慢抽,伸入下层5~10 cm。

依据下列现象判断是否振捣适度:①振捣混凝土时不再有显著沉降;②不再出现大量气泡;③混凝土表面均匀、平整并已泛浆。混凝土振捣时间既不可过长也不可过短,一般振捣时间控制在20~30 s,过长则混凝土可能产生离析现象,上部浮浆过多而出现麻面、龟裂,下部粗颗粒过多而出现鱼鳞状麻面;过短则混凝土振捣不实,易出现蜂窝孔洞。

混凝土振捣的效果如何与工人的实践经验有极为重要的关系,该项工作是一种技术性较强的实际操作工作,必须挑选有经验、有技巧的工人振捣混凝土,才能保证混凝土的外观质量。

为保证混凝土外观质量,能够一次浇筑的混凝土最好不要设置施工缝,必须设置时可在不妨碍视线的部位设置。因为如果设置施工缝,在浇筑上层混凝土时,下层混凝土已硬化,体积已有收缩,与模板之间有一定的空隙,浆水往下层渗入到混凝土外表,使下层混凝土外表出现灰白色浆水污染,不易擦拭干净。另外,没装模板的混凝土外露面,在混凝土初凝前后应收浆抹平,尽量使混凝土外露面颜色协调一致,表面光滑平整,无痕迹。

（六）混凝土养护

混凝土中水泥的水化作用过程，就是混凝土凝固、硬化和强度发育的过程。它与周围环境的温度、湿度有着密切的关系。当温度低于 15 ℃时，混凝土的硬化速度减慢，而当温度降至-2 ℃以下时，硬化基本上停止。在干燥的气候下，混凝土中的水分迅速蒸发，一方面使混凝土表面剧烈收缩而导致裂缝，另一方面当游离水分全部蒸发后，水泥水化作用也就停止，混凝土即停止硬化。因此，混凝土浇筑后即需进行适当的养护，以保持混凝土硬化发育所需要的温度和湿度。混凝土养护不当，同样会影响其外观质量。

为了保证混凝土外表面不出现收缩裂纹，应提高混凝土强度，在 23 ℃左右的气温下，一般 10~12 h 后即可对混凝土进行养护。对于干硬性混凝土，如基础、路面混凝土等，在浇筑后 2 h 左右即可养护。混凝土一般在非封闭状态下裸露在空气中，由于空气中湿度相对较低，混凝土中水分容易被蒸发和风干。因此，对于混凝土裸露面的养护，一般用麻袋、草帘、砂土、棚布等遮盖，经常洒水，保证覆盖物下混凝土表面湿润；对于墩柱这样体积较小、外露面较多的结构物，在混凝土拆模后，应用塑料薄膜包裹，并用胶布密封，以防止混凝土内水分散失；对于木模覆盖面，可直接向木模上喷水养护。采用普通硅酸盐水泥的混凝土一般养护 7 d，在养护期间，由于混凝土强度低，应防止混凝土受到振动，负荷及流水的侵蚀、冲刷而给混凝土带来损伤。对于同一混凝土构件，养护方法、养护时间等尽量一致，否则也会造成混凝土颜色有所差异，影响外观协调。

（七）混凝土外观的修补

对于公路构造物的外观，一般是不允许装饰外表的，但由于各种原因，混凝土出现了外观缺陷，特别是出现较多的蜂窝麻面时，进行人工修补是必要的，在一定程度上能够起到美化作用。

对于混凝土外表的麻面，由于模板上涂有油脂作脱模剂，修补前，可先往有麻面的混凝土表面涂刷稀草酸溶液，用毛刷擦拭，去除油脂，然后用清水冲洗干净，让其表面湿透。修补用的水泥品种必须与原混凝土中水泥品种一致，使用不大于 1 mm 的细砂。由于很难将水泥砂浆的颜色调成与原混凝土颜色一致，建议采用 7:3左右的黑白水泥，砂浆配比为 1:2~1:2.5，于修补前试对比。在调配水泥浆时，先将原材料在小灰桶内拌匀，依照漆工刮腻子的方法，将砂浆用刮刀大力压入麻点内，即压即刮，随后按混凝土养护方法进行养护，待砂浆终凝硬化，具有一定强度后（24 h 后），再用细砂打磨，用水冲除表面粉尘，可使混凝土外表光滑平整，颜色较为一致。

对于混凝土外表出现的蜂窝、孔洞，较小时可按麻面处理，较大时应先凿除蜂窝状及松散部分，用钢丝刷或压力水清除粉尘，将湿棉絮用水浸泡后塞进蜂窝内，使其表面充分湿润，用比设计标号高一等级的细石膨胀混凝土，顺从斜槽板拍进蜂窝内。如果混凝土不成型，可间隔一段时间，分次压进，待压进的混凝土初凝后，再按麻面处理的方法来修饰外表。

（八）混凝土的冬季施工要点

当昼夜平均气温低于 5 ℃，或最低气温低于-3 ℃时，就必须采取冬季施工的技术措施。冬季施工的技术措施主要有以下几方面：

（1）在保证混凝土必要和易性的同时，尽量减少用水量，采用较小的水灰比，这样可以大大促进混凝土的凝固速度，有利于抵抗混凝土的早期冻结。

（2）增加拌和时间，比正常情况下增加 50%～100%，使水泥的水化作用加快，并使水泥的发热量增加以加速凝固。

（3）适当采用活性较大、发热量较高的快硬水泥、高标号水泥拌制混凝土。

（4）将拌和水甚至也将集料加热，提高混凝土的初始温度，使混凝土在养护措施开始前不致冰冻。

（5）掺用早强剂，加速混凝土强度的发展，并降低混凝土内水溶液的冰点，防止混凝土早期冻结。目前常用的早强剂有含三乙醇胺的硫酸钠复合剂和亚硝酸钠复合剂两种。

（6）用蒸汽养护、暖棚法、蓄热法和电热法等提高养护温度。

以上各项措施，各有特点和利弊，可根据施工期间的气温和预制场（厂）的具体条件来选定。

通过以上分析可知，结构物外观设计、原材料及配比是混凝土外观质量的基础，混凝土运输和施工是外观质量的保证，混凝土养护及修补是混凝土外观质量的改善措施。因此，在混凝土施工中，应以预防为主，自始至终遵循混凝土施工的基本原则，才能保证混凝土外观质量。

第二节　桩基工程病害分析与防治技术

桩基作为地下工程，属于隐蔽性工程，在施工中存在的各种不足都将导致桩基的工程病害，从而使桩基的正常工作性能难以得到保证，造成桥梁结构产生不均匀沉降和其他工程病害。为此，本节在对桩基的工程病害及成因分析的基础上，提出科学、合理的防治技术，从而为确保桥梁结构的正常运营奠定基础。

目前公路桥梁桩基成孔主要采用钻孔和挖孔的方法，本节着重对钻孔时用泥浆护壁成孔技术和旋挖干作业成孔技术成孔的桩基工程病害进行分析，并提出防治措施。

一、泥浆护壁成孔灌注桩

泥浆护壁成孔灌注桩的工程病害如下所述。

（一）塌孔

塌孔是指在成孔过程中或成孔后孔壁坍塌。导致塌孔的主要原因有：

（1）在提升或下落冲锤、掏渣筒或放置钢筋骨架时碰撞孔壁，使孔壁发生坍塌。

（2）护筒周围未用黏土填封紧密而漏水或护筒埋置太浅，护筒周围水分深入钻孔内，水流冲刷孔壁形成塌孔。

（3）钻孔作业中泥浆损失，未及时向孔内加泥浆使孔内泥浆面低于孔外水位，或孔内出现承压水降低了静水压力，或者泥浆密度不够出现塌孔。

（4）在流砂、软淤泥、破碎地层、松散砂层中钻孔，钻机进尺太快、转速太快或停在一处的空转时间太长，破坏该处地质稳定而塌孔。

针对以上问题，可以采取以下办法解决：

（1）在提升或下落冲锤、掏渣筒或者放钢筋骨架时保持垂直上下。

(2)护筒周围用黏土填封紧密,防止周围水分进入冲刷孔壁。

(3)钻机钻进过程中及时添加新鲜泥浆,使孔内泥浆面高于孔外水位。

(4)遇到流砂、松散土层时,适当加大泥浆密度。

(5)按照正常的速度钻进,不要进尺太快或在一个地方钻进时间过长。

(6)当遇到轻度塌孔时,可以加大泥浆密度和提高水位;当塌孔严重时,用黏土泥浆投入,待孔壁稳定后采用低速钻进。

(二)钻孔偏移

钻孔偏移是指钻孔完成后发现孔位不垂直,出现垂直偏差。出现这种情况一般的原因是:

(1)钻机不稳或钻头磨损、部件松动,钻杆导架不垂直或钻杆弯曲、接头不直。

(2)钻孔施工时遇到较大的孤石或钻头石、或基岩倾斜未处理,在粒径悬殊的砂、乱石层中钻进时,钻头所受阻力不均匀。

在安装钻机时,要对导架进行水平和垂直校正,检修钻孔设备,发现钻杆弯曲时要及时维修或更换,遇到软土层要控制进尺速度,低速钻进,如有探头石,可以用钻机钻透。用冲孔机时要低锤密击,把石块打碎;如有倾斜基岩,可在钻孔内投入块石,使表面略平,用锤夯打密实后再进行钻孔施工。

当钻孔出现较大的倾斜时,填入石子、黏土重新钻进,控制钻速,慢速提升、下降,重复扫孔钻进纠正。

(三)梅花孔

梅花孔指钻孔断面形状不规则,呈梅花形。出现这种现象的主要原因是:

(1)冲孔施工时,钻机转向环失灵,冲锤不能自由转动。

(2)护壁泥浆太稠,锤头阻力太大。

(3)提锤太低,冲锤没有转动时间,还没来得及更换方向、角度便落下,致使钻头冲击位置得不到改变。

应该经常检查钻机的转向吊环,使其保持灵活;勤掏渣,适当地降低泥浆稠度,保持适当的提锤高度,必要时采取人工辅助转向,强制锤头转变方向、角度;采用低冲程时,隔一段时间更换一些高的冲程,使冲锤有足够的转动时间。

(四)卡锤

卡锤是指用冲锤成孔时,锤被卡在孔内,不能上下运动。产生卡锤的原因是:

(1)冲锤在孔内遇到大的探头石(称为上卡)。

(2)冲锤磨损过甚,孔径成梅花形,提锤时,锤的大径被孔的小径卡住(称为下卡)。

(3)石块落入钻孔内,夹在锤与孔壁之间,使冲锤无法提升或下降。

当出现上卡时,用一个半截冲锤冲击几下,使锤脱落卡点,掉落孔底,然后吊出;当出现下卡时,可用小钢轨焊成T形钩,将锤一侧拉紧后吊起;当冲锤被石块卡住时,可按处理下卡的办法提出冲锤。

(五)流砂

在桩基施工中,桩孔内大量冒砂,将孔壅塞,这就是流砂现象。出现流砂的原因有:

(1)孔外水压大于孔内水压,使护壁松散、强度降低,导致大量流砂壅塞桩底。

(2)施工中遇到粉砂层,泥浆密度不够,孔壁未形成泥皮。

当出现这种情况时,可按以下方法处理:增大孔内水压,使之高于孔外水位 0.5 m 以上,适当加大泥浆密度;当流砂严重时,可向孔内抛入碎砖、石、黏土,用钻机反复冲击,将其冲入流砂层,做成泥浆结块,坚固孔壁,阻止流砂涌入。

(六)不进尺

不进尺是指在黏性土层钻进时,泥块抱住钻头,使钻机难以钻进,出现这种现象的原因有:

(1)钻头粘满黏性土块,排渣不畅,钻头周围堆积土块。

(2)钻头合金刀具安装角度不适当,刀具切土过浅。

(3)泥浆密度过大,钻头配重过轻。

出现这些情况时可采取以下方法进行处治:保证钻机排渣顺畅,重新安装刀具角度、形状、排列方向;降低泥浆密度,加大配重;当出现糊钻现象时,将钻头提出,清除泥块后,再进行钻进施工。

(七)钻孔漏浆

出现钻孔漏浆现象的原因有:

(1)在成孔过程中或成孔后,遇到透水性强或有地下水流动的土层,护筒埋设过浅,回填土不密实或护筒接缝不严密,在护筒底或护筒接缝处泥浆发生渗漏。

(2)水头过高,孔内水压高于孔外水压,孔壁发生渗透。

(3)地质情况不良,桩基穿越岩溶层,孔壁存在孔洞,使泥浆渗漏。

出现这些情况时可采取以下方法进行处治:适当加大泥浆稠度或倒入黏土,钻机慢速转动填糊孔壁,或在回填土内掺片石、卵石,反复冲击,增强护壁强度、护筒周围及底部接缝处密实度,控制孔内水头高度,不要使压力过大。

(八)钢筋笼偏位、变形、上浮

出现钢筋笼偏位、变形、上浮现象的原因有:

(1)钢筋笼过长,箍筋未起到作用,刚度不够,下入孔内后钢筋笼发生变形。

(2)钢筋笼上未设垫块或耳环控制保护层厚度或桩孔本身偏斜或偏位;钢筋笼吊放时未垂直缓慢放下,而是斜插入孔内使保护层厚度不够;混凝土浇筑时,钢筋笼上浮。

(3)孔底沉渣未清理干净,使钢筋笼不能下到设计深度,位置不符合设计要求。

(4)在灌注混凝土时,混凝土向上翻至钢筋笼底时,强大的冲击力把钢筋笼顶托上浮。

钢筋笼偏位、变形、上浮的防治措施:钢筋笼过长时应分多节制作,分段吊放、焊接或增设箍筋,加强钢筋笼刚度;在钢筋笼部分主筋上,应每隔一定距离设置混凝土垫块或焊耳环控制保护层厚度;当桩孔本身偏斜时,应在下钢筋笼前往复扫孔纠正偏位,保持桩孔垂直;淘渣应仔细、干净,彻底清除桩基的泥浆和钻渣;浇筑混凝土时,将钢筋笼固定在孔壁上或在顶面压住,防止钢筋笼上浮。

(九)吊脚桩

吊脚桩是指桩基混凝土灌注后,桩身下部局部没有混凝土或加有泥土。出现吊脚桩现象的原因是:

(1)孔底残留残渣过厚,清孔不净。

(2)清孔后泥浆密度过小,未立即灌注混凝土,引起孔壁坍塌或孔底涌进泥浆。

(3)吊放钢筋骨架时导管等物碰撞孔壁,使孔壁泥土塌落孔底。

出现这些情况时可采取以下方法进行处治:做好清孔工作,达到要求立即灌注混凝土;注意泥浆密度和使孔内水位经常保持高于孔外水位 0.5 m 以上;施工中注意保护孔壁,不让重物碰撞,防止孔壁坍塌。

(十)黏性土层颈缩、糊钻

由于黏性土层有较强的造浆能力和遇水膨胀的特性,在钻孔过程中,桩孔局部出现缩颈,或者黏土黏附在钻头上,产生抱钻、糊钻现象。

这种现象的防治措施为:严格控制泥浆的黏度,防止泥浆黏度增大;适当向孔内投入部分砂砾,防止糊钻;钻头采用有肋骨的钻头,边钻进边上下反复扩孔,防止缩颈卡钻事故。

(十一)孔位倾斜

孔位倾斜是指桩基钻孔完成后,孔位发生倾斜,偏离中心轴线,超过规范允许数值。产生孔位倾斜现象的原因为:

(1)钻进松散地层中遇到较大的圆弧石或探头石,将钻机钻头挤离钻孔中心轴线。

(2)钻头由软地层进入陡倾角的硬地层,或向黏性差别较大的砂砾层钻进时,钻头所受阻力不匀,在超径孔段钻头走偏造成桩位倾斜。

(3)在钻进施工时,钻机产生振动,使钻机位置发生串动或底座产生局部下沉,使钻机倾斜引起桩位倾斜。

孔位倾斜可按以下方法进行处治:针对底层特征选用优质泥浆,保持孔壁的稳定;在钻进中一旦发现探头石,应立即暂停钻进,回填黏土和片石,再用锥形钻头将探头石挤压在孔壁内或用冲击钻冲击或将钻机(或钻架)略移向探头石一侧,用十字或一字形冲击钻头猛击,将探头石击碎,如冲击钻也不能击碎探头石,则可用小直径钻头在探头石上钻孔,或在表面放药包爆破。

(十二)断桩

在灌注混凝土时,桩身截面上存在泥夹层,使桩基整体性遭到破坏,出现断桩现象,这种现象会严重影响桩基的承载力。产生断桩的原因有:

(1)封底混凝土数量不足,浇灌不成功,未能将桩底残渣全部翻至混凝土上,形成泥浆夹层而造成断桩。

(2)导管埋入混凝土中深度不足,混凝土的翻涌力不够,无法将顶层泥浆继续向上顶推或导管卡住,强力拔管时,将导管拔出混凝土时,泥水夹杂于桩体内。

(3)导管接头不良,泥水渗漏进混凝土中。

(4)采用排水方法灌注混凝土,未将水抽干,地下水大量进入,将泥浆带入混凝土中造成夹层;由于桩基混凝土采用分层振捣,下面的泥浆被振捣到上面,然后再灌入混凝土振捣,两段混凝土间夹杂泥浆,造成分节脱离,出现断层。

(5)桩基灌注混凝土时出现意外事故,桩基混凝土分两次灌注完成或在某一位置停留时间较长,混凝土凝结,形成施工缝。

断桩的防治措施为：力争首批混凝土浇灌一次成功；钻孔选用较大密度和黏度、胶体率好的泥浆护壁，保持孔壁稳定；导管接头应用方丝扣连接，并设橡皮圈密封严密；孔口护筒不要埋置太浅，防止孔口塌方；下钢筋笼骨架过程中，不应碰撞孔壁；施工时做好防止意外情况发生的准备，争取一次性快速灌注完毕。桩基出现断桩后，必须采取有效的措施对断桩进行处理后，才能进行下一步施工。

二、干作业钻孔灌注桩

干作业钻孔灌注桩的工程病害如下所述。

（一）塌孔

产生塌孔的原因有：

（1）在砂砾石、卵石或软塑淤泥质土夹层中成孔，土层不易直立，成孔后孔壁发生塌落。

（2）孔壁外局部有土层滞水渗漏或壁外水压大，造成该孔壁坍塌。

防治措施：在砂砾石、卵石或软塑淤泥质土层中进行钻孔施工时，采用套管法成孔，或成孔后下套管防止孔壁坍塌；采取降水措施将上层滞水排走；发生坍塌的钻孔，向钻孔中投放填料填至塌孔以上 1 m，再进行钻进，以增强护壁强度。

（二）钻孔倾斜

钻孔倾斜是指桩孔垂直度偏斜不符合要求，偏差大于 $H/100$（H 为钻孔深度）。产生这种现象的原因有：

（1）钻孔时遇坚硬障碍物，钻杆或桩管被挤向一边，发生倾斜。

（2）场地不平整，造成桩架导向杆不垂直，钻机停放不平稳，施钻时晃动。

（3）采用多节钻杆时，钻杆轴心不在同一直线上，或者钻头的定位桩尖与钻杆中心线不在同一轴线上。

针对以上问题，提出如下防治措施：坚硬障碍物用爆破方法炸碎或避开，全部清除；施工场地要整平压实，钻机导向杆应吊线找直、垫正，避免使用不符合要求的钻杆及钻头，发现不直或钻头与钻杆不在同一直线上，要及时更换，钻进中随时校正钻杆的垂直度；钻机应保持平稳；如发现倾斜，可用素土回填夯实，重新成孔。

（三）孔底虚土多

孔底虚土多是指孔底积存虚土超过规范标准（不大于 100 mm）。导致这种现象产生的原因有：

（1）桩位处有杂填土、软塑淤泥质土、松散砂砾、卵石夹层等松软土层，易于塌落。

（2）钻杆或桩管弯曲，造成孔径增大或局部扩大，螺旋钻头叶片的螺距或倾角太大，使土滑落孔底，或提钻时土从叶片和孔壁之间的空隙落到孔底。

（3）孔口土未清理干净，提钻或更换钻杆时，孔口杂物掉落孔内。

（4）钻孔完成后，清孔未清理干净；孔口未盖好，孔口处孔壁被扰动，土落入孔内。

（5）放混凝土漏斗或钢筋笼时，孔口土或孔壁土被碰撞掉入孔内。

（6）成孔后未及时灌注混凝土，被雨水冲刷或浸泡，孔壁坍塌，土掉落孔内。

出现上述情况时可按以下方法进行处治：设计时仔细查明地质情况，尽可能避开易引起大量塌落的地区施工；不符合要求的钻杆或桩管要及时更换；钻孔施工时挖出的土要及时清运，避免在孔口堆土，增大孔口荷载；成孔后及时清孔，孔口用盖板盖好，避免行人行走而扰动孔口土；桩基施工时安排好施工顺序，拉开距离，临近的桩不要同时施工，以免受荷载影响导致塌孔；混凝土漏斗及钢筋笼应竖直地放入孔中，小心轻放，避免碰坏孔壁；成孔后及时检验灌注混凝土，防止孔壁坍塌。

对于不同地质条件，可采用以下不同的成孔工艺：①钻孔钻至设计标高后，原位旋转片刻再静拔钻杆；②钻至设计标高以上 1 m 处，提钻甩土，然后再钻至设计标高，轻拔钻杆；③钻至设计标高后，边旋转边提钻杆，若虚土较多，可按上述工艺重复操作或用勺、钻清理孔底虚土，当孔底虚土较少可先下部分混凝土，用重铁锤夯实，将混凝土打入桩底，或在孔底灌入水泥浆使其形成水泥土，改善桩底承载力。

（四）钻进困难

导致钻进困难的原因有：

（1）钻机钻进遇到坚硬土层（如硬粉质黏土、灰土等）或遇地下障碍（如孤石、大块石、砌体、混凝土块等），钻进困难，甚至无法钻进。

（2）当转机或拔管设备功率不够，钻头倾角、转速选择不当时也会发生钻机速度减慢，无法钻进。

（3）钻进速度太快或钻杆倾斜太大，造成卡钻，无法钻进。

针对以上问题，提出如下处治方法：遇坚硬土层或障碍物时，可按钻孔倾斜的方法进行处治；如因地质状况发生变化，可根据工程地质条件选用合适的钻机、钻头、钻速及桩管，施工时，钻杆、导架要直，并控制钻进速度；遇孤石、石块等钻进困难时，可采取清除障碍物、避开或用炸药爆破等方法处理。

（五）桩身混凝土质量差

造成桩身混凝土质量差的原因有：

（1）混凝土灌注时没有边灌边振捣，桩身混凝土强度低，存在不密实、蜂窝、空洞等缺陷。

（2）灌注混凝土时或向孔内吊放钢筋笼时，孔壁受到振动，孔壁土塌落在混凝土中，造成泥土夹层。

（3）混凝土配合比控制不严，下料高度过大，未采用导管或串筒，直接将混凝土向桩孔内倾倒，混凝土产生离析，造成桩身混凝土强度不匀。

以上问题可采取以下防治措施：混凝土灌注应边灌边振捣；灌注混凝土时或向孔内吊放钢筋笼时，注意避免碰撞孔壁，造成夹层；严格控制混凝土配合比、坍落度；用导管下料，防止混凝土产生离析；灌注时保证导管垂直，使导管位于钻孔中心位置。

第三节　桥头及桥梁伸缩缝处跳车产生的原因

桥头及桥梁伸缩缝处跳车产生和形成的原因是多方面的，它包括地基地面条件、填料、施工材料以及设计、施工等诸多方面。

一、桥头跳车

(一)桥台及台后填方地基的受力与沉降变形分析

我国地域辽阔,作为桥台及台后填方地基的地层岩性状况也千差万别,如基岩(岩浆岩、沉积岩、变质岩)地基、黄土地基、软土地基、冻土地基、盐渍土地基、膨胀土地基等。除基岩(指次坚石以上的岩类)地基,其他类型的地基一般情况在桥台及台后填方的作用下,均要发生不同程度的沉降或竖向固结变形,所以对地基必须进行加固处理设计,如采用扩大基础或桩基础等,以保证地基的稳定性。

桥台及台后填方的地基一般情况为同一性质或同一类型的地层,但从目前设计情况来看,仅对桥台地基进行加固处理设计,而对台后填方路段下的地基一般不进行加固处理设计。桥台和台后填方是两个性质不同的结构体,虽然桥台作用在地基上的压力大于台后填方,但由于桥台基础一般都进行了加固处理,所以一般不发生竖向沉降变形;而台后填方的地基一般不进行加固,其竖向沉降变形都远大于桥台下的地基变形。地基的这种差异变形反映到上部路面,就出现了桥台和台后填方段的差异沉降。

(二)台后填料受渗水侵蚀及变形分析

桥台一般由浆砌片石和钢筋混凝土砌筑,在桥台和台后填方之间或者锥坡部位,大气降水易沿路面锥坡体(锥坡体的压实度较难达到要求)下渗,下渗水对桥台一般不产生破坏作用,但是对土类填料易产生侵蚀和软化,特别是填方体压实度不够时,更易产生侵蚀和软化,降低强度,从而导致填方体变形。对砂砾石类填料,从填方横断面看一般填方体中部为砂砾石,两侧为土类,这种结构只利于水的下渗,而不利于水的横向排泄。对不加固的地基来讲,填方体中部压力大,向两侧边坡压力逐渐减小,从而使地基产生凹形沉降变形,当水沿砂砾石下渗到地基后,下渗水不易快速排泄,从而软化地基,并加速地基的变形。

(三)台后填料压实分析

靠近桥台处填方体的压实度很难达到设计规范要求,这也是一直困扰设计和施工的难点。目前在设计上和施工中主要采用强夯、人工夯实、填筑砂料等方法和措施。对于轻型桥台,重型压路机靠近桥台进行压实,但振动压路机可能破坏桥台的结构;而对于U形桥台,重型压路机难以靠近,从而使靠近桥台部位的填方土体不易达到设计和压实度要求,造成桥台与台后填方差异沉降。

(四)桥头跳车产生的主要原因

通过以上分析,可得出产生桥头跳车的主要原因:

(1)地基强度不同。桥涵、通道与路基大都是同年平行进行施工的,桥涵是刚性体,其地基强度一般都有较高的要求,应进行加固处理,尽量使其沉降较小或不发生沉降(岩石地基)。而台后填方段地基未进行加固处理,从而使桥台和台后填方产生差异沉降变形,形成跳车。

(2)设计不周。设计人员有时对施工过程如何便于碾压考虑不周,对于填料的要求不严格,台背的排水考虑欠佳。桥涵结构物两端的路堤,由于过水、跨线或通道的要求,一般填土都较高,低的3 m左右,高的可达10 m或更高,除了过水的桥涵,两侧路堤往往受水浸淹，地基条件也较差。设计上对路基断面结构和边坡防护上有所考虑外，其他多数情况对高路堤设计上并无特别的要求，压实度等指标均与一般路堤无异。由于路堤较高，在填筑以后受到自重和行车荷载的作用，路堤填土必然要产生竖向变形值。

(3)台后填料不当。施工时对桥台台后的回填土未能慎重考虑，施工人员用料不当、控制不严，未能达到设计要求。但需特别指出，施工不良比材料不良更易造成构造物台后填料的下沉。

(4)台后压实不足。施工时工期工序安排不当，以致桥头填土处于工期末期，被迫赶工，不能很好地控制台背填土的压实度，致使填料压实度不能满足设计和规范要求，使填方体产生竖向固结变形，完工后出现较大的沉降，在台背与路基连接部造成沉陷，导致跳车。

(5)地基浸水软化。软土地基、湿陷性黄土地基浸水等造成路基沉降。

据以上分析，形成桥头跳车的原因是多方面的，结构的差异、设计的不周和施工控制的不严格等各方面因素的作用导致了差异沉降的发生和发展。

二、桥梁伸缩缝处跳车

桥梁伸缩缝处跳车的产生主要是桥梁伸缩缝发生病害或损坏所引起的。

(一)桥梁伸缩缝的作用

在气温变化的影响下，桥梁梁体长度会发生变化，从而使梁端发生位移，为适应这种位移并保持行车平顺，就必须设置桥梁伸缩装置。由此可见，桥梁伸缩缝的作用在于调节由车辆荷载环境特征和桥梁建筑材料的物理性能所引起的上部结构之间的位移和上部结构之间的联结。桥梁伸缩装置是桥梁构造的一部分，如果设计不当、安装质量低劣、缺乏科学和及时的养护，大部分桥梁会在伸缩缝处形成台阶，直接影响到桥梁的服务质量。

(二)各类桥梁伸缩装置破坏形式

表4-1为我国桥梁伸缩装置采用情况。

表4-1　桥梁伸缩装置分类

类别	型式	种类	说明
对接式	填塞对接型	沥青、木板填塞型	以沥青、木板、麻絮、橡胶等材料填塞缝隙的构造(在任何状态下，都处于压缩状态)
		U形镀锌铁皮型	
		矩形橡胶条型	
		组合式橡胶条型	
		管形橡胶条型	
	嵌固对接型	W型	采用不同形状的钢构件将不同形状橡胶条(带)嵌固，以橡胶条(带)的拉压变形吸收梁变位的构造
		SW型	
		M型、	
		SDⅡ型	
		PG型	
		FV型	
		GNB型	
		GQF-C型	

续表 4-1

类别	型式	种类	说明
钢质支撑式	钢质型	钢梳齿板型	采用面层钢板或梳齿钢板的构造
		钢平板叠合型	
橡胶组合剪切式	板式橡胶型	BF、JB、JH、SD、SC、SB、SG、SEG 型	将橡胶材料与钢件组合,以橡胶的剪切变形吸收梁的伸缩变位,桥面板缝隙支撑车轮荷载的构造
		SEJ 型	
		UG 型	
		BSL 型	
		CD 型	
模数支撑式	模数式	TS 型	采用异型钢材或钢组焊件与橡胶密封带组合的支撑式构造
		J-75 型	
		SSF 型	
		SG 型	
		XF 斜向型	
		GQF-MZL 型	
无缝式	暗缝式	GP 型(桥面连续)	路面施工前安装的伸缩构造
		TST 弹塑体	以路面等变形吸收梁变位的构造
		EPBC 弹性体	

1.嵌填型对接式(U 形镀锌铁皮型等)

其破坏形式为:夏季桥梁伸长,缝隙中填料挤出、上鼓,引起跳车;冬季拉开断裂造成渗漏等。

造成这种破坏的原因主要是结构不够合理。由于镀锌铁皮或铝片较薄,不能过多地承受主梁传来的水平荷载,容易出现断裂现象;软性填充材料多为沥青砂、聚乙烯胶泥,易于老化、脱落,造成漏水,腐蚀伸缩装置,并使之失去伸缩作用。

2.嵌固对接型(橡胶条型)

其破坏形式为:热天鼓起,冬天脱落,锚固件破坏和两侧混凝土破碎等。

橡胶条伸缩缝有单孔、三孔、四孔的胶条,在使用过程中胶条一直处于压缩状态,设计思想是合理的,但安装时很难夹压达到设计的理想状态,不是紧就是松,过紧容易造成鼓起,过松容易脱落。这种装置构造较小,常放置在混凝土铺装层上,主要锚固件与梁体的预埋件连接薄弱,加之铺装混凝土较薄,后浇混凝土面层多缺乏振捣,密实度和强度都有一定的问题,造成两侧混凝土容易破损。此类装置破坏的主要原因可归结为施工原因。

3.橡胶组合剪切式(板式橡胶型)

其破坏形式为:橡胶板剥离、预埋钢板外露、脱落、断裂,锚固螺栓剪断脱孔飞出,两侧混凝土开裂破坏,出现坑槽,造成整体破坏等。

近几年来国内桥梁上普遍采用板式橡胶伸缩装置,其规格种类繁多,出现的问题也较多,破坏严重。破坏的原因是多方面的,大致有如下几点。

1)结构本身的原因(设计原因)

此类伸缩装置的原理是利用上下凹槽之间的橡胶剪切变形来满足梁体的伸缩,伸缩体内又埋有钢板,跨越梁端间隙承受荷载,两侧有锚固钢板,通过螺栓与梁端连接,一般采用每米分块安装,整体性较差。

2)产品质量不好

此类伸缩装置生产工艺条件要求比较苛刻,对橡胶材质性能、加劲钢板的材质及布置位置、钢板与橡胶黏结强度、生产时的温度和湿度的控制等都要求非常严格,稍不注意就出现质量问题,往往容易出现整板断裂、脱胶、胶层磨损、钢板外露、锚固螺栓剪切橡胶板飞出等现象。这与橡胶伸缩装置的本身质量、横向宽度大、刚度差异大等都有直接关系。

3)施工原因

在施工时,对伸缩装置施工工艺重视程度不够,已破坏的伸缩装置多数是在施工时未能严格掌握工艺标准和安装步骤造成的。

例如,在某大桥伸缩装置的安装中,按照要求,伸缩装置的安装温度应为平均气温或相当气温。根据资料,该桥位处地区多年平均最低气温为-13 ℃左右,年平均最高气温为39 ℃左右,故伸缩装置安装气温控制在13 ℃左右较为合适,但该桥伸缩装置的安装温度比常规规定的低将近10 ℃左右,最严重的则低15 ℃。调查时实测气温为27~29 ℃,反映出当前梁体结构伸长变形已接近或超过设计值(50 mm)。也就是说,在当时气温的情况,应该采取预拉开一定数值后再安装就位,这样可不致出现早期破坏。由于此类伸缩装置的水平摩阻力大,没有特殊的专用工具不能达到这一施工工艺要求,加上因产品质量上存在一定的问题,使橡胶体伸缩量减少了29%。

另外,预埋钢筋直径过细(ф12)、钢板较薄($\delta=5$ mm),锚固件焊接质量不能保证,经不起高速重载车辆的冲击、振动,很快开焊弹起;用橡胶板底垫砂浆找平填高的做法不恰当,车辆行驶冲击致使所垫砂浆粉碎溜边,使梁间隙相对加大,其下没有托板,轻者橡胶板脱孔飞出,重者使橡胶板折断破坏;重新浇筑的混凝土不密实,达不到设计要求的强度,混凝土出现蜂窝、空洞等,难以承受车辆荷载的强烈冲击;伸缩装置两侧混凝土和沥青混凝土铺装层结合不好,碾压不密实,形成两张皮,产生开裂、脱落,形成坑槽,最终引起伸缩装置的破坏;梁端缝隙不符合设计要求,结构缝隙加大,橡胶板出现螺栓孔扩大飞出以及折断破坏等现象。

4)伸缩装置的选型不合理

任意扩大此类伸缩装置的适用范围,伸缩整体强度不足,螺栓变形、盖帽穿透、全板松动是常见的现象,特别是在重车道上破坏尤为明显;桥梁设计者在选型时,未考虑到计算、施工误差等多种复杂因素的影响,仅按伸缩量计算值选定型式规格或仅考虑产品价格,没有预留必须的富裕量而适当选大一型号,更甚者,选用的型号偏小。故合理选定型式是保证桥梁伸缩装置有较好的使用效果和耐久性极为重要的第一环节。

5)管理养护的原因

桥梁伸缩装置的部件长期暴露在大气空间,并承受高速行驶车辆的反复冲击作用,使用环境非常恶劣,管理养护工作相当重要,但目前多数桥梁伸缩装置基本上处于不进行养护的状态。不做经常性的检查维修,伸缩装置中的杂物、尘土不能及时进行清除,使原设计的伸缩量得不到保证。桥梁超载的情况不能得到有效控制,特别是夜间缺乏管理,汽车不按规定行驶,超载车辆自行上桥等,不能不说这些是造成桥梁伸缩装置使用效果不好、耐久性差、整体破坏的重要原因。

4.钢质支撑式

钢质型伸缩装置包括钢梳齿板型和钢平板叠合型,出现破坏的主要形式为焊口开焊。由于工艺上的问题,个别焊缝不易焊牢,出现整块钢板脱落,锚固件薄弱造成松动;由于伸缩量较大,易于漏水造成腐蚀;缝隙内杂物不易清除而失去伸缩功能等。

从目前已破坏的部分钢质伸缩装置情况来看,破坏原因有设计问题、加工工艺问题、施工质量问题和管理养护问题等。这类伸缩装置在加工和使用过程中容易产生变形,难以保证齿板和垫板贴合,一旦产生了间隙,对连接部位受力很不利,从而引起噪声、跳车。加之日夜运营,齿板在反复荷载作用下,引起过早疲劳,紧固螺栓(或螺钉)松动,梳齿板转动翘起外露,杂物容易将梳齿间隙卡住,影响伸缩,排水机能不完善,杂物、污水落入桥下,污染环境,产生腐蚀等。

5.模数支撑式

模数式系列伸缩装置是国内近几年来为适应大位移量桥梁工程需要研制开发的产品,用量不算很大,使用期还不很长。其出现的问题主要有:中梁构件开焊,出现晃动、噪声;伸缩均匀性差,甚至失灵、更换;密封橡胶带迅速老化、脱落或跳出,严重漏水;装置两侧混凝土出现裂缝、坑槽,锚固系统不理想,出现局部或整体性破坏等。其原因大致有如下几种:

(1)目前国内此类伸缩装置用的边梁、中梁多采用钢板或型钢焊连成异型件的组合结构,整体性差,电焊工作量大,加上焊接工艺技术不如国外,焊接质量较难保证,出现开焊似乎不可避免;采用压条(或夹件)和螺钉扣紧密封橡胶带的做法,扣件容易锈蚀断裂,造成橡胶带脱落或跳起飞出。即使采用挤压成型的异型钢作边梁、中梁,因其挤压工艺原因,模具磨损快且大,造成孔型不准、变化大,密封橡胶带易滑脱等问题,可归结为构造和加工的原因。

(2)有的产品,如 XF 斜向型,由于其传动原理所决定,伸缩均匀性差些,组装精度要求极为严格,在多根中梁的情况下,较难保证精度,稍有不慎,易出现自锁,造成失灵和破坏的问题。

(3)该类装置不足之处是路面上的石子、泥沙等杂物常进入及沉积在缝隙内,柔性的物质可随着伸缩体张合将其挤出或行车时带走,但钢性大的物质难以被挤出,经车轮碾压,易将密封橡胶带刺破,造成雨水、尘土、杂物下漏,产生污染现象。这种情况除需对密封橡胶带的形状作进一步改进,只有靠养护的经常性清扫来保证整个装置的使用效果。

(4)安装这类伸缩装置的预留槽口内,有锚固箱和较多的锚固钢筋,包括梁体的主钢筋和预埋的锚固钢筋,给浇筑混凝土带来困难,容易出现空洞、振捣不密实、强度不足等问题,经常使用将会出现咬口、裂纹,逐步出现坑槽,如不及时处理,将会导致锚固部位全面破坏。

(三)桥梁伸缩装置破坏的主要原因

桥梁伸缩装置破坏的原因可归纳为如下几方面。

1.交通荷载原因

交通量增大,重型车辆不断增多,车辆的冲击作用也明显随之变大,因此设计、施工时稍有缺陷就会造成桥梁伸缩装置破坏。

2.设计方面的原因

设计方面的原因有以下几个方面:

(1)有些桥梁结构,桥面板的刚度不足,当桥面板受到汽车荷载作用时,因翼板较薄,横向联系较弱,导致桥面板变形过大。

(2)很多设计是将伸缩装置的锚固件置于桥面铺装层中,与主梁(板)连接的部分很少。这种锚固方法在荷载作用下容易造成开焊、脱落,而且力的分布不容易传递,微小的变形可能演变成大的位移,最终导致混凝土黏结力的失效。

(3)伸缩量计算不准确,没有考虑到伸缩装置安装时的实际温度对伸缩装置的影响等,在伸缩装置本身不具备或很难具备调整初始位移量以适应安装温度对位移的要求时,选型不当是造成伸缩装置破坏的重要原因。

(4)对于大跨桥、斜桥、弯桥等设计时没有形成与一般的梁(板)结构相符合的构造型式和锚固方法。

(5)未对伸缩装置两侧的后浇混凝土和铺装层材料选择、配合比、密实度及强度提出严格要求或规定;使用黏结材料、橡胶材料等新型式的伸缩装置,错误地选定构造和材料,防水、排水设施不完善,由于漏水、溢水,锚固件受腐蚀,梁端和支座侵蚀严重,成为破坏的原因。

(6)连续缝设置不够完善。为了减少伸缩缝,现在大量采用连续梁或连续桥面。桥面连续就需设置连续缝,目前连续缝的设置不够完善,变形假缝的宽度和深度设置得不够规范、统一,致使连续缝破损,而产生桥面跳车。

3.施工方面的原因

施工方面的原因有以下几个方面:

(1)对桥梁伸缩装置施工工艺要求重视程度不够,未能严格按照施工工艺标准、安装工序或设计图纸要求进行施工。

(2)锚固件焊接质量不能保证,只注意表面,忽视内部质量标准要求。

(3)后浇混凝土(或其他填充料)浇筑不密实,达不到设计的强度要求,出现蜂窝、空洞等,难以承受车辆荷载的强烈冲击。

(4)伸缩装置两侧混凝土和沥青混凝土铺装层结合不好,碾压不密实,形成两张皮,容易产生开裂、脱落,最终引起伸缩装置的破坏。

(5)缺乏统一的质量验收标准。

4.管理维护方面的原因

管理维护方面的原因有以下几个方面:

(1)伸缩装置内的砂土、杂物未能及时认真地清扫,使伸缩装置的伸缩量不能保证。

(2)原有桥梁逐渐老化,维修不充分,致使破坏不断扩展。

(3)车辆超载情况不能得到有效控制,特别是夜间缺乏管理,车辆不按规定行驶,超载车自行上桥,对桥梁结构的有效使用和耐久性带来严重威胁。

第四节 桥头及桥梁伸缩缝处跳车的防治技术

一、桥头跳车的防治技术

(一)用土工格栅处理桥涵台背的填方

土工格栅是一种抗拉强度较高的材料,具有良好的水稳性,对路基土粒间存在一定的约束作用,可以增加土基的整体回弹模量,防止土基和基层产生裂纹时辐射到路面面层上,还可增加路面基层的抗拉强度,对不设桥头搭板的桥涵台背较为适用,对设有桥头搭板的高填方路堤也有较好的增加路基整体强度的优点。具体方法如下:

(1)开挖基坑砌筑构造物(桥台、通道、涵洞),将构造物砌到一定标高(至少高于地面线)。

(2)用砂砾石或者其他材料把构造物两端场地整平,充分压实,分层填筑至构造物的砌筑标高。

(3)在构造物两端 5~10 m 范围内,铺一层土工格栅,把 30~80 mm 长的格栅伸入构造物内,然后再砌筑下一层,把格栅的一端压入构造物中,压入长度自下而上逐渐减少,即层与层之间剪切齿缝。

(4)砌筑时,压入层的砂浆一定要充分,背包石压紧格栅末端,不能留缝,以免影响层与层之间的黏结力,其余土工格栅用 U 形钉固定在压实好的填方上,钉子间距根据实际情况确定。

(5)按上述步骤,砌筑一层块石,压一层土工格栅,土工格栅间距控制为 30~40 cm 或 60~80 cm,然后填料并碾压密实。

(二)加筋土整体式桥台

加筋土整体式桥台可用来解决软土地基路桥结合处的差异沉降,加筋体是由筋带与填料成层交替铺设并紧密压实而成的一种复合材料,它的内部稳定性是通过筋带与填料之间的摩阻作用实现的。加筋土整体式桥台起到了普通桥台的作用,梁通过垫梁直接架到筋体上,加筋体整体承受梁作用的荷载。由于加筋体下部没有普通结构具有的桩基础,加筋体的高度和对地基的压力与路堤相同,因此加筋体的沉降与路堤相同,最终由加筋体整体式桥台构成的结构物也就不存在与路堤之间的差异沉降了。

(三)台背回填设计的"刚柔过渡"法

结构物台背一般是用石块砌筑或钢筋混凝土浇筑而成的,是刚性体,而路基一般是用柔性较大的土填筑而成的,是强塑性体。所以,路基体与结构物之间存在着较大的刚度差,这个刚度差的存在必然引起路基体与结构之间产生较大的相对变形差和较大的刚度突变。假若使这个刚度差在路基体与结构台墙之间一定范围内渐变,使得塑性变形也在这一范围内渐变,且保证渐变后任何一点的刚度差不致引起跳车,这就是台背回填设计的"刚柔过渡"思想。

台背回填使用刚度介于路基与结构台背材料刚度之间的某种材料,并沿长度方向变化其厚度,即台背回填与路基接头采用一定的倾斜角相衔接,台背回填远薄近厚,使得台背回填整体刚度沿路基长度方向逐渐变化,从而实现台背回填的"刚柔过渡"。

台背回填的压实质量是导致台背回填沉降及跳车的一个重要因素。因结构物台背的特殊位置,压路机难以碾压到位,成为碾压的一个薄弱部位。机械振动力太大时,对结构物台墙有影响,因此台背回填处的压实机械宜选用小型压实机具,且分层压实厚度宜薄,一般应控制在 10~15 cm。在材料选择上,应选用水稳性较好的材料,如二灰碎石、水泥稳定砂砾或石灰土。

(四)减少或取消伸缩缝技术

通过减少或取消伸缩缝技术来减少桥头跳车问题,如采用预切缝法、索马结合料法。

1.预切缝法

预切缝法是采用人工切缝的方法来控制裂缝发展,裂缝在冬季有所扩大,夏天又自然愈合,中间不再发生自然裂缝。这个做法实现了桥面整体化的理想,保证了桥面的平整度,节省了伸缩缝的设置和养护费用,简易可行,值得普遍推广。南方地区冬夏温差比北方小,冬寒期锯缝张开量应略小。

2.索马结合料法

索马结合料(Thorme joint)是英国一家公司于 1976 年前后生产的一种专利新型弹性结合料,主要是一种橡胶沥青复合物,代号为 BJ200,用来与石料拌和后摊铺于接缝处形成一种弹性很强的铺装带以代替一般的接缝装置,如图 4-2 所示。

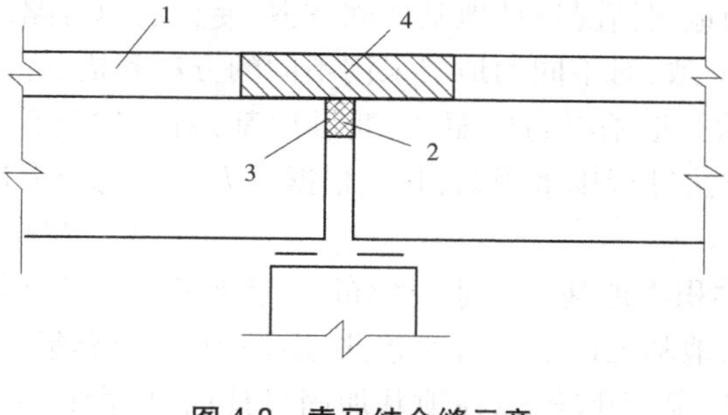

图 4-2　索马结合缝示意

1—桥面沥青混凝土;2—防水塞;3—金属板;4—索马混合料

施工时先在旧桥面接缝两侧各 25 cm 处锯缝,清除这个范围内的桥面铺装层和原来的伸缩缝装置,现场热拌 BJ200 与粒径 2 cm 的单一规格石料,温度控制在 170~190 ℃,然后摊铺在清理好的 50 cm 宽的跳槽内,振压密实,与两边原有路面齐平。采用单一规格的石料而不用级配集料的目的是使之有较大的空隙可容纳较多的结合料,从而使拌和料更富有弹性和不透水性。石料用量应当充分,以使形成的铺装层有足够的强度。这个混合料可以与两侧的路面和底面的混凝土紧密地结合,保持密封不透水。50 cm 宽的这样一条带可以有达 5 cm 的弹性伸缩量,以满足接缝处温度变形的需要。这个方法用于旧桥伸缩缝的补修改造十分方便,也可用于新桥。

（五）国外桥头跳车的处理措施

国外一些国家对桥头跳车的处理措施主要为：

（1）台背填土选用沉降完成快的砂砾填筑。

（2）加强台背填土夯实，分层填土厚度不大于 15 cm。

（3）设计较长的桥头搭板（6~7 m）。

（4）对于沉降完成较慢的填筑材料，采用土工合成材料加强，以防止路面水渗入和毛细水上升。

（5）桥头不设搭板的，将梁端用泡沫板堵塞，以防填土侵入，然后将台背填土夯实。若施工期内不能完成沉降，在交付使用一段时间后，用路面面层混合料将已沉降部分回填到设计标高。

（六）地基加固处理

为消除桥台和台后填方段的差异沉降变形，需对地基进行加固，对于一般地基，可采用加固土（水泥土、石灰土等）的方法进行加固处理，对于软土、湿陷性黄土、解冻土、河流相冲击洪积物等特殊地基，需采用适用于各自特点的特殊地基处理方法，如换土、强夯、固结、轻质路堤和粉喷等方法，以提高地基承载力，减少工后沉降。

台后填方段的地基压力一般小于桥台的压力，并且台后填方的高度一般情况下沿纵向（远离桥台）不断降低，即压力不断减小。所以，在进行地基加固处理时，首先应了解地基的地层岩性情况，并取样做土的含水量、密度和剪切试验，对特殊地层如黄土和膨胀土还需做湿陷性等试验，从而确定地基沉降变形特性（固结变形计算）；其次分段计算填方自重压力，根据具体的地层情况设计地基加固方案，使台后填方路段的地基沉降变形与桥台地基沉降变形保持一致，对不同的地层采用不同的方法和措施。

（1）软土地基。软土地基属高压缩、大变形地基，对该地基首先应采用插塑料板、袋装砂井、超载预压等方法进行排水固结，其次根据填方路堤的压力计算，采用喷粉桩、挤密桩等进行加固处理。

（2）河流相冲击洪积物地基。该地层分布广、类型多、相变较大，地貌一般为河漫滩，或为一、二级阶地。该地基无论地层岩性条件，还是固结变形情况都优于软土地基，但由于该地基岩性和固结情况变化较大，在地基加固设计前，应做地质勘察和土工试验，计算固结沉降量和填方压力，在此基础上进行地基渐变加固处理。

（3）湿陷性黄土地基。对桥头路堤边坡和锥坡坡脚外 2 m 范围的地基（明挖扩大基础桥台的基底）进行强夯处理，压实度不低于 85%，另加 2 个百分点，以同时满足桥台基底承载力的要求；处理后的基底标高在桥台、桥头路堤范围内应在同一水平面上，并用石灰土或水泥土封闭，防止地基浸水。湿陷性黄土地基还应做好防水、排水工程，防止地表水渗入路基，造成沉陷。

（4）对季节性冻融地区的桥头地基遇有饱冰细粒土或含冰土层时，应全部挖除，换填透水性土压实后再填路基。

（七）桥头设置过渡段

考虑桥台与台背路面在结构、材料、刚柔、胀缩等方面存在的差异，为了在其纵、横向都能平顺逐渐过渡，可采取以下措施。

1.设置枕梁和搭板

当桥梁为正交时,搭板预制,板顶浇厚6 cm的C30钢筋混凝土或钢纤维混凝土铺装层,在搭板与混凝土路面相接处设置胀缝,在与搭板邻近的2~3块路面的板缝连续设置胀缝。

当桥梁为斜交时,除用钢筋混凝土搭板和铺装层整体现浇,另设钢筋混凝土渐变板,其一端置于枕梁与搭板相接,另一端则直接置于路基相接于水泥混凝土路面。渐变板的块数视桥梁斜交角度大小而定,大于70°、70°~45°和小于45°时分别设1块、2块、3块或以上,并考虑受力状态,其短边应不小于5 m,长边应不大于10 m。搭板按简支计算配筋,渐变板按构造钢筋位于板面下1/3~1/2板厚范围。

采取此措施还应考虑以下几个方面:

(1)搭板的长度确定,一般采用大于5 m长搭板效果为佳,且其长度与路堤填高成正比,并与土基状况有关。

(2)搭板按简支板进行内力优化并配筋,面层按构造钢筋配筋。但在荷载作用于搭板时,板下路基会起到一定的支撑作用,尤其当枕梁下沉时,部分搭板会受到路基支撑,使板顶产生局部拉应力。对这种复杂的受力过程,设计时难以确定,故配筋与实际会有出入,枕梁按弹性地基梁计算,其关键问题在于确定地基(路基)反力的分布规律,而截至目前关于弹性地基结构计算的各种理论,都只是部分地、不同程度地反映地基的实际性质,只在一定范围内比较符合实际,故对于不同计算方法的适用范围应予以特别注意。

(3)搭板顶面设置何种铺装层,设计时应考虑当其出现沉陷时需要使用的修补材料、修补方法,结合实际情况及相关问题,以达到满意效果。

2.设置变厚式埋板

对沥青混凝土路面,在桥台连接处增设变厚式水泥混凝土埋板;对水泥混凝土路面,则将连接处的路面板改为变厚式。在搭板、埋板或变厚式板下,为保证连接部位的刚柔层次在水平垂直方向均渐次变化,宜采用强度及回弹模量均高于土基的路面结构层材料,以提高该部位的整体受荷和抗冲击能力,利于减小锚台幅度,调整不均匀沉陷。

3.路面类型过渡

桥头不均匀沉降原因多,且难以根除,为此常根据桥涵的长度和接线填方长度在桥头一定长度范围内铺设过渡性路面,待路堤沉降基本完成后再改铺原设计路面。常用的过渡性路面有预制水泥混凝土块、条石铺砌、半刚性过渡层及沥青过渡层等。

(八)台背填料的选择

设计及施工中,台背填料应在现场择优选用。采用粗颗粒材料填筑桥涵两端路堤,或者设置一定厚度的稳定土结构层。

用粗颗粒材料作为路基的填料,不仅改善了压实性能,使其易达到要求的密实度,而且在北方地区特别有利于减缓冻融的危害。设置稳定土的改善层能够使路基、路面的整体刚度有所提高,从而减少沉陷。国外台后填方采用轻质填料,其目的也是减轻填方土体对地基的压力,提高地基的承载力和抗变形的能力。在桥头路堤任一高度的平面内不应采用不同填料填筑(不同层次可用不同填料),不准采用高塑性黏土填筑桥头路堤。

在挖方地段的台背回填部位,因场地窄小,应选择当地的石渣、砂砾等优质填料(在湿陷性黄土地区宜用水泥、白灰稳定土），填料的施工层厚度以压实后小于 20 cm 为宜。无论填方或挖方地段的台背填料，最好不要采用容易产生崩解的风化岩的碎屑，以免因填料风化崩解而产生下陷。

在高填方的拱涵及涵洞与侧墙的相接部位，应尽量使用内摩擦角大的填料进行填筑，而且施工时应注意填料压力的平衡，不得发生偏压，以免造成工程事故。

（九）台背填方碾压方法

施工过程中尽可能扩大施工场地，充分发挥一般大型压实机械的作用，给予充分压实。为了便于大型压实机械工作，当受场地限制时，可采用横向碾压法，以使压路机尽量靠近台背进行碾压。当大型压路机不能靠近台背时，可采用小型压路机配合人工夯实进行碾压，将碾压层厚度控制在 15~20 cm，保证压实度以满足设计要求。

（十）设置完善的排水设施

排水措施对填方的稳定极为重要，特别是靠近构造背后的填料，在施工中及施工后易积水下陷。因此，设计及施工时，应保证施工中的排水坡度，设置必要的地下排水设施。另外，也可以在桥台与填方段结合处及过渡段的路面下设置垫层，防止路面下渗水进入填方体。对中间为砂砾石填料、两侧为土类填料的填方体与加固地基的连接处，做 30~50 m 纵向集水管和每隔 5~10 m 的横向排水管，以排泄填方体与加固地基之间的下渗水。

（十一）优化设计方案

优化设计方案应注意以下两个方面：

（1）对在短期一次建成的高等级公路，尤其是软土段的高速公路，在小跨径构造物型式上宜尽量采用箱形截面的涵洞及通道，这种结构整体性强、刚度大，若产生沉降也是均匀的。当承载力达不到要求时，首先可采用筏基来扩大承载面积，这种结构可明显减小构造物与路堤的沉降差；其次是尽量选择有填料暗式结构，对避免桥头跳车很有利。

（2）采用 U 形桥台或在台背后和两侧路肩设扶壁式混凝土挡土墙，杜绝路堤土被挤出，能有效防止沉降差的发展，同时一定要保证基底不产生不均匀沉降。

（十二）桥头路面接缝处理

桥梁与水泥混凝土路面间的接缝处理不好，常形成错台，产生桥头跳车，使板局部遭到破坏。图 4-3 所示形式连接处理可以基本消除面板因温度应力挠曲变形受约束而产生的局部应力，进而减少板底结构的不均匀沉陷而导致的错台，实现板底由半刚性向桥台刚性过渡的设计要求，避免因局部薄弱而产生的病害。

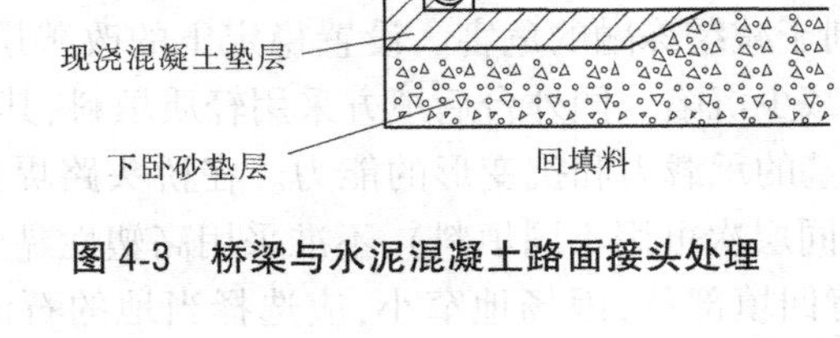

图 4-3　桥梁与水泥混凝土路面接头处理

桥梁与沥青路面间的接缝,往往由于该处沥青路面难以碾压密实而产生变形、错台或沥青路面受推移造成拥包,可采取图4-4所示措施加以处理。

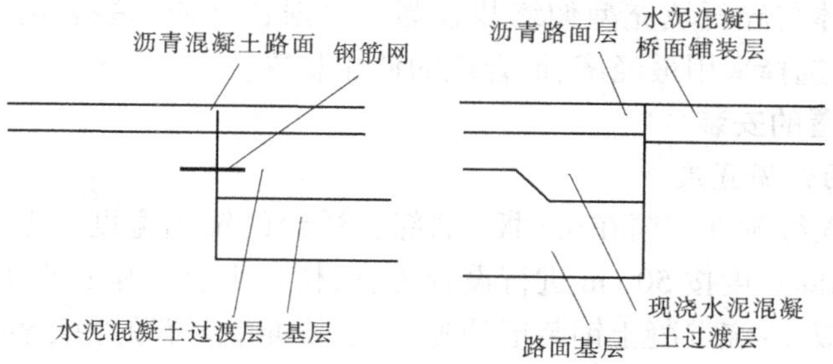

图4-4　桥梁与沥青路面的接头处理

(十三)强化施工质量管理,提高桥涵两端路堤的施工质量

桥涵两端路堤所处的位置和特定条件,使其有别于一般地段的路基质量要求,应采用相应的方法以达到较高的质量。

桥涵端部路堤与桥涵是两种不同性质的结构物,都有各自的设计施工要求,为了使沉陷差尽量小一些,应该将该处路堤的压实要求在现有基础上有所提高。除了路基顶部土层的压实度可提高至98%或更高,整个路堤的压实度都应提高。

为了使桥台填方达到要求的密实度,必须完善施工工艺、施工方法和强化施工质量管理,比如压实层厚可以适当减薄以及增加压实遍数。为适应桥涵端部路堤施工场地窄小、压实区域形状不规则而工期又紧迫的特点,应使用专用的小型压实机械。

(十四)加强工程监理工作

监理应对台背填土施工的填料选择、压路机具的选择、填土厚度进行检查,分层验收,对排水情况予以检查,严格执行工序验收制度。

为了防止形成桥涵端部路堤的沉降台阶,防止桥头跳车,除了对路堤的设计、施工予以改善外,还要加强管理,提高路基碾压质量。

二、桥梁伸缩缝处跳车的防治措施

(一)梁端特殊设计

梁端部要具有足够的刚度,以满足营运过程中反复荷载的作用。设计过程中要采用恰当的伸缩间距,以保证伸缩装置的正常营运使用。

(二)合理选择伸缩缝装置

选用伸缩缝装置最主要的是伸缩缝装置本身的刚度和质量。理想的伸缩缝装置必须满足下列要求:

(1)满足上部结构梁与梁之间和梁与台之间的位移;

(2)伸缩装置的锚固应牢固可靠、经久耐用,能够抵抗机械磨损和碰撞;

(3)车辆行驶平稳、舒适;

(4)能防止雨水和垃圾渗入;

(5)安装方便、简单,易检查且便于维护。

目前我国公路建设中采用的伸缩装置类型较多,常见的有板式橡胶缝、齿口钢板伸缩缝、西安 SDⅡ-80 型伸缩缝、衡水 XF-80 仿毛勒伸缩缝、美国万宝伸缩缝、德国毛勒伸缩缝以及 TST 弹塑体与碎石填充型伸缩装置等。根据各种伸缩装置的使用状况及适应范围进行分析对比,选择采用最经济、最合理的伸缩装置。

(三)伸缩装置的安装

1.伸缩装置的锚固宽度

需要规范伸缩缝预埋钢筋在梁(板)端部和桥台的锚固宽度。考虑到施工工艺的协调,伸缩装置的锚固宽度按 50 cm 进行设置为宜,桥台上宜采用背墙的宽度进行设置,这样既方便了桥面板、现浇混凝土铺装层的施工,也使伸缩装置的稳定性得到了保证。

2.伸缩装置的锚固钢筋

在预制梁(板)的端部和背墙内预埋伸缩装置锚固钢筋是在两种不同情况下进行的。一般设计给定的都是对称于桥宽中心、在梁(板)端部设置预埋钢筋,则钢筋在每片梁(板)内的预埋位置都会不一样,给施工增加了难度,因此锚固钢筋应以对称于每片梁(板)的中心进行设置,这点在设计中要充分考虑。

施工中要保证锚固钢筋的作用,仅在浇筑 8~10 cm 厚的桥面板混凝土时进行设置是不可取的,这实际上没有让伸缩装置的定位角钢牢固地与梁(板)和背墙混凝土联结成整体,形成不稳定隐患,需要在施工中认真对待。

3.伸缩装置的定位角钢

伸缩装置的定位角钢一定要依据安装时测出的气温计算伸缩缝的伸缩量来调整两块定位角钢之间的距离,并按桥面高度将定位角钢焊接到预埋钢筋上,这样严格控制了缝距。对于伸缩缝的间距,不可持有宁小勿大的倾向。定位角钢附近的混凝土,在施工中振捣比较困难,死角和钢筋密集的部位应加强人工插捣。

(四)连续缝的设置

连续缝的宽度按桥的设计跨径和梁(板)的设计长度之差值进行设置,30 m 组合 T 梁连续缝宽 6 cm;各种板桥连续缝宽 4 cm;弯道上的桥在盖梁上设置楔形块调整桥面曲线,楔形块部位的连续缝按两条缝进行设置,每条缝宽不宜小于 4 cm,通常设计缝宽 2 cm 偏小。

桥面连续缝处,变形假缝的宽度和深度必须规范、统一,缝的宽度和深度宜按0.5 cm×2.5 cm 的锯缝进行设置,这样方便施工。

(五)锚固区混凝土的浇筑

桥面行车道混凝土铺装应该同伸缩装置锚固区的混凝土同时进行浇筑,不允许在该部位及整个桥面上留有施工缝。

(六)加强伸缩缝的养护

伸缩装置在营运过程中必须加强养护,为伸缩装置创造良好的工作环境,使其正常工作。

(1)做好桥面的清扫保洁工作,经常清扫桥面,清除缝内杂物(砂、石、硬物等),避免杂物的存在而影响缝的自由变形,损坏伸缩缝。

(2)经常性地巡视、检查桥面,发现问题应及时解决,根据问题的严重程度进行维修、修补、局部更换部件直至全部更换。

(3)注意做好桥面铺装层的维修工作,发现桥面凹凸不平(大于5 mm时),特别是伸缩缝附近凹凸不平有损坏时,要及时修补。

(4)发现梁(板)端部破坏或填缝料表面剥落、开裂、下陷、老化等,应及时修补或更换。

(5)高等级公路交通量大,行车速度快,不允许中断交通,维修时要做好交通管制工作,尽可能缩短维修时间,注意安全,保证维修质量。

(七)完善连续缝的设置

目前连续缝的设置不够完善,需从设计上进行改进:

(1)增设镀锌铁皮。连续缝处通常采用涂两层沥青,中间铺设一层油毡(简称二油一毡);或涂两层乳化沥青,中间铺设一层土工布(简称二油一布)。这样在铺设桥面混凝土时,缝顶部位上的油毡、土工布容易下挠,甚至胀裂;混凝土在插捣中,油毡容易被戳破;混凝土会存在振捣不密实的问题。

可在二油一毡或二油一布底部增加设置一块宽度为50 cm的镀锌铁皮来解决。

(2)调整上部结构部分钢筋的设置。对预应力T梁封锚顶面部分钢筋需要适当调整,以不伸出顶面为原则。否则,伸露出的钢筋会妨碍连续缝上二油一毡或二油一布和镀锌铁皮的设置。

(3)二油一毡、二油一布的设置宽度。二油一毡、二油一布的设置宽度在设计中需用文字说明交代清楚,宽度宜控制在50 cm左右。

(4)轻质包装材料不宜使用。连续缝内填塞轻质包装材料主要是为了衬托油毡或土工布使之不下挠和不被胀裂(实际上难以达到预期的效果)。该材料种类繁多,且无桥梁专用的产品,施工中使用混乱,掩盖了梁(板)缝内的杂物,甚至是坚硬块件。由于接缝中增设了镀锌铁皮,优化了二油一毡或二油一布的使用效果,轻质包装材料可以不用。

第五节　自然灾害对桥梁的危害分析及防治

一、洪水对桥梁的危害及防治

洪水具有突发性、水量集中、破坏力大等特点,洪峰到来时,桥梁墩台等部位有明显的阻水流作用,直接承受水流的冲击,容易发生损坏,造成桥梁坍塌、道路断行。

(一)桥梁水毁成因

造成桥梁水毁的原因有以下几个方面:

(1)桥梁压缩河床、水流不顺,桥孔偏置时,缺少必要的水流调治构造物。

(2)基础埋置深度浅又无防护措施。

(3)桥梁设计跨径小,洪水来临时,泄洪能力差。

(二)预防桥梁水毁的措施

预防桥梁发生水毁,可采取下列措施:

(1)疏通上游河道,防止漂浮物大量急剧地下冲。

(2)清疏各种排水系统。

(3)修理、加固和改善各类构造物。①桥梁位于出山口附近的喇叭形河段上,封闭地形良好,宜对称布置封闭式导流堤。②引道阻断支岔,上游可能形成“水袋”。为控制洪水摆动,防止支岔水流冲毁桥头引道,视单侧或双侧有岔及地形情况,可对称或不对称设置封闭式导流堤。③一河多桥时,为防止水流直冲两桥间引道路基,可结合水流和地形条件在各桥间设置分水堤。④桥梁位于冲积漫流河段的扩散淤积区,一河多桥而流水沟槽又不明显时,宜设置漫水隔坝,并加强桥间路堤防护。

二、雪对桥梁的危害及防治

风雪流和雪崩会造成严重的雪阻车,使交通中断。积雪被风刮到风小的地方沉积下来,越堆越多,形成雪堆,掩埋公路,则发生雪阻现象。山区山坡积雪过多失去平衡,可发生大规模的滑塌现象,称为雪崩。若大量积雪堆积在公路上,则形成雪阻车。在坡度为30°的山坡上,仅为16 cm厚的积雪,就可以形成雪崩。大量积雪掩埋公路难以清除,致使交通中断。

雪融化后在寒冷空气的作用下,桥面上的雪融水凝结成冰,造成桥面滑溜、刹车失灵,影响道路的安全运营,必须及时清除路面积雪及除冰。但是,常用于化冰除雪的氯盐类融雪剂又会对公路桥梁造成一定的危害。

(一)融雪剂的危害

融雪剂根据成分分为氯盐型、非氯盐型、混合型三种。雪灾地区所撒的氯盐类融雪剂在融化道路冰雪的同时,也给桥梁带来了一定程度的危害。盐水中的氯离子渗入钢筋混凝土结构后,引起钢筋腐蚀,其腐蚀物的体积是钢体积的2~3倍,由此引起混凝土沿钢筋方向开裂和混凝土保护层剥落。这使混凝土与钢筋间失去黏结,或钢筋锈断,降低或丧失了承载力。

在美国,因撒除冰盐引起的钢筋腐蚀破坏而限载通行的公路桥占限载桥的1/4,其中已不能通行的占1%。我国由氯盐侵蚀引起的混凝土结构的破坏也普遍存在,如早期在沿海地区建造的桥梁,由于使用了含氯离子较高的地下水,在竣工数年后,预制板断裂,板底混凝土保护层全部剥落,梁、墩严重开裂,这些桥都不得不拆除重建,造成严重的经济损失。

(二)雪后桥梁检查要点及防治

雪后在桥面撒氯盐类融雪剂,雪水会在桥面接缝位置、桥面板开裂部位、泄水管附近下渗,导致梁端接头、盖梁、墩柱及泄水管附近梁体受氯离子腐蚀,桥梁检查时应重点检查这些构件或部位。

处理氯盐类融雪剂引起的桥梁病害的主要技术方法有以下两种。

1.涂层封闭法

涂层封闭法具有施工方便、成本低、全处理区有效等优点。但其也有下列不足:只适用于构件的侧面,对桥面板不适用;老化易造成涂层的开裂和剥落,甚至是钢筋保护层的开裂、剥落;如氯化物已诱发钢筋腐蚀,再涂密封层,将不再起作用。

2.挖补加涂层法

挖补加涂层法对补丁区效果较好。其存在的缺点为:施工难度大,成本高;会对铲除区周边的混凝土造成一定的损伤;混凝土中受氯化物侵入的范围确定存在偏差,不可能将所有受氯化物侵入的混凝土层全部铲除,挖补修复后补丁区边缘的钢筋还会腐蚀。

氯盐类融雪剂在融化道路冰雪的同时,也给道路桥梁带来了较大的负面危害,但氯盐类融雪剂在短期之内是难以取代的。因此,如何制定更加科学、完善的融雪剂指标,开发新型、真正的环保型融雪产品,更加安全地使用融雪剂,减少其对道路桥梁造成的负面影响仍然是一个课题,需要继续研究。

三、地震对桥梁的危害及防治

强烈地震时,公路桥梁将遭受严重的破坏,为了减轻地震造成的损失,要求地震区的桥梁在抗震、防震方面贯彻预防为主的方针。因此,对现有的桥梁要做好防震加固工作,新建的桥梁要从设计上采取措施,并应进行抗震强度和稳定性的验算,以适应抗震的要求。

(一)地震引起的桥梁病害

地震对桥梁的破坏常指由于地震波传播到地基引起桥梁震动,对桥梁结构及附属设施造成的损坏。地震引起的常见的损坏如下。

1.墩台下沉和位移

在砂性土和软黏土地区,地震使土的抗剪力大幅度降低,从而降低了土的承载力,导致墩台大幅度下沉。构造地裂缝使墩台产生水平、竖直、倾斜变形。

2.砂土液化、地基失效和岸坡滑移

砂土液化、地基失效和岸坡滑移也将导致桥梁大幅度破坏乃至倒塌,如裂缝、落梁等。

(二)桥梁震害的基本规律

1.高烈度震害比低烈度震害严重

使桥梁产生位移的动土压力都是随烈度增加而增加的。一般地说,在稳定地基上地震烈度大于Ⅷ度(地震动峰值加速度系数 $0.2g \sim 0.3g$)时,才使桥梁遭受震害。

2.岸坡滑移和地基失效的桥梁比稳定地基上的桥梁震害严重

建桥场地处较广范围的地面以下 10~20 m 深度内的土层称为场地土,我国将场地土分为三类。一般说来,一类土(稳定岩石类)抗震性较好,二类土次之,三类土(饱和松砂、软泥)在强震的作用下导致地基失效,故震害较重。

3.顺桥向震害比横桥向震害严重

由于顺桥向刚度比横桥向小,顺桥向搭接长度比墩台横桥向富裕宽度小,各梁在顺桥向为串联结构,而横桥向为并联结构,因此地震荷载和相对位移在顺桥上出现较大的传递和不均匀分配。

(三)梁式桥的震害

1.刚性地基上梁式桥的震害

凡在地震中基础不出现位移、倾斜主岸坡不出现滑移的地基,称为刚性地基,其主要震害表现为以下几个方面。

1）顺桥向的震害

a.活动支座的震害

活动支座是梁式桥抗震中的一个最薄弱环节，一般当地震烈度大于Ⅶ度（地震动峰值加速度系数 $0.1g \sim 0.15g$）时，都有可能造成活动支座的失稳、倾倒、脱落。

b.固定支座的震害

固定支座的破坏将引起以下两方面的破坏：一是顺桥向的纯剪切破坏；二是横桥向的弯扭破坏。

c.墩台位移震害

梁墩的相对位移将引起固定支座销钉剪断、柱式支座倾斜甚至倾倒、桥台胸墙及梁端撞裂、每孔缩短或延长成不规律的交替变化等震害。

d.胸墙及梁端破坏

当地震烈度等于或大于Ⅸ度（地震动峰值加速度系数 $\geqslant 0.4g$）时，墩身开裂，固定支座被剪断后，梁将撞击胸墙或梁端出现互相撞击。

e.墩身破坏

墩身在顺桥向的破坏主要由弯应力引起，断裂常发生在地面附近的承台顶部、截面突变处、盖梁与柱联结处、混凝土的工作缝处。

f.上部结构落梁

当地震烈度大于Ⅸ度时常会发生落梁，打裂桥墩等。

2）横桥向的震害

a.支座横移和扭转

当地震荷载在桥梁上部结构中产生的横向水平力大于支座的摩阻力或支座的抗剪强度时，梁与墩台出现相对位移并剪断支座，使支座产生横向位移，当梁两端支座形式不同时还会产生扭矩使支座扭转破坏。

b.墩身弯曲和扭转裂缝

当地震烈度为Ⅷ度及Ⅷ度以上时，墩身就会出现破损，主要有盖梁与柱顶连接处破损、柱与连系梁连接处破损、承台顶面裂缝和破损。

c.边梁的坠落

当地震烈度为Ⅸ度及Ⅸ度以上时，墩台帽挡块等设施将被破坏，造成落梁。

2.非刚性地基上梁式桥的震害

非刚性地基是指地震中地表以下土层出现液化和岸坡出现滑动的地基，或者墩台出现位移，沉降的地基。其主要震害如下。

1）由于岸坡滑移造成的桥梁震害

a.岸坡裂缝

在地震力作用下，土体向河心滑动，出现地裂缝并依次形成多道地裂缝，其缝宽可达 1 m 以上，一般发生在地震烈度Ⅶ度以上。

b.活动支座的失稳、倾斜、脱落

在地震烈度为Ⅶ度时，即将出现活动支座的失稳倾斜、脱落，其主要是由移动土压力造成的。

c.梁墩的相对位移

当地震烈度为Ⅶ度时,有岸坡滑移的桥梁将普遍出现大幅度的梁墩相对位移,位移可达 70~220 cm。

d.胸墙、台身和墩帽的剪切破坏

当地震烈度为Ⅶ度以上时发生胸墙、台身和墩帽的剪切破坏。

e.墩身倾斜、开裂和折断

在岸坡滑移时,墩台位移向河心倾斜,移动土压力增加,使墩身或桩身在稳定层顶面附近弯裂和折断。

f.桥梁总长的缩短

在地震烈度为Ⅶ度以上时,岸坡滑移将使桥梁总长(台顶中心至台顶中心)出现大幅度缩短。

g.落梁

当地震烈度为Ⅶ度和Ⅶ度以上时,开始出现落梁现象。其基本可分为以下三种类型:第一种是梁墩相对位移过大;第二种是墩身倾斜过大;第三种则为纵向失稳。

2)由于地基液化造成的桥梁震害

饱和松散粉细砂土和黏粉含量小于 15%~20%的饱和黏砂土,在地震作用下易发生液化。由此产生的主要震害如下。

a.桥台和台后路基下沉

出现在地基液化或岸坡滑移现象后,大部分桥台发生下沉,台后路基也都出现大幅度下沉。

b.桥墩下沉

桥墩地震后下沉与自重有关。当墩的四周出现冒砂喷水现象时,其下沉量要相对大得多。

(四)拱桥的震害

1.刚性地基上拱桥的震害

1)单孔拱桥的震害

因为在刚性地基上单孔拱具有较高的抗震能力,因而一般地震烈度为Ⅹ度时,主拱的震害才有拱脚开裂、相对错动断裂、拱脚及拱 1/4 处有中等程度开裂、端腹孔与立柱产生裂缝及胸墙产生剪切破坏等。

2)连孔拱桥的震害

连拱的抗震能力比单拱低,出现震害的起点烈度也较低,其震害基本与梁桥震害相同。

2.非刚性地基上拱桥的震害

1)岸坡滑移引起的震害

在地震烈度为Ⅸ度时,在两岸岸坡滑移作用下,两桥台被顶向河心,可能使整个桥台倾斜,上部结构坠毁于河中,或者跨径伸长,拱脚拱顶出现严重裂缝。

2)基础沉降产生的震害

基础产生不均匀沉降,可能导致桥梁结构的破坏乃至整个桥梁倒塌的严重震害,或者主要受扭破坏，1/4 拱处出现斜向贯通拱顶平面的裂缝。

3）连孔拱桥的震害

a.岸坡滑移引起的震害

在地震烈度为Ⅹ度情况下，由于岸坡滑移，两边孔跨径缩短，拱顶出现裂缝，或在拱脚和 1/4 拱处严重开裂破损。

b.基础沉降产生的震害

在Ⅷ度地震烈度区可导致拱圈折裂，桥墩产生横向弯裂。

（五）桥梁抗震加固

为适应桥梁对抗震的要求，针对震害所出现的各种薄弱环节，加强桥梁构造以提高桥梁抗震能力显然是有重要意义的。

1.桥梁抗震的构造要求

桥梁抗震的构造要求有以下方面：

（1）对于简支梁、连续梁、系杆拱等梁式体系，必须设置阻止梁墩横桥向相对位移的构造，阻止梁的横向位移。

（2）对于悬臂梁和 T 形刚构除采取与简支梁、连续梁、系杆拱等梁式体系相同措施外，还应采取阻止上部结构与上部结构之间出现横桥向相对位移的构造措施。

（3）对于活动支座，均应采取限制其位移、防止其歪斜的措施。

（4）对于简支梁应采取措施防止地震中落梁，如采取螺栓连接、钢夹板连接，以及将基础置于可液化层一定深度等措施。

（5）对于桩式墩和柱式墩，桩（柱）与盖梁、承台联结处的配筋不应少于桩或柱身的最大配筋。

（6）对于砖石、混凝土墩台，应考虑提高墩台帽与墩台本身以及基础联结处、截面突变处和施工处的抗剪强度。

（7）桥台胸墙应予以加强，在胸墙与梁端部之间宜填充缓冲材料，如沥青、油毡等。

（8）砖石、混凝土墩台和拱圈的最低砂浆强度等级应按现行公路桥涵设计规范规定的要求提高一级使用。

（9）不论是梁式桥还是拱桥尽量避免在不稳定的河岸修建，并应合理布置桥孔，避免将墩台布设于在地震时可能滑动的岸坡突变处。

（10）大跨径拱桥的主拱圈宜采用抗扭刚度较大、整体性较好的断面型式，如箱形拱、板拱等。当主拱采用组合断面时，应加强组合截面的连接强度。对于双曲拱桥应加强肋波间的连接。

（11）大跨径拱桥不宜采用二铰拱和三铰拱，当小跨径拱桥采用二铰拱时，应采取防止落拱的构造措施。

（12）砖石、混凝土腹拱的拱上建筑，除靠近墩台的腹拱采用二铰或三铰，其余腹拱宜采用连续结构。

（13）拱桥宜尽量减轻拱上建筑的重量。

（14）刚性地基地震烈度为Ⅸ度（地震动峰值加速度系数≥$0.4g$）时或非刚性地基烈度为Ⅶ度（地震动峰值加速度系数 $0.1g$~$0.15g$）时，单孔及连拱桥与端腹孔均应采用防止落拱的构造,包括加长拱座斜面,设置防落牛腿以及将主拱钢筋伸入墩台帽内。

除上述要求外,还要加强施工质量管理。

2.桥梁抗震加固的原则

桥梁抗震加固应遵循以下原则:

(1)在地震烈度为Ⅷ度(地震动峰值加速度系数 $0.2g \sim 0.3g$)及Ⅷ度以上的地震区,公路桥梁均应局部加强其抗震薄弱环节。

(2)重要大跨径桥梁作重点加固,一般性桥梁作一般性加固。

3.梁式桥的抗震加固

梁式桥的抗震加固措施如下:

(1)防止顺桥向(纵向)落梁的抗震措施主要有:增设挡块和加强胸墙,桥台加固挡板,用 H 形卡架和三角形支架加固,墩帽上设置活动支座端挡块等。

(2)防止横桥向落梁的抗震措施主要有:用钢丝绳横向连接加固,边主梁外侧设置挡块或挡杆,边主梁外侧设钢支架加固等。

(3)防止支座破坏的主要措施有:宽盖梁上设置支座挡块,U 形承托支座加固,一字形承托支座加固,两支座用钢筋纵向连接加固等。

4.拱式桥的抗震加固

对于双曲拱桥,因其连接部位(如拱肋和拱波的连接、拱肋和桥墩(台)的连接、拱上建筑和拱圈的连接)较多,这些薄弱环节也应予以加固。其主要抗震措施有:拱肋与拱波之间用钢筋混凝土补强,拱顶上部用钢筋混凝土加固,或用加劲钢及剪力撑法,对拱脚用钢筋混凝土加固等。

5.墩台和基础的抗震加固

基础在设计或修建时没考虑地震因素时,应采取以下加固措施:

(1)对于扩大基础,可采用外加固围裙的方法进行抗震加固;

(2)加打木桩,浇筑混凝土,增大基础底面面积;

(3)对于桩基础,采用加筑围裙式条形基础;

(4)在一般冲刷线以下,桥台前端加高斜撑;

(5)桩墩两侧加设斜撑加固;

(6)对于排架桩,采用横斜撑加固;

(7)对断面薄弱处,采用扩大桥墩断面加固法;

(8)台后土压力较大时,可在台后加建挡墙;

(9)在台前增设扶壁加固,其基础埋深一般在冲刷线以下 1 m;

(10)地震造成台后沉陷,用台后增设桥孔来稳定桥台;

(11)台背两侧出现坍塌时,改建成 U 形台,从而加固台身以稳定土坡。

第六节　涵洞的基本病害及防治技术

涵洞在长期使用中,由于水的冲刷和风化,会产生不同程度的损坏,如裂缝、漏水、侵蚀、翼墙倾斜、沉陷等。对涵洞发生的这些损坏应及时进行修理。

一、洞口、洞底铺砌层破损漏水的防治

洞口、洞底铺砌层破损漏水的防治采取如下措施：

(1)一般破损按原结构修复。

(2)破损较为严重，且有漏水现象时，应按原结构先修复破损处，再用厚度为 2 cm 的水泥砂浆抹面。

二、基础局部冲刷悬空的防治

基础局部冲刷悬空可用水泥砂浆砌片石或片石混凝土填实，一般应比原基础加宽 10～20 cm，并修复或增设洞口、洞底铺砌层和端部截水墙。

三、砖、石、端墙和翼墙外倾、鼓肚或倾斜的防治

(1)由于填土夯实不足而沉落挤压，或填土中水分过大土压力增大而造成的外倾或鼓肚，应挖开填土，修理外倾或鼓肚部分，并更换填土，认真回填夯实。

(2)因基础不均匀沉陷而发生倾斜时，应先处理基础，一般可采用更换土质或扩大基础的方法加固，然后再修理倾斜部分。

四、管涵错裂变形的防治

(1)管涵错裂一般是基础沉陷造成的，应挖开填土，采用扩大基础的方法进行加固。一般较原基础加宽 20 cm 以上，必要时还应更换基底土质，并重做砂砾垫层。

(2)铁管涵沉陷变形应挖开并更换管底土壤；以采用厚 40～60 cm 的三合土为宜，并重做垫层，铁管上面加铺层厚 10～15 cm 的胶泥、防水层或油毡防水层(三层油毡)，回填较好土质，分层夯实。

(3)四铰管涵的变形如仍在继续发展，或变形大于直径的 1/20，已影响涵洞强度且原因清楚、易于修理时，可按原结构及时修理，当难以处治时可改建成新涵洞。

五、涵洞排水经常出现混浊或杂物的防治

涵洞排水经常出现浑浊或杂物时，很可能造成洞口、洞底淤积，甚至堵塞，危及涵洞的安全。因此，应在进水口增设沉淤井，以沉淀泥沙、杂物，并应经常清理，尤其应在每次洪水过后立即清除。

六、压力式涵管进水口周围路段经常冲刷破损现象的防治

压力式涵管进水口周围路段经常在水淹后，出现洞穴、缺口，冲刷破坏路基边坡现象时，应根据路堤土质，采用单层或双层浆砌(或混凝土预制板)护坡进行加固，注意做好砂砾垫层(厚度不小于 10 cm)，保持路堤稳定坚固。

七、砌体勾缝松动、脱落的防治

砌体勾缝松动、脱落的防治如下：

(1)凿除破损勾缝。

(2)凿毛结合处的旧勾缝。

(3)修补部分必须刷洗干净。

(4)按原结构修补,并注意原材料质量和施工质量。

八、砌体表面风化剥落的防治

砌体表面风化剥落的防治如下:

(1)清除疏松部分,刷洗干净。

(2)用原结构材料修补剥落部分。

(3)凿毛、清洗封闭表面。

(4)采用高强度等级水泥砂浆封面。一般喷浆厚度为1~2 cm,抹面厚度为2 cm,均应分2~3次进行,每天一次为宜。应注意处治面对称,结构强度一致美观。

九、砌体表面层块石或混凝土预制块松动脱落的防治

砌体表面层块石或混凝土预制块松动脱落的防治如下:

(1)清除松动脱落部分,并清洗干净。

(2)按原结构修补完整,如松动脱落部分的内部有孔穴,应先行处理,将空洞清洗干净压注水泥砂浆,并用石块填实,然后再修理表层。

(3)修补勾缝。

十、锥坡沉陷破损的防治

锥坡沉陷破损的防治如下:

(1)对基础的不均匀沉陷,应挖开处理。一般采用扩大基础的办法,将原基础外侧洗刷干净,按原结构加宽20~40 cm,新、旧部分必须结合坚固;也可采用更换基底土,重建基础,然后修复锥坡,并注意做好夯实填土,做好砂砾垫层、砌石和勾缝。

(2)由于填土不实引起的锥坡沉陷破损修复时必须仔细夯实。如土质不好,还应掺拌或更换较好的土质。

十一、砌体出现小洞穴的防治

砌体出现小洞穴的防治如下:

(1)砌体尚未发生变形时,先将洞穴的疏松部分凿除,冲洗干净,用压注法把水泥砂浆或混凝土注入洞穴内,填补充实,再修补勾缝。

(2)砌体已局部变形时,应将变形部分拆除,先处治洞穴,按原结构修复,再修补勾缝。

(3)砌体的某个部位(拱圈、一侧涵台)已严重变形,成险涵时,应拆除后按原结构修复,并注意采取施工中的安全措施。

十二、涵洞跳车的防治

涵洞跳车的防治如下：

(1)路面轻度下沉、基层和土基较密实稳定时，可只加铺面层，采用原面层材料修理平整。

(2)因沉陷面层和基层均已出现破损现象，但土基尚稳定时，可重做基层，并调整平整度和路拱，再铺面层。

(3)土基下沉、路面破损严重时，必须先处理土基，再重铺基层和面层。

十三、裂缝的防治

(一)裂缝产生的原因

裂缝产生的原因有以下几个方面：

(1)由涵基沉陷而引起的拱顶和拱脚处发生的裂缝。

(2)砖、石材料的强度不足，或质量不同，或砌筑不良，均会发生裂缝，甚至引起镶面砖、石处倾斜或鼓肚。

(3)涵洞通过超越设计荷载条件的重型车辆而引起的墩台正面裂缝。

(4)由地震、爆炸等剧烈震动而引起的裂缝等。

(二)裂缝的一般处治方法

涵洞裂缝常用的处治方法见表4-2。

表4-2　涵洞裂缝常用的处治方法

分类	处治方法
裂缝已不再发展	将裂缝附近凿开，冲刷干净，用水泥砂浆修补密实平整；裂缝较深时，冲洗干净，把水泥砂浆压注入缝中，并修理平整，必要时应压注环氧砂浆
裂缝仍继续发展且危及涵洞和行车安全	(1)拱涵基础已不再下沉，墩台完好，仅拱圈裂缝严重且继续发展时，应拆除，重建上部； (2)墩台已变形时，应拆除拱圈，先加固墩台再重建上部

第五章　隧道工程病害分析及其防治

我国是一个多山的国家，75%左右的国土是山地或重丘。公路建设中，过去普遍的做法是盘山绕行或切坡深挖。据统计资料，汽车翻越山岭时平均时速不足30 km，不到经济时速的一半，汽车的机械损坏和轮胎磨损极为严重，低等级道路的汽油耗量比高等级公路多20%～50%；而且劈山筑路会造成许多高边坡，在南方雨量充沛地区，它严重破坏自然景观，造成塌方、滑坡和水土流失。因此，为了缩短公路里程，改善线性，根除道路病害和保护自然环境，在山区高等级公路建设中越来越重视隧道方案。

目前，在山岭重丘地区修建高等级公路，修建隧道已十分普遍。但隧道作为地下结构，普遍存在着隧道衬砌渗漏水的情况，特别是在隧道两端更为严重，形成衬砌漏水、涌水现象，成为公路隧道病害的主要因素。同时，隧道工程还存在结构衬砌开裂、界限受侵及洞内通风、照明不良等病害。

第一节　隧道工程的分类及其特点

一、隧道的分类

我国现行《公路隧道设计规范》（JTG D70—2004）根据公路隧道在勘测、施工和管理中不同的技术要求和现状，按长度将公路隧道分为四类，见表5-1。

表5-1　公路隧道按长度分类

按长度分类	隧道长度L(m)
特长	$L>3\ 000$
长	$3\ 000\geqslant L>1\ 000$
中	$1\ 000\geqslant L>500$
短	$L\leqslant 500$

二、公路隧道的特点

公路工程中所施工的隧道主要为山岭公路隧道，山岭公路隧道主要有以下特点。

（一）断面大

一般而言，公路隧道与铁路隧道、水工隧洞、矿山地下巷道相比，断面较大，双车道公路隧道的断面面积可达80 m^2 左右。因此，公路隧道围岩受扰动范围较大，其轮廓对围岩块体的不利切割增多，围岩内的拉伸区与塑性区加大，导致施工难度增大。若公路隧道位于土层或软弱岩层内，施工难度更大，通常需要采用特殊的施工方法来建造。

(二) 形状扁平

在满足使用功能和施工安全的前提下,尽可能地降低工程造价是隧道设计的基本要求。由于公路隧道的建筑限界基本上是一个宽度大于高度的截角矩形断面,在设计开挖断面、衬砌结构时,总是在保证施工安全和结构长期稳定的条件下,尽量围绕建筑限界设计开挖断面和净断面。因此,公路隧道的断面常为形状扁平的割圆形、马蹄形或直墙拱顶形。

断面扁平容易在拱顶围岩内出现拉伸区。由于岩土等天然材料抗拉强度较低,因此施工中隧道顶部容易崩落,威胁人身安全。正是因为断面呈扁平状,在断面面积相同的条件下,公路隧道较铁路隧道、水工隧洞和矿山巷道施工难度更大。

(三) 防水要求高

在高等级公路上,车辆行驶速度较快,如果隧道出现渗漏或路面溢水,则会造成路面湿滑,不利于安全行车。特别是在严寒地区,冬季隧道内的渗漏水或在隧道上部吊挂冰柱,或在路面形成冰湖,常常会诱发交通事故。此外,长期或大量的渗漏水,不但可以破坏隧道衬砌结构,而且还会对隧道内的机电设备、动力及通讯线路构成威胁。

(四) 隧道通风与照明

对于长度较大的公路隧道而言,自然风和交通风对隧道内空气的置换作用有限,如不采取有效措施,则会使隧道内空气环境恶化,危及司乘人员安全,影响视线。因此,长度较大的公路隧道应根据具体条件,选择合适的通风除尘方式,以改善隧道内的空气环境及防火排烟条件。

高速行驶的车辆在白天接近并穿过隧道时,行车环境要经历一个"亮—暗—亮"的变化过程,司机的视觉在此过程中要发生视觉适应问题。为了减轻通过隧道时司机的生理和心理压力,消除车辆进洞时的黑洞或黑框效应和出洞时的眩光现象,从有利于安全行车的角度考虑,公路隧道一般都应根据具体条件对隧道进行合理有效的照明。

(五) 隧道的防灾与消防

公路隧道在营运期间发生洞内火灾、交通事故、洞内漏水、洞顶塌方,以及运行车辆运载的可燃或有毒气体(液体)泄漏都是可能的。因此,长度较大的公路隧道一般设有防灾、消防系统,以应对突发性灾难事件。

(六) 运营监控

监控是公路隧道营运过程中的重要管理手段,它涉及到隧道的交通控制、通风控制、照明控制、养护维修、防灾救灾、逃生救援等。隧道建成后,监控是确保隧道安全营运和服务水平的必要手段。

第二节　隧道工程防、排水设计与质量控制

隧道工程的病害主要体现在渗漏水的问题上,在隧道两端更为严重,路面积水造成行车环境恶化,导致行车中轮胎与路面的摩阻力降低。衬砌渗漏水,会造成隧道侵蚀破坏,特别是在渗漏水具有侵蚀性的情况下,对衬砌和隧道设备的腐蚀更为严重。各种附属结构及设备(如通风、照明、监控、交管等机电设施)在潮湿环境下工作将影响其使用寿命,

导致不良后果,必须在保证不渗漏水的前提下才能正常工作。

隧道衬砌混凝土在渗漏水的冻融作用下开裂破坏,在衬砌与围岩之间引起拱墙变形、破坏,在拱墙上悬挂冰柱、冰溜,侵入净空。在隧道底面发生冻胀会形成冰坡、冰锥,使行车滑溜,无法通过。因此,做好隧道防、排水设计及裂缝防水,使隧道衬砌不渗不漏,是保证行车安全和隧道发挥长远效益的重要条件。

一、隧道防、排水设计的原则

公路隧道防、排水设计的原则应结合支护设计,视水文地质条件因地制宜地采取“以排为主,防、截、排、堵相结合”的综合治理原则,形成完整的防、排水系统。洞内防、排水的要求应符合《公路隧道设计规范》(JTG D70—2004)的规定,其防、排水设计的主要特点是:当围岩具有裂隙水或涌水时,必须采取排、堵措施,以保证锚杆及喷射混凝土的施工;在完成初期支护、施做二次衬砌前,现场应有施做防水层的施工条件。水不仅影响隧道正常施工,也影响隧道的正常营运。

隧道防、排水技术主要包括:施工阶段对地下水的控制、结构物的防水及提高结构物的耐久性。隧道防、排水工程设计应做到“防”有措施、“排”有出路。

“防”是指衬砌抗渗和衬砌外围防水,包括衬砌外围防水层和压浆。

“排”是指使衬砌背后空隙及围岩不积水,减少衬砌背后的渗水压力和渗水量。

“截”是从地面截走,减少地面水下渗;地下采取导坑、泄水洞、井点降水等截水措施,减少地下水流向衬砌周围。

“堵”是采用注浆、喷涂、嵌衬抹面等方法,堵住渗水裂缝、空隙,或用气压控制地下水。

隧道防、排水工程设计分为防水工程设计、排水工程设计和注浆止水工程设计。为此,结合隧道衬砌设计和施工,采取可靠的防水和排水措施,防治因地下水作用而使围岩稳定性降低,有利于开挖与支护,并确保隧道在使用期内行车安全、设备能正常使用。一般规定,对地表水、地下水应采取妥善的处理措施,使洞内外形成一个完整的、畅通的防排水系统。一般公路隧道应做到:

(1)拱部不滴水,边墙不渗水;

(2)路面不冒水、不积水,设备箱洞处不渗水;

(3)冻害地区隧道衬砌背后不积水,排水沟不冻结;

(4)汽车专用公路隧道则应达到拱部、墙部及设备箱洞处不渗水;

(5)洞内外的防、排水措施应注意保护自然环境。

二、隧道工程防水工程设计

(一)衬砌防水工程设计

隧道在开挖时或者在喷射混凝土施工后有渗漏水出现,以及在隧道开挖时或者喷射混凝土施工后虽未发生渗漏水现象,但根据围岩的状况,将来仍有可能渗漏水的地段,都必须设置相应的防水工程。尤其是对于隧道洞口段,为充分保证安全,不管有无漏水发生,都要设置防水工程。

衬砌防水工程设计可采取浇筑抗渗混凝土和铺设防水层相结合的办法进行处治。若地下水丰富，拱部渗漏较大，防、排水要求较高或地下水对混凝土有侵蚀性的隧道，宜在初期支护与二次衬砌之间铺设塑料板防水层。对于基本无水或仅有少量渗漏水的隧道，可采用喷涂防水层或二次衬砌采用防水混凝土。

1.抗渗混凝土

为了提高防水抗渗效果，在混凝土中掺加 BR 型等增强防水剂，要求衬砌混凝土强度在 C20 以上，抗渗标号一般地区不低于 S4，寒区不低于 S6，同时必须保证混凝土浇筑过程中的振捣质量。

2.防水层

对复合式衬砌，设计夹层防水层，防水材料常用合成树脂和土工布聚合物制作的防水薄膜和防水板（橡胶防水板、塑料防水板及其他防水板）。

3.喷涂防水层

初期支护和二次衬砌间的喷涂防水层，可采用阳离子乳化沥青氯丁胶乳。喷涂材料品种较多，但用于隧道喷涂防水层的材料，主要为阳离子乳化沥青氯丁胶乳。该材料在基面潮湿的条件下能喷涂黏结，具有稳定性较好、延伸率较高等优点。喷涂阳离子乳化沥青氯丁胶乳时，要求受喷面的条件较严格（光爆成型，无浮渣、灰尘，无漏水点及水珠），由于胶凝时间较慢，回弹率达 5%～10%，工地易受污染，故主要用于已有隧道的补漏防水层，喷层厚度不应小于 2 mm，喷涂层外应设砂浆保护层，以防二次衬砌混凝土施工时损伤喷涂层。

（二）漏水防止设计

对衬砌应周密设计施工缝、伸缩缝、变形缝的构造和位置，一般以每隔 10 m 左右设一道为宜。除按施工技术规范要求处理接缝，还应根据围岩地下水出露路段的具体情况，采取专门的防水、防渗措施，一般应分别采用 L 型、企口型、铁皮或钢板型施工缝，橡胶或塑料止水带，沥青麻絮，防水砂浆等组成止水变形缝，用防水砂浆、膨胀水泥配制防水混凝土进行封顶封口。

三、排水工程设计

排水工程根据设置位置不同，可分为背面排水工程、路基排水工程和路缘排水工程。

（一）背面排水工程

围岩涌水时，为使涌水能在浇筑衬砌混凝土前排出隧道外，根据围岩涌水大小，在衬砌背后和底部用砂、砾石等透水材料设置透水网或用直径 100 mm 的带孔聚氯乙烯管（VP 管）将水经横向排水工程导入路基排水工程。

（二）路基排水工程

沿整个隧道的路面下设置的排水工程，称为路基排水工程。它由背面排水工程、横向排水工程和中心排水工程组成。在严寒地区且地下水较多时，可在路基冰冻线以下设置防寒泄水洞，以免隧道产生冻胀。

（三）路缘排水工程

设置路缘排水工程是为了处理车辆带入隧道的水和隧道清洗的污水，应独立设计。

通常按直径 300~400 mm 设计，路缘排水管断面每隔 30 m 左右设集水坑，以利于清淤。集水坑深度较边沟底低 20~25 cm，顶面覆盖足以承受交通荷载的铸铁网箅。

四、注浆止水工程设计

围岩破碎、涌水易塌地段，应直接向围岩内预压注浆，主要技术措施是在隧道防水地段因地制宜地采用全断面预压注浆、裂隙注浆、喷射混凝土等，尽量将渗水通道堵住。如地质探测地层含水量较大，可能有涌水出现时，宜采用全断面预注浆的方法，将水流封堵在开挖面之外，即在隧道周边打孔，以高压的水泥浆液（或水泥—水玻璃浆液）注入岩石裂隙，以使隧道沿周边形成一个密封环。若含水量不大，开挖后在出水点进行局部裂隙注浆予以封闭。渗漏不多时，初期支护的喷射混凝土即可防止残余水浸湿。向衬砌背面压浆时，应防止因压浆而堵塞衬砌背后的排水设施。

注浆止水工程设计技术要求及参数为：

（1）压浆地段混凝土衬砌达设计强度的 70%时，方可进行压浆。

（2）冬季注浆时，洞内气温不低于 5 ℃，灰浆温度应保持在 5 ℃以上。

（3）如遇流砂或含水土质地层，不宜采用水泥砂浆做防水层。

（4）注浆地段衬砌背面宜用干砌片石回填紧密，并每隔 20 m 左右用 1 m 厚浆砌片石或混凝土做阻浆隔墙，分段进行压浆。

（5）注浆孔宜按梅花形排列，孔距视岩层渗水和裂隙情况确定，一般不宜大于 2 m，径向孔深应穿过衬砌进入岩层 0.5 m。

（6）压浆顺序应自下而上，从无水、少水的地段向有水或多水处，从下坡方向往上坡方向，从两端洞口向洞身中间压浆。每段压浆长度不宜小于 20 m。

（7）初次压浆压力为 0.3~0.5 MPa，检查压浆压力为 0.6~1.0 MPa，但不超过 1.2 MPa。

（8）注浆完毕用止浆阀保持孔内的压力，直至浆液完全凝固。

（9）作好压浆孔编号及位置、水泥品种及强度等级、砂浆成分及水灰比、延散度、压浆压力、注浆数量等记录。

五、施工、防排水措施

在隧道施工中，水的问题是最应予以重视的问题，隧道施工阶段的防水与排水要结合设计的永久性排水设施进行布设，避免两者的重复或漏设，使两者级次协调以节省资金。施工期间的防、排水措施是保证隧道施工顺利进行及确保隧道工程质量的关键，主要方法为排和堵两大类。

施工前，根据设计文件和调查资料，预计可能出现的地下水情况，估计水量，选择防、排水方案。施工中，应对隧道的出水部位、水量大小、补给情况、变化规律、水质成分等作好观测试验记录，并不断改善防、排水措施，对隧道两端洞口及辅助坑道洞（井）口应按设计要求及时做好排水系统。隧道覆盖层较薄和渗透性强的地层对地表积水应及早处理，并认真做好以下防、排水治理工作：

（1）勘探用的坑洼、探坑等应回填黏土，并分层夯实。

(2)洞顶上方如有沟谷通过或沟谷底部岩层裂隙较多,地表水渗漏对施工有较大影响时,应及时用浆砌片石铺砌沟底或用水泥砂浆勾缝抹面。

(3)洞口附近应开沟疏导封闭积水洼地,不得积水。

(4)洞顶排水沟应与路基边沟顺接组成排水系统。

(5)洞内有大面积渗漏水时,应采用钻孔将水集中汇流引入排水沟,其钻孔的位置、数量、孔径深度、方向和渗水量等应作详细记录,以便在衬砌时确定拱墙背后排水设施的位置。

(6)洞口涌水或地下水位较高时,可采用井点降水法或深井降水法处理。

(7)严寒地区隧道施工排水时,必须将水沟、排水管埋设在冰冻线以下或采取防寒保温措施,当涌水较大时,可设防寒泄水洞,以利施工。

堵水方法有气压控制地下水、冰结法堵水及预注浆堵水法,其中气压控制地下水最为经济。

六、公路隧道防水质量控制

做好衬砌防水工程质量控制是保证隧道不漏不渗的关键,在具体施工中,应特别做好施工缝和防水层的质量控制。

(一)衬砌防水工程质量控制方法

衬砌混凝土的施工缝和沉降缝采用橡胶止水带或塑料止水带防水时,施工中必须符合下列要求:

(1)止水带不得被钉子、钢筋和石子刺破。如发现有割伤、破裂现象,应及时修补。

(2)在固定止水带和灌注混凝土过程中应防止止水带偏移。

(3)加强混凝土振捣,排除止水带底部气泡和空隙,使止水带和混凝土紧密结合。

(4)根据止水带材质和止水部位可采用不同的接头方法。对于橡胶止水带,其接头形式应采用搭接或复合接;对于塑料止水带的接头形式应采用搭接或对接。止水带的搭接宽度可取 10 cm,冷粘或焊接的缝宽不小于 5 cm。

(二)衬砌中防水层施工要求

衬砌中防水层施工应满足下列要求:

(1)防水层铺设前,喷混凝土层表面不得有锚杆头或钢筋断头外露;对凸凹不平部位应修凿、喷补,使混凝土表面平顺;喷层表面漏水时,应及时引排。

(2)防水层可在拱部和边墙按环状铺设,并视材质采取相应结合方法。塑料板宜用焊接,搭接宽度为 10 cm,两侧焊缝宽应不小于 25 cm;橡胶防水板黏结时,搭接宽度为 10 cm,缝宽不小于 5 cm。

(3)防水层的接头处应擦净,塑料防水板应用与材质相同的焊条焊接;橡胶防水板应用黏合剂连接。涂刷胶浆应均匀,用量应充足;防水层的接头处不得有气泡、褶皱及空隙。接头处应牢固,强度应不小于同质材料。

(4)防水层用垫圈和绳扣吊挂在固定点上,其固定的间距:拱部应为 0.5~0.7 m,侧墙为 1.0~1.2 m,在凸凹处应适当增加固定点。点间防水层不得绷紧,以保证灌注混凝土时板面与喷混凝土面能密贴。

(5)采用无纺布做滤层时,防水板与无纺布应密切叠合,整体铺挂。

(6)开挖和衬砌作业不得损坏防水层,当发现层面有损坏时应及时修补。

(7)防水层纵横向一次铺设长度应根据开挖方法和设计断面确定。铺设前宜先行试铺,并加以调整。防水层的连接部分,在下一阶段施工前应保护好,不得弄脏和破损。

(8)防水层属隐蔽工程,灌注混凝土前应检查防水层质量,作好接头标记,并填写质量检查记录。

第三节　隧道工程病害及其原因分析

公路隧道所处自然环境一般较为复杂,由于设计与施工方面的原因,国内部分在建及已建隧道工程都不同程度地出现了病害,有些病害比较严重,直接影响了隧道的正常使用。

一、隧道病害现象

已有隧道发生的病害现象,根据病害发生的地点,一般分类如图5-1所示。

在衬砌中出现的隧道病害,因其营运隧道内部光线较差,检查不便,具有较大的隐蔽性,是隧道病害防治的重点,故对隧道的安全运营影响极大。

二、隧道常见病害

(一)衬砌渗漏

公路隧道在施工期间和建成后,一直受地下水的影响,特别是建成后的隧道,更是处在地下水的包围之中。地下水无孔不入,当水压较大、防水工程质量欠佳时,地下水便会通过一定的通道渗入或流入隧道内部,对行车安全以及衬砌结构的稳定构成威胁。

(二)衬砌开裂

作用在隧道衬砌结构上的压力,与隧道围岩的性质、地应力的大小以及施工方法等有关。存在许多不确定因素,所以在隧道衬砌结构设计中常带有一定的不准确性,导致结构强度不够或与围岩压力不协调,造成衬砌结构开裂、破坏。然而,工程上出现的衬砌开裂更多的则是由施工管理不当造成的,或是因为衬砌厚度不足,或是因为混凝土强度不够。

(三)界限受侵

建筑界限是保证车辆安全通过隧道的必要断面。在公路隧道施工过程中,有时会遇到松地层,当地压较大时,容易导致塌方。为了保证施工安全和避免塌方,容易形成仓促衬砌,忽视断面尺寸,使建筑界限受侵。衬砌混凝土在浇筑过程中,模板强度、刚度不足,出现走模,也会导致界限受侵。

(四)通风、照明不良

部分运营隧道中有害气体浓度超标,洞内照明不足,影响司乘人员健康,威胁行车安全。造成隧道通风与照明不良的原因有以下三个方面:设计欠妥、器材存在质量问题和运营管理不当。关于设计方面的问题,应从加强理论与试验研究着手,不断总结经验,提高设计水平来加以解决。对于器材,应在安装前对其性能指标加以检测,不符合要求者不予

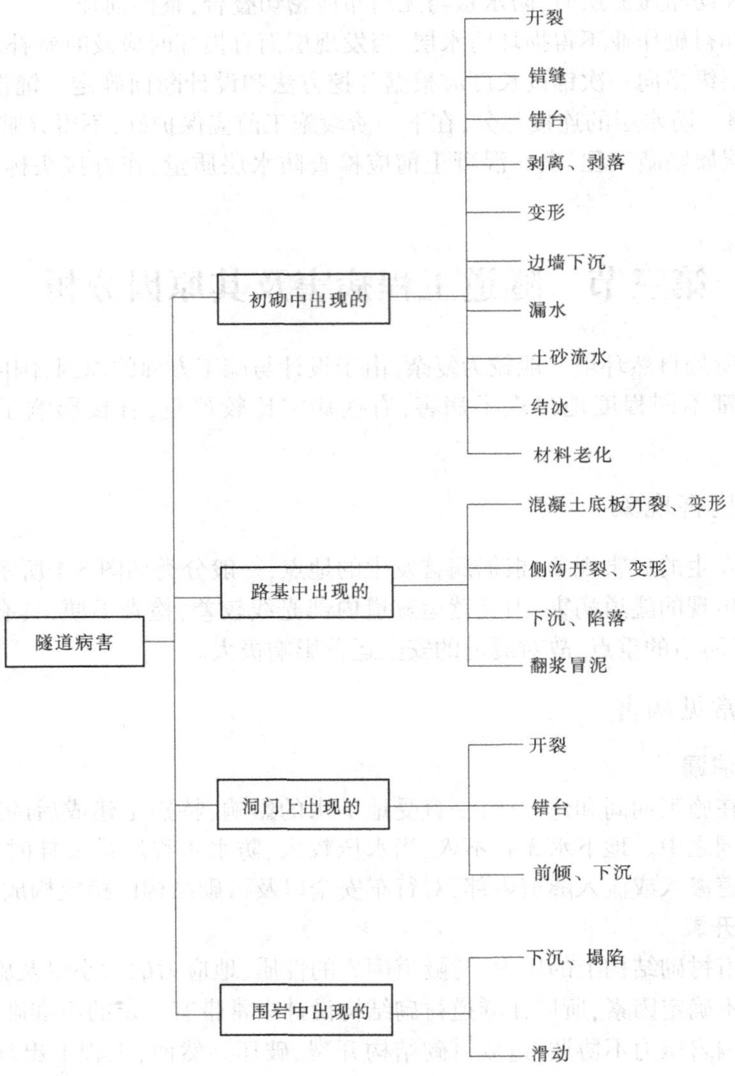

图 5-1 隧道病害分类

采用。目前,造成隧道通风与照明不良的主要原因是隧道管理部门资金不足,管理不善,风机与灯具开启强度不足。为了不降低隧道的使用标准,确保安全营运,应定期对隧道的通风、照明指标进行抽检。

三、隧道病害原因分析

隧道产生病害的原因是多方面的,大体上分为外因(外力和环境等外部因素)和内因(材料和设计、施工等结构上的因素)两大方面,如图 5-2 所示。

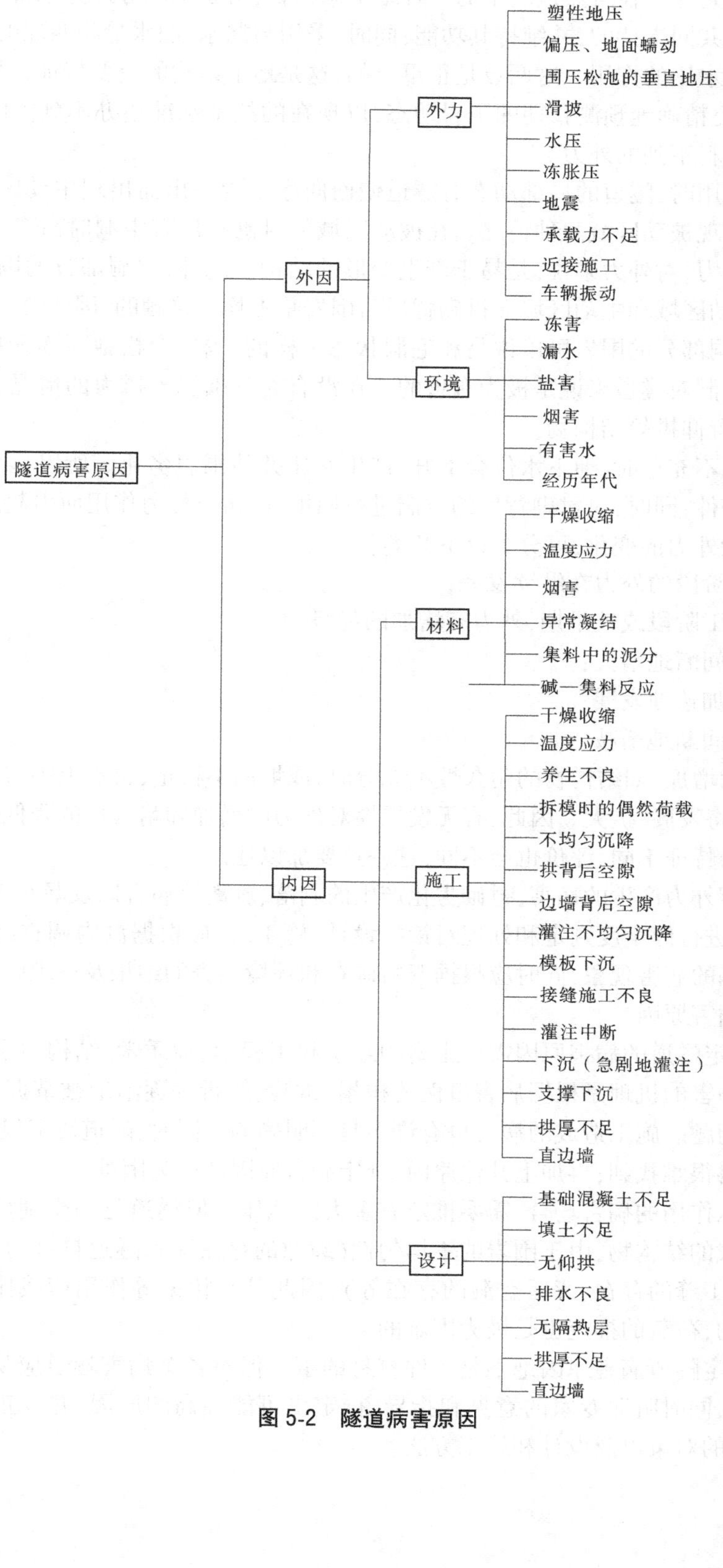
隧道病害原因
外因
外力
塑性地压
偏压、地面蠕动
围压松弛的垂直地压
滑坡
水压
冻胀压
地震
承载力不足
近接施工
车辆振动
环境
冻害
漏水
盐害
烟害
有害水
经历年代
内因
材料
干燥收缩
温度应力
烟害
异常凝结
集料中的泥分
碱—集料反应
施工
干燥收缩
温度应力
养生不良
拆模时的偶然荷载
不均匀沉降
拱背后空隙
边墙背后空隙
灌注不均匀沉降
模板下沉
接缝施工不良
灌注中断
下沉（急剧地灌注）
支撑下沉
拱厚不足
直边墙
设计
基础混凝土不足
填土不足
无仰拱
排水不良
无隔热层
拱厚不足
直边墙

图 5-2　隧道病害原因

山岭隧道是修筑在自然地层中的一种地下结构物,对于土压等外力来说,是由围岩和支护结构双方共同支持的,并维持其功能;同时,采用与漏水、涌水量相匹配的排水系统来维护隧道不受水压的作用。这两点是很重要的,这是地下结构的重要特征。另外,在隧道施工过程中,更精确地预测长期的围岩动态,以现在的技术水准还办不到。因此,使用阶段也会产生预料不到的外力。

有外力作用时,隧道的局部动态有隧道壁面向净空内挤出而出现主动区域和向围岩方向挤压而出现被动区域两种情况。在被动区域的衬砌背后有空洞时,背后的围岩对变形不能提供反力,对外力来说,是易于产生变形的结构。此外,空洞部分的围岩形状是凸凹不平的,被动区域和主动区域在衬砌背后与围岩是不均匀接触的,因此会产生较大的应力。另外,空洞部分的围岩可以说是和毛洞状态一样的,围岩会松弛而逐渐扩大。所以,衬砌背后的空洞对隧道来说是极为有害的。在没有充分围岩支撑力的情况时,为不使隧道下沉,应设置仰拱等结构物。

排水系统不充分时,地下水位会上升,产生水压并使围岩劣化。所以,要保持隧道内良好的排水条件;同时,对衬砌背后的空洞进行回填,以防止外力作用而引起的病害。

使用阶段外力的变化,可分为以下几类:

(1)施工阶段的外力在继续发展;

(2)从施工阶段或较早期,外力有增加的趋势;

(3)外力间断地增大;

(4)外力加速地发展;

(5)外力间断地增减。

对外力的增加,如结构物的耐久性不充分时,或坡面不稳定,再加上围岩劣化、气象等条件时,病害将发展、扩大。因此,有无发展性对外力的增加和耐久性的降低是很重要的。但各个隧道的特征不同,评价也会不同,这一点要加以注意。

对地压等外力产生的病害,衬砌劣化产生的剥落、剥离等病害以及漏水冻结产生的病害等场合,在进行健全度判定和处理对策的设计、施工时,应根据洞内调查结果正确地掌握衬砌和路基的病害现象,同时应根据资料调查和环境调查的结果及整理的量测结果等,确切地推定病害原因。

但是,推定隧道的病害原因需要丰富的经验和工程学、地质学、结构力学等多方面的知识。隧道病害的机理是根据病害事例的积累、试验、解析等逐渐地被掌握的,但还有许多不明确的问题。施工造成的病害也有许多是不明确的。同时,隧道竣工很长时间后,当时的施工资料很难找到;再加上其他原因,推定病害原因就更为困难。

考虑地压作用的病害场合,需要推定有多大的地压。但隧道是一个利用围岩相互作用来保持荷载的结构物,由于围岩的不均匀性(裂隙的存在等)、隧道自身的不均匀性(厚度的差异、施工缝的存在、背后空洞的存在等),因此其与桥梁等作用荷载比较明确的结构物是不同的,荷载的推定也是极为困难的。

因此,推定隧道病害原因绝不是一件容易的事。但对各个病害隧道应从各个角度进行调查、分析,同时听取专家的意见和指导,推定出可能性高的原因,并以正确的原因推定,编制合理的对策以及设计和施工方法。

在进行原因推定时，从衬砌开裂推定病害原因是最直接的方法。其前提是开裂必须模式化。一般来说，开裂是隧道病害最有代表性的现象。开裂一般按表5-2分为四类。在一般情况下，这四类皆按开裂处理。

表5-2　开裂的形态

部位	有台阶	无台阶
母材	错动	开裂
施工缝	错缝	离缝

图5-3和图5-4表示开裂发生原因的分类。开裂与隧道产生病害的因素一样，大体上分为外因和内因两种。实际上，开裂都不是由单一的因素引起的，而是几种因素综合作用的结果。也就是说，开裂有的在营运一开始就存在，也有的是在营运开始后，因外力等因素而出现的。对两者的划分需要经验的累积。

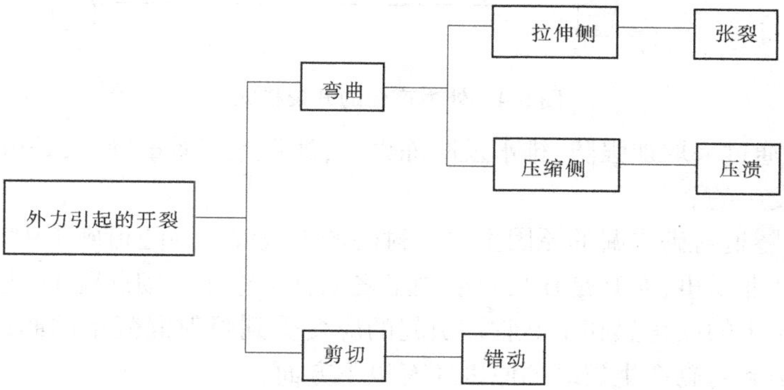

图5-3　外力引起的开裂类型

以上罗列出了隧道施工和营运期间出现的各种病害现象以及产生病害的原因，从病害的最终表现形式来看，均表现为结构的开裂、压溃和错动。因此，对病害的处理也是根据病害的形式，分析、推断其原因，采取相应的措施进行补强处理。

四、隧道衬砌渗漏水成因分析

隧道衬砌渗漏是公路隧道最主要的质量通病，据统计，目前我国公路隧道绝大部分都存在不同程度的衬砌渗漏问题。在北方寒冷地区，季节性温差较大，且有冬季冰冻的影响，隧道渗漏问题更加突出。要解决这一问题，必须加强事先防范，加强防、排水结构设计与施工质量管理，积极采用新材料、新技术、新工艺、新设备，加大科技攻关力度并进行充分的技术交流。否则，一旦隧道建成营运，出现衬砌渗漏现象，则治理难度就很大且难以根治。

隧道衬砌渗漏易发生在衬砌施工缝处，这一般多是因为衬砌施工缝处的防水止漏设计存在不足、施工质量不过关。在北方寒冷地区，隧道衬砌在温度变化的情况下会出现低温收缩，使隧道环节缝变宽，造成因防水板临空，难以承受水压而被刺破，出现渗漏的现

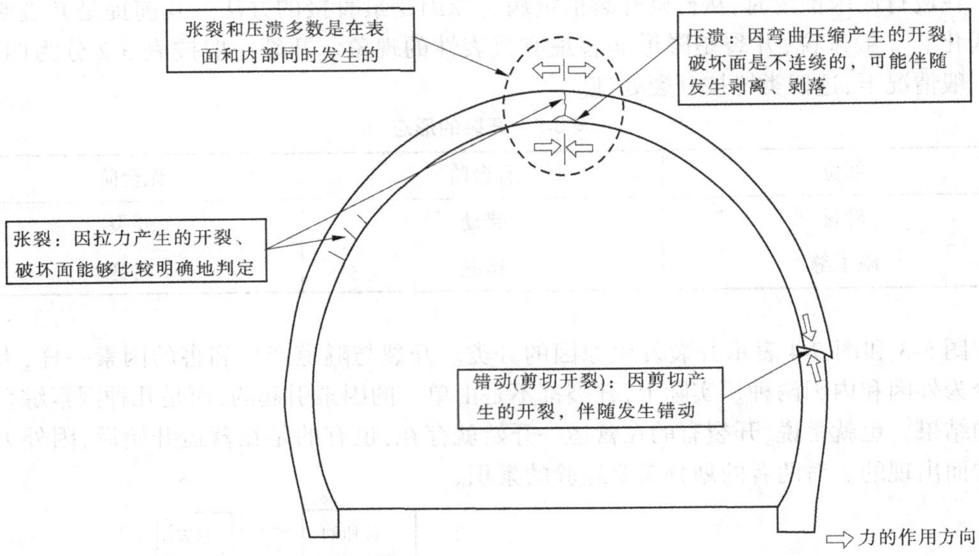

图 5-4　外力产生的开裂模式

象。对此,一般通过采取加强防、排水及防冻设计,加强施工质量管理,是可以预防衬砌施工缝处渗漏的发生的。

但是,形成隧道衬砌渗漏的原因主要是衬砌产生裂缝。在隧道施工中,要很好地解决隧道衬砌裂缝并非易事,尤其是在喷射混凝土之上直接施作衬砌混凝土,更是难以避免裂缝的产生。混凝土的硬化热和干燥收缩引起的应变受到喷射混凝土的制约,是裂缝产生的主要原因。引起衬砌产生裂缝的原因还有以下方面:

(1)由于边墙基础为膨胀性岩石,遇水引起局部下沉,使拱部拉裂,故设在膨胀性岩石地段上的隧道必须设置钢筋混凝土仰拱,阻止下沉。

(2)隧道在洞口和明洞段易受偏压和山坡落石超载堆积产生裂缝,必须设置钢筋混凝土仰拱使隧道断面成为圆环结构,同时采取洞顶卸载措施减小偏压。

(3)在洞内段因温度、湿度变化较大易产生干燥收缩引起的裂缝,需在洞口段认真做好防、排水工程,同时提高混凝土的抗冻要求。

(4)在抑拱与衬砌的结合部往往是结构上的受力弱点,易产生裂缝。为减小仰拱上产生的应力,设计可考虑加大曲率使隧道断面接近圆形或采用钢筋混凝土,防止裂缝产生。对衬砌已产生的较大裂缝,可压注纯水泥浆液进行封闭,对较小裂缝可压注化学浆液进行封闭。

第四节　隧道工程病害防治

为使隧道正常、安全运营,必须要保证隧道不渗水不漏水。防水治理要以排为主,防治结合,防排结合。根据隧道防水、排水的原则和目的,可采取以下防水抗渗办法。

一、防水办法

隧道的防水就是防止地表水下渗、地下水上冒和围岩中的水侵入衬砌体。

（一）地表水下渗的防治

查明地质状况，根据隧道所处地势、地形，因地制宜在洞顶设置防水设施，可将地表填平，铺砌、勾缝、抹面，将坑穴和钻探孔堵塞、密封，以达到防渗抗漏的目的。

（二）围岩水侵入的防治

应先探明水的来源和水流形式，查明是裂隙水还是地下水。当处于围岩破碎、涌水易坍塌地段时，要采取直接向围岩内压浆的方法，当涌水量较大时须采用化学浆液固结的办法，然后再采取隔离措施。当围岩条件很好且水量不大时，可以直接采取隔离防渗。

压浆就是通过钻孔或通过压浆管，将不透水的凝胶物质（防水材料）通过孔道压注并扩散到岩层裂隙中，把裂隙中的水挤走，并堵住地下水的通道，减少或阻止水流的渗出。一般使用的注浆防水材料有水泥浆（或砂浆）、水泥和水玻璃液、铬木素浆液（纸浆废液）。如水泥浆液难以止水与固结，可用化学浆液，如水泥与水玻璃、水玻璃与铝酸钠、铬木素与丙烯酰胺等混合物，填充空隙和围岩裂隙，堵水加固，形成衬砌外围的堵水防水加固填充层，同时也加强了衬砌与围岩的结合。

隔离防渗的方法是多种多样的。整体式衬砌可以在衬砌体的内、外敷设防水层，衬砌也可以使用防水混凝土。复合衬砌还可以用夹层式防水层，即在两层衬砌之间设置缓冲、隔离、防水层，当第一次衬砌产生变形以及变形压力很大时，通过缓冲层使其形变压力传递极为少量，从而保护另一次衬砌以及隔离层和防水层。如果第一次衬砌支护能力不足而导致破坏时，还依靠缓冲层、隔离层，将变形压力均匀地传布到二次衬砌上，同时依靠二次衬砌的支护能力进一步制止形变的继续发展。绝对不允许当一次衬砌出现裂缝时，二次衬砌也随即出现裂缝，从而导致衬砌全部破坏，隧道终止营运。

初期支护喷射混凝土表面粗糙度应予以很好的控制，因为防水板在服务期间的压痕与擦痕的严重程度在很大程度上取决于喷射混凝土的粗糙度。对此，可采取以下措施：防水板厚度要大于 1.2 mm；喷射混凝土粗集料不宜采用碎石，若必须用碎石，则建议在防水层铺设前，喷射薄层砂浆为原喷射混凝土内面找平。

二、排水措施

通过疏导截流等措施，把隧道的洞外水和洞内水排出到不影响隧道安全的范围内。

洞外排水设施要与地形、地质、气候、农田水利工程密切地联系在一起，因地制宜地设置疏水、截水、引水设施，全面考虑，综合治理。

洞内排水要根据衬砌的形式和防水设施情况，设置纵向排水沟、横向排水盲沟以及路面排水横坡等。

纵向排水沟的坡度要与路线的纵坡相一致，坡度不宜小于 0.5%，路面横向排水坡度宜大于 1%、横向排水盲沟坡度宜大于 2%，这样有利于将水顺畅、快速地排出，同时还要根据排水量的大小和排水沟的长短而定。排水量大、隧道很长，其排水纵坡就大，反之就小。

三、常用防水措施及施工方法

(一)隧道采用复合式衬砌

隧道采用复合式衬砌时,在初期支护与二次衬砌之间铺设防水层,其作用是将水隔离并排入泄水孔。常用的防水层材料有:

(1)聚乙烯防水板。由于隧道开挖面常有凹凸不平的现象存在,在二次浇筑衬砌混凝土时,这种板很有可能被顶破或撕裂,还会因这种板接头处的焊接出现假焊、漏焊等现象而发生渗漏现象,故在施工中要严格避免这些现象的发生。

(2)橡胶板。这种板具有弹性、延伸性好,不易撕裂与顶破,易修补,施工简便等优点,且技术性能优于聚乙烯板,价格和施工安装费低于聚乙烯板,施工中一般推荐使用这种板。

(3)聚氯乙烯(PVC)合成材料。它是用针刺无纺布与PVC防水板材复合而成的,不仅有防水作用,而且无纺布还有平面排水作用。这种板韧性好,延伸率高,具有良好的阻燃效果和耐老化特性。它完全可以代替橡胶防水板和无纺布,其施工工艺简单,施工方法与前两种材料相同。

防水板的施工方法和技术要求如下:应先检查防水板自身有无孔洞漏水现象,确保防水板完好无损,当初期支护即喷射混凝土及无纺布均已完成后即可进行防水板的安装施工。

一般采用以下两种方法固定防水板:

(1)吊索法,即先在隧道的拱顶及侧墙上打眼、锲木钉,钉带绳环的钉子,然后在平车上将防水板挂起,将绳环与防水板上的吊索绑紧吊牢,从而固定防水板。

(2)用带胶皮垫圈的大帽钉将防水板直接固定,然后再对钉帽封补,使其不能渗水或漏水。

不论用什么方法吊挂和固定防水板,都必须使其与无纺布紧密贴实。以上工作完成后进行严格检查,合格后方可进行二次衬砌浇筑混凝土。

(二)寒冷地区隧道防水

在寒冷地区,隧道防水尤为重要的是防冻融循环措施要充分得力,一般冻融产生的破坏有:

(1)当水和衬砌混凝土受冻时,水的体积增大很多,使混凝土体膨胀而破坏。

(2)水不断向冷却面渗透补充,冰冻后的毛细管增大,多次循环后防水层破坏。

(3)冰冻产生的力,破坏了衬砌混凝土和嵌缝料,从而在冬季出现冰锥、衍冰等。当第二年春融后,出现混凝土松散脱皮和淋水。

可以采用如下预防措施:

(1)给隧道增加暖气,使隧道保持不冻温度。

(2)隧道施工时选择弹性防水材料,并能使在本地区最低温度时保持良好的弹性,当冬冻春融循环后,弹性性能不变,从而起到抗冻防水的作用。

四、衬砌裂缝的防治

衬砌裂缝是衬砌渗漏水的主因,因此对衬砌裂缝的防治是十分重要的。二次衬砌混凝土产生裂缝一般是难以避免的,裂缝是随着混凝土的硬化,由温度应力和干燥收缩而引起的应力作用产生的。二次衬砌混凝土产生的裂缝一般无特定形式,成网状或龟裂状,纵向裂缝跨中心向工作缝延伸,环向裂缝从拱部向边墙延伸,裂缝一般能贯通到初期支护的喷射面。这些裂缝极易导致隧道内渗水。隧道在长期使用后,空气进入裂缝内,促使衬砌风化,形成不稳定因素,衬砌有可能逐步剥离、脱落,导致隧道破坏。

防止这种裂缝产生的方法是在初期支护和二次衬砌之间设置防水土工膜板或无纺布。

隧道衬砌混凝土受到围岩对其某部位的压力,或由于隧道内温度变化造成衬砌局部弯拉应力超限,使衬砌混凝土产生裂缝。夏季洞内温度升高,冬季洞内温度相对夏季温度大幅度下降,这样周期性往返循环,混凝土表面及内侧温度变化很大,而围岩的温度却保持基本不变,这样就产生了衬砌温度内低外高的较大差别。这样,在温度变化过程中,就在衬砌内产生了较大的弯拉应力,这个力与围岩荷载产生的弯拉应力叠加起来,使衬砌内弯拉应力增大,当这个合力超出衬砌的承受能力时,衬砌就产生了裂缝。

当衬砌的侧墙或拱等部位出现裂缝时,它都有可能使水渗出,成为隧道的安全隐患,因此要加以注意。其避免或减少的方法是立足于预防。应采取以下措施:

(1)以锚杆加固围岩。沿隧道周边适当地布设锚杆,对围岩形成一个具有足够能力的加固体系,使围岩保持稳定,从而阻止围岩自承拱发生徐变而引起的裂缝。

(2)锚杆加钢筋网喷射混凝土加固围岩。在锚杆加固的基础上再挂钢筋网并喷水泥混凝土形成初期支护,起到壳体承载的作用,这样可以有效地防止靠近内空表层围岩的松动和剥落,保证围岩自承拱的稳定,从而预防裂缝的发生。

(3)对软弱程度不大的围岩及裂隙,进行注浆加固和封堵裂隙,使弱岩加强,水道堵塞,从而起到抗渗防漏的作用,避免衬砌混凝土开裂漏水。

(4)在寒冷地区还必须防止隧道裂缝渗水的冻融。

(5)在衬砌和喷射混凝土之间加隔离材料或改进衬砌混凝土的质量,也可在特定位置设置诱发裂缝的缩缝,以减少整体的裂缝。

在混凝土衬砌施工中,由于客观条件所限,衬砌与围岩间总要留下或多或少的空隙,这是无法避免的。与围岩不密合的衬砌,在弯矩和偏土压力作用下,较小的荷载也会引起裂缝。再则,附近围岩因风化和老化的影响丧失强度,会使荷载不断增加,导致裂缝逐渐增大。在这种情况下,为使主动土压力均匀分布,促使被动土压力有效作用,应以充气砂浆填充空隙。在衬砌背后充填砂浆,一般限于洞口附近,但在围岩条件差、覆盖土少、有偏土压和水压作用,以及估计衬砌上有不必要的应力产生的地方,也应进行充填作业。充填量为 3~6 m^3/m,砂浆强度指标为 1.5 MPa。填充管用ϕ 50 的钢管,在衬砌浇筑前置入。填充长度较衬砌厚度多 15 cm,配置间距为 5~6 m。

重视隧道前期工程地质勘察,做好地质调查、测绘、深孔钻探、地应力测试等地质工作,选择最佳的隧道路线位置,优化设计方案,防止地质灾害影响工程质量,能有效地预防和减少隧道工程病害的出现。在施工中,根据开挖的地质情况和量测数据,选用合理的施工方法和支护形式,改进施工方法与工艺,加强施工质量控制,就可以避免隧道工程病害的发生。

第六章　公路绿化与病害防治

第一节　概　述

一、公路建设对环境绿化产生的影响

公路的建设是国情所需、社会所需，是我国经济发展带来的货流、车流迅速增加对公路建设提出的客观需求。它解决了我国公路混合交通的问题，提高了公路的通行能力，改善了投资环境，大大促进了经济发展。

公路的建设在对地区经济作出巨大贡献的同时，也给当地的生态环境带来了极大的破坏。由于公路路线长，占地面积大，施工周期长，严重影响了周围的生态环境，加重了对生态系统的破坏。

从公路建设角度来说，其对生态环境的影响内容主要体现在以下方面：

(1)对森林、人工林系统的影响；

(2)对草原等天然植被的破坏；

(3)对建设区域水土流失的影响；

(4)对公路沿线地区地质地貌的影响；

(5)对农业生产的影响；

(6)对土壤侵蚀的影响等。

(一)公路建设对地貌和水体的影响

在公路建设过程中，路基开挖或填筑会改变局部地貌，其后果是在地质构造的脆弱地带引起崩塌、滑坡等地质灾害，在石灰岩地区引起岩溶塌陷，在高寒山区引起雪崩等灾害。

公路建设对水体也造成了很大的影响，主要表现在以下方面：

(1)公路建设直接破坏了很多水体，造成泉水干涸、河流改道、池塘消失等。

(2)公路建设损坏了涵养水源的植被，影响了各种水体的水源。

(3)植被的损失引发了水土流失，大量的山石土壤进入水体，致使河流淤塞、水质浑浊。

(4)施工机械及公路建设人员排放出大量的废气、废水及生活垃圾，对水体造成了严重的污染。

(二)公路建设对植被和生物多样性的影响

公路建设对植被最直接的影响来自公路建设的侵占造成植被面积的损失。其次，公路的建成方便了交通，加重了人们采、砍、伐对植被造成的伤害及火灾发生的可能性。采、砍、伐等对植物群落产生有机结构破坏，影响阴生植物、灌木生长及种子发芽。由于林冠稀疏，影响了生态环境，同时水分得不到调节会加剧水土流失，又会进一步引起植被的破

坏。泥石流、塌方等所引起的局部性自然灾害也会对植物造成破坏。公路的开通所引起的生态环境的变化使植物的生产力受到影响,从而改变了种群的存在与发展。

随着植被和自然生态环境的破坏,生物多样性也会受到很大的影响。生物多样性包括遗传因素多样性、物种多样性(包括生育地和栖息地多样性)、植物群落多样性(含立地多样性)、生物群落多样性及生态系统(生物群落和环境构成的系统)多样性。目前,地球上丰富的生物多样性在人口剧增、过度开发、环境污染等巨大压力下急剧萎缩,并逐渐接近或濒临崩溃的边缘。这种生物多样性的丧失是全方位的,包括了从遗传基因到生态系统乃至景观的各个层次。

(三)公路建设对社会环境的影响

公路增加了交通便利性,有利于土地资源的开发,提高了信息、物质和人员的流动,对城镇及乡村经济的发展起到很大的促进作用;公路的建设有利于开发更多的风景旅游区,改善旅游环境,促进旅游业的发展。但如果公路选线不当会加重对自然景观的人为破坏,影响各地区自然景观的协调美感。同时,车辆的营运对沿线带来一定程度的污染,如噪声、废气等会影响公路两侧居民的正常生活。

为了减小公路建设带来的不良影响,固土护坡,提高路基稳定性,以加强对公路本身的保护,公路绿化已成为公路建设中不可缺少的一个重要内容。

二、公路绿化的作用

(一)综合防护,提高行车安全

在公路弯道外侧栽植物能够诱导视线,使公路线形更加清晰明了;在中央分隔带进行遮光种植可以防眩;在路口附近进行标志栽植可以提示位置;在隔离网附近进行栏式栽植可以有效地防止行人穿行;在边坡种植植被可以固土护坡,提高路基稳定性;在路侧栽植可以起到防雪、防风沙、改良土壤的作用,有利于道路和植被的保护、减少地表径流、涵养土壤、保持水土。

(二)改善公路景观,提高行车舒适性

通过遮蔽种植可以避免司乘人员看到令人不快的物体,如垃圾场等;在服务区、管理区等栽植树木和草坪可以为人们提供舒适的休息环境;绿化可以使公路和周围景观更加协调;成块栽植或景观可以改变单调的公路景观,避免司机瞌睡和疲劳。

(三)恢复自然,保护环境

绿化可以迅速恢复公路建设中被破坏的沿线植被,有利于生态平衡;路基种植植被不仅可以固土护坡,有利于边坡稳定,还可以防止水土流失;植物还可以降低噪声污染,净化空气,且造价低廉。

三、公路绿化的发展方向

(一)公路设计中的新理念

新理念的内容包括坚持以人为本,树立安全至上的理念;坚持人与自然和谐,树立尊重自然、保护环境的理念;坚持可持续发展,树立节约资源的理念;坚持质量第一,树立让公众满意的理念;坚持合理选择标准,树立设计创作的理念;坚持系统论的思想,树立全寿

命周期成本的理念。

这六个坚持和六个树立是当前公路勘察设计工作的理论核心,其根本思路就是紧紧围绕科学发展观的要求,通过采用灵活设计和创造性设计,实现安全、环境优美、节约资源、质量优良、系统最优的目标。新理念的贯彻是一项牵涉到公路设计中各个专业、各个学科的系统工程,需要各方面专业技术人员的统一协调和配合,在公路设计中共同演绎创造,而并不存在具体、特定的设计指标、原则或参考依据;需要在设计工作中去体会、创造。

(二)公路绿化的重要性提高,功能发生扩展和外延

提起公路绿化,人们会自然而然地想起公路两边整齐划一但又略显单调的"行道树"、"绿色长廊"。但是,在公路建设水平高度发展的今天,公路绿化的内容及要求也有了很大的提高和改变。严格意义上,公路绿化是指为了保护、改善环境,美化丰富沿线景观,以及保护公路设施及其使用安全的目的,在公路用地范围内种植和管护乔、灌木以及地被植物等植物的一项工程。公路绿化是处理公路与自然环境界面,修复公路对自然环境的破坏,减小对社会环境的影响,保护公路以减少公路病害,使公路与周边环境相适应、相融合的有效手段,它在公路建设中占有不可或缺的一席之地。特别是交通部在公路设计中大力推行以"以人为本,可持续发展"为主旨,强调公路与自然和谐相处的"公路设计新理念"以来,公路绿化的重要性被提到了前所未有的高度。

(三)绿化工程更加注重安全

保证使用者的安全是以人为本的新理念下要考虑的首要因素。公路绿化必须满足这个根本要求。在进行公路的绿化设计时,一方面设计者一定要树立安全至上的思想,从安全角度对绿化方案进行审视,以彻底消除绿化工程对交通安全的消极影响;另一方面还可以通过邀请公路交通工程等专业的技术人员参与设计,将绿化与交通安全设施设计相结合,使公路绿化起到保护行车安全的积极作用,进一步体现和落实以人为本的设计理念。

安全还包括工程实体安全方面。合适的公路绿化工程还要起到防护的作用,保护公路路基、边坡等免受不良地质、自然环境的影响而发生破坏,或减小灾后损失,在绿化的同时达到保护公路的目的。

(四)绿化方案要实现环保节约,可持续发展

绿化设计要按照顺应自然、保护环境的原则来进行,为了达到环保的目的,要不吝在绿化方面的资金投入。可以在有村镇、学校的敏感路段设置绿化林带,降低噪声、尾气、烟尘污染对沿线群众生活的影响。在裸露的路基边坡、取土砌土坑种植草灌木,可以美化环境,并且防止水土流失。

土地是不可再生的资源,原来有的公路绿化,在路的两侧设置了宽阔的绿化平台,增加了公路建设项目的占地面积。有的行道树的种植影响了树下农田农作物的生长。为了节约和有效利用土地资源,可以减少绿化平台的设置,在路基填挖高度小的平原地区,可以取消原来填土夯实、寸草不留的土路肩;取消浆砌边沟,把土路肩、边沟与路侧绿化带统一设计,路肩、浅碟型断面的宽浅边沟以及绿化带融为一体,既保证了绿化面积和排水等功能,又节约了占地和工程费用。

绿化工程可以与主体工程的实施相结合,渗透到主体工程建设过程之中,在路基清表之前,将树木移栽他处;路基清表、开挖过程中,把腐殖土先清到路侧堆放;填筑到设计标高后，直接在绿化范围内填筑预留的腐殖土，不再先填后挖换土种植。然后，将原来的树木移栽到绿化带内，减少重复性劳动，以节约劳动力资源。

第二节　公路绿化应注意的问题

一、应特别注意公路边坡的植物防护

（一）公路边坡绿化不足所造成的公路病害

一方面，边坡常年暴露于自然环境中，承受着各种自然条件的影响，使边坡发生各种变形、病害，甚至破坏，其中水的冲刷作用尤为明显。公路边坡绿化不足，水流对边坡冲刷、浸润，土质边坡浸水后湿度增大，表土的强度急剧降低，使得边坡土体颗粒之间（或岩层间）抗剪能力减小，而造成的失稳现象屡见不鲜。

另一方面，公路边坡长期受到自然因素（雨水、日照、气温、风力等）的反复作用，使边坡岩土的物理力学性质常发生变化。岩性差的岩体，在水、温条件下，加剧风化，边坡表面在温差和湿差作用下形成胀缩循环，干缩不断，导致岩土强度衰减和边坡剥蚀；地表水流冲刷，地下水源渗出，使岩土表层失稳，产生鸡爪沟并且容易造成和加剧边坡的水毁病害。

（二）植物护坡和工程护坡相结合

植物护坡只能起到防止坡面侵蚀、避免水土流失、改善边坡土壤的水分状况的作用，从而增加边坡的稳定性，防止坡面冲蚀和滑塌，但不可能完全解决边坡稳定问题，故我们可以综合考虑植物护坡和工程护坡的结合问题。这样，既可以保持公路边坡的稳定，又实现了公路边坡建设植被的目的，还使成本降低10%以上。其特点是可充分发挥植物护坡与工程护坡的优点，取长补短、施工简单、施工速度快、效果好。

二、公路绿化施工应注意的问题

公路绿化施工应注意以下几个方面的问题。

（一）公路绿化施工应由具备资质的建设队伍施工

在公路绿化施工中，随着园林建设的队伍不断壮大，由具备统一绿化资质审查通过的专业资质的建设队伍来承担公路绿化施工任务，这些队伍技术力量雄厚，施工设备齐全，专业化水平较高。同时，使用达到规范制定所要求的标准绿化用苗进入施工市场。

这些队伍又能够遵守公路绿化招投标相关制度施工质量标准和规范及相应的监理制度，使公路绿化的施工质量从根本上得到保证。

（二）公路绿化施工前的场地清理

公路绿化在施工前，绿地内往往遗留大量的建筑垃圾、碱性灰土等不利于植物生长的土壤，或者回填土为地层深处的死板土。这就需要施工前测定土壤的理化性能（如酸碱性、有机质及土壤硬度等），对土壤的理化性能进行详细测定，以利于改良土壤，有利于绿化植物的成活和生长。增施有机肥、掺砂掺黏土；清除绿带内的建筑垃圾；对涂层的死板土采用客土的方法；对土壤是酸性的，可采用大水浇灌或在土壤中掺入一定比例的石灰予以解决。

(三)解决好苗木定向培育和新品种引种驯化问题

公路绿化施工中往往需求苗木数量、苗木规格偏大,品种较多。因此,可供公路绿化的品种、规格均不足。一条路的苗木往往因为买不到苗木而设计更改,即使有同一品种,也需不同规格、不同苗圃才能凑齐,由于苗木培养方法不同,生长势、颜色、分枝点等也不同,影响整个公路的施工质量和景观效果。解决好上述问题,就要按照公路绿化的需要调集科研人员搞好定向育苗,有计划地开发新品种,培养多品种大规格的苗木;并使用新方法搞好苗木储存,保证反季节施工,做到四季植树。同时,做好新品种的引种驯化工作,使新品种适应公路绿化的新环境,做到品种多样化。

三、加强公路绿化养护管理

养护管理工作是公路绿化成功的关键因素之一,更是防治绿化病害的有效措施。由于公路特殊的环境条件,各种植物要成活、正常生长、开花结实,更好体现绿化效果及防护功能,必须加强养护管理。一旦养护管理不善,不仅各种绿化植物生长不良,还会导致植物病虫害蔓延甚至造成树木死亡,失去绿化意义,并形成重复投资。

养护管理工作主要分两个阶段进行:第一阶段是植物种植后成活前的养护管理时期;第二阶段是植物成活后的日常养护管理时期。在第一阶段,养护管理工作主要包括浇水、培土、除草、施肥、病虫害防治、补植等。第二阶段除上述养护管理工作还包括整形修剪等。

(一)浇水

干旱已成为公路植物生长的主要限制因素之一。因此,浇水在路体绿化养护管理中是极为重要的一项工作,同时也是养护管理中最大的一项支出(占50%~60%)。由于公路绿地特定的立地条件,尤其是中央分隔带与边坡,一方面地下水严重缺乏,另一方面土壤降水截持能力弱,故土壤十分干旱,虽多栽耐旱植物,但为保证成活还必须供应大量的水分。

从种植工作开始至交付验收,水分管理可分前、中、后三期。前期喷灌水养护为60 d,种植或播种后第一次浇水应浇透,此后根据天气状况,第一个月每隔3~5 d浇水一次,经常保持土壤湿润,以促进种子发芽、苗木生根,第二个月每隔7~9 d浇水一次,以保持土壤适当的湿度,促进苗木扎入土壤和快速生长覆盖;中期靠自然雨水养护,若遇干旱,喷水应2~3次/月;后期养护喷水应2次/月。若在种植阶段遇高温干旱季节,每天的植物栽植工作结束后,即于当日内用洒水车浇一次透水,这种浇水方式持续10 d以上时间,且早晚各一次,直至确定植物成活,以后可降低浇水频率,一般为2~3次/周。

进入日常养护管理时期后,浇水次数多少应依天气状况和旱情而定,以能保证各种植物正常生长为原则。按照实践经验,公路绿化灌溉要求次数少,但要求每次灌水量大。频繁的灌溉会导致土壤板结,根系生长浅,抗旱能力减弱,病虫害增多等问题。通常春季和秋季1~2次/月,夏季2~4次/月。

(二)培土

在种植初期,由于植物尚未长有根系或根系还未扎入土壤,故无法固定土壤,主要是依靠土壤的黏性而与土壤紧密接触,所以在每次浇水结束或降雨以后,会造成土壤尤其是坡面土壤不同程度的流失,这对植物的成活及正常生长都有很大的影响,故及时进行培土是十分必要的。

对土壤遭受冲刷特别是边坡冲刷严重的区域,要尽快填土恢复原来平整的种植面,尤其是植物根系周围要更加注意,培土后要进行踩压以保证根系与土壤紧密结合。植物成活后,土壤由于发达的根系牢牢将其固定住,故不易受冲刷。培土工作视实际情况而定,主要是在暴雨或长时间的雨季之后应注意观察坡面,有冲刷现象发生的要及时作出处理。

由于生态环保意识的增强,公路绿化与路面路基建设已由过去的滞后关系演变成了现在的同步进行关系。路基路面在夯实以后浇铺沥青之前,与下边坡顶部有一定的高度差。由于路面略低,故工程用水或雨水不会对边坡造成冲刷或冲刷极小,边坡植物也不会受到影响。但在路面铺完沥青以后,而此时路肩若未同时进行铺设,由于路面略高于边坡顶部,并且路面存在一定的坡度(向路肩方向倾斜),边坡会受到严重冲刷,植物的培土工作应及时跟上。为了减少养护工作量,浇铺沥青后应及时做好路肩,若无法立即跟上,应临时设置土埂或其他障碍物,一是防止冲刷,二是可减少沥青对植物的伤害,从而避免不必要的经济损失。

(三)除草

除草是一项很琐碎的工作,但其十分重要。在植物的生长季节,为促进其生长会施用大量肥料,这也给杂草的滋生提供了一个良好的环境。为了减少杂草与植物争水、争肥、争光,须及时除草。另外,有些杂草生长过于高大影响美观,而有些为缠绕性杂草,会严重威胁周围植被的正常生长,故也应及时拔除。杂草种类名目繁多,大体可分为两种:一种是禾本科杂草;另一种是阔叶杂草,集中分布于莎草科、菊科、藜科、玄参科、唇形科、豆科、十字花科、蓼科等。

除草方法有两种:一种是人工拔除;另一种是使用化学除草剂。人工除草多结合浇水或降雨进行,由于人工拔除杂草费用较高,所以除草工作多是集中进行的,也即待杂草长至一定量时再除去。种植初期,由于正逢生长季节,故除草频率较高,一般15~20 d一次。随着气温降低,间隔天数可变长,直至秋末初冬植物进入休眠或半休眠状态,除草工作可停止。化学除草剂种类繁多,其作用机理也各种各样,在确定除草剂种类及其使用量时,必须测定除草剂对当地条件下绿化草种的敏感性,以免除草不净或损害绿化草种。进入日常养护管理后,生长茂盛的植物尤其是乔、灌木及分生快速的地被植物在一定程度上已能抑制杂草生长,除草工作也相应减轻。

(四)施肥

所有植物在种植前,结合换土或深翻,都应预先施入基肥,现多以复合肥为主。基肥的深度视植物种类而定,以肥料不与根系直接接触为准,通常草坪为10 cm,地被为15~20 cm,灌木与乔木实行穴施,深度和范围与树龄、树种及根系发达程度成正相关。基肥量应以对土壤分析的结果为依据,追肥分春肥(3~4月)和冬肥(10~11月)两次。肥料仍以复合肥为主,或根据植被的生长特性选用专用肥料。栽植于高速公路中央带及边坡的植物的立地条件较差,土层较薄,缺少吸收足够养分和水分的生存空间,为保证植物的正常生长,就必须追施一定量的化肥或有机肥料。通过追肥可以增强树势,减少病虫害,提高绿化效果。追肥的季节应根据植物的生长特点决定,由于高速公路里程较长,追肥的次数一年两次为宜,最好与灌溉工作有机结合。肥料成分应以N、P、K为主,尽量避免单纯水施和叶片喷施，以免灼伤叶片。草坪的施肥一般在草坪草返青后的 4 月下旬施一次，早秋 8 月末施一次，施肥时间应安排在晴天或雨前，晴天施肥后要及时浇水，避免清晨带露水施肥和雨后施肥。连续追肥结束后，施肥工作可以视植物生长势而定，也可以定期进行，总而言之确保所有植物旺盛生长。

(五)病虫害防治

由于公路路体绿化路线长、面积大、养护管理难度大，所以病虫害很难预防，而且若不及时防治就会迅速蔓延。病虫害防治是一项经常性的养护管理工作，做好病虫害防治工作，科学的综合技术措施尤为重要。要对病虫害采取堵源头、切断传播途径、创造不利于其寄生的条件等措施。通过做好进苗的检验、检疫等工作，严防危险性病虫的传入，就可将病虫害杜绝在绿地之外。在设计上还注重了绿地植物配置的合理性，如杨树、柳树等不能长距离单一栽植，柏类不能与苹果、梨等果树近距离配置等，设计时应注重混交，防止因配置不当而造成病虫害的发生。平时要做好测报工作，做到早发现、早治疗，能收到事半功倍的效果。各级主管部门要严格养护管理制度，加强与科研单位联合，培养专业技术人才，对植物病虫害开展研究工作，不断总结病虫害的发生规律、防治方法，而有效地防治病虫害大面积发生。在实际工作中，要合理选用生物农药和化学农药，扬长避短，充分发挥农药的优越性。

(六)补植

种植工作结束后，由于干旱、雨水冲刷等客观原因，部分植物死亡；但也有人为原因，如行人为图方便随意穿越绿化带，部分观赏价值较高的植物被偷盗等，大大影响了景观效果，所以应及时补植。对于播种草坪，由于水土流失造成部分土壤裸露，应在填土后进行补播。补植的苗木或草皮，要求其在高度(为栽植后高度)、粗度或株丛数等方面与周围正常生长的植株几近一致，以保证绿化的整齐性。苗木栽植后将根系周围土壤踩实，覆土超过原土 2~3 cm，浇透水并经常注意观察生长情况。

(七)整形修剪

为了使绿地植株整齐美观、高度适中，为了调整株形、促进开花，对大部分植被如草坪、灌木等都要进行必要的修剪。对于草坪，修剪一般是在植被生长 2~3 年后进行的，修剪一方面能有效抑制杂草的生长，另一方面能延长草坪的生长年限，提高美化效果。修剪高度以减掉部分不能超过未剪高度的 1/3 为准。其中，冷季型草坪草应适当提高留茬高度，尤其在夏季与入冬之前。

第三节　公路边坡绿化和植物防护

一、公路边坡绿化和植物防护的原则

公路边坡绿化和植物防护应遵循以下原则。

(一)边坡地质稳定

边坡绿化和植物防护是一种坡面防护措施，它只能防止坡面侵蚀，避免水土流失，改善边坡土壤的水分状况，从而增加边坡的稳定性，防止坡面冲蚀和滑塌，而不可能完全解决边

坡稳定问题。在公路边坡植物防护设计中,主要考虑通过设置合理的边坡坡比、挡墙、骨架护坡、截水沟、排水沟等工程措施来实现公路边坡的稳定,并通过植被工程达到长期固定表层和绿化的效果,但在工程设计中可以综合考虑两者的结合问题。一般在边坡地质稳定和坡比到位的前提下进行植物防护或工程防护。除特殊情况(如高、大、陡岩石边坡和地质复杂不稳定等地段),应尽量采取植物防护或工程与植物防护相结合的形式。

(二)与环境相适宜

公路边坡绿化和植物防护是通过利用一定的植物种群,在边坡上营建植物群落而实现的。所有这些都必须遵循植物与环境相协调的原则。以植物生态学和植物群落学为理论指导,针对公路路域生态环境的特殊性,重视草、灌木、藤木立体配置。首先选择符合当地气候和路域条件的植物,它们必须满足多年生、根深、水源涵养能力强、抗旱、耐贫清和耐粗放管理;进而要考虑速生种与优势种的组合配置,既要满足固定土壤,防止水土流失,又要顾及美化景观的绿化效果。

(三)快速绿化

在遵照植物节律的前提下,通过各种植被建营方式实现裸露边坡的快速绿化,尽快防止雨水对边坡的冲刷,利用植被调节、吸收或分散径流,减小径流的侵蚀能力,防止与调节地表径流,以达到边坡稳定和水土保持的目的。

(四)综合防护功能

水泥混凝土网格、菱形格、人字骨架喷播、三维网覆土、覆盖土工网等工程防护措施与边坡植被建设相结合的方法,既达到了公路边坡的稳定,又实现了公路边坡建设植被的目的,还使成本降低10%以上。水泥混凝土网格等工程措施在边坡表面形成骨架,能够避免表层土壤的整体滑塌,同时能够起到分割水流的作用,削弱坡面水流的破坏,减少植物出苗前种子的流失,有利于提高植被质量。植物的生长又能在网格内并蔓延到网格表面形成良好的覆盖,避免网格内土壤流失,从而起到巩固网格的作用。水泥混凝土预制块网格、空心砖或混凝土喷播网格及护坡网作为工程防护措施,对于边坡的整体稳定起到骨架、支撑或保护作用;而植被作为植物措施,是柔性的,有一定的弹性,能承受一定程度的应力释放,避免构筑物的鼓胀、龟裂等。两者的有机结合对边坡的长期稳定起到了积极的作用。

(五)植物护坡优先

在公路边坡稳定的情况下,从经济的角度看,工程护坡不如植物护坡好。从美学和环境保护的角度看,植物护坡有利于改善公路景观,美化公路环境,构筑物护坡视觉效果好。因此,护坡方法应优先考虑植物护坡,当土质不适宜植物生长及植被难以保护边坡稳定的情况下,考虑采用工程护坡。

二、边坡植物防护技术

(一)边坡植物防护的功能

1.护坡功能

1)深根的锚固作用

植物的垂直根系穿过坡体浅层的松散风化层,锚固到深处较稳定的岩土层上,起到预应力锚杆的作用,树木根系的锚固作用可以影响到地下更深的岩土层。

2）浅根的加筋作用

植草的根系在土中盘根错节，使边坡土体成为土与草根的复合材料。草根可视为带预应力的三维加筋材料，使土体强度提高。

3）降低坡体孔隙水压力

边坡的失稳与坡体水压力的大小有着密切的关系。降雨是诱发滑坡的重要因素之一。植物通过吸收和蒸腾坡体内水分，降低土体的孔隙水压力，提高土体的抗剪强度，有利于边坡体的稳定。

4）降雨截留，削弱溅蚀

一部分降雨在到达坡面之前就被植被截留，以后重新蒸发到大气或下落到坡面。植被能拦截高速下落的雨滴，减少能量及土粒的飞溅。

5）控制土粒流失

地表径流带走已被滴溅分离的土粒，进一步可引起片蚀、沟蚀。植被能够抑制地表径流并削弱雨滴溅蚀，从而能控制土粒流失。

2.改善环境功能

1）恢复被破坏的生态环境

边坡植物的存在为各种小动物、微生物的生存繁殖提供了有利的环境，完整的生物链又逐渐形成，被破坏的环境也慢慢地恢复到原始的自然环境。

2）降低噪声、光污染，保证行车安全

因植被能吸收刺耳的声音，多方位反射太阳光线及车辆光线，从而降低噪声、强光对行人及驾驶员的辐射干扰，减轻和消除大脑及眼睛的疲劳，提高路标、警示牌的可见度，让驾驶者轻松愉快地驾车，保证行车安全。因此，在交通工程应用植被护坡。

3）促进有机污染物的降解、净化大气、调节大气候

植物具有修复功能，能降低环境负荷及污染循环。植物主要通过三种机制去除环境中的有机污染物，即植物直接吸收有机污染物、植物释放分泌物和酶刺激根区微生物的活性和生物转化作用、植物增强根区的矿化作用。

3. 景观功能

绿色植物通过植物固有的色彩、形态、风韵等个性特色和群体景观效应给予人们以美感效应，季节的变化、光线、气温、风、雨、霜、雪等作用于植物，使植物呈现朝夕不同、四时互异、千变万化，丰富发展着植物的美。边坡植物的组合配置，据不同的地质状态、环境、气候条件，优选乔、灌、藤、花、草相结合，有机地融入高速公路、铁路工程边坡中，车辆穿行在郁郁葱葱、生机盎然的绿色环境中，在我们的视野内更显示出立体的绿色画面，苍翠葱茏、一片兴旺，让我们体验到清新、清爽、绿色、洁净、和谐、安定的美感，心胸开阔、感情奔放、陶冶志趣，把美传到人的内心。

（二）综合护坡技术

综合护坡技术是指将植被护坡技术与工程护坡技术有机结合起来，实现共同护坡的一种方法，通常采用三维土工网、混凝土、浆砌片（块）石、浆砌卵（砾）石等做骨架形成框格，框格内采用种草或草灌结合（种草和植低矮灌木）。框架的作用是利用骨架防止边坡受雨水侵蚀而避免在土质坡面上产生沟槽；同时，保护框格内的植物在生长初期不受雨水

侵蚀。其特点是可以充分发挥植物护坡与工程护坡的优点，取长补短、施工简单、施工速度快、效果好。

1.三维植被网综合护坡

三维植被网综合护坡具有施工方便、工期较短、造价低廉、护坡效果好等优点，可在短期内绿化、美化边坡，使公路与周围环境景观融为一体，并有利于生态平衡的恢复与维持。

1)三维土工网垫的性能与功能

三维土工网垫有如下性能与功能：

三维土工网垫是以热塑树脂为原料，采用科学配方，经挤压、拉伸、焊接、收缩等一系列工艺而制成的两层或多层凸凹不平网包的层状结构孔网。

(1)三维土工网垫的材质疏松柔韧，耐酸碱、抗腐蚀，具有一定的弹性与强度，网孔较大的容土空间，植草覆盖率高，抗风冲蚀能力强，并能加强较陡边坡的护坡，抵抗大雨的袭击，减缓地表径流对土壤的冲刷。

(2)植物生长根系与土工网垫织缠在一起，形成浅层致密的坡面加筋复合保护层，具有一定的整体性与极强的抗冲蚀能力。

(3)土工网垫蓬松的三维空间网包可将土颗粒、草籽等填充物有效地握裹在一起，防止土粒、草籽或幼苗被冲刷流失。

(4)土工网垫表层凸凹不平，可使风和水流在网垫表层产生小涡流，起到缓冲水能的作用，降低流速，使其挟带物沉淀，避免了表层土粒剥蚀流失。

(5)土工网垫成网孔状，提高了土体的通透性，有利于表层雨水下渗和植物生根发芽，促进植物生长扎根于边坡土体中，有效地降低了坡面流水量，加强保护层的地表土层厚度。

2)三维土工网垫作为框架的优点

三维土工网垫作为框格具有以下优点：

(1)工程造价低。三维土工网垫植草防护较其他防护投资小、见效快、效果好，只需做适当的季节性修剪工作。

(2)社会效益好。土工网垫植被防护可恢复道路沿线的自然植被，保护自然生态平衡，能改善环境的湿度，能吸收空气中汽车或机车排放的尾气，达到净化空气的目的，能吸收和减弱行车噪声，减少行车对周围环境的影响，减轻太阳辐射和美化沿途景观，给人们以舒适的感觉，有利于行车安全。

(3)工程效果好。植物根系与三维土工网垫交织形成致密的覆盖层，对路基坡面形成连续性和长期性的持久保护，使坡面不因日晒雨淋而自然侵蚀剥落，减缓雨水冲击和水流的冲刷，达到加固土的作用；植物扎根较深，能固土蓄水，调节土体湿度，保持水土，使边坡不致受环境的变化而发生裂缝、坍塌或溜滑。其他综合防护的后期效果没有三维土工网垫好，而且整体稳定性也较差。

2.六角空心砖结合植草护坡

六角空心砖结合植草护坡一般应用于土质边坡，强风化岩体和岩体破碎段落，高度一般不超过 20 m 的边坡。此方法在保证边坡防护的前提下，在边坡稳定性较差的地段，可以对六角空心砖防护边坡采取加固措施以提高边坡的稳定性；为防止地表水的冲刷和美化环境，在六角空心砖空心位置进行植草绿化，似蜂巢状，具有一定的观赏价值。其不足之处在于自重大、费用高，对处理第2台以上的边坡防护应慎重选用。

3.框格结构结合植被护坡

框格护坡可采用混凝土、浆砌片块石、卵(砾)石等材料作骨架，框格内宜采用植物防护或其他辅助防护措施。这种形式适用于土质或风化岩石边坡防护，能有效地防止路基边坡在坡面水冲刷下形成冲沟。同时，提高了边坡表面地表粗糙度系数，减缓水流速度，并且与植草等生物防护相结合，取得了很好的景观效果。

第四节　绿化病害及防治

一、幼树的缺陷(病害)及防治

(一)幼树的缺陷(病害)

幼树主要有以下缺陷(病害)：

(1)幼树的成活率低；

(2)幼树的保存率达不到规范要求。

(二)幼树缺陷(病害)的防治

幼树缺陷(病害)的防治技术如下所述。

1.补植

发现缺苗应及时补植。幼树补植时，其树苗要与原植树相同，苗木规格应略大于原植树的规格，以便同步生长。

2.浇水

由于公路路基较高，土壤结构不好，保水力差，底墒不足，容易干旱缺水，所以幼树成活后，一般应坚持2年给树木浇水，每年初春浇一次返青水，初冬浇一次封冻水。中间根据降雨量情况浇1~2次水。每次浇水量以浇透为止。为解决幼树缺水干旱的问题，浇水后可采用地膜覆盖新技术，以保持树坑内土壤湿润2~3个月，同时也能提高地表温度3~5 ℃，有利于苗木成活、生长。

3. 除草与松土

为防止杂草与幼树争水、争肥，每次浇水前必须进行树坑的松土，以保持土壤水分，防止杂草丛生，尤其在雨季更要加强除草，有条件的可以使用化学剂进行除草，常用的除草剂有草醚、灭草灵、杀草灵等。

4. 施肥

一般公路路基的土壤肥力较差，因此幼树成活后，为促使其正常生长发育，需要通过施肥增加土壤的肥分，必须做到及时追施氮、磷、钾肥。复合化肥含有这三种肥料，一般每株施250 g即可。

5. 防治病虫害

树木花草在生长过程中，经常遭受其他生物的侵染及虫害，因此重视和加强病虫害的防治，是养护管理工作的重要任务。为预防树木花草病虫害的发生，必须掌握和了解病害的特点和发生规律，以便采取有效的措施。对树木花草病虫害要做到“防重于治”，发现病虫害后，做到“治早、治小、治了”，不能让其泛滥成灾。

为预防病虫害的发生，一般每年春季及初夏应喷射波尔多液两次；为杀灭虫卵、病菌，每年晚秋及早春应涂白灰剂（生石灰 5 kg+硫合剂原液 0. 5 kg +盐 0. 5 kg+动物油 0. 1 kg+水 20 kg）两次；如发生食树叶的害虫（如松毛虫、金龟子、金花虫、杨毒娥等），可用敌敌畏或可湿性“六六六”加柴油进行灭虫，也可用“六六六”毒泥堵塞虫孔；发生杨树烂皮病、溃疡病时，可用刀划破树皮，刷 50%的蒽油乳膏 1∶5的乳剂 1~2 次。

6.利用农药治虫

常用的农药及其性能和注意事项如下所述。

1）20%中西除虫菊酯（多虫畏）

本品为拟除虫菊酯类杀虫剂，有很强的触杀作用，兼有胃毒和忌避作用，可防治鳞翅目、同翅目的多种害虫，也可用于卫生害虫的防治。本品毒性低等，常用 2 000~4 000 倍药液喷布。

注意事项：本药易燃，注意贮存安全；对螨类效果差；无内吸作用，喷药要均匀、周到。

2）20%杀灭菊酯（速灭杀丁）

本品以触杀为主，兼有胃毒和拒食作用，无内吸和熏蒸作用，杀虫谱广，对人畜毒性中等。防治蚜虫、食心虫类、卷叶虫、木虱、天幕毛虫、潜叶蛾类时，使用 2 000~4 000 倍。

注意事项：对鱼类、蜜蜂毒性极大，蜜源植物上禁用；对螨类、鞘翅目害虫效果差，不宜使用。

3）2. 5%溴氰菊酯（敌杀死）

本品杀虫迅速，具有强烈的触杀作用，有一定的胃毒作用，无内吸渗透和熏蒸作用。能防治多种害虫，对人畜毒性中等。用于防治蚜虫、刺蛾、尺蛾时，采用 5 000~8 000 倍；天牛成虫时使用 5 000 倍。

注意事项：由于没有内吸作用，要求喷药均匀、周到；对人眼睛和皮肤有刺激性，在配药和喷药时需加强劳动保护；误服中毒时，可间隔服用巴比妥盐或异戊巴比特鲁进行肌肉或静脉注射。

另外 20%白树菊酯、10%氟氰菊酯、20%氯氰菊酯（兴棉保）、20%二氯苯菊酯（除虫精）等，均属人工合成拟除虫菊酯类杀虫剂。

其特点为：触杀作用强，兼有胃毒作用；无内吸和熏蒸作用；杀虫谱较广；不能用于土壤处理杀虫；对人体有一定的刺激作用；不能与碱性农药混用。

4）50%久效磷

本品属高毒农药，具有较强的内吸、触杀和胃毒作用，兼有一定的驱避作用，对刺吸、咀嚼及蛀食害虫都有良好的防治效果，既速效又持久，常用量 2 000~4 000 倍。

注意事项：本品为高毒农药，防止人畜中毒；如中毒，勿食奶、蛋、酒与油性食物。

5）25%喹硫磷

本品毒性高等，为有机磷杀虫、杀螨剂，具有胃毒和触杀作用，有良好的渗透性，可用于防治多种鳞翅目害虫以及蚜虫、粉虱、介壳虫等，常用量 1 000~2 000 倍。

6）40%水胺硫磷

本品为广谱性杀虫螨剂，具有触杀、胃毒和杀卵作用，属高毒农药，对某些抗性螨及其卵、各种介壳虫防治效果好，常用量为 2 000~3 000 倍。

7）40%甲基异柳磷

本品是一种高效、广谱、有机磷土壤杀虫剂，具有很强的触杀和胃毒作用，属高毒农药。对蛴螬、蝼蛄、地老虎、线虫等害虫有优良的防治效果。用本品每亩 0.1 kg、麦麸 5 kg 配成毒饵杀虫，每亩用 0.5 kg 拌土 10 kg 条施或铺施均可。

8）50%甲胺磷

本品为高效、低残留有机磷杀虫、杀螨剂，杀虫范围广，有优良的触杀作用，内吸性强，内吸后在植物内传导迅速，持效期较长，本品对人、畜高毒，属剧毒农药，常用量为 1 000 倍药液沟施，可有效防治地下害虫。

注意事项：本品见光易分解，残效期短；无内吸传导作用。

9）73%克螨特

本品是广谱杀螨剂，具有触杀和胃毒作用，无内吸作用，对成螨、若螨有特效，对天敌无害，对幼嫩植物组织有轻微药害，常用量 2 000 倍，药效期 20 d，对卵效果好，毒性低等。

注意事项：使用浓度过高易产生药害；此药不可与杀虫药剂混合使用。

10）50%溴螨酯

本品为无内吸性的触杀螨剂，对植食性螨，例如叶螨科和细须螨科有特效，对卵、若螨、成螨均有效，持效期一个月，对人畜低毒，常用量 2 000~3 000 倍，本品与大多数杀虫剂、杀菌剂混用。

11）50%三环锡（普特丹）

三环锡是一种言语谱性杀螨剂，对卵和对常用杀螨剂已产生抗性的螨均有良好的防治效果，适用于防治果树、园林树木与花卉的多种螨类，常用量 3 000~4 000 倍。

12）25%杀虫双

本品是一种有机氮杀虫剂，具有强的触杀和胃毒作用，兼有一定的熏蒸杀虫作用，内吸作用强，能被作物的叶、根等吸收和传导，尤其通过根比叶吸收能力强。本品为水剂，常用量 500~700 倍，防治蓟马、螟虫、潜叶蛾、锈壁虱等害虫效果均优于乐果，毒性中等。

13）15%涕灭威颗粒剂

本品为氨基甲酯类的内吸性杀虫剂，兼有杀螨、杀线虫作用，对人畜剧毒。此药剂只能用于颗粒剂拌种或土壤处理，对防治蓟马、蜻象、棉蚜、粉虱、红蜘蛛、叶蝉、蚧虫、线虫等均有很好的效果。盆栽花卉常用量为每盆（内径 20 cm，高 12 cm）0.5~1.0 g。

注意事项：本品剧毒，严禁用手直接触药，严禁用于果树和蔬菜；中毒后服阿托品解毒。

14）硫酰氟（熏灭净）熏蒸剂

本品为新型优良熏蒸剂，具有杀虫广谱、渗透力强、毒性低、解吸快、不燃不爆，对熏蒸物安全，并可在低温下使用等特点，对人畜毒性中等。利用此药消灭虫源时，每 1 m^3 带虫伐木用量 15~30 g，处理 2~5 d，对木蠹蛾、天牛、小蠹虫甲均有明显的杀虫效果。

注意事项：由于利用毒气杀虫，故必须密封性能好；本品不可暴晒。

二、公路树木病虫害及防治

在公路绿化管理养护中，树木花草经常出现一些病虫害，既影响树木花草的正常生长，又影响材质和花草的观赏价值，直接影响着路容的美观性。所以，一旦发现公路路树和花草出现病虫害，应及时处治，以防病虫害的扩延。

（一）植物的病害及防治

植物在生长发育过程中，由于外界条件不适宜或是遭受其他生物侵染，就会使植物正常新陈代谢受到干扰，使植物生长发育受到影响，形态上发生变化，严重时会引起植物死亡。这种现象反映在公路植物上就叫公路植物病害，主要的公路植物病害有以下方面。

1.落叶病

落叶病是指针叶常绿树在5、6月间针叶脱落至秋冬季针叶发红，以致枯死。

防治措施：注意排水通风，剪掉病枝叶，对病株可喷施波尔多液（自备），病害严重的植株可以拔去烧掉。

2.立枯病

此病通常是久雨初晴之后突然发生。在阔叶树或嫩茎已木质化后发生此病，植物仍然直立，逐渐枯萎，花卉出现烫伤状，变软倒伏而死。

防治措施：注意通风排水，表面撒草木灰，喷施50%菌丹可湿性粉剂500倍液，每周一次，连续2~3次，可以抵制蔓延。

3.炭疽病

此病主要危害果实、枝条和叶子，引起落果，造成减产。果实出现褐色斑点，果实成熟后变成硬块。

防治措施：在树木发芽前，彻底消除病枯小枝、病枯树枝，细致喷洒赛力散稀释50倍液2~3次。果实开始发病前起至采摘，喷洒波尔多液或石硫合剂（自备），喷施0.2%乐果1 000~1 500倍液。

4.根癌病

此病菌潜伏在表层土壤中，发生在根茎部及侧根和支根。病害初期形成淡褐色大小不等的癌瘤，表面粗糙不平，内部组织是灰白色海绵状，表层细胞坏死，树木逐年退化枯死，花卉茎部开始腐烂，而后地下部分变软腐烂。

防治措施：土壤消毒，控制浇水，根茎部施代森锌和赛力散（使用量按产品说明）。

5.白粉病

发生在高温、高湿的盛夏季节。此病菌侵害幼树茎或基部，接近地面处变褐腐斑，苗木枯萎。霉雨季节也发生在泡桐、黄杨球枝叶上，花卉叶片出现白粉条状，地茎腐烂枯死。

防治措施：加强通风光照，播种前喷施2%硫酸铜液200~300 kg/亩进行土壤消毒，发病时喷洒2~3次波尔多液（自备），喷洒80%敌敌畏800~1 200倍液。

6.茎腐病

此病菌长期潜伏在病株残体上和土壤里越冬，病害多从梅雨季节后发病，其症状为初期茎部出现黑褐色病斑扩大成环状收缩包围全茎，养分输送受阻，顶芽枯死，叶自上而下褪色垂危。

防治措施：土壤多施草木灰等钾肥及抗生固氮菌肥，增强苗木抗病力。喷洒80%敌敌畏 500~800 倍液。

(二)植物的虫害及防治

公路植物的虫害及防治主要有以下方面。

1.天牛

天牛又名蛀虫、钻心虫。其形状为头颈 21 mm、体长 3 cm 的圆条形。它是蛀虫树木的主要害虫。其症状为受蛀的树木轻的树梢枯折,重的整株死亡。它潜入观赏花卉、花心、果内吸食营养,使枝株不能正常生长。

防治措施:在成虫发生危害期间,可在树上进行捕捉,晚上用灯光诱捕成虫,蛀入树干的幼虫,可用钢丝钩把它钩除。花卉可喷施 0.2%乐果;用 80%敌敌畏 80~100 倍液用注射器注入虫洞,用泥浆封口。

2.蚜虫

该虫形态微小,绿色或黑色。其症状常密集在嫩枝叶上,口器刺入枝叶吸食汁液,受害枝叶卷曲变黄,逐渐萎缩,甚至全株枯萎。其常群集于多种花卉嫩枝叶上吸食营养,造成整株树或成片花草枯萎死亡。

防治措施:喷施 0.09%~0.12%乐果 500 倍液或 0.12%~0.20%敌敌畏 800 倍液。

3.蓑娥

蓑娥又名皮虫、吊死鬼等。此虫体形头颈棕黄,体褐色,体长 2~3 cm。其症状为它以取食百余种树叶而取得营养,造成全株或片林无叶,对绿化效果破坏很大。

防治措施:在冬季剪除虫囊,在 4 月下旬至 5 月中旬喷洒 90%固体敌百虫 800~1 200 倍液或 80%敌敌畏 800~1 200 倍液。

4.介壳虫

虫的形态为体长 5~6 mm,全身白色,纤状毛。它是吮吸植物汗液的害虫,对树木生长影响极大。其症状为害虫吮吸汗液后还能诱发霉菌,使树势生长不良,叶色黄萎,提早落叶,甚至全株枯死。它寄生在多种花卉枝、叶、果里吸收营养,造成煤烟病害。该虫很小,无法进行人工捕捉。

防治措施:喷洒 80%敌敌畏 800 倍液或喷洒 0.03%~0.05% 1605 或 1059 农药。

5. 刺娥

刺娥又名痒辣子。此虫全身毒刺,毛短,圆形绿色。其症状为该虫取食树叶及花草叶片的营养,对植物生长影响很大。

防治措施:在冬季或 7 月中旬剪除或挖掘虫茧;喷施 90%固体敌百虫 800~1 200 倍液或 80%敌敌畏 800~1 200 倍液,还可喷洒 0.03%~0.05% 1605 或 1059 农药。

6. 线虫

该虫形态为体小细长,白色线条。危害多种花卉幼苗根茎、球茎、扦插条等。

防治措施:土壤消毒,喷施 90%固体敌百虫 800~1 200 倍液。

7.地老虎

地老虎又名雌糙。形态长 3~5 cm,圆条形,全身有节,乳白、黄色。虫害症状。危害幼苗花卉地下部分,咬食种子和根茎,全株枯萎死。

防治措施:人工翻地捕捉,土壤消毒用 80%敌敌畏 500~800 倍液。

8.蝼蛄

其形态体长 4~5 cm,头前有钓角,尖嘴,会飞。危害播种、扦插幼苗,把表土层穿成无数沟洞,幼苗慢慢枯萎死亡。

防治措施:夜间用毒饵诱杀;喷洒 90%敌百虫 500~800 倍液。

(三)公路草坪绿化常见病害及防治

1.白粉病

其症状:叶表面出现白菌丝斑块,呈灰白色、面粉状。

危害:叶片变浅而后死亡。

防治措施:用多种杀菌剂杀灭。

2.锈病

其症状:茎叶产生红褐色斑疮或条纹,后变为深褐色。

危害:严重时使植株枯萎,乃至大片死亡。

防治措施:用敌锈钠、石硫合剂、代森锌、姜锈灵等农药防治,药剂用量按说明书控制。

3.叶坪褪斑病

其症状:病叶片产生大小变异形圆斑或死斑。

危害:危害叶面,影响草坪外观。

防治措施:使用波尔多液或杀菌剂。

4.幼苗瘁倒病

其症状:发病时开始出现斑点。

危害:幼苗萎蔫倒伏。

防治措施:使用波尔多液。

5.赤霉病

症状:感染病时产生粉红色霉斑,以后长出紫色小粒。

危害:严重时全株死亡。

防治措施:使用多种杀菌剂杀灭。

(四)公路草坪绿地常见害虫及防治

1. 蝗虫

它的危害形式是咀嚼禾草叶片和嫩茎,5~9 月期间频发。

防治措施:用 0.1%的敌百虫液或 0.1%的敌敌畏液喷洒;也可在早晨露水未干时捕杀幼虫和成虫。

2. 小地老虎

该虫专食嫩茎、嫩叶,严重时造成草坪秃斑。

防治措施:小地老虎夜出觅食,用 0.1%的敌百虫液喷洒,也可在凌晨进行化学诱杀。

3. 蛴螬

该虫嚼食禾草根部,严重时使草坪产生秃斑。

4. 黏虫

此虫主要危害嫩茎叶。

防治措施:用 0.1%敌百虫喷洒。

第七章　特殊地基处理

第一节　概　述

建筑物和构筑物的全部荷载都是由其下面的地层来承担的，受建筑物和构筑物荷载影响的那一部分地层称为地基。或者说，地基是指基础之下承受建筑物和构筑物及其相关荷载的土（岩）层。上部结构的荷载通过基础传给地基。

地基的好坏直接影响着建筑物和构筑物的安全，地基在建设工程施工中相当重要，也是工程建设中相当复杂的问题之一。组成地层的土或岩石是自然界的产物，它的形成过程、物质成分、工程特性及其所处的自然环境极为复杂多变。因此，在设计前，必须进行拟建场地的岩土工程勘察，充分了解、研究地基土（岩）层的成因及构造、物理力学性质、地下水情况以及是否存在（或可能发生）影响场地稳定性的不良地质现象（如滑坡、岩溶、地震等），从而对场地的工程地质条件作出正确的评价，这是做好地基基础设计和施工工作的先决条件。

一般来说，地基的深度影响范围是基础宽度（宽度一般是指基础底面的短边尺寸）的1.5~5倍，宽度影响范围为基础宽度的1.5~3倍，视基础的结构型式与荷载而异。对于一般独立基础和条形基础，至少要考虑基础底下1.5倍短边深度的土质情况，而对于箱形基础、筏形基础和板式基础，则要考虑其基础短边尺寸的1倍以上深度的土质及分布。《建筑地基基础设计规范》（GB 50007—2002）指出：地基主要受力层是指条形基础底面下深度为$3b$（b为基础底面宽度），独立基础下为$1.5b$，且厚度均不小于5 m的范围。

凡在未经加固的天然土（岩）层上直接修筑基础的地基，称为天然地基。天然地基是最简单、最经济的地基，其地基建筑费用仅仅是开挖基坑及基坑抽水（基础底面设于地下水位以下时）的费用。因此，在一般情况下，应尽可能采用天然地基。例如，岩石类、软石类、碎石类、坚硬土类等土（岩）层均可作为天然地基；另外，在上部结构荷载较小的情况下，较软弱的均匀土层也可作为天然地基。

人工地基则是天然土（岩）层不能满足上部结构承载力、沉降变形及稳定性要求的基土，而要经过一定的加固或处理后才能使用的地基。当地基承载力不足或压缩性很大，不能满足设计要求时，可以针对不同情况，对地基采取一些处理措施。处理的目的是提高地基的承载力和稳定性，减小地基的变形。人工地基包括单一地基和复合地基。

基础下持力层是同一类土层的地基，称为单一地基。该类地基中没有加固体或桩体，如天然地基、预压地基、换填土层、非置换振冲密实、非置换强夯地基等。

复合地基是指天然地基在地基处理过程中土体得到增强、被置换或在天然地基中设置加筋材料,加固区由基体(天然地基土体)和增强体两部分组成的人工地基。整个地基的承载力和变形与天然地基土体和增强体两部分有关,二者共同承受基底荷载。复合地基又分为水平增强体复合地基和竖向增强体(又称桩体)复合地基。

在建筑工程上,将建筑物和构筑物向地基传递荷载的下部结构称为基础。基础的作用是将上部结构的荷载安全可靠地传给地基,基础是建筑物的一个主要组成部分,基础的强度直接关系到建筑物的安全与正常使用。

基础按其受力形式可分为深基础和浅基础;基础按构造形式可分为墙下(柱下)条形基础、柱下独立基础、柱下联合基础、十字交叉梁基础、筏形基础、箱形基础、桩基础、壳体基础以及沉井、沉箱、锚杆基础等。

在桥涵、路基和一般建筑物的工程实践中,经常会遇到地基持力层为松软土层的情况。松软土一般是指抗剪强度较低、压缩性较高、渗透性较小的淤泥、淤泥质土、某些冲填土和杂填土以及其他高压缩性土层。

淤泥和淤泥质土是在静水或缓流水环境中以细颗粒为主的近代黏性土沉积。这种土大部分是饱和的,含有机质,呈软塑或流塑状态,孔隙比大于1。当天然孔隙比大于1.5时则称为淤泥,在1.0~1.5时称为淤泥质土。其广泛分布在我国东南沿海及内陆地区。习惯上把工程性质很差、接近于淤泥质土的软黏性土统称为软土。高含水量、高压缩性、高灵敏度以及强度低、透水性低、密度低是软土的共有特性。

冲填土是在整治和疏通江河航道时,用挖泥船或泥浆泵把河水和港口底部的泥沙用水力冲填(吹填)淤地形成的沉积土。它的工程特性与颗粒组成有密切关系,含黏土颗粒较多的冲填土,因含水量较大且排水困难,属强度较低、压缩性较高的欠固结软土;以砂或其他粗粒土为主组成的冲填土,其固结情况和力学性质较好,则不属软土范畴。

杂填土是指因人类活动而堆积形成的无规则堆积物,如建筑垃圾、工业废料和生活垃圾等。它的成分复杂,无规律性,结构松散且极不均匀,含腐殖质及水化物。工程性质为强度低、压缩性高、均匀性差,一般还有浸水湿陷性。

其他高压缩性土如松散、饱和的粉细砂,松散的亚砂土,湿陷性黄土,膨胀土以及不良工程地质现象等也都需要进行地基处理。有些地基土层不属上述所列范畴,但由于相对建筑物要求的强度、稳定性或变形等条件不够,也应考虑进行地基加固处理。地基加固处理的目的就是满足两个基本要求:

(1)地基稳定且具有一定的承载力。在建筑物正常使用期间,不会发生开裂、滑动和塌陷等有害的现象;地基承载力应满足上部结构荷载的要求,保证地基不发主整体强度破坏。

(2)地基的变形(沉降及不均匀沉降)不超过建筑物的允许变形值,保证建筑物不会因地基产生过大的变形而影响建筑物的安全与正常使用。

针对上述地基上建造结构物可能产生的问题,人工采取方法提高地基土的抗剪强度,增大地基承载力;改善地基土的压缩特性,减少沉降和不均匀沉降;改善土的动力特性,防止液化;消除或减少特殊土的不良工程特性(如黄土的湿陷性、膨胀土的膨胀性等)。地基处理方法按其作用机理分类如表7-1所示。

表 7-1　地基处理方法分类表

分类	处理方法	适用地基土范围
换土垫层法	浅层挖除软弱土层换填中粗砂、砂砾、碎石、石灰土或二灰土等	浅层处理无冲刷的软弱地基土
挤密压实法	(1)表层压实夯实及振动密实法	浅层处理砂土类土、非饱和黏性土和湿陷性黄土、人工填土
	(2)重锤夯实法	
	(3)强夯法	深层处理砂土类土、非饱和黏土和湿陷性黄土、人工填土土质,对饱和软黏土应慎重
	(4)砂桩(碎石、石灰、二灰桩)挤密法	深层处理各种土质,对饱和软黏土应慎重
	(5)振冲法	深层处理各种砂土类土及部分黏性土
排水固结法	(1)砂井(普通砂井、袋装砂井、塑料排水板)预压法	深层处理饱和软黏土
	(2)天然地基堆载预压法	渗透性稍好的软黏土(如有薄砂夹层)
	(3)真空预压法	深层处理饱和软黏土
	(4)降低水位法	砂质地基土
	(5)电渗法	黏土质地基土
搅拌桩法(深层搅拌法)	(1)粉体喷射搅拌法	深层处理接近饱和的软黏土及各种软弱土层
	(2)水泥浆搅拌法	深层处理接近饱和的软黏土及各种软弱土层
	(3)高压喷射注浆法	深层处理各种饱和的软黏土及各种软弱土层
灌浆胶结法	(1)硅化法	松散砂类土、饱和软黏土、湿陷性黄土
	(2)水泥灌注法	松散砂类土、碎石类土
其他方法	(1)加筋法(土木织物,加筋土树根桩)	加筋土用于路堤、挡墙,土工织物适用于稳定软土、反滤层;树根桩用于基础托换、边坡支护
	(2)热加固法,冻结法	热加固法用于湿陷性黄土;冻结法用于各类土的施工

下面着重论述在公路桥涵及人工构造物基础工程中较为常用的几种地基加固方法。

第二节　换土(垫层)法

换土(垫层)法是先将基础下一定范围内的松软土挖去,然后回填可以分层夯实的砂、砾石或素土等强度较高的填土材料。实践证明,换土垫层可以有效地处理某些荷载不大的建筑物地基问题。例如,中小桥涵、路堤、低层房屋等的地基。下面以砂垫层为例介绍换土(垫层)法的原理与计算方法。

一、砂垫层的作用

一定厚度的砂垫层主要起以下三个方面的作用:

(1)提高地基的承载力,使基底压力低于持力层的容许承载力。此外,具有一定厚度的砂砾层使松散软土层退居下卧层位置，其层面上的附加应力将有所降低，而容许承载力将会随深度的增加而有所增大，这就使得下卧层也能满足承载力要求。

（2）减小沉降量。理论上讲，对均质地层，基础下浅层地基的沉降量在总沉降量中所占比例较大，若以密实的砂代替上部的松软土层，那么就可以大大减小这部分的沉降量。

（3）加速软土层的排水固结。砂垫层提供了基底下的排水面，使砂垫层下的软土层能尽快固结并增长其强度。当然，固结的效果只限于松软土表层。应当注意，在各类工程中，砂垫层的作用是不同的，在这里起换土的作用，对路堤、土坝及后述的堆载预压中使用的砂垫层则主要是起排水固结作用。

二、砂垫层的施工与质量检验

（一）对材料的要求

砂垫层的用料要求级配良好、含泥量低、质地坚硬。一般以不均匀系数大于10、含泥量不超过3%的中粗砂为宜。细砂强度低且不易压实，不宜单独使用，可掺入25%~30%的碎石或卵石，但最大粒径不宜超过50 mm，以防止垫层本身的不均匀压缩。

（二）施工要点

基坑开挖施工时以及施工后均严禁扰动下面软土层，防止被践踏、浸泡或冻结，否则坑底土的结构遭到破坏，强度就会显著降低，在建筑物荷重作用下，将产生很大的附加沉降。因此，基坑开挖时应在坑底保留厚约200 mm的一层原土，等铺填垫层时再挖至设计标高。

当采用碎石或卵砾石作垫层材料时，为防止基坑底部的表面软土发生局部破坏而使建筑物基础产生附加沉降，基坑底部要先铺填一层厚150~300 mm的砂垫层，并用木夯夯实，然后再铺碎石垫层。

砂垫层的密实化处理是施工中的关键工序之一，直接影响垫层质量。常用的密实处理方法有振动法（平振、插振和夯实）、水撼法、碾压法等。这些方法一般都要求在基坑内分层铺砂，然后逐层密实，每层铺填厚度主要根据振动能量、设备重量和密实化原理的不同确定，一般为150~350 mm。

（三）质量检验

垫层质量检验即垫层密实程度的检验，必须分层进行。每压实一层，即应检验其平均压实系数或贯入度，达到设计要求后，方可继续铺上一层。主要的检验方法为环刀取样法（获得取样点的压实系数）和钢筋贯入法（获得取样点的贯入度）。

垫层材料除前述砂、砂砾，也可考虑用石灰土、二灰土（石灰及粉煤灰）、碎石、矿渣、加筋土等，可根据具体情况因地制宜选用。需要指出的是，透水性很强的垫层料（砂、砂砾、碎石等）不适用于湿陷性黄土及膨胀土地基。

第三节　挤（压）密法

挤（压）密法属于深层密实的方法，主要的处理方法有挤密法和强夯法。挤密法是通过挤密或振动使深层土密实，并在振动挤密过程中，回填砂、砾石、灰土、土或石灰等，形成砂桩、碎石桩、灰土桩、二灰桩、土桩或石灰桩等，与桩间土一起组成复合地基，从而提高地基承载力，减少沉降量，消除或部分消除土的湿陷性或液化性。其具体方法有重锤夯实法、砂桩挤密法、振动水冲法等。强夯法则是利用强大的夯击能，迫使深层土液化和动力固结而密实。本节着重介绍挤（压）密法中的砂桩挤密法、振动水冲法以及强夯法。

一、砂桩挤密法

砂桩挤密法是用振动、冲击或打入套管等方法在软弱地基中成孔，然后向孔中填入中、粗砂，再加以夯实形成密实的土中桩体，从而加固地基的方法。

（一）加固机理

对松散砂土，砂桩主要起挤密作用。在沉管法或干振法中，由于在成桩过程中桩管对周围砂层产生很大的横向挤压力，迫使桩管处和砂土挤向桩管周围的砂层，使桩管周围的砂层孔隙比减小、密实度增大。

对于黏性土，砂桩主要起置换和排水等作用。密实的砂桩在软弱黏性土中取代了同体积的软弱黏性土，形成复合地基，使承载力有所提高，地基沉降也变小。荷载试验和工程实践证明，砂桩复合地基在承受外荷载时，出现压力向砂桩集中的现象，使桩周围土层承受的压力减小，沉降也相应减小。如果选用砂桩材料时考虑级配，则所制成的砂桩是黏性土地基中一个良好的排水通道，加速了软土的排水固结。

砂桩作为复合地基的加固作用，除了提高地基承载力、减少地基的沉降量，还用来提高土的抗剪强度，增大土坡的抗滑稳定性。不论对疏松砂性土还是软弱黏性土，砂桩都有挤密、置换、排水、垫层和加筋等加固作用。

（二）砂桩的施工及质量检验

砂桩施工可采用振动式或锤击式成孔。振动式是靠振动机的垂直上下振动作用把带桩靴或底盖的钢套管打入土中成孔，填入砂料振动密实成桩（一面振动一面拔出套管）的；锤击式是将钢套管打入土中，其他工艺与振动式基本相同，但灌砂成桩和扩大是用内管向下冲击而成的。

浇筑成的砂桩必须保证质量要求：砂桩必须上下连续，确保设计长度；应保证每单位长度砂桩的投砂量；砂桩位置的允许偏差不大于一个砂桩直径，垂直度允许偏差不大于1.5%；加固后地基承载力可用静载试验确定，桩体强度和桩间土质量可用标准贯入法或触探法检验。

二、振动水冲法

众所周知，在砂土中加水振动可以使砂土密实。利用这个原理发展的一种加固深层软弱土的方法称为振动水冲法（简称振冲法）。在振动水冲过程中，在振冲孔内回填砂或碎石等材料而形成的密实桩体称为振冲桩。

目前，振冲法适用的范围主要是砂土和黏粒含量小于5%～10%的土类。对于黏粒含量大于25%～30%的黏性土，或不排水抗剪强度小于20 kPa的软黏土，需进一步通过试验研究确定其适用性。此法加固深度可达20 m，振冲桩径一般为0.7～1.2 m，桩距一般为桩径的2~3倍。地基加固后相对密度可提高70%以上,大面积加固后地基承载力可提高1倍以上。其优点是施工设备较简单,操作方便,施工速度快,造价较低。

(一)加固机理

对砂土地基,水冲使松散砂土处于饱和状态,砂土在强烈的高频强迫振动下产生液化并重新排列致密,且在桩孔中填入大量粗集料后,被强大的水平振动力挤入周围土中,这种泡制挤密使得砂土的孔隙比减小,相对密度增大,从而使地基承载力大幅度提高,抗液化性能得到改善。

对于黏性土地基,振动力并不能使饱和土中孔隙水迅速排出而减小孔隙比,而是依靠把粗集料振密并振压到周围黏性土中而形成直径较大的桩体,桩体与周围的地基土共同组成复合地基,从而使地基承载力得到提高。

(二)振冲桩的施工

振冲法施工的主要设备是可用起重机吊起的振冲器,如图7-1所示。

振冲器有两个功能:一是产生水平振动力(40~90 kN)作用于周围土体;二是从端部和侧部进行高压射水和补水。

施工时,先将起重机吊起振冲器就位,启动潜水电机后,带动偏心块,使振冲器产生高频振动,同时开动水泵,使高压水通过喷嘴喷射高压水流,在边振边冲的联合作用下,将振冲器沉到土中的设计深度。经过成孔后,就可从地面向孔中逐段填入粗集料,每段填料均在振动作用下被振挤密实,达到所需要的密实度后提升振冲器,孔内填料愈密实,则振动所耗的电量愈大,所以可通过观察电流的变化,来控制加固的质量。如此重复填料和振密,直至地面,从而在地基中形成一根大直径的密实桩体。图7-2为振冲法施工顺序示意图。

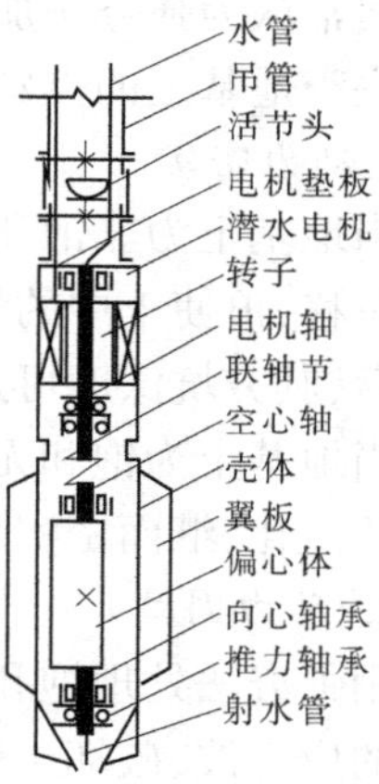

图7-1　振冲器构造示意图

振冲法加固砂性土地基,宜在加固半个月后进行效果

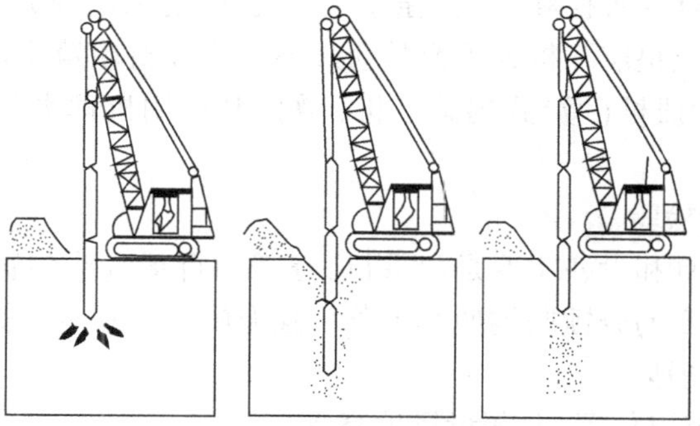

图7-2　振冲法施工顺序示意图

检验,黏性土地基则至少要一个月才能进行。检验方法可采用静载试验、标准贯入试验、静力触探等,对加固前后进行比较。

三、强夯法

强夯法是指将重为 8~80 t 的锤(最重已达 200 t)提升至 8~20 m 的高度(最高已达 40 m)自由下落,对地基施加很大的冲击能,从而加固地基的方法。它与普通重锤夯实法的最大区别在于夯击能量大,因此影响深度也比重锤夯实法深,属于一种深层挤密方法。

强夯法适用土层较广泛,包括碎石土、砂土、低饱和度的粉土和黏土、湿陷性黄土、杂填土和素填土等。对高饱和度的粉土与黏性土,当采用在夯坑内回填块石、碎石或其他粗颗粒材料进行强力置换时,应通过现场试验确定其适用性。它具有施工工艺简单、施工速度快、适用土质广、费用低、效果好等优点,但由于该法会产生强烈震动,且噪声大,城区内或建筑物密集的地方不宜使用。

(一)加固机理

通常认为强夯法加固地基有动力密实、动力固结和动力置换三种不同的加固机理。其取决于地基土的类别和强夯施工工艺。

1.动力密实

当地基土为非饱和土时,在夯实的过程中,土颗粒在强大的冲击力作用下产生较大的相对位移,迫使土中的气相被挤出,土体发生强制压缩和振密。工程实践表明,一般夯击一遍后,其夯坑深度可达 0.6~1.0 m,这主要是加固深度范围内气相体积大大减小所致。

当地基土为饱和无黏性土时,在夯实过程中,随着孔隙水压力的增大,土体产生不同程度的液化,继而密实压缩,其压实机理同振动压密相似。

2. 动力固结

用强夯法处理饱和细粒土时可借助于动力固结理论,即巨大的冲击能量在土中产生很大的应力波,破坏土体原有的结构,使土体局部发生液化并产生许多裂隙,增加了排水通道,使孔隙水顺利逸出土体逐渐固结,由于软土的触变性,强度得到提高。

3.动力置换

动力置换可分为整式置换和桩式置换。整式置换是采用强夯碎石整体挤入淤泥中,其作用机理类似于换土垫层。桩式置换是通过强夯将碎石填筑土体中,部分碎石桩(墩)间隔地夯入软土中,形成桩(墩)式的碎石桩(墩),其作用机理类似于振冲法等形成的碎石桩。

(二)施工及质量检验

强夯施工所需机具和设备主要是起重机、夯锤和自动脱钩装置。自动脱钩装置的作用是将提升到预定高度的夯锤脱钩使其下落。强夯施工的基本步骤如下:

(1)清理并平整场地;

(2)标出第一遍夯点位置,并测量场地高程;

(3)起重机就位,使夯锤对准夯点位置;

(4)测量夯前锤顶高程;

(5)将夯锤起吊到预定高度,待夯锤脱钩自由落下后,放下吊钩,再次测量锤顶高程,同时保持坑底平整;

(6)重复步骤(5),按设计夯击次数和控制标准,完成一个夯点的夯击;

(7)重复步骤(3)~(6),完成第一遍夯点的夯击;

(8)用推土机将夯坑填平,并测量场地高程;

(9)在设计的间隔时间后,按上述步骤逐次完成全部夯击遍数,最后用低能量满夯一遍,将场地表层夯实,并测量夯后场地高程。

强夯施工结束后应间隔一定的时间方可检验地基加固质量。对碎石土和砂土地基,其间隔时间可取1~2周;对低饱和度的粉土和黏性土地基可取3~4周。质量检验的方法,应根据被加固土的性质分别选用室内原状土样试验和原位测试,如静力触探、标准贯入、旁压试验以及现场静载试验等。对一般工程应采用两种或两种以上的方法进行检验,对重要工程应增加检验项目。

第四节　排水固结法

排水固结法是指利用排水固结原理,在天然地基中设置竖向排水体(砂井、袋装砂井等),铺设水平排水垫层,然后对地基施加固结压力或减小孔隙水压力,使土体中孔隙水排出,逐渐固结,地基发生沉降,同时强度逐步提高的方法。该法常用于解决软黏土地基的沉降和稳定问题,可使地基的沉降在加载预压期间基本完成或大部分完成,使建筑物在使用期间不致产生过大的沉降和沉降差。同时,可增加地基土的抗剪强度,从而提高地基的承载力和稳定性。

排水固结法的实施需依靠加压系统和排水系统两个主要部分配合完成。加压系统是为地基提供必要的固结压力而设置的,它使地基土层产生附加压力而发生排水固结;排水系统则是为了改善地基原有的天然排水系统的边界条件而设置的,其通过缩短排水距离,从而大大加速了地基土的排水固结进程。

排水固结法适用于处理各类淤泥、淤泥质土及冲填土等饱和黏性土。常见的具体方法有砂井堆载预压法、天然地基堆载预压法、真空预压法、降低地下水位法等。

一、砂井堆载预压法

利用设在地基土中的砂井作为排水通道,缩短孔隙水排出的渗径,并在砂井顶部铺设砂垫层,砂垫层上部压载使土中产生附加应力,进而使孔隙水产生超静水压力将水排出土体,软土得以提前固结,地基土强度增大。这种方法称为砂井堆载预压法(简称砂井法),如图7-3所示。砂井法主要适用于没有较大集中荷载的大面积荷重或堆土荷重工程,如路堤、水库、土坝、油罐、仓库、码头等工程。

(一)预压荷载的大小、分布及加荷速率

预压荷载的大小根据设计要求确定,一般宜接近设计荷载,必要时可超出设计荷载10%~20%(即超载预压,用于对沉降有严格限制的地基)。预压荷载的分布应与建筑物设计荷载的分布大致相同。

在施加预压荷载的过程中,需采取分级加荷,并严格控制加荷速率的方法进行,目的是使之与地基的强度增长相适应,避免地基失稳破坏。通常,待地基在前一级荷载作用下

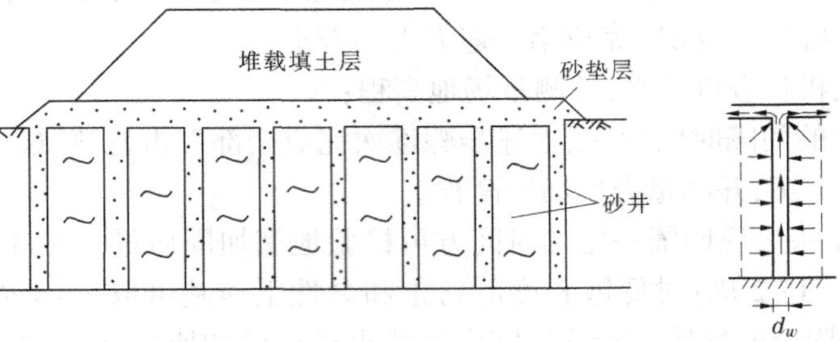

图 7-3　砂井地基工程剖面

d_w—砂井直径

达到一定固结度后(通常取 70%)再施加下一级荷载,特别在加荷后期,更须严格控制加荷速率。加荷速率可通过理论计算确定,但在实践中,常通过现场原位测试来控制。一般情况下,荷重小于 60 kPa 时,加荷速率可不受限制。

(二)施工及质量检验

凡是运用排水固结原理的各种地基处理方法,其施工主要内容均可归结为三个主要方面:①铺设水平排水砂垫层;②设置竖向排水体;③施加固结压力。垫层材料通常采用级配良好的中粗砂,含泥量不大于 3%,渗透系数一般不低于 10^{-3} cm/s。垫层施工一般采用机械分堆摊铺法,若地基表面过软,可用人工或轻型机械顺序摊铺或在地面表面先铺设钢筋网层等。施工时,应避免对软土表层的过大扰动。

根据成孔工艺不同,砂井施工方法有沉管法、水冲成孔法和螺旋钻孔法。每种方法各有利弊,应根据实际情况选择使用,以满足砂井质量为首要标准,即砂井长度、直径和间距等需符合设计要求,且施工位置准确、垂直度高,并应保证砂井的连续和密实,尽量避免砂井缩颈和挤土涂沫效应(沉管法易产生此效应)等影响排水效果的现象发生。

堆载预压的材料一般为散材,如土、石料、砖等。大面积施工时常采用自卸车与推土机联合作业。堆载预压施工的关键在于严格控制加载速率,保证在各级荷载下地基的稳定性,同时还要避免堆载不匀而引起的地基局部破坏。

预压后的地基须进行十字板抗剪强度试验及室内土工试验等,以检验处理效果。以稳定性控制的重要工程,应在预压区内选择有代表性的点预留孔位,进行上述试验,验算地基的抗滑稳定性。

二、其他排水固结法简介

(一)天然地基堆载预压法

天然地基堆载预压法是在结构物施工前,用与设计荷载相等(或略大)的预压荷载(如砂、土、石等重物)堆压在天然地基上,使地基软土得到固结压缩,以提高其强度(也可以利用结构物本身的重量分级施加预压),减少以后的沉降量,待地基强度、变形达到设计预期要求后,须将预压荷载撤除,在经预压的地基上修建结构物。

此法与砂井堆载预压法的最大不同在于地基内部未设置人工排水系统,完全依靠天然地基自身的排水固结来完成预压过程,所以有费用少但工期长的特点。如软土层不太厚或软土中夹有多层粉细砂夹层，无须太长时间即可获得较好的预压效果时可考虑采用，否则排水固结时间过长，应用将受到工期限制。此法设计计算可采用一维固结理论。

(二)袋装砂井和塑料排水带预压法

用砂井法处理软土地基时，若砂井施工质量较差或地基土产生较大水平向变形常会出现砂井颈缩、错位、断颈等质量问题，直接影响排水固结的效果。袋装砂井和塑料排水带则是针对砂井的上述缺点而替代砂井的方法，它们均是利用自身具备的抗拉强度和一定的柔性避免了砂井质量问题的产生。

袋装砂井直径一般采用 7~10 cm，间距为 1.5~2.0 m(井径比取 16~25)。砂袋材料普遍采用透水性好，抗拉强度高，且具有较好抗老化、耐腐蚀性能的聚丙烯编织布。其施工有专用的导管式振动打桩机。施工的基本步骤包括设备定位、整理桩尖、导管沉入、砂袋灌砂并放入导管、管内灌水、拔管等。

塑料排水带结构型式各异，但可分为两大类，即多孔质单一结构型和复合结构型，如图 7-4 所示。多孔质单一结构型是用聚氯乙烯加工而成的多孔性材料，透水性极好，且不易堵塞，是一种很好的排水材料。这种排水法简称为 PVC 排水法。复合结构型由塑料心板外套挡泥滤膜组成，心板多由不易产生压缩变形、具有较高强度的聚乙烯或聚丙烯塑料制成两面有隔槽的板体，滤膜则由渗透性好且耐腐蚀的涤纶衬布制成。塑料排水带需要专门的插板机将其插入地基中。其施工基本步骤包括设备定位、塑料带通过导管管靴穿击并与桩尖连接固定、塑料板插入土中、拔出导管、剪断塑料带等。

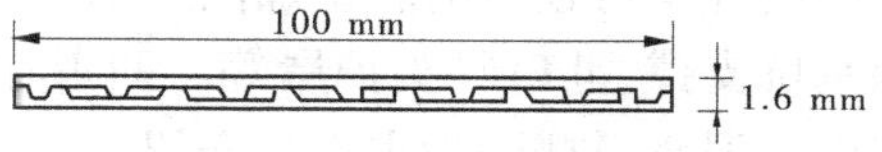

(a)多孔单一型

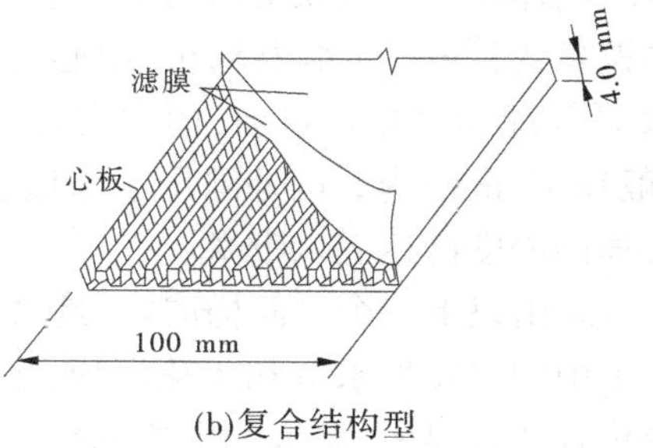

(b)复合结构型

图 7-4　塑料排水带的结构

(三)真空预压法和降水预压法

真空预压法是以大气作为预压荷重的一种预压固结法。在需要加固的软土地基表面铺设砂垫层，然后埋设垂直排水通道(砂井、袋装砂井或塑料排水带)，再用不透气的封闭薄膜覆盖软土地基，使其与大气隔绝，薄膜四周埋入土中，通过在砂垫层内埋设的吸水管道，用真空泵进行抽气，使排水系统中维持较高的真空度，从而产生膜内外的大气压力差，该压差成为作用于地基的预压荷载，使土体逐渐排水固结。该法非常适用于很软的地基(新吹填土等)，且工期较短。

降水预压是通过井点抽水降低地下水位，去掉了土体的浮力，使自身有效应力增大，从而促进软弱地基固结的方法。用井点法降水 5~6 m，降水预压荷载可达 50~60 kPa，相当于堆高了 3 m 左右的砂石，故其效果是可观的，而工程量则小得多。

以上两种方法与堆载预压法相比，有一个显著的优点，即不会引起土体破坏失稳，因而不需要控制加荷速率，可加快固结。但这两种方法的操作技术较复杂，应根据具体情况选用。另外，降水预压法可能会引起邻近建筑物基础的附加沉降，这一点必须引起足够的重视。

第五节　化学加固法

化学加固法是指利用水泥浆液（粉体）、黏土浆液或其他化学浆液，通过机械搅拌、高压喷射或灌注压入，就地使浆液（粉体）与土颗粒发生化学反应胶结起来，以改善地基土的物理和力学性质的地基处理方法。加固处理方法有水泥土搅拌法、高压喷射注浆法及灌浆胶结法等。

一、水泥土搅拌法

根据施工工艺的不同，水泥土搅拌法又称为深层搅拌法，分为水泥浆搅拌和粉体喷射搅拌两种具体方法。两者同属低压机械搅拌法，具有施工效率高、成本低、施工场地小、无环境污染等优点，是目前国内外用得较多的软土加固技术。它们常用于公路、铁路的厚层软土地基加固，也用于深基坑支撑、港口码头护岸等。两者在适用范围、设计计算和质量检验等方面基本相同，现以水泥浆搅拌法为主进行介绍。

水泥浆搅拌法是用回转的搅拌叶将压入软土内的水泥浆与周围软土强制拌和形成水泥加固体。该法使用的主要设备为搅拌机（由电动机、中心管、输浆管、搅拌轴和搅拌头等组成）及灰浆拌和机、灰浆泵等配套机械。目前，国内设备仅限于陆地使用，桩径一般为 0. 5~0. 6 m，加固深度一般在 15 m 以内。国外除用于陆地软土地基，还用于海底软土加固，最大桩径 1. 5 m 以上，加固深度已达五六十米。

水泥搅拌加固软黏土的机理由以下三个方面构成：一是水泥的水解和水化反应，即水泥颗粒表面的矿物很快与软土中的水发生水解和水化反应，生成氢氧化钙、含水硅酸钙、含水铝酸钙及含水铁酸钙等化合物；二是水泥水化生成的钙离子与土粒中的钠离子交换使土粒大粒化，以及硬凝反应逐渐生成不溶于水的稳定结晶化合物；三是碳酸化作用生成不溶于水的碳酸钙。随着时间的推移，固化物逐渐增多，使得软土强度逐渐提高。

二、高压喷射注浆法

高压喷射注浆法（又称旋喷法）是利用钻机将带有喷嘴的注浆管钻进至土层的预定位置后，以 20 MPa 左右的高压将加固用浆液（一般为水泥浆）从喷嘴射出，冲击土层，土层在高压喷射流的冲击力、离心力和重力等作用下，与浆液搅拌混合，浆液凝固后，便在土中形成一个固结柱体。

喷射方式可分为旋转喷射、定向喷射和摆动喷射三种。旋转喷射的喷嘴边喷边旋转和提升，固结体呈圆柱状，主要用于加固地基；定向喷射喷嘴边喷边提升，喷射方向固定，固结体呈壁状；摆动喷射固结体呈扇状墙。后两种方式常用于基坑防渗和边坡稳定等工程。

高压喷射注浆法用于砂土、黏性土、湿陷性黄土、淤泥和人工填土等多种土类的加固，加固直径（厚度）为 0.5～1.5 m；加固体抗压强度（325 号水泥 3 个月龄期）：加固软土为 5～10 MPa、加固砂土为 10～20 MPa。对于砾石粒径过大、含腐殖质过多的土加固效果较差。对于地下水流较大、对水泥有严重腐蚀的地基土也不宜采用。

高压喷射注浆法是 20 世纪 60 年代后期由日本人提出的，后来经改进形成的高压浆液与气流同轴喷射的二重管喷射法，压注浆、气、水三种介质的三重管喷射法被国外许多国家相继引进应用。我国在 20 世纪 70 年代开始将此类方法用于对桥墩、房屋等进行地基加固。

旋喷法加固地基的施工程序如图 7-5 所示。图中①表示钻机就位后先进行射水试验；②、③表示钻杆旋转射水下沉，直到设计标高为止；④、⑤表示压力升高到 20 MPa 喷射浆液，钻杆约以 20 r/min 旋转，提升速度为每喷射三圈提升 25～50 mm，这与喷嘴直径、加固土体所需加固液量有关（加固液量经试验确定）；⑥表示已旋喷成桩，再移动钻机重新以②～⑤程序进行加固土层。

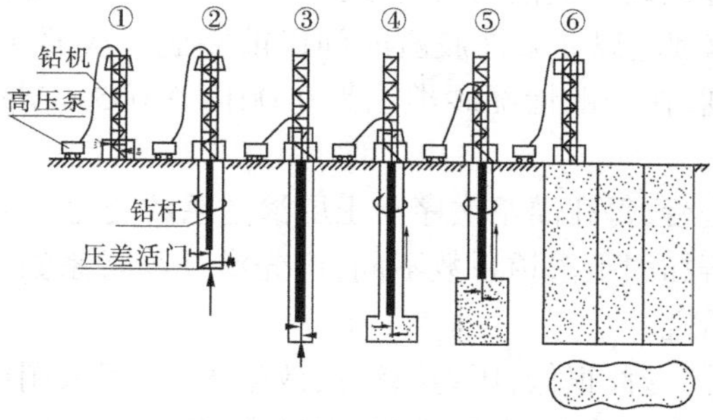

图 7-5　旋喷法施工工艺流程图

三、灌浆胶结法

（一）概况

灌浆胶结法利用压力或电化学原理通过注浆管将加固浆液注入地层中，以浆液挤压土粒间或岩石裂隙中的水分和气体，经一定时间后，浆液将松散的土体或缝隙结成整体，形成强度大、防水及防渗性能好的人工地基。

灌浆方法可分为压力灌浆和电动化学灌浆两类。压力灌浆是常用的方法，是在各种大小压力下使水泥浆液或化学浆液挤压充填土的孔隙或岩层缝隙的地基处理方法。电动化学灌浆是在施工中以注浆管为阳极、滤水管为阴极，通过直流电的电渗作用，孔隙水由阳极流向阴极，在土中形成渗浆通道，化学浆液随之渗入孔隙而使土体硬结的地基处理方法。

灌浆胶结法所用浆液材料有水泥浆液和化学浆液两大类。

水泥浆液采用的水泥一般为400号以上的普通硅酸盐水泥，由于含有水泥颗粒，属于粒状浆液，故对空隙小的土层难以压进，只适用于对粗砂、砾砂、大裂隙岩石等空隙直径大于2.2 mm的地基加固。如为超细水泥，则可适用于细砂等地基。水泥浆液有取材容易、价格便宜、操作方便、不污染环境等优点，是国内外常用的压力灌浆材料。

常用的化学浆液是以水玻璃($Na_2O \cdot nSiO_2$)为主剂的浆液。由于其具有无毒、价廉、流动性好等优点，在化学浆材中应用最多，约占90%。其他还有以丙烯酸胺为主剂和以纸浆废液木质素为主剂的化学浆液，它们性能较好，黏滞度低，能注入细砂等土中。化学浆液有的价格较高，有的虽价廉源广，但有含毒的缺点，故当前用于加固地基时受到一定限制，尚待试验研究改进。

(二)硅化法加固地基

浆液灌注有打管入土、冲洗管、试水、注浆及拔管等工序。

注浆管用内径为19~38 mm的钢管，下端约0.5 m段钻有若干直径2~5 mm的孔眼，浆液由孔眼向外流出，用机械设备将注浆管打入土中，然后用泵压水冲洗注浆管，以保证浆液能畅通地灌入土中。

试水即将清水压入注浆管，以了解土的渗透系数，以便调整浆液比重，确定有效灌注半径、灌注速度等。

灌浆压力不应超过该处土上覆压力过多，一般灌浆压力随深度变化，每加深1 m可增大20~50 kPa。灌浆速度应以在浆液胶凝时间以前完成一次灌注量为宜，可根据土的渗透系数以压力控制速度，在一般情况砂类土为0.001~0.005 m^3/min，渗透性好的砂土选用高值，否则用低值。

灌浆宜按孔间隔进行，每孔灌浆次序与土层渗透系数变化有关，若加固土渗透系数相同，应先上后下灌注，若加固土渗透系数不同，应先灌注渗透系数大的土层。灌浆后应立即拔出注浆管并进行清洗。

在软黏土中，土的渗透性很低，压力灌注法效果极差，可采用电动硅化法代替压力灌注。但电动硅化由于受灌注范围、电压梯度、电极布置等条件的限制，仅适用于较小范围的地基加固。硅化法加固地基在公路上仅用于少数已有结构物地基的加固。

四、高聚物注浆法

(一)概况

高聚物注浆技术是20世纪70年代发展起来的基础工程设施快速维修技术，该技术在国际上已经广泛应用于下列工程领域：公路、城市道路及机场道面维修，工业与民用建筑的地基加固。自1989年以来，高聚物注浆技术已经在世界范围内的75 000多个工程中得到应用，解决了混凝土路面的抬升以及土基层的稳定问题。

高聚物注浆技术的推广和应用已形成国际化的网络体系。目前，参加该技术的国家有芬兰、意大利、美国、澳大利亚、德国、法国、荷兰、比利时、丹麦、挪威、葡萄牙、西班牙、英国、瑞典、瑞士、土耳其、日本、韩国、中国、越南、墨西哥等50多个国家和地区。

高聚物注浆材料(URETEK)是一种新的化学浆液，它是双组分聚氨酯的一种，两种组分材料的颜色不同，通常根据颜色将其分为蓝料和红料，在反应前分装在不同的密闭容器内,任一组分材料暴露在空气中,均不会发生化学反应,同时材料不溶于大多数溶剂,但可以溶于汽油等油类。材料在芳香族氧化物溶剂里会发生膨胀,但干燥后可以恢复其原有的性能。在水溶液和一般的酸、碱、盐等溶液环境下,材料都很稳定,但强酸和强碱可以改变材料性能使其降解。

高聚物材料在膨胀过程中遇到的阻力与体积的增加成反比,该反应过程受周围土体的约束,转移由压缩过程所产生的能量,依赖于土体类型最终变成具有某一密度的聚合体。如果土体是小颗粒,混合体将充满空隙,起到水力黏合剂的作用,形成一个具有明显力学特征的巨型聚合体。如果土体具有黏结能力,混合体并不是充满所有的空隙,而是有一定密度的条状栅格,类似于植物的根系,从而由条状产物的压缩和增强作用形成一个块体。树脂材料可以抵抗霉菌和真菌的侵蚀,不会发霉和腐烂。材料不滋生昆虫和老鼠等啮齿动物,化学性质呈中性。材料暴露于室外时,阳光中的紫外线会导致材料变黄,表面变脆,但由于材料被注入地下,这并不影响材料的使用。

(二)特点

高聚物注浆材料和技术具有以下特点。

1.膨胀性

高聚物材料的自由膨胀非常大,是因为其利用了树脂混合物的膨胀特性,这样可以稳定土基和抬升路面、地板或建筑物等,并且提高地基的承载力。两种树脂混合物发生反应后,它们的体积会增大很多倍。膨胀速度避免了树脂材料在地下被分散。通常,材料在受阻力较小的方向膨胀更多,因此材料总是易于流向土基中最软弱的地方,并膨胀和压密这些地方。

2. 轻质性

材料非常轻。

3. 防水性

材料可以排出下层积水,并且在注浆时和注浆后都不受潮湿条件的影响。固化之后材料可以阻止水的进一步渗透,对路面裂缝和接缝有良好的密封作用。

4. 耐久性

材料可以保证有10年的稳定性。材料的耐久性意味着10年内不发生收缩和变质。

5. 快硬性

高聚物材料能够迅速完成膨胀和固化,并且在15 min内达到其最终强度的90%。

6. 强度特性

材料具有良好的弹性较高强度,能够满足工程应用的需要,特别是具有较高的抗拉强度。

7. 快速

注浆过程方便快捷,不需要养护,极大地缩短了施工时间。注浆后可以迅速开放交通,投入使用,对交通干扰较小,这对交通量大的重要道路而言是十分重要的。

8. 安全性

材料在国外经过了广泛的试验,符合美国环保署的标准,呈惰性性质。在周围环境中呈中性,不危害环境,不污染土壤和水。材料不受霉菌和真菌的侵蚀。

（三）主要步骤

高聚物注浆技术可以解决路面抬升等复杂的交通运输设施的维修问题，在业内是一种快速、高效、安全和持久的维修方法。该方法在使用过程中分为几个步骤，广泛应用于高速公路、道路、机场路面和其他交通运输设施的维修中，其主要步骤如下。

1. 检测破坏区域

在高速公路和公路的维修中，首先用落锤式弯沉仪（FWD）或路用探地雷达（GPR）来确定表面层下脱空的位置和程度。这些设备可以查找脱空，并且降低了传统的检测方法带来的封闭行车道和干扰交通的负面影响，也可以在固定点使用动态锥形透度仪，这种仪器可以测定道路、机场道面以及桥头板下的基层土的相对强度。当该技术用于强化和压密软弱土基层时，根据所测的信息可以确定注浆的准确位置和深度。

2. 维修破坏区域

检测完破坏区域后，需要做表面状况分析以确定路面的任何微小的沉降。接着将高聚物材料沿着事先在路面上钻好的直径约为 1.6 cm 的孔注入地下空洞区。注浆后，材料开始膨胀固结形成稳定、坚固、轻质的基础替换材料。由于材料具有防水性，因此面层下的积水或潮湿土不会对材料的固结和性能造成负面的影响。实际上，积水被排开，湿土被强化了。然后重复注浆，注浆孔的位置如栅格排列，直到所有的区域得到了充分的填充和密封。

3. 监测维修过程

在抬升路面时，要用到激光水准监测装置来精确地监测其过程。材料迅速膨胀并在 15 min 之内达到其最终抗压和抗拉强度的 90%。由于高聚物材料非常轻，因此对下部结构的附加荷载也非常小。该高聚物材料最终可以达到与基础材料相当的抗压强度。

（四）注浆技术解决的问题

在解决路面抬升和地基加固问题时，高聚物注浆方法在以下几个方面的关键应用中具有比传统的方法显著的优点。

1. 脱空填充

当遇到雨雪天气或者温度的剧烈变化时，就会出现诸如裂缝和水坑等问题，并导致路面下出现脱空。这些脱空会导致沉降、坑洞、沉降洞或裂缝而使路面不稳定。

注浆方法在解决这些类型的脱空时十分有效。具有膨胀性和防水性的高聚物材料可以积极地排开积水，填充脱空。同时，可以强化土基以阻止脱空的延伸以及新的裂缝的形成。

2. 稳定作用

通过填充板下的脱空和密封，注浆方法可以起到稳定作用，阻止唧泥和进一步的沉降发生。该方法可以有效地填充脱空，起到密封作用以阻止水的浸入而导致的破坏，还可以压密和稳定数米深的土基层。这是集密封、稳定和快速维修为一体的过程，可以迅速地修好问题区域使其投入使用。

3.抬升作用

无论对混凝土路面还是沥青路面，注浆方法都能够快速经济地解决增强、抬升和重整问题。486 材料的膨胀和防水特性以及 10 年以上的耐久性可以很好地解决路面的沉降问题。材料注入结构层之后,提升精度可以控制在 1/10 in(1 in = 2.54×10^{-2} m),保证了精确性。

4. 密封作用

对许多道路而言,密封接缝和裂缝以防止水的渗入是一件十分重要并且常常需要重复做的事情。作为密封层使用时,要把材料通过统一的网格状的钻孔注入面层以下。注浆后材料会膨胀,搜寻并填充表面下的裂缝、漏洞、脱空和接缝,形成坚固、稳定和持久的防水层。

第六节 砂石桩处理法

一、砂石桩的特征

砂石桩是指采用振动、冲击或水冲等方式在软弱地基中成孔后,再将碎石、卵石、角砾、圆砾、砾砂、粗砂、中砂或石屑硬质材料挤压或填筑到已成的孔中,形成大直径的砂石所构成的密实桩体,这种桩体与桩间土一起形成复合地基。

砂石桩的处理范围应大于基底范围,处理宽度宜在基础外缘扩大 1~3 排桩。

砂石桩法适用于挤密松散砂土、粉土、黏性土、素填土、杂填土等地基;对饱和黏土地基上变形控制不严的工程也可采用砂石桩置换处理。

桩的土抗力分为两种,即作用于桩侧壁的摩阻力和作用于桩底端的端阻力。摩阻力和端阻力都是通过桩土间的界面传递到桩上的,所以桩土间界面的状态对于桩的承载力是至关重要的。

桩所受到的荷载向土层中的传递过程可以描述如下:桩身受荷载的作用产生向下的位移,同时通过桩土间的摩阻力带动桩周的环形土体向下运动,这种运动通过土体间的剪应力和剪应变一环一环地向外扩散,直到离桩心比较远的位置时才收敛为零。另外,当桩向下运动而使桩端土层产生压缩时,桩端土也会产生相应的抗力。这两种抗力合称为轴力桩的土阻抗。一般而言,桩的土阻抗是由桩身位移而产生的,随其发展而增长,一直到达其极限。如果外荷载继续增加,桩土体系便进入破坏状态。

砂石桩桩长需根据工程要求和工程地质条件通过计算确定:

(1)当松软土质厚度不大时,砂石桩宜穿过松软土层。

(2)当松软土质厚度较大时,对于按稳定性控制的工程,砂石桩应不小于最危险滑动面以下 2 m 的深度;对于按变形控制的工程。砂石桩桩长应满足处理后地基变形和软弱下卧层承载力的要求。

(3)对于可液化的地基,砂石桩桩长应按《建筑抗震设计规范》(GB 50011—2001)的有关规定选定。

(4)桩长不宜小于 4 m。

二、砂石桩间距和布置

砂石桩布置有单桩和多桩,其布置形式如图 7-6、图 7-7、图 7-8 所示。

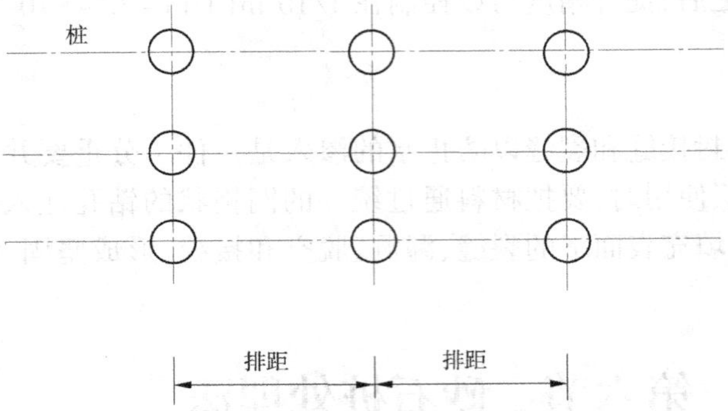

图 7-6　矩形布桩方式

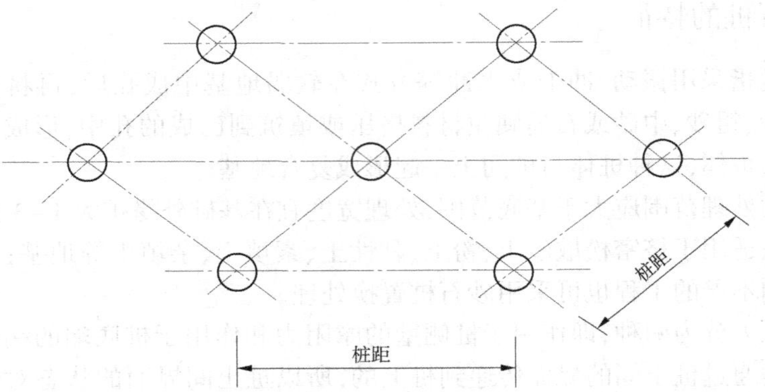

图 7-7　等边三角形布桩方式

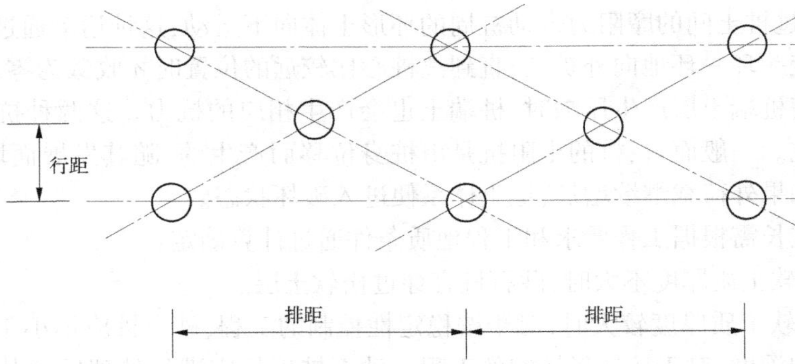

图 7-8　梅花形布桩方式

对于粉土和砂土地基，砂石桩间距不宜大于砂石桩直径的 4.5 倍；对于黏性土地基，砂石桩间距不宜大于砂石桩直径的 3 倍。

一根桩承担的处理面积可按如下方法计算：对于矩形布桩，一根桩承担的处理面积等于两个方向的桩距的乘积；对于等边三角形布桩，一根桩承担的处理面积等于 0.866 乘以桩距的平方；对于梅花形布桩，一根桩承担的处理面积等于桩的行距与排距的乘积。

砂石桩的施工顺序：对于砂土地基应从外围或两侧向中间进行，对于黏性土地基宜从中间向外围或隔排施工；在既有建(构)筑物邻近施工时，应背离建(构)筑物方向进行。砂石桩的施工质量检验可采用单桩载荷试验，对桩体可采用动力触探试验检验，对桩间土可采用标准贯入、静力触探、动力触探或其他原位测试等方法进行检测。桩间土质量的检测位置应在等边三角形或正方形的中心。检测数量不应少于桩孔总数的2%。

竣工验收承载力检验应进行单桩复合地基或多桩复合地基载荷试验，试验数量不应少于总桩数的0.5%，且每个单体建筑不得少于3个点。

第七节　几种特殊地基的处理

一、软土地基

(一)软土的性质及特点

软土的性质及特点如下所述。

1.天然含水量高、孔隙比大

软土的天然含水量一般都大于30%，最高可达200%。软土的饱和度通常大于90%，液限一般为35%~60%，液性指数大多大于1.0。软土的天然重度较小，一般为15~19 kN/m^3，孔隙比大于1.0，最高甚至可达6.0。软土因其天然含水量高、孔隙比大，导致了软土地基具有变形特别大、强度低的特点。

2.透水性低

软土的透水性很低，竖向的渗透系数值为 10^{-8}~10^{-9} m/s。如此小的渗透系数使得软土的固结需要相当长的时间。同时，在加载初期，地基中常出现较高的孔隙水压力，影响地基强度。

3.高压缩性

软土孔隙比大，具有高压缩性的特点，又因为软土中存在大量微生物，由于厌气菌的活动，在土内蓄积了可燃气体(沼气)，致使土的压缩性增高，并使土层在自重和外荷作用下，长期得不到固结。软土的压缩系数一般为0.5~2.0 MPa^{-1}，最大可达4.5 MPa^{-1}。在其他物理性质指标相同的情况下，软土液限指数越大，压缩性越高。

4.抗剪强度低

软土的抗剪强度很低，且与排水固结程度密切相关。在不排水剪切时，软土的内摩擦角接近于零，抗剪强度主要由黏聚力决定，而黏聚力值一般小于20 kPa。经排水固结后，软土的抗剪强度便能提高，但由于其透水性差，当总应力增加时，孔隙水渗出过程相当缓慢，因此抗剪强度的增长也很缓慢。

剪切试验方法应根据地基应力状态、加荷速率和排水条件来选择。除室内试验，还可补充现场原位测试方法，以得到较正确的结果。

5.触变性

软土具有絮凝结构，是结构性沉积物，具有触变性。当其结构未被破坏时，具有一定的结构强度，但一经扰动，土的结构强度便被破坏。软土的灵敏度(结构破坏前后强度之比)一般为3~4，个别可达8~9，其随着亲水性矿物成分的增加而增加。在软土钻孔取样时，常可能使土受到扰动,发生触变,而使得试验结果不能完全反映土的实际情况,所以宜采用一些原位测试方法(如十字板剪切试验、标准贯入试验等)与室内试验结果相互分析补充。

6.流变性

软土具有流变性,其中包括蠕变特性、流动特性、应力松弛特性和长期强度特性。蠕变特性是指在荷载不变的情况下变形随时间发展的特性;流动特性是土的变形速率随应力变化的特性;应力松弛特性是指土体在恒定的变形条件下应力随时间减小的特性;长期强度特性是指土体在长期荷载作用下土的强度随时间变化的特性。考虑到软土的流变性,用一般剪切试验方法求得的软土的抗剪强度值,不宜全部用足。

(二)软土地基基础工程设计要点

软土地基的强度低、变形大、稳定性差,是造成桥梁、道路等人工构造物基础过大沉降、不均匀沉降、位移、倾斜、开裂、失稳或严重损坏等事故的主要原因,也是工程中必须全面、充分注意的问题。

1. 全面掌握工程地质资料,合理选择桥位及下部结构

在软土地区修筑桥梁时必须首先进行较详细的工程地质、水文地质勘测工作(按工程性质和规模确定勘察范围及详细程度),查明该软土的地质及工程特性,掌握全面、翔实的资料。这是合理选择桥位及适当结构类型的首要条件,也是保证设计和施工能紧密结合实际,采取有针对性措施的必要条件。

在软土地区,桥梁位置(尤其是大型桥梁)既要与路线走向协调,又要注意构造物对工程地质的要求。如果地基土属深、厚软黏土,特别是流动性的淤泥、泥炭和高灵敏度的软土,不仅设计技术条件复杂,而且将给施工、养护、运营带来许多困难,工程造价也将增大,应力求避免,另选择软土较薄、均匀、灵敏度较小的地段可能更为有利。对于小桥涵,可优先考虑地表硬壳层较厚、下卧层为一般均匀软土处,以争取采用明挖刚性扩大基础,降低造价。

在确定桥梁总长、桥台位置时,除应考虑泄洪、通航要求,还应进一步结合桥台和引道的结构、稳定考虑。如能利用地形、地质条件,适当地布置或延长引桥,使桥台置于地基土质较好或软土较薄处,以引桥代替高路堤,减少桥台和填土高度,会有利于桥台、路堤的结构和稳定。在造价、占地、养护费用、运营条件等通盘考虑后,其往往在技术上、经济上趋于合理。

软土地基上的桥梁宜采用轻型结构,减轻上部结构及墩台自重。由于地基易产生较大的不均匀沉降,一般以采用静定结构或整体性较好的结构为宜,如桥梁上部可采用钢筋混凝土空心板或箱形梁;桥台可采用柱式、支撑梁轻型桥台或框架式等组合式桥台;桥墩宜采用桩柱式、排架式、空心墩等。涵洞宜用钢筋混凝土管涵、整体基础钢筋混凝土盖板涵、箱涵等,以保证涵身刚度和整体性。

2. 不同基础型式的设计要点

我国在软土地区的桥梁基础常用的是刚性扩大基础(天然地基或人工地基)和桩基础,也有用沉井基础的。现结合软土地基的特点,介绍设计时应注意的几个问题。

1)刚性扩大浅基础

在较稳定、均匀、有一定强度的软土上修筑对沉降要求不严格的矮、小桥梁,常采用天

然地基(或配合砂砾垫层)上的刚性扩大浅基础。如软土表层有较厚的硬壳也可考虑利用。刚性扩大基础常因软土的局部塑性变形而使墩台发生不均匀沉降,由于台后填土的影响使桥台前后端沉降不匀而发生后仰也是常见的工程事故,有时还同时使桥台向前滑移。因此,在设计时应注意对基础受力不同的边缘(如桥台基础的前趾、后踵)沉降的验算及其抗滑动、倾覆的验算。

设计时,可采用人工地基如有针对性地铺设砂砾垫层,对地基进行加载预压,以减少地基的沉降和调整沉降差,或采用深层搅拌法,以水泥土搅拌桩或粉体喷射搅拌桩加固软土地基,按复合地基理论验算地基各控制点的承载力和沉降(加固范围应包括桥头路堤地基的一部分)。采取结构措施和改用轻型桥台、埋置式桥台,必要时改用桩基础等;也有人建议对小桥(如单孔跨径不超过 8 m、孔数不多于 3 孔)可将相邻墩台刚性扩大基础扩展联合成整体,形成联合基础板,在满足地基承载力和沉降的同时,可以解决桥台前倾后仰和滑移问题。但此时为避免基础板过厚,常需配置受力钢筋改为柔性基础,应先进行技术、经济方案比较,全面分析后再选用。为了防止小桥基础向桥孔滑移,也可仅在基础间设置钢筋混凝土支撑梁。

2)桩基础和沉井基础

在较深厚的软土地基上,大中型桥梁常采用桩基础,它能获得较好的技术效果,若经济上合理,应是首选的方案。施工方法可以是打入(压入)桩、钻孔灌注桩等。要求基桩穿过软土深入硬土(基岩)层,以保证足够的承载力和较小的沉降。当软土很厚而采用长的摩擦桩时,应注意桩底软土强度和沉降的验算,必要时可对桩周软土进行压浆处理或做成扩底桩。

打入桩的桩距应较一般土质适当加大,并注意安排好桩的施打顺序,避免已打入的邻桩被挤移或上抬,影响质量。钻孔灌注桩一般应先试桩,避免成孔时发生缩孔、塌孔。

软土地基桩基础设计中,应充分注意由于软土侧向移动而使基桩挠曲和受到的附加水平压力以及由于软土下沉而对基桩发生的负摩阻力。现分述如下:

(1)地基软土侧向移动对基桩的影响。在软土地基上,桩基础的桥台、挡墙等由于受台后填土重力的挤压,地基软土侧向移动,桩—土间产生附加水平压力,如图 7-9 所示,引起桩身挠曲,使桥台后仰和向河槽倾移,甚至造成基桩折损等事故。

我国《公路桥涵地基与基础设计规范》(JTG D63—2007)要求桥台的基桩上部位于摩擦角小于 20°的软土中时,应验算桩因该层土施于基桩的水平力所产生的挠曲(国外也提出当台后填土重超过软土屈服强度 $P_y=3C_u$ 时进行相应验算)。在此情况下,桩身所受到的附加水平力、发生的挠曲与填土高度密切相关,也与基桩穿越的各土层层厚、软土的力学性质、软土移动量及随深度的变化、基桩刚度及其两端支撑条件等因素有关。

为了避免桩基础及桥台后仰或前倾,可采取措施加强桩顶约束和平衡(或减少)土压力。如采用低桩承台、埋置式桥台或台前加筑反压护道和挡墙(其地基应经处理),也可采用刚度较大的基桩和多排桩基础(打入桩可采用部分斜桩),对软土地基预先加载预压等。为保证基桩具有足够的抗弯强度,现一般将桥台后排桩视为竖梁单独设计。

(2)地基软土下沉对基桩的影响。软土下沉基桩受到负摩阻力,将产生较大的沉降或使桩身纵向压屈破坏,必须予以重视。在较厚、较弱软土上下沉沉井,往往因下沉速度

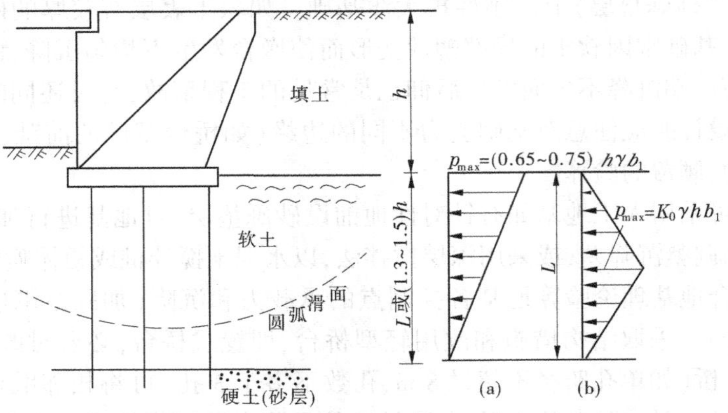

图 7-9　台后填土对软土中基桩的影响

快而发生沉井倾斜、位移等,应事先注意采取防备措施,如选用轻型沉井、平面形状采用圆形或长宽比较小的矩形、立面形状采用竖直式等。施工时尽量对称挖土,控制均匀下沉并及时纠偏。

(3)桥台及桥头路堤软土地基的稳定。软土地基抗剪强度低,在稍大的水平力作用下桥台和桥头路堤易发生地基的纵向滑动失稳,应按已介绍的方法进行验算。如稳定性不够,小桥可采用支撑梁、人工地基等;大中桥梁除将浅基改为桩基,采用人工地基、延长引桥使填土高度降低或桥台移至稳定土层上,常用的方法是采取减少台后土压力措施或在台前加筑反压护道(应注意台前过水面积的保证),埋置式桥台也可同时放缓溜坡,反压护道(溜坡)的长度、高度、坡度,以及地基加固方法等都应该经计算确定。施工时注意台前、后填土进度的配合,避免有过大的高差。

桥头路堤填土(包括桥台锥坡)横向失稳也须经过验算加以保证,需要时也应放缓坡度或加筑反压护道。桥头路堤填土稍高时,路堤下沉使桥台后倾是软土地区桥梁工程常发生的事故。除应对桥台基础采取前述的有针对性的结构措施及改用轻质材料填筑路堤,一般也常对路堤的地基采取人工加固处理的措施。

我国近年来软土地基加固技术发展很快,浅层加固处理的砂砾垫层,深层加固处理的各种堆载排水固结法、振冲法,深层水泥浆搅拌法、粉体喷搅法等得到了广泛的应用,强夯法也在探讨使用中。

二、湿陷性黄土地基

(一)湿陷性黄土的特征

天然含水量的黄土若未受水浸湿,一般强度较高,压缩性较小。但有的黄土在受水浸湿后,土的结构迅速破坏,并发生显著的附加下沉,强度也随着迅速降低。这种黄土称为湿陷性黄土。不发生湿陷的黄土称为非湿陷性黄土。湿陷性黄土分为自重湿陷性黄土和非自重湿陷性黄土两种。在土自重压力下受水浸湿后发生湿陷的为自重湿陷性黄土,而在此压力下受水浸湿不发生湿陷,需在自重应力和附加应力共同作用下,受水浸湿才发生湿陷的称为非自重湿陷性黄土。

由于各种原因(管道漏水、地面积水、地下水位回升等)的浸湿而引起的结构物不均匀沉降是黄土地区地基事故的主要原因。它将导致结构物的大幅度下沉、开裂、倾斜,甚至严重影响其安全和使用。因此,对于黄土地基,首先必须判明它是否具有湿陷性,进而区别其属于自重湿陷性黄土或非自重湿陷性黄土,以便采取相应的措施,防止或消除它的湿陷性。

(二)黄土湿陷性的判定及地基评价

在湿陷性黄土地基中,自重湿陷性黄土地基与非自重湿陷性黄土地基在湿陷量大小、承载能力等方面也有较大差别。不同地区的自重或非自重湿陷性黄土也因上述原因,湿陷性、湿陷敏感程度等都有明显的不同。因此,对黄土的湿陷性应有统一的判定方法和标准,地基湿陷类型、湿陷程度也应作出正确的评定。

1.湿陷性黄土地基湿陷类型的划分

自重湿陷性黄土浸水后,在其上覆土自重压力作用下,迅速发生比较强烈的湿陷,因此要求采取较非自重湿陷性黄土地基更有效的措施,保证桥涵等结构物的安全和正常使用。《湿陷性黄土地区建筑规范》(GB 50025—2004)用计算自重湿陷量 Δ_{zs} 来划分这两种湿陷类型的地基,Δ_{zs}(cm)按下式计算

$$\Delta_{zs}=\beta_0\sum_{i=1}^{n}\delta_{zsi}h_i \tag{7-1}$$

式中 β_0——根据我国建筑经验,因各地区土质而异的修正系数,对陇西地区可取 1.5,陇东、陕北地区可取 1.2,关中地区取 0.7,其他地区(如山西、河北、河南等)取 0.5;

δ_{zsi}——第 i 层地基土样,在压力值等于上覆土的饱和($Sr>85\%$)自重应力时,试验测定的自重湿陷系数(当饱和自重应力大于 300 kPa 时,仍用 300 kPa);

h_i——地基中第 i 层土的厚度,cm;

n——计算总厚度内土层数。

当 $\Delta_{zs}>7$ cm 时为自重湿陷性黄土地基,$\Delta_{zs}\leqslant 7$ cm 时为非自重湿陷性黄土地基。用式(7-1)计算时,土层总厚度从基底算起,到全部湿陷性黄土层底面为止,其中 $\delta_{zs}<0.015$ 的土层(属于非自重湿陷性黄土层)不累计在内。

2.湿陷性黄土地基湿陷等级的判定

湿陷性黄土地基的湿陷等级即地基土受水浸湿发生湿陷的程度,可以用地基内各土层湿陷下沉稳定后所发生湿陷量的总和(总湿陷量)来衡量。总湿陷量越大,对桥涵等结构物的危害性越大,其设计、施工和处理措施要求也应越高。由于我国黄土的湿陷性上部土层比下部土层大,而且地基上部土层受水浸湿的可能性也较大。因此,在用式(7-1)时,计算土层深度的确定:对于非自重湿陷性黄土,从基础底面到以下 5 m(或压缩层)深度为止;对于自重湿陷性黄土地基,为安全计,计算到非湿陷性土层顶面为止,其中 $\delta_{zs}<0.015$ 的土层不计在内;地下水浸泡的那部分黄土层一般不具有湿陷性,如计算土层深度内见地下水,则计算到年平均地下水位为止。

湿陷性黄土地基的湿陷等级,根据地基总湿陷量 Δ_s 和计算自重湿陷量 Δ_{zs} 综合判定,如表 7-2 所示。在同样情况下,湿陷等级愈高,设计措施要求也愈高。当 Δ_s 小于 5 cm

时,可按非湿陷性黄土地基进行设计和施工。经灰土垫层(或素土垫层)、重锤夯实处理后,地基土承载力应通过现场测试确定,其容许承载力一般不宜超过 250 kPa(素土垫层 200 kPa)。因为如容许使用较大的基底压力,将增加下面未处理土层的附加压力,有可能增加其湿陷性。垫层下若有软弱下卧层,也需验算其强度。对于各种深层挤密桩、强夯等处理的地基,其承载力也应做静载试验来确定。

表 7-2　湿陷性黄土地基的湿陷等级

Δ_s(cm)	非自重湿陷性地基	自重湿陷性地基	
	$\Delta_{zs} \leqslant 7$	$7<\Delta_{zs} \leqslant 35$	$\Delta_{zs}>35$
$\leqslant 30$	Ⅰ(轻微)	Ⅱ(中等)	
$30<\Delta_s \leqslant 60$	Ⅱ(中等)	Ⅱ或Ⅲ	Ⅲ(严重)
>60		Ⅲ(严重)	Ⅳ(特严重)

建筑在湿陷性黄土地基上的桥梁墩台,应进行沉降计算。湿陷性黄土地基沉降计算,应结合地基的各种具体情况进行,除考虑土层的压缩变形,对于消除全部湿陷性的地基可不再计算湿陷量(但仍应计算下卧层的压缩变形);对于消除部分湿陷性的地基,应计算地基在处理后的剩余湿陷量;对于仅进行结构处理或防水处理的湿陷性黄土地基,应计算其全部湿陷量。

压缩沉降及湿陷量之和当超过沉降容许值时,还必须采取减少沉降量和湿陷量的措施。

(三)湿陷性黄土地基的工程措施

湿陷性黄土地基的设计和施工,除了必须遵循一般地基的设计和施工原则,还应针对湿陷性这一特点,采取适当的工程措施:一是处理地基,以消除产生湿陷的内在原因;二是防水、排水,以改变引起湿陷的外界条件;三是采取结构措施,以改善建筑物对地基湿陷引起的不均匀沉降的适应性或抵抗能力。现针对桥梁工程进行说明。

桥梁工程中,对于较高的墩台和超静定结构,应采用刚性扩大基础、桩基础或沉井等型式,并将基础底面设置到非湿陷性土层中。对于一般结构的大中桥梁、重要的道路人工构造物,如属Ⅱ级非自重湿陷性地基或各级自重湿陷性黄土地基,应将基础置于非湿陷性黄土层或对全部湿陷性黄土层进行处理并加强结构措施;如属Ⅰ级非自重湿陷性黄土,也应对全部湿陷性黄土层进行处理或加强结构措施。小桥涵及其附属工程和一般道路人工构造物视地基湿陷程度,可对全部湿陷性土层进行处理,也可消除地基的部分湿陷性或仅采取结构措施。

结构措施是指结构型式尽可能采用简支梁等对不均匀沉降不敏感的结构,加大基础刚度,使结构受力较均匀,以及对长度较长、体形复杂的结构物采用沉降缝将其分为若干独立单元等。

所谓对全部湿陷性黄土层进行处理,对非自重湿陷性黄土地基应自基底处理至非湿陷性土层顶面(或压缩层下限),或者以土层的湿陷起始压力来控制处理厚度,即对地基持力层内,附加应力与上层土自重应力之和大于该处土的湿陷起始压力 p_{sh} 范围内的土层进行处理。对自重湿陷性黄土地基是指全部湿陷性黄土层的厚度。

消除地基的部分湿陷性主要是处理基础底面以下适当深度的土层，因为这部分土层的湿陷量一般占总湿陷量的大部分，经处理后发生少量湿陷也不致影响结构物的安全和使用。处理厚度视结构物类别，土的湿陷等级、厚度，基底压力大小而定，一般对非自重湿陷性黄土地基为1~3 m，自重湿陷性黄土地基为2~5 m。

常用的处理湿陷性黄土地基的方法有灰土（或素土）垫层、重锤夯实、强夯、石灰桩、素土桩挤密法、浸水处理等。可根据地基湿陷类型、等级，结构物要求等条件选用。现将这些措施使用于湿陷性黄土地基时的特点扼要介绍如下。

1.灰土或素土垫层

将基底以下湿陷性土层全部挖除或挖到预计的深度，然后用灰土或素土分层夯实回填，压力扩散角θ对灰土用30°、对素土用22°。垫层厚度一般为1.0~3.0 m。它消除了垫层范围内土的湿陷性，减轻或避免了地基因附加应力产生的湿陷，如将地基持力层内总应力超过湿陷起始应力的部分挖除，采用垫层，则可以使地基的非自重湿陷消除。它施工简易、效果显著，是一种常用的地基浅层湿陷性处理或部分处理的方法。施工时必须保证工程质量，对回填的灰土、素土层，应控制其最佳含水量和最大干容重，否则达不到预期效果。

2.重锤夯实法及强夯法

重锤夯实法能消除浅层的湿陷性，如用15~40 kN的重锤，落高2.5~4.5 m，在最佳含水量的情况下，可消除1.0~1.6 m深度内土层的湿陷性。强夯法根据国内使用记录，在锤重100~200 kN，自由下落高度10~20 m时锤击两遍，可消除4~6 m范围内土层的湿陷性。

两种方法均应事先进行夯击试验，确定达到预期处理效果（一定深度内湿陷性的消除情况）所必需的夯点、锤击数、夯沉量等，以指导施工，保证质量。

3.白灰土或二灰（石灰与粉煤灰）挤密桩

白灰土或二灰（石灰与粉煤灰）挤密桩用打入桩、冲钻或爆扩等方法在土中成孔，然后用白灰土或将石灰与粉煤灰混合分层夯填桩孔而成（少数也有用素土），用挤密的方法破坏黄土地基的湿陷性。挤密桩的效果取决于土被挤密的程度，采用桩径、桩距应在现场用试验确定，要求地基土在挤密范围边缘上干重度应达到16 kN/m^{3}以上。采用挤密桩处理湿陷性黄土地基时，应在地基表层采取防水措施（如表层夯实等）。

4.预浸水处理

自重湿陷性黄土地基利用其自重湿陷的特性，可在结构物修筑前先将地基充分浸水，使其在自重作用下发生湿陷，然后再修筑。实践证明，这样可以消除地表下数米以外黄土的自重湿陷性，地表数米以内的土层往往因压力偏低而仍有湿陷性，须再进行处理。此外，也应考虑预浸水后，附近地表可能产生开裂、下沉等不利因素的影响。

湿陷性黄土地区基坑均应以不透水土夯实回填，结构物基础附近地面也应夯实整平，以防止地表水积聚、渗入地基。

三、冻土地区上的基础工程

温度为0 ℃或负温，含有冰且与土颗粒呈胶结状态的土称为冻土。冻土是由土的颗粒、水、冰、气体等组成的四相体。根据冻土冻结延续时间可将其分为季节性冻土和多年冻土两大类。土层冬季冻结，夏季全部融化，冻结延续时间一般不超过一个季节，称为季节性冻土层，其下边界线称为冻深线或冻结线。土层冻结延续时间在3年或3年以上的称为多年冻土，其表层受季节影响而发生年周期冻融变化的土层称为季节融化层。最大融化深度的界面线称为多年冻土的上限。修筑构造物后所形成的新上限称为人为上限。

(一)冻土的物理力学性质

1.冻土的融沉性

冻土的融沉性是评价冻土工程性质的重要指标。融沉性应由试验测定，并以融沉系数 A 表示，其计算式为

$$A = \frac{h - h_1}{h} = \frac{e - e_1}{1 + e} \tag{7-2}$$

式中 h、e——冻土试验融化前的厚度和孔隙比；

h_1、e_1——冻土试验融化后的厚度和孔隙比。

2.冻土的抗压强度

由于冰的胶结作用，冻土的抗压强度大于未冻土，并随气温降低而增高。在长期荷载作用下，冻土具有强烈的流变性，其极限抗压强度远低于瞬时荷载下抗压强度。

3.冻土的抗剪强度

在长期荷载作用下，冻土的抗剪强度低于瞬时荷载的强度。融化后土的黏聚力将大幅下降，由此可能造成事故。

(二)季节性冻土基础工程

1.季节性冻土冻胀性的分类

季节性冻土地区结构物的破坏很多是地基土冻胀所造成的。含黏土和粉土颗粒较多的土在冻结过程中，负温梯度使土中水分不断向冻结峰面迁移积聚，致使冰晶体增大，造成冻土的体积膨胀。土的冻胀在侧向和下面有土体的约束，因此主要反映在体积向上的增量上(隆胀)。

季节性冻土按冻胀变形量大小，并结合对结构物的危害程度可分为五类，以野外冻胀观测得出的冻胀系数 K_d 为分类标准。K_d 的表达式为

$$K_d = \frac{\Delta h}{z_0} \times 100\% \tag{7-3}$$

式中 Δh——地面最大冻胀量，m；

z_0——最大冻结深度，m。

Ⅰ类不冻胀土：$K_d \leq 1\%$，冻结时基本无水分迁移，冻胀变形很小，对各种浅埋基础都没有任何危害。

Ⅱ类弱冻胀土：$1\% < K_d \leq 3.5\%$，冻结时水分迁移很少，地表无明显冻胀隆起，对一般浅埋基础也没有危害。

Ⅲ类冻胀土：$3.5\% < K_d \leq 6\%$，冻结时水分有较多迁移，形成冰夹层，如结构物自重轻、基础埋置过浅，会产生较大的冻胀变形，冻深大时会由于切向冻胀力而使基础上拔。

Ⅳ类强冻胀土：$6\% < K_d \leq 13\%$，冻结时水分大量迁移，形成较厚冰夹层，冻胀严重，即

使基础埋深超过冻结线，也可能由于切向冻胀力而上拔。

Ⅴ类特强冻胀土：$K_d>13\%$，冻胀量很大，是使各类基础冻胀上拔破坏的主要原因。地基土的冻胀变形除与负温条件有关，与土的粒度成分、冻前含水量及地下水补给条件等密切相关。

2.防冻胀措施

目前多从减少冻胀力和改善周围冻土的冻胀性来防治冻胀。可采取如下措施：

(1)基础四侧换土，采用较纯净的砂、砂砾石等粗颗粒土换填基础四周冻土，填土夯实。

(2)改善基础侧表面平滑度，基础必须浇筑密实，具有平滑表面。基础侧面在冻土范围内还可用工业凡士林、渣油等涂刷，以减少切向冻胀力。对桩基础也可用混凝土套管来减除切向冻胀力(见图7-10)。

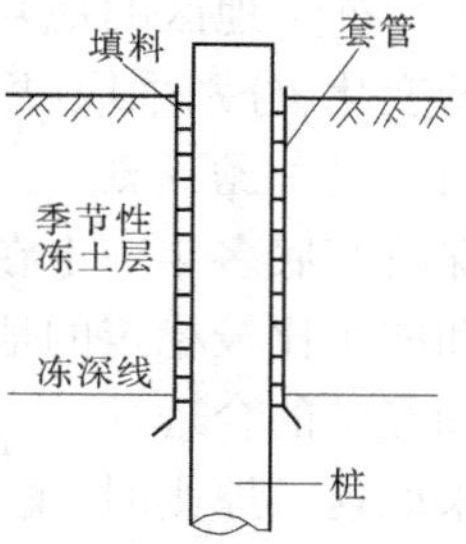

图7-10 采用混凝土套管的桩

(3)选用抗冻胀性基础。改变基础断面形状，利用冻胀反力的自锚作用增加基础抗冻胀的能力(见图7-11)。

(4)人工盐渍化改良土。加入 NaCl、$CaCl_2$ 和 KCl 等，以降低冰点的温度，减轻冻害。

(5)使土颗粒聚集或分散改良土。使土粒聚集，降低冻胀。

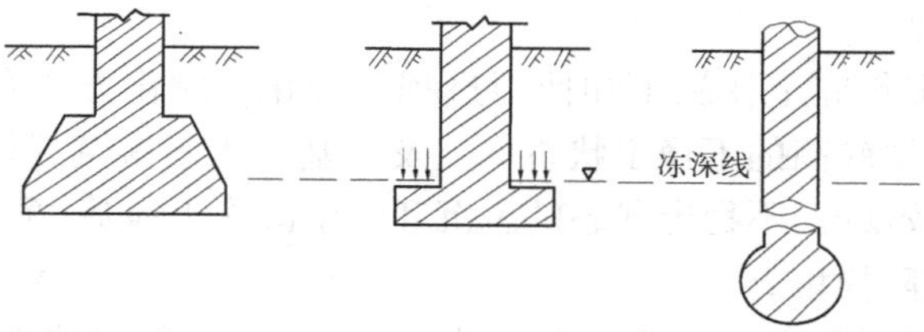

(a)混凝土墩式基础 (b)锚固扩大基础 (c)锚固爆扩桩

图7-11 抗冻胀基础

(6)保温法。在建筑物底部或四周设隔离层，增大热阻，推迟土的冻结，提高土温，降低冻深。

(三)多年冻土地区基础工程

1.多年冻土的划分

多年冻土的融沉性是评价其工程性质的重要指标，可用融化下沉系数 A 作为分级的直接控制指标，其计算式为

$$A=\frac{h_m-h_r}{h_m}\times 100\% \tag{7-4}$$

式中 h_m、h_r——冻土试样融化前、后的高度，m。

Ⅰ级(不融沉)：$A<1\%$，是仅次于岩石的地基土，在其上修筑结构物时可不考虑冻融问题。

Ⅱ级(弱融沉)：$1\%<A\leqslant 5\%$，是多年冻土中较好的地基土，可直接作为结构物的地

基，当控制基底最大融化深度在 3 m 以内时，结构物不会遭受明显融沉破坏。

Ⅲ级（融沉）：$5\%<A\leqslant10\%$，具有较大的融化下沉量而且冬季回冻时有较大冻胀量。作为地基的一般基底融深不得大于 1 m，并采取专门措施，如深基、保温防止基底融化等。

Ⅳ级（强融沉）：$10\%<A\leqslant25\%$，融化下沉量很大，因此施工、运营时均不允许地基发生融化，设计时应保持冻土不融或采用桩基础。

Ⅴ级（融陷）：$A>25\%$，为含土冰层，融化后呈流动、饱和状态，不能直接作地基，应进行专门处理。

2. 多年冻土地基设计原则

多年冻土地区的地基，应根据冻土的稳定状态和修筑结构物后地基地温、冻深等可能发生的变化，分别采取以下两种原则进行设计。

1）保持冻结原则

保持基底多年冻土在施工和使用过程中处于冻结状态，其适用于多年冻土较厚、地温较低和冻土比较稳定的地基或地基土为融沉、强融沉时，采用本设计原则应考虑技术的可能性和经济的合理性。

采取这一原则时，地基土应按多年冻土物理力学指标进行基础工程设计和施工。基础埋入人为上限以下的最小深度：对刚性扩大基础弱融沉土为 0.5 m；融沉和强融沉土为 1.0 m；桩基础为 4.0 m。

2）容许融化原则

容许基底下的多年冻土在施工和使用过程中融化。融化方式有自然融化和人工融化。对厚度不大、地温较高的不稳定状态冻土及地基土为不融沉或弱融沉冻土时宜采用自然融化原则。对较薄的、不稳定状态的融沉和强融沉冻土地基，在砌筑基础前宜采用人工融化冻土，然后挖除换填。

基础类型的选择应与冻土地基设计原则相协调。如采用保持冻结原则，应首先考虑桩基，因桩基施工对冻土暴露面小，有利于保持冻结。施工方法宜以钻孔灌注（或插入、打入）桩、挖孔灌注桩等为主，小桥涵基础埋置深度不大时可用扩大基础。采用容许融化原则时，地基土取用融化土的物理力学指标进行强度和沉降验算，上部结构型式以静定结构为宜，小桥涵可采用整体性较好的基础型式或采用箱形涵等。

3. 防融沉措施

可采取以下防融沉措施：

（1）换填基底土。对采用融化原则的基底土可换填碎、卵、砾石或粗砂等，换填深度可到季节融化深度或到受压层深度。

（2）选择好施工季节，采用保持冻结原则时基础宜在冬季施工，采用融化原则时最好在夏季施工。

（3）选择好基础型式，对融沉、强融沉土宜用轻型墩台，适当增大基底面积，减小压应力，或结合具体情况，加深基础埋置深度。

（4）注意隔热措施，采用保持冻结原则时施工中注意保护地表上覆盖植被，或以保温性能较好的材料铺盖地表，减少热渗入量。施工和养护中，保证结构物周围排水通畅，防止地表水灌入基坑内。

如抗冻胀稳定性不够，可在季节融化层范围内，按(1)、(2)处理。

四、地震地区

我国地处环太平洋地震带和地中海南亚地震带之间，是个地震频发的国家，地震在我国的主要活动区为：

(1)东北地区：辽宁南部和部分山区；

(2)东北地区：汾渭河谷、山西东北、河北平原、山东中部到渤海地区；

(3)西北地区：甘肃河西走廊、宁夏、天山南北麓；

(4)西南地区：云南中部和西部、四川西部、西藏东南部；

(5)东南地区：台湾及其附近的海域，福建、广东的沿海地区。

这些地区的桥梁、道路结构物遭到地震破坏的危害，其中很多是其地基与基础被震坏而导致整个建筑物严重损坏的。正确地进行抗震设计，并采取有效抗震措施，能减轻或避免地震的损失。

(一)地基与基础的震害

地基与基础的震害主要有地基土振动液化、地裂、震陷和边坡滑塌，因此而导致基础沉陷、位移、倾斜、开裂等。基础的震坏虽然大多数是由于地基的失效、失稳而引起的，但也会由于基础本身结构构造上处理不当而促成。

地震时地基土的液化是指地面以下一定深度范围内(一般指 20 m)的饱和粉细砂土、亚砂土层，在地震过程中出现软化、稀释，失去承载力而形成类似液体性状的现象。

1.砂土液化机理及影响因素

饱和松砂地基在地震作用下结构破坏，颗粒发生相对位移，有增密趋势，而细砂、粉砂的透水性较小，导致孔隙水压力不断地积聚。当孔隙水压力上升到与总法向压应力相等时，有效应力下降为零，抗剪强度完全丧失，处于没有抵抗外荷能力的悬浮状态，导致砂土液化。

地震时，土层液化较多地发生在饱和松散的粉砂、细砂和亚砂土(塑性指数小于 7，黏土颗粒含量小于 10%)。砂土液化主要影响因素有地震烈度、振动持续时间、上覆压力大小、土的粒度成分、密实度、饱和度及黏土颗粒含量等。

2.砂土液化的危害

砂土液化使地基失效、失稳，丧失强度和承载能力，发生大的沉降和不均匀沉降，使基础连同整个结构物沉陷、倾斜、开裂甚至倒塌。此外，砂土液化常伴随岸坡、边坡的滑塌，地基的喷砂冒水，使道路、桥梁墩台、道路挡土结构物等遭到损坏。

(二)地基与基础的震沉、边坡的滑塌以及地裂

软弱黏性土和松散砂土地基在地震作用下，结构被扰动，强度降低，产生附加的沉陷，且往往是不均匀的沉陷，使结构物遭到损坏。地基土级配情况差、含水量高、孔隙比大则震沉也大；在一般情况下，震沉随基础埋置深度加大而减少；地震烈度越高，震沉也越大；荷载大的震沉也大。同一座桥梁各墩台的地基条件不同，会因震沉的不均匀而遭到损坏，同一墩台的地基如土质不均匀，也会产生不良后果，应力求避免。

陡峻山区土坡，层理倾斜或有软弱夹层等不稳定的边坡、岸坡等，在地震时由于附加

水平力的作用或土层强度的降低而发生滑动(有时规模较大),会导致修筑在其上或邻近的基础、结构物遭到损坏。

构造地震发生时,地面常出现与地下断裂带走向基本一致的呈带状的地裂带。地裂带一般在土质松软区,故河道、河堤岸边、陡坡、半填半挖处较易出现,它大小不一,有时长达几十千米,对工程建筑常造成破坏和损害。

(三)基础的其他震害

除了因地基失效、失稳、沉陷、滑动、开裂而使基础遭受损坏,在较大的地震作用下,基础还常因其本身强度、稳定性不足以抗衡附加的地震作用力而发生断裂、折损、倾斜等损坏。

刚性扩大基础当埋置深度较浅时,会在地震水平力作用下发生移动或倾覆。

桩基础的震害,在高桩承台表现较多,由于承台的反复震动,在桩和承台联结处或桩顶附近,往往因剪应力的作用而发生混凝土开裂,甚至断桩现象。基桩由于水平地震力的作用,地面以下部分环状裂纹也曾发生,有人认为这除与桩身结构强度有关,还可能与地基中存在软硬交替土层有关。

基础、承台与墩台身联结处也是抗震的薄弱处,由于断面改变、应力集中,混凝土易发生断裂。

(四)基础工程抗震设计

1.基础工程抗震设计的基本要求

在破坏性地震发生后,立即恢复交通运输是减轻和迅速消除震灾的一个重要条件,因此公路工程的抗震工作有着重要意义。公路结构的基础工程抗震设计的基本要求应与整个结构物一致,根据结构物所属公路等级和所处地质条件,要求发生相当基本烈度地震时,结构物位于一般地段的高速公路和一级公路经一般整修即可正常使用;位于一般地段的一、二级公路及位于软弱黏性土层或液化土层上的高速公路和一级公路结构物,经短期抢修即可恢复使用;三、四级公路工程和位于抗震危险地段的软弱黏性土层或液化土层上的二级公路以及位于抗震危险地段的高速公路和一级公路,应保证桥梁、隧道及重要的构造物不发生严重破坏。

根据我国历次地震的调查和我国地震烈度表划分的标准,对基本烈度为Ⅵ度地区的公路工程一般可不进行抗震设计,只采取简易抗震设防措施;基本烈度为Ⅶ度以上就要进行抗震设计和采取抗震措施;对基本烈度大于Ⅸ度的地区,抗震设计应进行专门研究。

2.选择对抗震有利的场地和地基

结构物地基的地质条件以及场地的水文地质和地形对震害的发生有显著的影响。在同一地震地点,相同构造类型和质量的构造物由于地基土质的不同、层厚的不同,震害程度往往差别很大。

我国公路抗震工程中,将场地土(构造物所在地的土层)分为以下四类:

Ⅰ类场地土:岩石,紧密的碎石土。

Ⅱ类场地土:中密、松散的碎石土,密实、中密的砾,粗中砂,$[\sigma_0]>250$ kPa 的黏性土。

Ⅲ类场地土:松散的砾,粗、中砂,密实、中密的细砂、粉砂,$[\sigma_0]\leqslant 250$ kPa 的黏性土。

Ⅳ类场地土:淤泥质土,松散的细砂、粉砂,新近沉积的黏性土,$[\sigma_0]<130$ kPa 的

填土。

对于多层土，当构造物位于Ⅰ类场地时，即属于Ⅰ类场地土；位于Ⅱ、Ⅲ、Ⅳ类土上时，则按构造物所在地表以下 20 m 范围内的土层综合评定。

Ⅰ类场地土及开阔平坦、均匀的Ⅱ类场地土对抗震有利，应尽量利用；Ⅳ类场地土、软土，可液化土以及地基土层在平面分布上强弱不匀，非岩质的陡坡边缘等处一般震害较严重；河床下基岩向河槽倾斜较甚，并被切割成槽，地基下有暗河、溶洞等地段及前述抗震危险地段都应注意避开。选择在有利的工程地质条件，有利抗震地段布置结构物可以减轻甚至避免地基、基础的震害，也能使地震反应减小，是提高结构物抗震效果的重要措施。

3.地基、基础抗震强度和稳定性的验算

结构物所在地点的地震基本烈度在设防起点以上时，其地基与基础都应进行抗震强度和稳定的验算，并采取相应的抗震措施。

地震力在空间可能是任何方向的，由于大多数情况下地震横波到达时，地面运动较剧烈，由此产生的水平向地震力也是造成结构物损坏的基本原因，因此对一般道路结构物在抗震设计中，只考虑横波影响的水平地震力作用。计算中假定水平地震力是作用在结构物纵、横轴向的。这两个方向的地震荷载和相应的内力允许分别计算，但对位于基本烈度为Ⅸ度区及以上的大跨径悬臂梁桥还应考虑上、下两个方向竖向地震荷载和水平地震荷载的不利组合。

验算桥梁及道路结构物抗震强度和稳定性时，地震荷载应与结构物重力、土的重力和水的作用力组合，其他荷载可以不考虑。水的作用力是指常年有水的河流上的桥梁，应按常水位计算水的浮力；位于常水位水深超过 5 m 的实体桥墩、空心桥墩应计入地震动水压力。

位于非岩石地基上的梁桥桥墩及基础抗震设计应计入地基变形的影响。

地震时地基土和结构物的震动反应是十分复杂的。从震源发出的地震波可以认为是由一些不同周期的波综合组成的，当通过不同的土层到达地表土层时，由于不同性质土层界面的多次反射以及地基土的滤波作用，使接近某一特定周期的地震波反应占主导地位，此周期称为地基土的卓越周期。它与地基土的分层情况，各层土的组成、粒度成分、结构有关，与表层土关系更大些，故也称为表层土的自振周期。若结构物的振动基本周期与地基土的卓越周期相近，地震时，将使结构的振动反应大大增加（由于阻尼的影响，不致极度增加）。不同性质、不同厚度的地基土层有不同的动力参数，不同柔度的结构物也有不同的动力参数，因此计算结构物地震反应、地震荷载时，除考虑地震烈度外，还应考虑地基土和结构物的动力特性。

地震荷载是一种偶然性荷载，出现的几率很小。因此，在验算时，要求的安全储备可比无地震时稍小，各专业的抗震规范对此都有具体的规定。现以《公路工程抗震设计规范》（JTJ 004—89）的有关规定为例，综合介绍如下：

（1）地基土、基桩的抗震容许承载力。地基土的抗震容许承载力可按经宽度、埋深修正后的地基土容许承载力，根据地基土的强弱和抗震性能提高 10%～50%，Ⅳ类场地的地基土一般不予提高。

（2）基底截面合力偏心距及抗震稳定性。结构物基底合力偏心距 e 也可根据地基土类别、性能提高，如对Ⅰ类场地土的地基可提高到2.0ρ（ρ为地基土的密度），Ⅱ～Ⅲ类的可提高为（1.5～1.2）ρ，Ⅳ类的则不予提高。验算结构物的抗震稳定性时，抗滑动稳定系数不宜小于1.1，抗倾覆稳定系数不宜小于1.2。

（3）可液化地基的强度和稳定。当地基内有液化土层时，液化土层以上地基容许承载力不应修正和提高。液化土层不宜直接作为结构物地基，当难以避免时，应采取有针对性的抗震措施。液化土层的承载力、强度指标等应按液化抵抗系数C_e予以折减。在计算液化土层以下地基土承载力时，应计入液化土层及其上土层的重力。

（4）基础本身结构的抗震强度和稳定性验算。基础的结构抗震强度和稳定性验算方法是采用以分项系数表达的极限状态法，但其中荷载安全系数（长期荷载及非长期荷载）予以降低，荷载组合系数也采用了较低的数值。

地震区结构地基基础的设计应该同时保证满足各种荷载组合作用下（有或无地震作用）验算的强度和稳定要求。

（五）基础工程的抗震措施

对结构物及基础采取有针对性的抗震措施，在抗震工程中也是十分重要的，而且往往能取得事半功倍的效果。下面介绍基础工程常用的抗震措施。

1.松软地基及可液化土地基

在松软地基、可液化土地基及严重不均匀的地基土上，不宜修筑大跨径的超静定结构。建造的结构物可根据具体情况采取下列措施：

（1）全部消除地基液化沉陷的措施，应符合下列要求：①采用桩基时，桩端伸入液化深度以下稳定土层中的长度（不包括桩尖部分）应按计算确定，且对碎石土、砾、粗中砂、坚硬黏性土和密实粉土尚不应小于0.5 m，对其他非岩石土尚不宜小于1.5 m。②采用深基础时，基础底面应埋入液化深度以下的稳定土层中，其深度不应小于0.5 m。③采用加密法（如振冲、振动加密、挤密碎石桩、强夯等）加固时，应处理至液化深度下界；振冲或挤密碎石桩加固后，桩间土的标准贯入锤击数不宜小于规定的液化判别标准贯入锤击数临界值。④用非液化土替换全部液化土层。⑤采用加密法或换土法处理时，在基础边缘以外的处理宽度应超过基础底面下处理深度的1/2且不小于基础宽度的1/5。

（2）部分消除地基液化沉陷的措施，应符合下列要求：①处理深度应使处理后的地基液化指数减小，当判别深度为15 m时，其值不宜大于4，当判别深度为20 m时，其值不宜大于5；对于独立基础和条形基础，尚不应小于基础底面下液化土特征深度和基础宽度的较大值。②采用振冲或挤密碎石桩加固后，桩间土的标准贯入锤击数不宜小于规定的液化判别标准贯入锤击数临界值。

（3）减轻液化影响的基础和上部结构处理，可综合采取下列各项措施：①选择合适的基础埋置深度；②调整基础底面面积，减少基础偏心；③加强基础的整体性和刚度，如采用箱基、筏基或钢筋混凝土交叉条形基础，加设基础圈梁等；④减轻荷载，增强上部结构的整体刚度和均匀对称性，合理设置沉降缝，避免采用对不均匀沉降敏感的结构型式等；⑤管道穿过建筑处应预留足够尺寸或采用柔性接头等。

2.对地震时不稳定（可能滑动）的河岸地段

在此类地段修筑大中桥墩台时应适当增加桥长，注意桥跨布置，将基础置于稳定土层上并避开河岸的滑动影响。小桥可在两墩台基础间设置支撑梁或用片块石满床铺砌，以提高基础抗位移能力。挡墙也应将基础置于稳定地基上，并在计算中考虑失稳土体的侧压力。

3.基础本身的抗震措施

地震区基础一般均应在结构上采取抗震措施。圬工墩台、挡墙与基础的联结部位，由于截面突变容易震坏，应根据情况采取预埋抗剪钢筋等措施来提高其抗剪能力。桩柱与承台、盖梁联结处也易遭震害，在基本烈度Ⅷ度以上地区宜将基桩与承台联结处做成 2:1 或 3:1的喇叭渐变形，或在该处适当增加配筋；桩基础宜做成低桩承台，发挥承台侧面土的抗震能力；柱式墩台、排架式桩墩在与盖梁、承台（基础）联结处的配筋不应少于桩柱身的最大配筋；桩柱主筋应伸入盖梁并与盖梁主筋焊（搭）接；柱式墩台、排架式桩墩均应加密构件与基础联结处及构件本身的箍筋，以改善构件延性的抗震能力，桩基础的箍筋加密区域应从地面或一般冲刷以上 1 倍桩径处往下伸到桩身最大弯矩以下 3 倍桩径处。

五、红黏土地基

（一）红黏土地基的特征

红黏土是由石灰岩、白云岩等（属碳酸盐类岩心）在亚热带温湿气候条件下，经风化、残积、坡积或残—坡积所形成的褐红色黏性土。其主要成因为残积、坡积，故多分布在山区或丘陵地带，常常被称为区域性的特殊性土。它主要分布在我国的贵州、云南、广西，其次为安徽、川东、粤北、鄂西和湘西地区。这些地区红黏土的土层厚度由于受下卧基岩面起伏的影响而产生很大的变化。沿水平方面的厚度差异很大，有时水平仅间隔 1 m，但厚度却可差异 4~5 m 或更多。据调查，贵州红黏土层的厚度一般为 3~6 m，云南为 7~8 m，湘西、鄂西、广西一般为 10 m 左右。

红黏土在工程地质中主要的地质特征有以下几个方面。

1. 红黏土的胀缩性

红黏土具有胀缩性，除与自身的矿物有关，主要在于自然环境的影响，如气候因素等。红黏土的矿物成分主要为石英、高岭石和伊利石，含较多的蒙脱石，石英在受水浸湿后能保持较坚固的格架，这一特性就决定了它的天然孔隙比大，但抗水性却较高。

2. 红黏土的物理力学性质和化学成分

（1）天然含水率 ω 为 20%~75%，ω_L 为 50%~110%，塑性指数为 30~50，为高塑性黏土。

（2）地基承载力较高，一般为 180~380 kPa，强度很高，c 为 40~90 kPa，φ 为 8°~20°。

（3）饱和度一般大于 0. 85，多数处于饱和状态。

（4）天然孔隙比很大。

（5）黏粒含量高，d<0. 005 mm 的黏粒含量高，达 55%~70%，土具有高分散性。

3. 红黏土的地下水特征

红黏土层中，其透水性很小，但常有裂隙水活动。地下水的补给源主要来自降雨、基岩岩融裂隙水、上层滞水、地表水体等。由于补给源的不同和作为海流途径的裂隙分布不均，红黏土中的裂隙水不具有统一的地下水位，其埋藏深度、运动特征及渗流量也因地区而异。

4. 红黏土的裂隙性

红黏土的裂隙很发育，具网状裂隙。裂隙是由于在湿热的交替气候环境下干缩而形成的。其密度和深度与地表植被、气候、土质等因素有关，一般深度为 3~4 m，斜坡或陡坎上的裂隙是土体的软弱结构面，水的作用使其抗剪强度降低，常造成崩塌或滑坡。

从上述红黏土的工程地质特征可知，工程中应注意掌握和利用好红黏土的物理力学性质，达到使之有利于工程建设的目的。但更应注意红黏土的一些不良工程地质现象，如其胀缩性、裂隙性、土层的厚度变化差异以及其地下水特征。其胀缩性常容易使修建其上的建筑物产生开裂，裂隙性易发生边坡失稳和崩塌，土层沿水平方向的变化差异常易引起不均匀沉降而导致房屋开裂，地下水的影响会导致红黏土浸水软化现象发生，从而降低其承载力。

（二）红黏土地基的评价

（1）在一般情况下，红黏土的表层压缩性低、强度较高，属较好的地基土。但在接近下卧基岩面，尤其下卧基岩表面的低洼处，由于地下水的集聚，土常呈软塑或流塑状态，其强度较低，压缩性较高，作为地基条件较差；并且红黏土具有强度随深度增加而逐渐降低和压缩性增高的特点，故地基基础设计应根据这一特点，结合具体条件，充分利用表层坚硬、硬塑状态的红黏土作为持力层。

按照基底下深度为 Z 的范围内的地层组成一般分为两类：

Ⅰ类：由红黏土组成；

Ⅱ类：由红黏土与岩石组成。

（2）红黏土具有失水干缩和干缩后浸水膨胀以及网状裂隙等特征，对红黏土边坡、建筑物、热工基础等都有不利影响。这种不利影响包括以下方面：降低土体强度；加大土的透水性；水沿裂隙活动引起土的软化及促进边坡变形、失稳等；在评价红黏土地基时，这些不利影响均应着重研究。

红黏土作为天然地基对建筑物的影响是会引起建筑物不均匀沉降。这种条件主要由土与基岩的石芽交错、有土洞存在、土质不均匀或厚度变化大等所引起，对建筑物的稳定不利，必须进行处理。处理的办法是：对土与基岩的石芽交错，可去掉石芽作褥垫，使地基沉降一致；对土洞采用灌砂、挖填、梁板跨越等办法；对土质不均匀及厚度变化大可采用换土、加固地基、加强上部结构的整体性或设置沉降缝等办法处理，一般采用柱墩式基础或短桩基础可以收到较好的效果。

红黏土裂隙很发育，裂隙很多，作为建筑物的地基在施工时，或建筑物修建以后均应注意防止地表水、雨水、管道漏水、工业废水、生活用水等下渗，引起地基土的工程性质变化。因此，应做好地面排水工作。如有地下水活动的影响，也应根据水文地质条件采取适当的处理措施。

（3）根据水质分析统计资料了解，在红黏土地区，凡属大气降水补给的地下水属重碳酸钙水，其水质对混凝土不具侵蚀性。由于工业的发展，受工业污水、人工杂填土的上层滞水、池塘污水补给的地下水，多属硫酸钙型水，有时其一般的酸性侵蚀对普通硅酸盐水泥一般具有硫酸盐侵蚀性。据此，在一般情况下，可不考虑红黏土层中地下水对混凝土的侵蚀性,只有在侵蚀性水源补给或其他污染源影响的情况下,才应采取地下水试样进行水质分析,评价其侵蚀性。

(4)红黏土一般分布在岩溶化的地层上部,可有土洞发育,对建筑物的稳定不利,应查明土洞的部位和大小,进行填充处理。

六、膨胀土地基

(一)膨胀土及其对建筑物的危害

膨胀土是指主要成分由强亲水性矿物(如蒙脱石、伊利石等)组成的一种吸水膨胀、失水收缩具有较大胀缩变形能力,且变形往复的高塑性黏土。即使在一定的荷载作用下,膨胀土仍可具有上述胀缩性质。膨胀土一般强度较高,压缩性低,易被误认为是建筑性能较好的黏土。

膨胀土在我国分布广泛(见表7-3),已成为建筑工程不可忽视的一种特殊性地基土。其工程地质分类及分布见表7-3。

表7-3　膨胀土工程地质分类及分布

类别	地貌	地层	岩性	矿物成分	物理性指标				分部的典型地区
					$\omega(\%)$	e	$\omega_L(\%)$	I_p	
一类	分布在盆地的边缘与丘陵地	晚第三纪至第四纪湖相沉积及第四纪风化层	以灰白、灰绿的杂色黏土为主(包括半成岩的岩石),裂隙特别发育,常有光滑面或擦痕	以蒙脱石为主	20~37	0.6~1.1	45~90	21~48	云南蒙自、鸡街,广西宁明,河北邯郸,河南平顶山,湖北襄樊
二类	分布在河流的阶地	第四纪冲击、洪积坡洪积层(包括少量冰水沉积)	以灰褐、褐黄、红黄色黏土为主,裂隙很发育,有光滑面与擦痕	以伊利石为主	18~23	0.5~0.8	36~54	18~30	安徽合肥,四川成都,湖北拔江、郧县,山东临沂
三类	分布在岩溶地区平原谷地	碳酸盐类岩石的残积、坡积及其冲积层	以红棕、棕黄色高塑性黏土为主,裂隙发育,有光滑面和擦痕		27~38	0.9~1.4	50~100	20~45	广西贵县、来宾、武宣

(二)膨胀土的特征

1. 自由膨胀率、膨胀率

膨胀是指在一定条件下土的体积因不断吸水而增大的过程，反映土的膨胀性能的指标有自由膨胀率和膨胀率两种。

自由膨胀率 δ_1 是指人为制备的烘干土在水中增加的体积与原体积之比，其值可按下式计算

$$\delta_1 = \frac{V_w - V_0}{V_0} \tag{7-5}$$

膨胀率 δ_2 是在一定压力下，浸水膨胀稳定后，试样增加的高度与原高度之比，其值可按下式计算

$$\delta_2 = \frac{h_w - h_0}{h_0} \tag{7-6}$$

式中　V_w——试样在水中自由膨胀稳定后的体积，mL；

V_0——试样原有体积，mL；

h_w——试样浸水膨胀后稳定的高度，mm；

h_0——试样的原始高度，mm。

一般来说，自由膨胀率与黏土的主要矿物成分有关。一般讲颗粒主要矿物为蒙脱石时，自由膨胀率在90%以上；主要矿物为伊利石并含少量蒙脱石时，自由膨胀率为50%～80%。膨胀率与土的含水量关系密切，土的含水量越低，其膨胀率越高。

膨胀土的判定方法，可以根据下面的条件：

(1)自由膨胀率≥40%；

(2)多出露于二级或二级以上阶地、山前和盆地边缘丘陵地带，地形平缓，无明显自然陡坎；

(3)裂缝会随气候变化而张开和闭合；

(4)裂隙发育，常有光滑面和擦痕，有的裂隙中充填着灰白、灰绿色黏土，在自然条件下呈坚硬或硬塑状态。

2. 收缩与收缩系数

收缩是膨胀土的另一个特性，可用收缩系数来表示。收缩系数 λ 为试样在直线收缩阶段，含水率减少1%时的竖向线缩率，可按下式计算

$$\lambda = \frac{\Delta\delta}{\Delta\omega} \tag{7-7}$$

式中　$\Delta\delta$——试样收缩过程中与两点含水率之差对应的竖向线缩率之差(%)；

$\Delta\omega$——试样收缩过程中直线变化阶段两点含水率之差(%)。

3. 膨胀与收缩的可逆性

膨胀土具有吸水膨胀，失水收缩，再吸水再膨胀，失水再收缩的变形特性。这个特性称之为土的膨胀与收缩的可逆性。

4. 膨胀力

膨胀力是指原状土在体积不变时，由于浸水膨胀而产生的最大内应力，由膨胀力试验测定。

（三）膨胀土地基处理

膨胀土地基处理时，根据土的胀缩等级、当地材料及施工工艺等，进行综合技术经济比较后确定处理方法，常用换土、砂石垫层与土性改良等方法。必要时可采用桩基础。

（1）换土垫层：可采用非膨胀性土或灰土。换土厚度可通过变形计算确定。

（2）砂石垫层：平坦场地上施工，Ⅰ级膨胀土地基可用此法，厚度不应小于 300 mm，垫层宽度应大于基底宽度，两侧宜用相同材料回填，并做好防水处理。

（3）桩基础：桩基础应穿过膨胀土层，使桩尖进入非膨胀土层。桩的下端可发挥锚固作用，抵抗膨胀土对上部桩的上拔力。桩承台梁下应留有空隙，其值应大于土层浸水后的最大膨胀量，且不小于 100 mm。

（4）严格依据规范进行膨胀土路堤施工，一般整体稳定性问题不大，但采用素填土填筑的膨胀土路堤，边坡表层受大气降雨、地下水等影响，容易发生浅层滑动，诱发和牵引深部滑动破坏。石灰改性后与素土交错填筑，虽能提高路堤浅表层的局部稳定性，但安全储备并不宽裕，未能彻底根除安全隐患。土工格栅包边处治虽对整体稳定性贡献不大，但可显著提高膨胀土路堤浅表层局部稳定性，有效地预防和消除灾害隐患。

（5）饱和状态下膨胀土路堤边坡表层局部稳定性随着风化和气候影响深度的增加而降低。因此，全面、及时地进行坡面防护和设置完善的排水设施尤其必要。

（6）膨胀土还可以经粉煤灰改性，粉煤灰改性膨胀土具有较高强度和良好的水稳性，而且具有较好的击实性能，给施工带来便利。因此，在膨胀土路段，可将其作为路堤填料，而且性能较好。

此外，在施工中宜采用分段快速作业法，防止基坑暴晒或泡水。验槽后，应及时浇混凝土垫层。当基础施工出地面后，基坑应及时分层回填完毕。工程竣工后使用期间还应加强维护管理。

第八章　试验检测技术及工程质量评定办法

公路施工质量的好坏直接决定了公路竣工通车后其病害的程度大小和使用寿命长短,试验检测是公路工程施工技术管理的重要组成部分,是施工质量控制和竣工验收评定工作中不可缺少的主要环节。通过试验检测资料能用定量的方法科学地控制和评定工程质量。对于公路在施工与运营中出现的各种工程病害,工程技术人员可以从工程质量检测资料中查找原因,分析不足,从而寻求解决办法。为此,本章着重从现场实测资料的管理、试验室的管理、试验操作的基本要求和试验数据的分析方法等角度提出相应的技术要求,以便减少或减轻公路出现的各种病害。

第一节　试验检测的目的和要求

工程试验检测工作是公路工程施工技术管理中的一个重要组成部分;同时,也是公路工程施工质量控制和竣工验收评定工作中不可缺少的一个主要环节。通过试验检测能充分地利用当地原材料,能迅速推广应用新材料、新技术和新工艺;能用定量的方法科学地评定各种材料和构件的质量;能合理地控制并科学地评定工程质量。因此,工程试验检测工作对提高工程质量、加快工程进度、降低工程造价、推动公路工程施工技术进步将起到极为重要的作用。公路工程试验检测技术是一门正在发展的新兴学科,它融试验检测基本理论和测试操作技能及公路工程相关学科基础知识于一体,是工程设计参数、施工质量控制、施工验收评定、养护管理决策的主要依据。

试验检测工作是质检机构工作中的一个关键环节,试验检测结果的准确性与可靠性将直接影响质检机构的工作质量。为了确保提供的数据准确可靠,要求质检人员在试验检测的全过程中必须严格遵照试验检测规程,并力求消除试验检测过程中的人为误差,提高试验检测精度。

一、试验检测方法和分类

质检机构必须具备所检测项目内容业务范围内的有关技术标准、操作规程、工作规范等技术文件,它的检测工作的依据必须齐全。检测的依据是设计文件、技术标准及试验检测规程,特殊情况下可由用户提供检测要求。若现行标准缺少结果判断方法或结果判断方法不明确,用户应提供明确的结果判断方法。

按试验检测目的分类,试验检测方法可分为六类:

(1)作为学术研究手段进行的试验检测;

(2)作为设计依据参数进行的试验检测;

(3)作为工程质量控制检查或质量保证进行的试验检测;

(4)作为竣工验收评定进行的试验检测;

(5)作为积累技术资料进行的养护管理或后评估试验检测；

(6)作为工程质量事故调查分析进行的试验检测。

二、试验检测工作细则

每项试验检测都应依据国家或部颁现行最新技术标准、操作规程和有关行业工作规范制定详细的实施细则进行。

(一)实施细则的制定

由于有些质检机构的检测操作人员有可能是新手，虽然已通过考核，但不一定很熟练。更重要的是，质检机构的工作就像工厂生产产品一样，每步都应该按工艺要求进行详细的实施，为此必须制定有关实施细则。

(二)实施细则的内容

实施细则包括以下内容：

(1)技术标准、规定要求、检测方法、操作规程等；

(2)抽样方法及样本大小；

(3)检测项目、被测参数大小及允许变化范围；

(4)检测仪器设备的名称、型号、量程、准确度、分辨率；

(5)检测人员组成和检测系统框图；

(6)对检测仪器的检查标定项目和结果；

(7)对检测仪器和样品或试件的基本要求；

(8)从保证计量检测结果可靠角度出发对环境条件的检查项目及容许变化范围的规定；

(9)在检测过程中发生异常现象及意外事故的处理办法；

(10)检测结果计算整理分析方法；

(11)检测结果计算整理分析方法及允许变化范围的规定。

凡要求对整体工程项目或新产品进行质量判断的检测项目均应进行抽样检测。凡送样检测的产品，检测结果仅对样品负责，不对整体产品质量作任何评价。

(三)实施细则的有关方法

(1)抽样方法为随机抽样。确定样本大小后，由委托试验检测单位提供编号进行随机抽样。特殊情况下也允许在生产场所已经检测合格的产品中抽取。抽样前，不得事先通知被检产品单位，抽样结束后，样品应立即封存，连同出厂检测合格证一并送往指定试验检测地点。

(2)样本大小的确定方法。凡产品技术标准中已规定样本大小的，按标准规定执行；产品技术标准中未明确规定样本大小的，按试验检测规程或相应技术标准中的方法确定；也可按百分比抽样方法进行。百分比抽样的抽样基数不得小于样本的5倍；在生产场所抽样时，当天产量不得小于均衡生产时的基本日均产量；在使用抽样时，抽样基数不得小于样本的2倍。

(3)样本确定后，抽样人应以适当的方式封存，由样本所在部门以适当的方式运往检测部门。运输方式的选择应以不损坏样本的外观及性能为依据。样品箱、样品桶、样品的包装也应满足上述要求。

(4)抽样结束后,由抽样人填写样品登记表,登记表应包括以下内容:产品生产单位;产品名称、型号;样品中单件产品编号及封样的编号;抽样依据,样本大小,抽样基数;抽样地点;运输方式;抽样日期;抽样人姓名,封样人姓名。

(四)注意事项

(1)对于比较重要的检测项目,若采用专用检测设备,应通过试验确定其检测数据的重复性。

(2)对于某些比较简单的试验检测项目,如果标准规定得很细,能满足上述要求时,可不必制定实施细则。

三、试验检测原始记录

原始记录是试验检测结果的如实记载,不允许随意更改,不许删减。原始记录应采用专用的表格样式,主要应包括以下内容:产品名称、型号、规格;产品编号,生产单位;检测项目,检测编号,检测地点;温度,湿度;主要检测仪器名称、型号、编号;检测原始记录数据,数据处理结果;检测人,复核人;试验日期等。记录表中应包括所要求记录的信息及其他必要的信息,以便在必要时能够判断检测工作在哪个环节可能出现差错。同时,根据原始记录提供的信息,能在一定准确度内重复所做的检测工作。

工程试验检测原始记录一般不得用铅笔填写,内容应填写完整,应有试验检测人员和计算校核人员的签名。原始记录如果确需更改,作废数据应画两条水平线,将正确数据填在上方,盖更改人印章。原始记录应集中保管,保管期一般不得少于两年。原始记录经过计算后的结果(即检测结果)必须有人校核,校核者必须在本领域有五年以上工作经验。校核者必须认真核对检测数据,校核量不得少于所检测项目的5%。校核者必须在试验检测记录和报告中签字,以示负责。

四、试验检测结果的处理

(一)试验检测数据整理

试验检测结果的处理是试验检测工作的重要内容。由于试验检测中得到的数值都是近似值,而且在运算过程中,还可能要运用无理数构成的常数。因此,为了获得准确的试验检测结果,减少不必要的工作量,必须按误差理论的规定和数字修改规则截取所需要的数据。此外,误差表达方式反映了对试验检测结果的认识是否正确,也利于用户对试验检测结果的正确理解。

试验检测记录数据整理时应注意以下方面:

(1)记录数据时,应确定数据的有效位数,根据检测数据异常值的判定方法区分可剔除异常值和不可剔除异常值;经过整理后的数据应填入原始记录的相应部分。

(2)检测数据的有效位数应与检测系统的准确度相适应,不足部分以“0”补齐,以便测试数据位数相等。

(3)同一参数检测数据个数少于3时用算术平均值法;测试个数大于3时,建议采用数理统计方法,求算代表值。

(4)测试数据异常值的判断，对于每一单元内检测结果中的异常值用格拉布斯(Grabbs)法；检测各试验室平均值中的异常值用狄克逊(Dixon)法。

(二)试验检测结果判断

在工程质量检验评定中，施工质量的不合格率是大家所关心的问题，由于所抽子样的数据都是随机变量，它们总是存在一定波动。看到数据有一些变化，或某检测数据低于技术规定要求，就认为施工质量或产品有问题，这样的判断方法是不慎重的，也是缺乏科学根据的，很容易给施工带来损失。

五、试验检测工作制度

工作制度是否健全、能否坚持贯彻执行，反映了一个单位的管理水平。对质检机构来说，它必然会影响到检测工作的质量。为了保证检测质量，从全面质量管理的观点出发，应对影响检测结果的各种因素(包括人的因素和物的因素)进行控制。作为一个质检中心还要建立以下几个最基本的工作制度。

(一)岗位责任制

岗位责任制是质检机构的一项重要制度，它应明确组织机构框图中列出的各部门的职责范围和权限。各部门的职责范围应对质量检测机构计量认证评审内容及考核办法中规定的管理功能、技术功能全部覆盖，做到事事有人管。明确各部门的质量职责，明确各类人员的职责，尤其对检测中心负责人、技术负责人、质量负责人和各部门负责人、各项目负责人、计量检定负责人、检测报告签发等项人员，应明确其职责范围、权限及质量责任。对计量检定人员和质量检测人员要根据其考核情况确定其检测工作范围。

1.各部门的岗位职责

1)检测办公室

试验检测中心办公室负责安排检测计划，对外签订检测合同；文件的收发及保管；检测报告的发送及登记；样品的收发保管及检后处理；检测仪器设备及标准件的购置；检测收费，财务管理；试验检测报告打印和资料复制；人事管理及保卫、安全、卫生、日常管理工作；制定各类人员的培训计划，组织人员考核。

2)检测资料室

检测资料室负责收集并保管国内外用于试验检测的产品标准、检测规范、检测细则、检测方法和计量检定规程、暂行校验方法及专用设备鉴定资料；负责保管检测报告、原始记录；保管产品技术资料、设计文件、图纸及其他有关资料；保存抽样记录、样品发放及处理记录；保存全部文件及有关产品质量检测的政策、法令、法规。

3)仪器设备室

仪器设备室负责计量标准器具的计量检定及日常维护保养；标准件的定期比对、保管、发放及报废；负责全部试验检测仪器设备的维修及保养等工作；检查各室的在用检测仪器或超过检定周期的仪器；新购置检测仪器设备的验收工作；保管试验检测仪器设备的维修、使用、报废记录；保管检测仪器设备的计量检定证书；保存试验检测仪器设备说明书；建立并保管检测仪器设备台账；大型精密设备的值班及日常维修；制定试验检测仪器设备检定周期表并付诸实施。

2.各类人员的岗位职责

1)试验检测中心主任

试验检测中心主任要贯彻执行上级有关的政策、方针、法规、条例和制度;确定本单位的方针和目标,决定本单位的发展规划和工作计划;对中心的检测工作计划完成情况及检测工作的质量负责;建立健全质量管理体系和质量保证体系,切实保证能公正地、科学地、准确地进行各类检测工作;协调各部门的工作,使之纳入全面质量管理的轨道;批准经费使用计划、奖金发放计划;批准检测报告;主持事故分析会和质量分析会;督促、检查各部门岗位责任制的执行情况;考核各类人员的工作质量;主管中心的人事工作及人员培训考核、提职、晋级工作;检查质量管理手册的执行情况,主持质量管理手册的制定、批准、补充和修改。

2)试验检测技术负责人

试验检测技术负责人要在中心主任的领导下,全面负责中心的技术工作;掌握本领域检测技术的发展方向,制定测试技术的发展计划;批准测试大纲、检测实施细则、检测操作规程、非标准设备和检测仪器的暂行校验方法;主持综合性非标准检测系统的鉴定工作;深入各试验检测室,随时了解并解决检测过程中存在的技术问题;组织各类人员的培训,负责各类人员的考核;签发检测报告。

3)试验检测质量保证负责人

试验检测质量保证负责人应全面负责检测工作质量,定期向中心主任和技术负责人报告测试工作质量情况;负责质量事故的处理;负责检测质量争议的处理并向中心主任和技术负责人报告结果;制定质量政策及方针;检查各类人员的检测质量、工作质量;负责质量管理手册的贯彻执行。

4)试验检测室主任

试验检测室主任应确定本室的质量方针及质量目标,组织完成各项试验检测任务;掌握本专业国内外的现状及发展趋势,根据需要和可能,提出新的检测方案;提出计量检测仪器设备的购置、更新、改造计划;提出计量检测仪器设备的维修、降级和报废计划;负责本室各类人员的技术培训和考核;对本室各类事故提出处理意见;审阅本室制定的检测大纲、检测细则;审阅各类检测报告及原始记录;考核本室人员的工作情况及质量状况;对本室人员晋级提出建议;负责本室的行政管理事务。

5)试验检测人员

试验检测人员对各自负责的试验检测工作的质量负责;严格按照检测规范、检测大纲、实施细则进行各项检测工作,确保检测数据的准确可靠;上报检测仪器设备的检定、维修计划,有权拒绝使用不合格检测仪器或超过检定周期的仪器;不断更新专业知识,掌握本专业检测技术及检测仪器的发展趋势和现状;按期填写质量报表,填写检测原始记录及检测证书;有权拒绝行政或其他方面的干预;有权越级向上级领导反映各级领导违反检测规程或对检测数据弄虚作假的现象;遵守试验室管理制度;按时填写仪器设备操作使用记录;严格遵守检测人员纪律。

6)计量检定人员

计量检定人员要正确使用计量标准器具、标准物质,并对其按规定进行计量检定,以保证其具备良好的技术状态；执行计量技术法规及计量器具规程或暂行校验方法，切实执行互检、互审制度；确保检定数据、检定结论正确，原始记录和检定证书应用钢笔填写，字迹工整、内容完整、签名齐全；不断学习计量学知识，经常学习计量法规、规程，学习误差理论，更新知识，不断提高理论技术水平；检查各检测室在使用检测仪器的周期计量制度的执行情况，有权制止使用不合格仪器和超检定周期的检测仪器，并将有关情况向上级报告；遵守各项工作制度。

7）资料保管人员

资料保管人员要严格遵守保密制度，不得随意复制散发检测报告，不得泄露原始数据，不得做损害用户的事；资料室规定的各类资料在入库时均应办理登记，登记应分类进行，入库手续齐全，送交人、整理人、接收人均应签名；对各类资料的分类应科学合理、便于查找，努力为检测人员做好技术服务工作；密切注意国内外有关检测工作的发展，随时收集最新的技术标准、检测规程、规范、细则、方法；对过期资料的销毁应严格履行报批手续，并造册登记入档；丢失检测资料应视为质量事故处理，填写事故报告，并视情节轻重给予必要的处分；做好防火、防盗、防蛀工作，以防资料的损坏。

8）样品保管人员

样品保管人员负责样品入库时外观检查、封样标记完整性检查并清点数量，核实无误后，登记入库，入库登记本应有样品保管人员签字；样品应列架分类管理，未检、已检应有明显的标记，不同单位送交的样品应有区分标志；样品桶、样品箱、样品袋应清洁完好，不得用留有他物或未经清洗的用具存放样品；样品保管人员应将各类样品立账、设卡，做到账、物、卡三者相符；保存样品室的环境条件符合该样品的贮存要求，不使样品变质、损坏，不使其降低或丧失性能；样品的领取应办理手续，领取者和发放者都应检查样品是否完好并签名；样品的检后处理及备用样品的处理都应按有关规定办理手续，经办人及主管人员应签名；做好样品保管室的防火、防盗工作；样品的丢失按责任事故处理。

9）其他各类人员

其他各类人员均应按照各室领导的安排，严守岗位，忠于职守，对各自的工作质量负责；不断学习与本职工作有关的新知识、新技术，以适应工作的要求；树立“质量第一”的观点，不断增强质量意识；遵守本行业的职业道德，提高自己的素质。

（二）计量标准、标准物质、检测仪器的管理制度

1.计量标准器具管理制度

计量标准器具是质检机构最高实物标准，只能用于量值传递特殊情况，必须用于产品质量检测时，须经检测中心领导批准。计量标准器具保存环境应满足其说明书的要求，保持最佳状态，由仪器设备室专人负责检定工作、维护保养工作。

计量标准器具的使用操作人员必须经考核合格并取得操作证书。每次使用计量标准器具后均应作使用记录。

2.标准物质

标准物质是质检机构进行标定计量的工作基准，它也是一种标准器件，不得购买无许可证的标准物质。标准物质应按说明书（合格证）上规定的使用期限定期更换，严格履行发放登记手续。

3.检测仪器的管理

专管共用的检测仪器设备的保管人由中心确定，使用人在使用仪器设备前应征得保管人同意并填写使用记录。使用前后，由使用人和保管人共同检查仪器设备的技术状态，经确认以后，办理交接手续。专管专用的仪器设备的使用人即为保管人。

仪器设备的保管人应参加新购进仪器验收安装、调试工作，填写并保管仪器设备档案，填写并保管仪器设备使用记录；负责仪器设备降级使用及报废申请等事宜。

使用贵重、精密、大型仪器设备者，均应经培训考核合格，取得操作许可证。精密、贵重、大型仪器设备的安放位置不得随意变动，如确实需要变动，事先应征得仪器设备室的同意，重新安装后，应对其安装位置、安装环境、安装方式进行检查，并重新进行检定或校准。仪器设备保管人应负责所保管设备的清洁卫生，不用时应罩上防尘罩。长期不用的电子仪器，每隔 3 个月应通电一次，每次通电时间不得少于半小时。

仪器设备室除对所有仪器设备按周期进行计量检定，还应对它们进行不定期的抽查，以确保其功能正常，性能完好，精度满足检测工作的要求。

仪器设备的使用环境均应满足说明书的要求。有温度、湿度要求者，应确保温度、湿度方面的要求。不得挪作他用，不得从事与检测无关的其他工作。

4.仪器设备的借用

(1)计量标准器具一律不出借，一般不能直接用于检测。

(2)中心内部仪器的借用由各室自行商定，但仪器设备所有权的调动应经中心领导同意，并在设备技术档案上备案。

(3)外单位借用仪器设备应办理书面手续。

(三)仪器设备购置、验收、维修、降级和报废制度

计量标准器具的购置由仪器设备室提出申请，中心主任批准后交办公室办理。测试仪器设备、标准物质的购置计划由各检测室提出，仪器设备室审核，经中心主任批准后交办公室办理。

计量标准器具、标准物质、仪器设备到货后，由仪器设备室组织验收。验收合格的仪器设备，由仪器设备室填写设备卡片，不合格的产品返修或退货。测试仪器设备的维修由仪器设备室归口管理。各专业检测室根据检测仪器设备的技术状态和使用时间，填写仪器设备维修申请书，由仪器设备室在规定的时间内进行维修。

在计量检定中发现仪器设备损坏或性能下降时，由仪器设备室直接进行维修，维修情况应填入设备档案。修理后的仪器设备均由仪器设备室按检定结果分别贴上合格(绿)、准用(黄)或停用(红)三种标志。其他人员均不得私自更改。

材料试验机、疲劳试验机、振动台等试验设备的清洗和换油工作由各专业检测室的设备保管人负责，并在设备档案内详细记载。

当检测仪器设备的技术性能降低或功能丧失、损坏时，应办理降级使用或报废手续。凡降级使用的仪器设备均应由各专业检测室提出申请，由仪器设备室确定其实际检定精度，提出使用范围的建议，经中心主任批准后实施。降级使用情况应载入设备档案。报废的仪器设备均应由各专业检测室填写“仪器设备报废申请单”，经仪器设备室确认后，由中心主任批准，并填入设备档案。已报废的仪器设备，不应存放在试验室内，其档案由资料室统一保管。

(四)检测事故分析报告制度

(1)检测过程中发生下列情况按事故处理:①样品丢失,零部件丢失,样品损坏;②样品生产单位提供的技术资料丢失或失密,检测报告丢失,原始记录丢失或失密;③由于检测人员、检测仪器设备、检测条件不符合检测工作的要求,试验方法有误,数据差错而造成的检测结论错误;④检测过程中发生人身伤亡;⑤检测过程中发生仪器设备损坏。

(2)凡违反上述各项规定所造成的事故均为责任事故,按经济损失的大小、人身伤亡情况分成小事故、大事故和重大事故。

(3)重大事故或大事故发生后,应立即采取有效措施,防止事态扩大,抢救伤亡人员,并保护现场,通知有关人员处理事故。

(4)事故发生后3天内,由发生事故部门填写事故报告单,报告办公室;事故发生后5天内,由中心负责人主持,召开事故分析会,对事故的直接责任者作出处理,对事故做善后处理并制定相应的办法,以防类似事故产生;重大或大事故发生后1周内,中心应向上级主管部门补交事故处理专题报告。

(五)技术资料文件的管理及保密制度

技术资料的管理由资料室负责。长期保存的技术资料有以下内容:国家、地区、部门有关产品质量检测工作的政策、法令、文件、法规和规定;产品技术标准、相关标准、参考标准(国外和国内的)、检测规程、规范、大纲、细则、操作规程和方法;计量检定规程、暂行校验方法;仪器设备说明书,计量合格证,仪器、仪表、设备的验收、维修、使用、降级和报废记录;仪器设备明细表和台账;产品检验委托书、设计文件及其他技术资料。定期保存的技术资料有以下内容:各类原始记录;各类检测报告;用户反馈意见及处理结果;样品入库、发放及处理登记本。其保管期不得少于两年。

长期保存的技术资料由资料室负责收集、整理、保存,其他各项技术资料由主管部门整理、填写技术资料目录,并对卷内资料进行编号,由资料室装订成册。技术资料入库时应办理交接手续,统一编号填写资料索引卡片。检测人员需借阅技术资料,应办理借阅手续。与检测无关的人员不得查阅检测报告和原始记录。检测报告和原始记录不允许复制。资料室工作人员要严格为用户保守技术机密,否则以违反纪律论处。超过保管期的技术资料应分门别类造册登记,经中心主任批准后才能销毁。

(六)检测样品的管理制度

1.样品的保管制度

样品保管室由办公室指定专人负责。样品到达后,由办公室所指定的负责人会同有关专业室共同开封检查,确认样品完好后,编号入样品保管室保存,并办理入库登记手续。样品上应有明显的标志,确保不同单位和同类样品不致混淆,确保未检样品与已检样品不致混杂。样品保管室的环境条件应符合该样品必需的保管要求,不会使样品变质、损坏、丧失或降低其功能。样品保管室应做到账、物、卡三者相符。检测时由专业室填写样品领取单,到样品保管室领取样品,并会同样品保管员办理手续。

2.样品的检后处理

检测工作结束,检测结果经核实无误后,应将样品送样品保管室保管,需保留样品的立即通知送检单位前来领取。检后产品的保管期一般为申诉有效期后的一个月。过期无人领取,则作为无主物品处理。

破坏性检测后的样品,确认试验方法、检测仪器、检测环境、检测结果无误后,才准撤离试验现场。除用户有特殊要求,一般不再保存。不管是以哪种方式处理,均应办理处理手续,处理人应签字。

(七)试验室管理制度

试验室管理应遵循以下制度:

(1)试验室是进行检测、检定工作的场所,必须保持清洁、整齐、安静。

(2)试验室内禁止随地吐痰、吸烟、吃东西。禁止将与检测工作无关的物品带入试验室,不得在恒温恒湿室内喝水,禁止用湿布擦地,禁止开启门窗。

(3)要换衣、换鞋的试验室,不管任何人进入,都要按规定更换工作服、鞋。

(4)试验室应建立卫生值日制度,每天有人打扫卫生,每周彻底清扫一次,空调通风管每季度彻底清扫一次。

(5)下班后与节假日,必须切断电源、水源、气源,关好门窗,以保证试验室的安全。

(6)仪器设备的零部件要妥善保管,连接线、常用工具应排列整齐,说明书、操作手册和原始记录表等应专柜保管。

(7)带电作业应由两人以上操作,地面应采取绝缘措施。电烙铁应放在烙铁架上,电源线应排列整齐,不得横跨过道。

(8)试验室内设置消防设施、消火栓和灭火桶。灭火桶应经常检查,任何人不得私自挪动位置,不得挪作他用。

六、试验检测人员配置要求

试验检测机构的人员配置要合理,应包括行政管理人员、试验检测技术人员和其他工作人员三类,其中试验检测技术人员应由不同学科和不同职称的技术人员组成。

(一)试验检测机构技术负责人、质量保证负责人及其他人员配置

试验检测机构的技术负责人要对整个试验检测机构的工作全部负责,业务上应该有较高的水平。由于技术负责人在一定程度上决定了检测工作的质量,因此当技术负责人变动时,应检查在技术负责人变动后该机构的工作水平。

质量保证负责人协助技术负责人对整个质检机构的全部检测工作的质量负责,在技术负责人不在时代行其职权。质量保证负责人不一定要求精通每一项具体工作,但必须熟悉本单位的主要业务,并有一定的质量管理方面的知识。质量保证负责人必须是该机构的主要负责人之一,这有助于质量工作中的有关决定能够得到贯彻执行。

技术负责人、质量保证负责人及质量检测管理人员,应熟悉国家、部门、地方关于产品质量检测方面的政策、法令、法规、规定;应熟悉工程技术标准;应熟悉抽样理论,能熟练地应用各类抽样标准,确定其样本大小;具备编制审定检测实施细则、审查检测报告的能力;熟练地掌握检测质量控制理论,具有对检测工作进行质量诊断的能力;熟悉国内外工程质量的检测方法、检测技术的现状及发展趋势,掌握国内外检测仪器设备的信息;不断学习新知识,不断进行知识更新。

试验检测机构的技术负责人应有工程师以上职称，精通所管辖的业务，具有十年以上专业工作的经验。人员应按所进行的业务范围进行配置，各类工程技术人员、工程师以上人员不得低于20%。各业务岗位人员的配置应与所从事的检测项目相匹配，重要的检测项目应有两人，每人可兼做几个项目。

（二）试验检测人员要求

试验检测人员应按各自的岗位分工，认真履行岗位职责，做好本职工作，确保检测工作质量。

1.对试验检测人员的一般要求

（1）检测操作人员应熟悉检测任务，了解被测对象和所用检测仪器设备的性能。检测人员必须经过考核合格，取得上岗操作证后才能上岗操作。凡使用精密、贵重、大型检测仪器设备者，必须熟悉该检测仪器的性能，具备使用该仪器的知识，经过考核合格，取得操作证书后才能操作。

（2）应掌握所从事检测项目的有关技术标准，了解本领域国内外测试技术、检测仪器的现状及发展方向，具备制定检测大纲、采用国内外最新技术进行检测工作的能力。

（3）熟悉误差理论、数理统计方面的知识，能独立进行数据处理工作。

（4）应对检测工作、数据处理工作持严肃的态度，以数据说话，不受行政或其他方面的影响和干扰。

2. 试验检测人员的纪律要求

（1）认真学习贯彻国家、部门、地方有关质量方面的文件、政策、标准、试验检测规程，进行各项测试工作。

（2）坚持原则、忠于职守，遵守质检机构规定的各项规章制度。

（3）不准利用职权和工作条件接受受检企业或单位的礼品。

（4）不准擅自多抽或少抽样品，不准违章处理或使用样品。

（5）不准受贿，不准假公济私、弄虚作假。

（6）作风正派，秉公办事。

3.对检测人员考核的主要内容

（1）工程质量检测专业知识。了解所用仪器设备的结构原理、性能及正确使用维护等知识；掌握所检测工程项目的质量标准和有关技术指标程度；实际操作和数据处理的能力。

（2）计量基础知识。计量法常识；国际单位制基本内容；误差理论基本知识。

（三）计量检定人员要求

1.对计量检定人员的要求

（1）凡从事计量检定工作的人员必须具备从事计量检定工作所必备的知识和技能，且经上级计量行政部门考核合格并取得检定员证，才能从事所考核合格项目的计量检定工作。见习人员或学徒工、代培人员不得独立从事检定工作，不得在检定证书上签字。

（2）计量检定复核人员应真正起到复核的作用，复核人员必须是从事该项目两年以上具有工程师职称的人员或从事该项目五年以上的助理工程师。

（3）必须具备高中以上文化程度，不断学习新知识，随时了解国内外本领域计量技术的现状及检测仪器设备的信息。

2.对计量检定人员考核的主要内容

(1)计量法常识;国际单位制基本内容;误差理论基本知识。

(2)了解本专业所用标准器具的结构原理和正确使用维护等知识;对本专业的检定系统和检定规程的理解和掌握的熟练程度;实际操作和数据处理能力。

第二节 试验检测数据的处理方法

工程质量的评价是以试验检测数据为依据的,试验检测采集得到的原始数据类多量大,并且存在各种各样的误差,有时杂乱无章,甚至还有错误。因此,必须对原始数据进行分析处理,才能得到可靠的试验检测结果。试验检测数据的处理方法包括数字的修约规则、数据的统计特征与分布规律、可疑数据的取舍方法、数据的表达方法、抽样检验与评价方法以及误差分析。

一、有效数字

测量过程中,由于受到一系列不可控制和不可避免的主观因素和客观因素的影响,所获得的测量值必定含有误差,即获得的测量值仅仅是被测量的近似值。另外,在数据处理过程中引入的像 π 等一些常量,在大多数情况下,是以无穷小数形式的无理数来表示的,这就需要确定一项原则,将测得的或计算的数据截取到所需的位数。认为在一个数值中小数点后面的位数愈多,这个数值就愈准确,或者在计算中,保留的位数愈多,这个数值就愈准确的想法是错误的。在计算中无论取多少位数都不可能把准确程度增加到超过测量误差所允许的范围。反之,表示一个数值时,如果书写的位数过少,即数值所取的有效位数少于实际所能达到的精度,不能把已经达到的精度表示出来,也是错误的。

因此,在对测量数据的处理中,引入了有效数字的概念。有效数字可表述为:由数字组成的一个数,除最末一位数字是不确切值或可疑值外,其他数字皆为可靠值或确切值,则组成该数的所有数字包括末位数字称为有效数字,除有效数字外其余数字为多余数字。

对于“0”这个数字,它在数中的位置不同,可能是有效数字,也可能是多余数字。整数前面的“0”无意义,是多余数字。对纯小数,在小数点后面,数字前的“0”只起定位,决定数量级的作用,也是多余数字;处于数中间位置的“0”是有效数字。处于数后面位置的“0”是否算有效数字分三种情况:

(1)数字后面的“0”,若把多余数字的“0”用 10 的乘幂来表示,使其与有效数字分开,这样在 10 的乘幂前面所有数字包括“0”皆为有效数字。

(2)作为测量结果并符合误差值的数值,其表示的数值等于或大于误差值的所有数字,包括“0”皆为有效数字。

(3)上面两种情况外的数后面的“0”则很难判断是有效数字还是多余数字,因此应避免采用这种不确切的表示方法。

一个数的有效数字占有的位数,即有效数字的个数,为该数的有效位数。在测量或计算中应取多少位有效数字,可根据下述准则判定:

(1)对不需要标明误差的数据,有效数字应取到最末一位数字为可疑数字。

(2)对需要标明误差的数据,其有效位数应取到与误差同一数量级。

二、数字修约规则

(一)修约间隔

修约间隔是指确定修约保留位数的一种方式。修约间隔的数值一经确定,修约值即应为该数值的整数倍。

(二)数值修约进舍规则

(1)拟舍弃数字的最左一位数字小于5时,则舍去,即保留的各位数字不变。

(2)拟舍弃数字的最左一位数字大于5或为5,而且后面的数字并非全部为0时,则进1,即保留的末位数加1。

(3)拟舍弃数字的最左一位数字为5,而后面无数字或全部为0时,若保留的末位数字为奇数,则进1,为偶数则舍弃。

(4)负数修约时,先将它的绝对值按上述三条规定进行修约,然后在修约值前面加上负号。

(5)0.5单位修约时,将拟修约数值乘以2,按指定数位依进舍规则修约,所得数值再除以2。

(6)0.2单位修约时,将拟修约数值乘以5,按指定数位依进舍规则修约,所得数值再除以5。

该修约规则(有时称为"奇升偶舍法")与常用的"四舍五入"法区别在于,用"四舍五入"法对数值进行修约,从很多修约后的数值中得到的均值偏大,而用这种修约规则,进舍的状况具有平衡性,进舍误差也具有平衡性,若干数值经过这种修约后,修约值之和变大的可能性与变小的可能性是一样的。

(三)数值修约注意事项

实行数值修约时,应在明确修约间隔、确定修约位数后一次完成,而不应连续修约,否则会导致不正确的结果。

拟修约数字应在修约后一次修约获得结果,不得多次按进舍规则连续修约。在具体实施中,有时测量与计算部门先将获得的数值按指定的修约数位多一位或几位报出,而后由其他部门判定。为避免产生连续修约的错误,应按下列步骤进行:

(1)报出数值最右的非0数字为5时,应在数值后面加"(+)"号或"(-)"号或不加符号,以分别表明已进行过舍、进或未舍未进。

(2)如果判定报出值需要进行修约,当拟舍弃数字的最左一位数字为5而后面无数字或全部为0时,数值后面有"(+)"号者进1,数值后面有"(-)"号者舍弃,其他仍按进舍规则进行。

三、数据的统计特征

在工程质量检验中,对无限总体中的个体,逐一考察其质量是不可能的;对有限总体,若所含个体数量虽不大,但考察方法往往是破坏性的,同样不能全数考察。所以,通过抽取总体中的一小部分个体加以检测，抽样检验，以了解和分析总体质量状况，这是工程质量检验的主要方法。

抽样的结果需要进行处理，用来统计数据分布及其某些特征的特征量分为两类：一类表示数据的集中位置，如算数平均值、中位数等；一类表示数据的离散程度，主要有极差、标准离差、变异系数等。

四、可疑数据的取舍

在一组条件完全相同的重复试验中，个别的测量值可能出现异常，如测量值过大和过小时，称为可疑数据。这些可疑数据应该用数理统计的方法辨别真伪，进行取舍。常用的方法有拉依达法、肖维纳特法、格拉布斯法等。

五、试验数据的表达方法

通过分析试验检测获得的数据，以得到数据之间的关系，导出各个参数之间的函数关系，是数据处理的任务之一。常用的数据表达方法有表格法、图示法和经验公式法等。

（一）表格法

在科学试验中，一系列测量数据都是首先列成表格，然后再进行其他的处理。表格法简单方便，但要进行深入的分析表格就不能胜任了。首先，尽管测量次数相当多，但它不能给出所有的函数关系；其次，从表格中不易看出自变量变化时函数的变化规律，而只能大致估计出函数是递增的、递减的或是周期性变化的等。列成表格是为了表示出测量结果，或是为了以后的计算方便，同时也是图示法和经验公式法的基础。

表格有两种：一种是试验检测数据记录表，另一种是试验检测结果表。

试验检测数据记录表是该项试验检测的原始记录表。它包括的内容应有试验检测目的、内容摘要、试验日期、环境条件、检测仪器设备、原始数据、测量数据、结果分析以及参加人员和负责人等。

试验检测结果表只反映试验检测结果的最后结论，一般只有几个变量之间的对应关系。试验检测结果表应力求简明扼要，能说明问题。

（二）图示法

图示法的最大优点是一目了然，即从图形中可非常直观地看出函数的变化规律，如递增性或递减性、最大值或最小值、是否具有周期性变化规律等。但是，从图形上只能得到函数变化关系而不能进行数学分析。

图示法的基本要点如下：

（1）坐标纸的大小与分度的选择应与测量数据的精度相适应。分度过粗时，影响原始数据的有效数字，绘图精度将低于试验中参数测量的精度；分度过细时会高于原始数据的精度。

坐标分度值不一定自零起，可用低于试验数据的某一数值作为起点和高于试验数据的某一数值作为终点，曲线以基本占满全幅坐标纸为宜。

（2）坐标轴应注明分度值的有效数字和名称、单位，必要时还应标明试验条件，坐标的文字书写方向应与该坐标轴平行，在同一图上表示不同数据时应该用不同的符号加以区别。

(3)测量数据往往是分散的,如果用短线连接各点得到的就不是光滑的曲线,而是折线,这需要对曲线进行平滑处理。由于每一个测点总存在误差,按带有误差的各数据所描的点不一定是真实值的正确位置。根据足够多的测量数据,完全有可能作出一光滑曲线,决定曲线的走向应考虑使曲线尽可能地通过或接近所有的点,但曲线不必强求通过所有的点,尤其是两端的点。当不可能时,则应移动曲线尺,使得曲线两边的点数接近相等。此时,所绘制的曲线与实测值之间误差的平方和最小。另外,还可以采用拟合曲线法,用 Excel 等程序来平滑曲线。

(三)经验公式法

测量数据不仅可用图形表示出函数之间的关系,而且可用与图形对应的一个公式来表示所有的测量数据,当然这个公式不可能完全准确地表达全部数据。因此,常把与曲线对应的公式称为经验公式,在回归分析中则称之为回归方程。把全部测量数据用一个公式来代替,不仅有紧凑扼要的优点,而且可以对公式进行必要的数学运算,以研究各自变量与函数之间的关系。

根据一系列测量数据,如何建立公式,建立什么形式的公式,这是首先需要解决的问题。所建立的公式能正确表达测量数据的函数关系,往往不是一件容易的事情,在很大程度上取决于试验人员的经验和判断能力,而且建立公式的过程比较烦琐,有时还要多次反复才能得到与测量数据更接近的公式。

建立公式的步骤大致可归纳如下:

(1)描绘曲线。以自变量为横坐标、函数量为纵坐标,将测量数据描绘在坐标纸上,并把数据点描绘成测量曲线(详见图示法)。

(2)对所描绘的曲线进行分析,确定公式的基本形式。

如果数据点描绘的基本上是直线,则可用一元线性回归方法确定直线方程。如果数据点描绘的是曲线,则要根据曲线的特点判断曲线属于何种类型。判断时可参考现成的数学曲线形状加以选择,对选择的曲线则按一元非线性回归方法处理。如果测量曲线很难判断属何种类型,则可按多项式回归处理。

(3)曲线化直。如果测量数据描绘的曲线被确定为某种类型的曲线,则可先将该曲线方程变换为直线方程,然后按一元线性回归方法处理。

(4)确定公式中的常量。代表测量数据的直线方程或经曲线化直后的直线方程表达式为 $y=a+bx$,可根据一系列测量数据确定方程中的常量 a 和 b,其方法一般有图解法、端值法、平均法和最小二乘法等。

(5)检验所确定的公式的准确性,即用测量数据中自变量值代入公式计算出函数值,看它与实际测量值是否一致,如果差别很大,说明所确定的公式基本形式可能有错误,则应建立另外形式的公式。

(四)一元线性回归分析

若两个变量 x 和 y 之间存在一定的关系,并通过试验获得 x 和 y 的一系列数据,用数学处理的方法得出这两个变量之间的关系式,这就是回归分析,也就是工程上所说的拟合问题,所得关系式称为经验公式,或称为回归方程、拟合方程。

如果两变量 x 和 y 之间的关系是线性关系，就称为一元线性回归或称为直线拟合。如果两变量之间的关系是非线性关系，则称为一元非线性回归或称为曲线拟合。对于非线性问题，可以通过坐标变换转化为线性回归问题进行处理。

设两变量之间的关系为 $y=f(x)$，通过试验可以得到若干组对应数据 (x_1,y_1)、(x_2,y_2)、…、(x_n,y_n)。根据这些数据在平面坐标系中绘出相应的数据点，当点大致分布在一条直线附近时，说明两变量 x 和 y 之间存在线性关系，即可以用一条适当的直线来表示这两个变量的关系，此直线方程为 $y=a+bx$，式中 a、b 为回归系数。

理论分析和工程实践表明，最小二乘法确定的回归方程偏差最小，平均法次之，端值法偏差最大。最小二乘法的基本原理为：当所有测量数据的偏差平方和最小时，所拟合的直线最优。

六、抽样检验基础

检验是指通过测量、试验等质量检测方法，将工程产品与其质量要求相比较并作出质量评判的过程。工程质量检验是工程质量控制的一个重要环节，是保证工程质量的必要手段。

检验可分为全数检验和抽样检验两类。全数检验是对一批产品中的每一个产品进行检验，从而判断该批产品的质量状况；抽样检验是从一批产品中抽出少量的单个产品进行检验，从而推断该批产品的质量状况。全数检验较抽样检验可靠性好，但检验工作量非常大，往往难以实现；抽样检验方法以数理统计学为理论依据，具有很强的科学性和经济性，在许多情况下，只能采用抽样检验方法。公路工程不同于一般产品，它是一个连续的整体，且采用的质量检测手段又多属于破坏性的。所以，就公路工程质量检验而言，不可能采用全数检验，而只能采用抽样检验。即从待检工程中抽取样本，根据样本的质量检查结果，推断整个待检工程的质量状况，如图 8-1 所示。

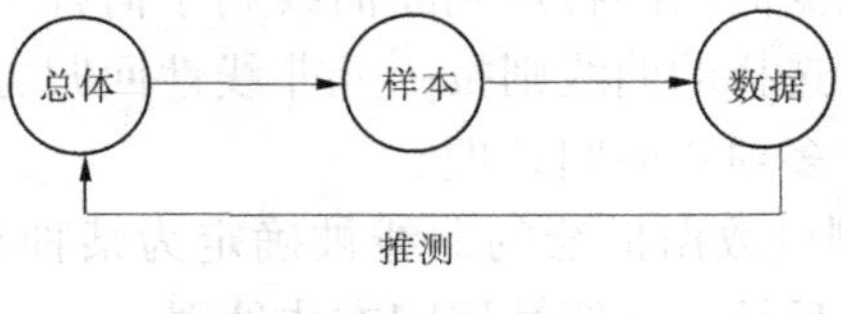

图 8-1 总体与样本的关系

质量检验的目的在于准确判断工程质量状况，以促进工程质量的提高。其有效性取决于建议的可靠性，而检验的可靠性则与下面三个因素密切相关：①质量检测手段的可靠性；②抽样检验方法的科学性；③抽样检验方案的科学性。在质量检验过程中，必须全面考虑上述三个因素，以提高质量检验的可靠性。

（一）抽样检验的类型

抽样是从总体中抽取样本的过程，并通过样本了解总体。总的来说，抽样检验分为非随机抽样与随机抽样两大类。

1. 非随机抽样

进行人为地有意识地挑选取样即为非随机抽样。非随机抽样中，人的主观因素占主导作用，由此所得到的质量数据往往会对总体作出错误的判断。因此，采用非随机抽样方法所得的检验结论可信度较低。

2. 随机抽样

随机抽样排除了人的主观因素，使待检总体中的每一个产品具有同等被抽取到的机会。只有随机抽取的样本才能客观地反映总体的质量状况。这类方法所得到的数据代表性强，质量检验的可靠性得到了基本保证。因此，随机抽样是以数理统计的原理，根据样本取得的质量数据来推测、判断总体的一种科学抽样检验方法，因而被广泛使用。

（二）随机抽样的方法

随机抽样的方法有多种，公路工程质量检验的随机抽样方式一般采用单纯随机抽样、系统抽样、分层抽样三种。

1.单纯随机抽样

在总体中直接抽取样本的方法即为单纯随机抽样。这是一种完全随机化的抽样方法。要实现单纯随机抽样，应对总体中各个个体进行编码。随机抽样并不意味着随便地、任意地取样，而是应采取一定的方式获取随机数，以确保抽样的随机性。随机数可以利用随机数表获得，也可以利用掷骰子和抽签的方法获得。

2.系统抽样

有系统地将总体分成若干部分，然后从每一个部分抽取一个或若干个个体组成样本，这一方法称为系统抽样。在工程质量控制中，系统抽样的实现主要有三种方式：

（1）将比较大的工程分为若干部分，再根据样本容量的大小在每部分按比例进行单纯随机抽样，将各部分抽取的样品组合成一个样本。

（2）间隔定时法。每隔一定的时间，从工作面抽取一个或若干个样品。该方法适用于工序质量控制。

（3）间隔定量法。每隔一定数量的产品，抽取一个或若干个样品。该方法主要适用于工序质量控制。

3.分层抽样

一项工程或工序往往是由若干不同的班组施工的。分层抽样法就是根据此类情况，将工程或工序分为若干层。例如，同一个班组施工的工程或工序作为一层，若某项工程或工序是由 3 个不同的班组施工的，则可分为 3 层，然后按一定比例确定每层应抽取样品数，对每层则按单纯随机抽样法抽取样品。分层时，应尽量使层内均匀，而层间不均匀。分层抽样法便于了解每层的质量状况，分析每层产生质量问题的原因。

（三）路基路面现场随机取样方法

为了公正、合理地反映工程质量状况，取样的位置不应带有任何倾向性，应该根据随机数表来确定现场取样的具体位置。应用随机数表确定现场取样位置时，应事先准备好编号从 1~28 共 28 张硬纸片，并将其装入布袋中。下面分测定区间或测定断面和测点位置两种情况加以讨论。

1.测定区间或测定断面确定方法

（1）路段确定，根据路基路面施工或验收、质量评定方法等有关规范决定需检测的路段。它可以是一个作业段、一天完成的路段或路线全程，在路基路面工程检查验收时，通常以 1 km 为一个检测路段,此时,检测路段的确定也应按本方法的步骤进行。

(2)将确定的测试路段划分为一定长度的区间或按桩号间距(一般为 20 m)划分为若干个断面,并按 1、2、…、T 进行编号,其中 T 为总的区间数或断面数。

(3)从布袋中随机摸出一张硬纸片,硬纸片上的号数即为随机数表中的栏号,从 1~28 栏中选出该栏号的一栏。

(4)按照测定区间数、断面数的频度要求(总的取样数为 n,当 $n>30$ 时应分次进行),依次找出与 A 列中 01、02、…、n 对应的 B 列中的值,共 n 对对应的 A、B 值。

(5)将 n 个 B 值与总的区间数或断面数 T 相乘,四舍五入成整数,即得到 n 个断面的编号。

2.测点位置确定方法

(1)从布袋中任意取出一张硬纸片,纸片上的号数即为随机数表中的栏号。从 1~28 栏中选出该栏号的一栏。

(2)按照测点数的频度要求(总的取样数为 n)依次找出栏号的取样位置数,每个栏号均有 A、B、C 三列。根据检验数量 n(当 $n>30$ 时应分次进行),在所选定栏号的 A 列找出等于所需取样位置数的全部数,如 01、02、…、n。

(3)确定取样位置的纵向距离,找出与 A 列中相对应的 B 列中的数值,以此数乘以检测区间的总长度,并加上该段的起点桩号,即可得出取样位置距该段起点的距离或桩号。

(4)确定取样位置的横向距离,找出与 A 列中相对应的 C 列中的数值,以此数乘以路基路面的宽度,再减去宽度的一半,即得出取样位置离路中心线的距离。如差值是正值(+),表示在中心线的右侧;如差值是负值(-),表示在中心线的左侧。

(四)抽样检验的评定方法

抽样检验的目的就是根据样本取得的质量数据来推测样本所属的一批产品或工序的质量状况,并判断该批产品或该工序是否合格。抽样检验评定的基本原理可以用图 8-2 表示。图中,N 为一批产品数量(即批量);n 为从批量中随机抽取的样本数;d 为抽出样本中不合格品数;c 为抽样中允许不合格品数(或称合格判定数)。若 $d \leqslant c$,则认为该批产品合格;若 $d>c$,则说明该批产品不合格。

公路工程质量评定采用合格率与评分的方法,也就是根据检测值是否符合质量标准进行评定,按合格率计分。对于路基路面压实度、弯沉值,路面结构层厚度,半刚性基层材料强度,水泥混凝土抗折强度等检验项目,应采用数理统计的方法进行评定计分。

七、误差的基本概念

由于人们认识能力的局限、科学技术水平的限制,以及测量数值不能以有限位数表示(如圆周率 π)等原因,在对某一对象进行试验或测量时,所测得的数值与其真实值不会完全相等,这种差异即称为误差。

(一)真值

真值即真实值,是指在一定条件下,被测量客观存在的实际值。真值通常是个未知量,一般所说的真值是指理论真值、规定真值和相对真值。

理论真值:也称绝对真值,如平面三角形三内角之和恒为 180°。

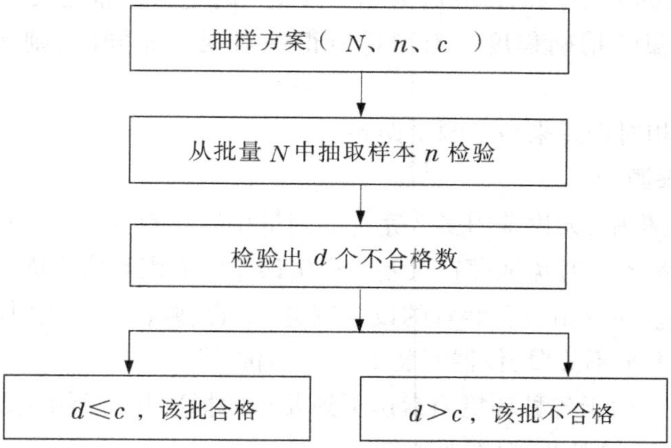

图 8-2 抽样检验评定原理

规定真值：国际上公认的某些基准量值，如 1960 年国际计量大会规定“1 m 等于真空中氪 86 原子的 $2p_{10}$和 $5d_5$能级之间跃迁时辐射的 1 650 763.72 个波长的长度”。1982 年国际计量局召开的米定义咨询委员会提出新的米定义为“米等于光在真空中 1/299 792 458 s时间间隔内所经路径的长度”。这个米基准就当做计量长度的规定真值。规定真值也称约定真值。

相对真值：计量器具按精度不同分为若干等级，上一等级的指示值即为下一等级的真值，此真值称为相对真值。例如，在力值的传递标准中，用二等标准测力机校准三等标准测力机，此时二等标准测力机的指示值即为三等标准测力机的相对真值。

（二）误差

根据误差表示方法的不同，其有绝对误差和相对误差。

1.绝对误差

绝对误差是指实测值与被测之量的真值之差。大多数情况下，真值是无法得知的，因而绝对误差也无法得到。一般只能应用一种更精密的量具或仪器进行测量，所得数值称为实际值，它更接近真值，并用它代替真值计算误差。

绝对误差具有以下一些性质：

（1）它是有单位的，与测量时采用的单位相同；

（2）它能表示测量的数值是偏大还是偏小以及偏离程度；

（3）它不能确切地表示测量所达到的精确程度。

2.相对误差

相对误差是指绝对误差与被测真值（或实际值）的比值，相对误差不仅表示测量的绝对误差，而且能反映出测量时所达到的精度。

相对误差具有以下一些性质：

（1）它是无单位的，通常以百分数表示，而且与测量所采用的单位无关。而绝对误差则不然，测量单位改变，其值也变。

(2)能表示误差的大小和方向,因为相对误差大时绝对误差也大。

(3)能表示测量的精确程度。当测量所得绝对误差相同时,则测量的量大者精度就高。

因此,通常用相对误差来表示测量误差。

(三)误差的来源

在任何测量过程中,无论采用多么完善的测量仪器和测量方法,也无论在测量过程中怎样细心和注意,都不可避免地存在误差。产生误差的原因是多方面的,可以归纳如下:

(1)装置误差。主要由设备装置的设计制造、安装、调整与运用引起的误差。如试验机示值误差,等臂天平不等臂,仪器安装不垂直、偏心等。

(2)环境误差。由于各种环境因素达不到要求的标准状态所引起的误差。如混凝土养护条件达不到标准的温度、湿度要求等。

(3)人员误差。测试者生理上的最小分辨力和固有习惯引起的误差。如对准示值读数时,始终偏左或偏右、偏上或偏下、偏高或偏低。

(4)方法误差。测试者未按规定的操作方法进行试验所引起的误差。如强度试验时试块放置偏心,加荷速度过快或过慢等。

以上几种误差来源,有时是联合作用的,在进行误差分析时,可作为一个独立的误差因素来考虑。

(四)误差的分类

误差就其性质而言,可分为系统误差、随机误差(或称偶然误差)和过失误差。

(1)系统误差。在同一条件下,多次重复测试同一量时,误差的数值和正负号有较明显的规律。系统误差通常在测试之前就已经存在,而且在试验过程中,始终偏离一个方向,在同一试验中其大小和符号相同。系统误差容易识别,并可通过试验或用分析方法掌握其变化规律,在测量结果中加以修正。

(2)随机误差。在相同条件下,多次重复测试同一量时,出现误差的数值和正负号没有明显的规律,它是由许多难以控制的微小因素造成的。由于每个因素出现与否,以及这些因素所造成的误差大小、方向事先无法知道,有时大、有时小,有时正、有时负,其发生完全出于偶然,因而很难在测试过程中加以消除。但是,完全可以掌握这种误差的统计规律,用概率论与数理统计方法对数据进行分析和处理,以获得可靠的测量结果。

(3)过失误差。过失误差明显地歪曲试验结果,如测错、读错、记错或计算错误等。含有过失误差的测量数据是不能采用的,必须利用一定的准则从测得的数据中剔除。因此,在进行误差分析时,只考虑系统误差与随机误差。

第三节　工程质量检验评定办法

根据建设任务、施工管理和质量检验评定需要,应在施工准备阶段将建设项目划分为单位工程、分部工程和分项工程,见表 8-1。

表 8-1　一般建设项目的工程划分

单位工程	分部工程	分项工程
路基工程(每 10 km 或每标段为单元)	路基土石方工程*(1~3 km 路段)	土方路基*,石方路基*,软土路基*,土工合成材料处治层*等
	排水工程(1~3 km 路段)	管节预制,管道基础及管节安装*,检查(雨水)井砌筑*,土沟,浆砌排水沟*,盲沟,跌水,急流槽*,水簸箕,排水泵站等
	小桥及符合小桥标准的通道*,人行天桥,渡槽(每座为单元)	基础及下部构造*,上部构造预制、安装或浇筑*,桥面*,栏杆,人行道等
	涵洞、通道(1~3 km 路段)	基础及下部构造*,主要构件预制、安装或浇筑*,填土,总体等
	砌筑防护工程(1~3 km 路段)	挡土墙*,墙背填土,抗滑桩*,锚喷防护*,锥、护坡,导流工程,石笼防护等
	大型挡土墙*,组合式挡土墙*(每处为单元)	基础*,墙身*,墙背填土,构件预制*,构件安装*,筋带,锚杆,拉杆,总体*等
路面工程(每 10 km 或每标段为单元)	路面工程*(1~3 km 路段)	底基层,基层*,面层*,垫层,联结层,路缘石,人行道,路肩,路面边缘排水系统等
桥梁工程(特大、大、中桥)	基础及下部构造*(以每桥或每墩、台为单元)	扩大基础,桩基*,地下连续墙*,承台,沉井*,桩的制作*,钢筋加工安装,墩台身(砌体)浇筑*,墩台身安装,墩台帽*,组合桥台*,台背填土,支座垫石和挡块等
	上部构造预制和安装*	主要构件预制*,其他构件预制,钢筋加工及安装,预应力筋的加工和张拉*,梁板安装,悬臂拼装*,顶推施工梁*,拱圈节段预制及安装,转体施工,钢管拱的制作与安装,劲性骨架拱肋的制作与安装*,吊杆制作和安装*,桥梁工程主缆架设与防护*,加劲梁的安装,钢梁安装及防护*等
	上部构造现场浇筑*	钢筋加工及安装,预应力筋的加工和张拉*,主要构件浇筑*,其他构件浇筑,悬臂浇筑*,劲性骨架混凝土拱浇筑*,钢管混凝土拱浇筑*等
	总体、桥面系和附属工程	桥梁总体*,钢筋加工及安装,桥面防水层施工,桥面铺装*,钢桥面板上沥青混凝土铺装*,伸缩缝安装,大型伸缩缝安装*,栏杆、护栏安装,人行道铺设,灯柱安装等
	防护工程	护坡,护岸*,导流工程*,石笼防护,砌石工程等
	引道工程	路基*,路面*,挡土墙*,小桥*,涵洞*,护栏等

续表 8-1

单位工程	分部工程	分项工程
互通立交工程	桥梁工程*(每座为单位)	桥梁总体,基础及下部构造*,上部构造预制、安装或浇筑*,支座垫石,桥面铺装*,栏杆或护栏,人行道等
	主线路基路面工程*(1~3 km 路段)	见路基、路面等分项工程
	匝道工程(每条为单元)	路基*,路面*,通道*,护坡,挡土墙*,护栏等
隧道工程	总体	隧道总体等
	明洞	明洞浇筑,明洞防水层,明洞回填*等
	洞口工程	洞口开挖,洞口边仰坡防护,洞门和翼墙的浇(砌体)筑,截水沟,洞口排水沟等
	洞身开挖*	洞身开挖*(分段)等
	洞身衬砌*	(钢纤维)喷射混凝土支护,锚杆支护,钢筋网支护,仰拱,混凝土衬砌*,钢支撑,衬砌钢筋等
	防、排水	防水层、止水带、排水沟等
	隧道路面	基层*,面层*等
	装饰	装饰工程
	辅助施工措施	超前锚杆,超前钢管等
交通安全设施等(每 20 km 或每标段为单元)	标志*(5~10 km 路段)	标志*
	标线,突起路标(5~10 km 路段)	标线*,突起路标等
	护栏*、轮廓标(5~10 km 路段)	波形梁护栏*,缆索护栏*,混凝土护栏*,轮廓标等
	防眩设施(5~10 km 路段)	防眩板、网等
	隔离栅、防落网(5~10 km 路段)	隔离栅,防落网等
环保工程	声屏障(每处)	声屏障
	绿化工程(1~3 km 路段或每处)	中央分隔带绿化,路侧绿化,互通立交绿化,服务区绿化,取、弃土场绿化等

注:1. 表内标注 * 号者为主要工程,评分时给以 2 的权值;不带 * 号者为一般工程,权值为 1。

2. 按路段长度划分的分部工程,高速公路、一级公路宜取低值,二级及二级以下公路可取高值。

一、工程项目的划分

(1)单位工程。在建设项目中,根据签订的合同,具有独立施工条件的工程。

(2)分部工程。在单位工程中,应按结构部位、路段长度及施工特点或施工任务划分为若干个分部工程。

(3)分项工程。在分部工程中,按不同的施工方法、材料、工序及路段长度等划分为若干个分项工程。

二、工程质量评分办法

施工单位应对各分项工程按基本要求、实测项目和外观鉴定进行检查,按“分项工程质量检验评定表”提交真实、完整的自查资料,对工程质量进行自我评分。监理工程师应按规定要求对工程质量进行检查,对施工自查资料进行签认和评分。质量监督部门根据抽查资料和确认的施工自查资料以及监理工程师的质量管理资料对工程质量逐级进行评定,作为交工、竣工验收评定质量等级的依据。

公路工程质量检验评分以分项工程为评定单元,采用100分制评分方法进行评分。在分项工程评分的基础上,逐级计算各相应分部工程、单位工程评分值,建设项目的单位工程优良率和评分值。

(一)分项工程评分方法

分项工程质量检验内容包括基本要求、实测项目、外观鉴定和质量保证资料四个部分,只有在其使用的材料、半成品、成品及施工工艺符合最基本要求的规定,且无严重外观缺陷和质量保证资料真实并基本齐全时,才能对分项工程质量进行检验评定。

实测项目的规定极限值是指任一单个检测值都不能突破的极限值,不符合要求时该实测项目为不合格。

分项工程的实测项目评分值满分为100分,按实测项目采用加权平均法计算。存在外观缺陷或资料不全时,应予减分。

$$\text{分项工程得分} = \frac{\sum[\text{检查项目得分} \times \text{权值}]}{\sum \text{检查项目权值}}$$

分项工程评分值=分项工程得分-外观缺陷减分-资料不全减分

1. 基本要求检查

各分项工程所列基本要求包括了有关规范的主要点,对施工质量优劣具有关键作用,应按基本要求对工程进行认真检查,经检查不符合基本要求规定时,不得进行工程质量的检验和评定。

2. 实测项目计分

对规定检查项目采用现场抽样方法,按照规定频率和下列计分方法对分项工程的施工质量直接进行检测评分。

检查项目除按数理统计方法评定的项目,均应按单点(组)测定值是否符合标准要求进行评定,并按合格率计分。

$$检查项目合格率=\frac{检查合格的点(组)数}{该检查项目的全部检查点(组)数}\times100\%$$

$$检查项目得分=检查项目合格率\times100$$

对于路基路面压实度、弯沉值,路面结构层厚度,水泥混凝土抗压和抗弯拉强度,半刚性材料强度等检查项目,则分别采用《公路施工及验收规范汇编》附录B至附录I所列方法进行评定计分。

3. 外观缺陷减分

对工程外表状况进行检查评定时,如发现外观缺陷,应区分档次进行扣分,对于较严重的外观缺陷,施工单位须采取合适的措施进行整修处理。

4. 资料不全减分

分项工程的施工资料和图表残缺,缺乏最基本的数据,或有伪造涂改资料者,不予检验和评定。资料不全者应予扣分,扣分幅度按《公路工程质量检验评定标准》1.0.4条所列各款逐款检查,视资料不全情况,每款扣1~3分。

(二)分部工程和单位工程评分方法

表8-1所列分项工程和分部工程区分为一般工程和主要(主体)工程,分别给以1和2的权值。进行分部工程和单位工程评分时,采用加权平均值计算法确定相应的评分值。

$$分部(单位)工程评分=\frac{\sum[分项(分部)工程评分\times相应权值]}{\sum 分项(分部)工程权值}$$

(三)合同段和建设项目工程质量评分方法

合同段和建设项目工程质量评分值按《公路工程竣(交)工验收办法》计算。

(四)质量保证资料

施工单位应有完整的施工原始记录、试验数据、分项工程自查数据等质量保证资料,并进行整理分析,负责提交齐全、真实和系统的施工资料和图表。监理工程师负责提交齐全、系统的监理资料。质量保证资料应包括以下六个方面:

(1)所用原材料、半成品和成品质量检验结果。

(2)材料配比、拌和加工控制检验和试验数据。

(3)地基处理、隐蔽工程施工记录和大桥、隧道施工监控资料。

(4)各项质量控制指标的试验记录和质量检验汇总图表。

(5)施工过程中遇到的非正常情况记录及其对工程质量影响分析。

(6)施工中如发生质量事故,经处理补救后,达到设计要求的认可证明文件等。

(五)工程质量等级评定办法

工程质量评定分为合格和不合格两个等级,应按分项、分部、单位工程、合同段和建设项目逐级评定。

(1)分项工程质量等级评定。分项工程评分值不小于75分者为合格;小于75分者为不合格。经质量监督部门检查评为不合格的分项工程,经加固、补强或返工、调测,满足设计要求后,可以重新评定其质量等级,但计算分部工程评分值时按其复评分值的90%计算。

(2)分部工程质量等级评定。所属各分项工程全部合格,则该分部工程评为合格;所属任一分项工程不合格，则该分部工程为不合格。

（3）单位工程质量等级评定。所属各分部工程全部合格，则该单位工程评为合格；所属任一分部工程不合格，则该单位工程为不合格。

（4）合同段和建设项目质量等级评定。合同段和建设项目所含单位工程全部合格，其工程质量等级为合格；所属任一单位工程不合格，则合同段和建设项目为不合格。

第四节　试验检测技术

一、路面厚度检测技术

基层或砂石路面的厚度可用挖坑法测定，沥青面层及水泥混凝土路面板的厚度应用钻孔法测定。下面介绍挖坑法测定厚度的方法：

（1）根据现行规范的要求，随机取样决定挖坑检查的位置。如为旧路，该点有坑洞等显著缺陷或接缝时，可在其旁边检测。

（2）选一块约 40 cm×40 cm 的平坦表面作为试验地点，用毛刷将其清扫干净。

（3）根据材料坚硬程度，选择镐、铲等适当的工具，开挖这一层材料，直至层位底面。在便于开挖的前提下，开挖面积应尽量缩小，坑洞大体呈圆形，边开挖边将材料取出，置于容器内。

（4）用毛刷将坑底清扫，确认为下一层的顶面。

（5）将钢板尺平放于坑的两边，用另一把钢尺或卡尺等量具在坑的中部位置垂直伸直坑底，测量坑底至钢板尺的距离，即为检查层厚度，准确到 0.1 cm。

钻孔法测定厚度的方法：

（1）根据现行规范的要求，随机取样决定挖坑检查的位置。如为旧路，该点有坑洞等显著缺陷或接缝时，可在其旁边检测。

（2）用路面取心钻机钻孔，钻头的直径为 100 mm，假如不做其他试验，对沥青面层与水泥混凝土也可用直径为 50 mm 的钻头，对基层材料有可能损坏的试件，也可用直径为 150 mm 的钻头，钻孔深度必须到达要求的深度。

（3）仔细取出心样，清除底面灰土，找出下层的分界面。

（4）用钢板尺或卡尺沿圆周对称的十字方向四处量取表面至上下层界面的高度，取其平均值，即为该层的厚度，准确至 0.1 cm。

二、压实度测试方法

此试验方法适用于现场测定基层（或底基层）、砂石路面及路基土的各种材料压实层的密度和压实度，也适应于沥青表面处治，沥青贯入式路面层的密度和压实度检测，但不适应于填石路堤等有大孔洞或大孔隙材料的压实度检测。其方法如下：

（1）在试验地点，选一平坦表面，并将其清扫干净，其面积不得小于基板面积。

（2）将基板放在平坦表面上，当表面的粗糙度较大时，则将盛有量砂的灌砂筒放在基板中间的圆孔上，将灌砂筒的开关打开，让砂流入基板的中孔内，直到储砂筒内的砂不再下流时关闭开关,取下灌砂筒,并称量筒内砂的质量,准确至1 g。

(3)取走基板,并将留在试验地点的量砂收回,重新将表面清理干净。

(4)将基板放回清扫干净的表面上(尽量放在原处),沿基板中孔凿洞,在凿洞过程中,注意不使凿出的材料丢失,并随时将材料放入塑料袋中,不使水分蒸发。

(5)从挖出的全部材料中取出有代表性的样品,放在铝盒中测定其含水量。

(6)将基板安放在试坑上,将灌砂筒安放在基板中间(储砂筒内放砂到要求质量),将灌砂筒的下口对准基板的中孔及试洞,打开灌砂筒的开关,让砂流入试坑内。取走灌砂筒,并称量剩余砂的质量,准确至0.1 g。

(7)仔细取出试筒内的量砂,以备下次试验再用。

三、平整度测试方法

此方法用3 m直尺测定距离路表面的最大间隙表示路基路面的平整度,以mm计。方法步骤如下:

(1)在施工过程中检测时,根据需要确定的方向,将3 m直尺摆在测试地点的路面上。

(2)目测3 m直尺底面与路面之间的间隙情况,确定间隙为最大的位置。

(3)用高度标线的塞尺塞进间隙处,量计其最大间隙的高度(mm)。

(4)施工结束后检测时,按现行《公路工程质量检验评定标准》的规定,每1处连续监测10尺,按上述(1)~(3)的步骤标记10个最大间隙。

连续式平整度仪测定平整度试验方法:

(1)选择试验路段。

(2)当为施工过程中质量检测需要时,测试地点根据需要确定;当为路面工程质量检验或进行情况评定需要时,通常以行车道一侧车轮轮迹带作为连续测定的标准位置。对旧路已形成车辙的路面,取一侧车辙中间位置为测定位置,以内侧轮迹带或外轮迹带作为测定位置时,测定位置距车道标线80~100 cm。

(3)清扫路面测定位置处的脏物。

(4)将连续式平整度测定仪置于测试路段路面起点上。牵引车启动,速度应保持匀速,宜为5 km/h,最大不得超过12 km/h。

四、密实度试验检测技术

标准贯入试验是很早一种用于现场测试土的密实度的动力触探试验。使用一定重量(63.5 kg)的锤,按照规定的落距(76 cm),将标准贯入器(外径51 mm,内径35 mm,长70 cm)打入土中,根据贯入土中一定距离(30 cm)所用击数N可以判定土的密实度。

五、强度和模量试验检测技术

可以用上述的标准贯入试验来测定土的强度和模量,根据达波罗尼亚提出的经验关系式

模量 $E = 54\,000 + 1\,350N$ (预压过的砂)

$$E = 21\ 600 + 1\ 060N \quad （正常受压的砂）$$

贝壳曼梁测定路基路面回弹模量试验方法，适用于在土基厚度不小于 1 m 的粒料层表面，用弯沉仪测试各测点的回弹弯沉值，通过计算求得该材料的回弹模量值的试验，也适应于在旧路表面测定路基路面的综合回弹模量，其方法如下：

（1）选择洁净的路基路面表面作为测点，在测点处作好标记并编号。

（2）试槽应选择在干燥或中湿的路段处，不得铺筑在软土基上。试槽面积不小于 3 m×2 m，厚度不宜小于 1 m，试槽可按图 8-3 布置。

图 8-3　试槽表面的测试点布置

（3）选择适当的标准车，实测各测点处的路面回弹弯沉值。如在旧沥青面层上测定，应读取温度，要进行温度修正，得到标准温度的弯沉值。

六、承载能力试验检测技术

贝克曼梁还可通过测定各类路基路面的回弹弯沉，用以评定其整体承载能力。沥青路面以路面温度 20 ℃为准，在其他温度测试时，对厚度大于 5 cm 的沥青路面，要进行温度修正。方法如下：

（1）在测定路段布置测点，其距离随测试需要而定，测点应在路面行车车道的轮迹带上，并用白油漆或粉笔画上标记。

（2）将试验车后轮隙对准测点后 3～5 cm 处的位置上。

（3）将弯沉仪插入汽车后轮之间的缝隙处，与汽车方向一致，弯沉仪测头置于测点上，并安装百分表于弯沉仪的测定杆上，百分表调零，用手指轻轻叩打弯沉仪，检查百分表是否稳定回零。

（4）车辆前进，读取数值。

七、新的检测技术

（一）探地雷达

探地雷达（Ground Penetrating Radar，简称 GPR）是一种工作于近地面状态下，利用超宽带电磁脉冲进行地下结构和埋藏物探测的新型无损探测仪器。路面雷达是一种专门用于道路结构层探测的探地雷达系统。探地雷达是利用高频电磁波以宽频带脉冲形式，由地面通过天线定向送入地下，经存在电性差异的地下地层或者目标体反射后返回地面，被另一天线所接收（见图 8-4）。接收天线接收到的回波信号一般主要包含经空气直接到达接收天线及由路表直接反射回来的直达波和由路面结构层界面反射回来的反射波。电磁波在介质中传播时，其路径、电磁场强度与波形将随所通过介质的电特性及几何形态而变化。电磁波在介质中传播时，电磁波的振幅、频率等特征随着介质的介电常数变化而变化，介电常数变化越大，这种特征变化就越明显。因此，当电磁波从一种介质传播至另一种介质时，在介质分界面处产生反射波，并在雷达图像上得以反映。地基病害就是根据介电常数、反射波形和频率等差异进行识别的，故通过对时域波形的处理和分析，可以确定地下界面或地质体的空间位置及地下介质的结构。因此，探地雷达成为道路检测的重要工具。

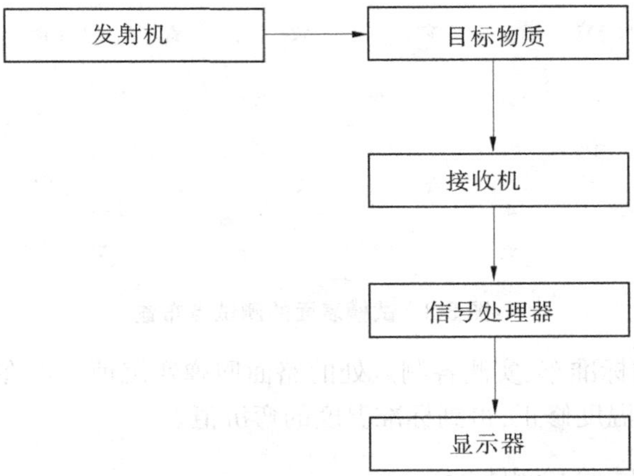

图 8-4　探地雷达检测原理图

探地雷达采用非接地性测量，可快速连续检测，对检测对象无损害，能检测到路面下空洞、路面结构层分界面等电性差异的地下目标体。这些特点使得其迅速在工程领域得到了广泛的应用。探地雷达的应用主要集中在路面厚度检测、材料评估和路面病害调查。

（二）落锤式弯沉仪

落锤式弯沉仪（FWD）是在标准质量的重锤落下一定高度发生的冲击荷载的作用下，测定路基或路面表面所产生的瞬时变形，即测定在动态荷载作用下产生的动态弯沉及弯沉盆，并可由此反算路基路面各层材料的动态弹性模量，作为设计参数使用。所测结果也可以用于评定道路的承载能力，调查路面板下的空洞等。

在测定过程中，承载板中心位置对准测点，承载板自动落下，放下弯沉装置的各个传感器，然后启动落锤装置，落锤瞬即自由落下，冲击力作用于承载板上，又立即自动提升到原来位置固定。同时，各个传感器检测结构面表面变形，记录系统将位移信号输入计算机，并得到路面弯沉，同时得到弯沉盆。

（三）面波

从震源发出的波动有两种成分：一种代表介质体积的胀缩，称为胀缩波，其质点振动方向与传播方向一致，所以又称纵波；另一种成分代表介质的变形，称为畸变波，其质点振动方向与传播方向垂直，所以又称横波。纵波的传播速度较快，在远离震源的地方这两种波动就分开，纵波先到，横波次之。因此，纵波又称 P 波，横波又称 S 波。在没有边界的均匀无限介质中，只能有 P 波和 S 波存在，它们可以在三维空间中向任何方向传播，所以叫做体波。但地球是有限的,有边界的。在界面附近,体波衍生出另一种形式的波,它们只能沿着界面传播,只要离开界面即很快衰减,这种波称为面波。面波有许多类型,它们的传播速度比体波慢,因此常比体波晚到,但振幅往往很大,振动周期较长。面波主要在地表传播,能量最大。

瑞利波是面波的一种,其传播较为复杂,既可以引起地表上下的起伏,也可以使地表做横向的剪切,其中剪切运动对建筑物的破坏最为强烈。利用瑞利波检测是基于瑞利波的两个特性:一是在分层介质中传播时的频散特性;二是传播速度与介质的物理力学性质的密切相关性。瑞利波检测采用人工打击振动激发产生瑞利波,在其传播范围内的地表处安置检波器接收介质的振动信号,通过信号分析处理仪进行处理,提供频散曲线和相应解释。常用的振源采用锤击或落球,为获得不同深度处的波速,要求振源能产生各种频率成分的脉冲,对于探测深度浅的要求产生频率高的成分丰富,探测深度深的要求产生频率低的成分丰富。检测方法如图 8-5 所示。面波检测和雷达检测一样,都具有检测速度快、无损害等特点,得到的都是一些波谱,可以通过专业软件来进行处理。

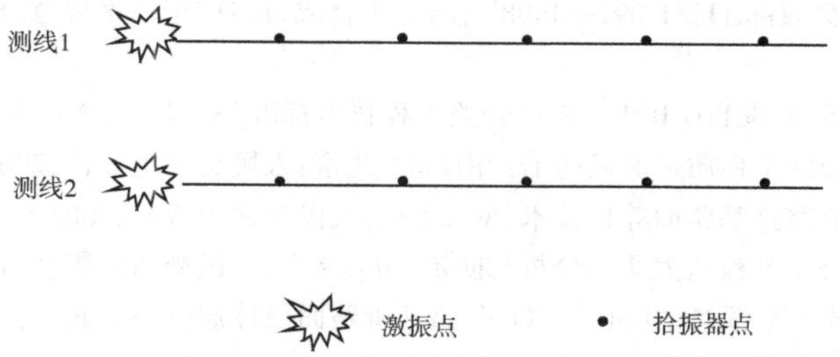

图 8-5　面波检测示图

参考文献

[1] 中华人民共和国交通部.JTG D30—2004 公路路基设计规范[S].北京:人民交通出版社,2004.
[2] 中华人民共和国交通部.JTG F10—2006 公路路基施工技术规范[S].北京:人民交通出版社,2001.
[3] 中华人民共和国交通部.JTJ 097—1996 公路软土地基路堤设计与施工技术规范[S].北京:人民交通出版社,1996.
[4] 中华人民共和国交通部.JTJ 073—1996 公路养护技术规范[S].北京:人民交通出版社,1997.
[5] 中华人民共和国交通部.JTJ 073.1—2001 公路水泥混凝土路面养护技术规范[S].北京:人民交通出版社,2001.
[6] 中华人民共和国交通部.JTG F80/1—2004 公路工程质量检验评定标准[S].北京:人民交通出版社,2004.
[7] 中华人民共和国交通部.JTJ 073.2—2001 公路沥青路面养护技术规范[S].北京:人民交通出版社,2001.
[8] 中华人民共和国交通部.JTJ/T 091—1998 公路土工合成材料应用技术规范[S].北京:人民交通出版社,1999.
[9] 中华人民共和国交通部.JTG B01—2003 公路工程技术标准[S].北京:人民交通出版社,2004.
[10] 交通部公路司.公路工程质量通病防治指南[M].北京:人民交通出版社,2002.
[11] 徐培华.高等级公路路基路面养护技术[M].北京:人民交通出版社,2003.
[12] 山西省公路局.公路工程八大通病分析与防治[M].北京:人民交通出版社,1999.
[13] 中华人民共和国交通部.JTG D50—2006 公路沥青路面设计规范[S].北京:人民交通出版社,2006.
[14] 沙庆林.中国路面技术的发展和现状[J].国外公路,1998,18(2):1-8.
[15] 沙庆林.高速公路沥青路面早期破坏现象及预防[M].北京:人民交通出版社,2001.
[16] 沙庆林.高等级公路半刚性基层沥青路面[M].北京:人民交通出版社,1998.
[17] 刘中林,等.高等级公路沥青混凝土路面新技术[M].北京:人民交通出版社,2002.
[18] 高速公路丛书编委会.高速公路路面设计与施工[M].北京:人民交通出版社,2001.
[19] 邓学钧.路基路面工程[M].北京:人民交通出版社,2000.
[20] 中华人民共和国交通部.JTG D40—2002 公路水泥混凝土路面设计规范[S].北京:人民交通出版社,2003.
[21] 王秉纲,郑木莲.水泥混凝土路面设计与施工[M].北京:人民交通出版社,2004.
[22] 陈旭庆,黄晓明,杨军.水泥混凝土路面的病害分析[J].中外公路,2002(6):26-28.
[23] 李连志.除冰盐对混凝土路面破坏机理及预防措施的研究[D].哈尔滨:东北林业大学,2007.
[24] 乐金朝,温胜强.破损水泥混凝土路面板的再生利用技术探讨[J].公路,2002(10):116-119.
[25] 赵振东,陈惠民.公路养护工程常见病害及防治[M].北京:人民交通出版社,2005.
[26] 中华人民共和国国家标准.GB 50204—1992 混凝土结构工程施工及验收规范[S].北京:中国计划出版社,1992.
[27] 中华人民共和国行业标准.JGJ 52—1992 普通混凝土用砂质量标准及检验方法[S].北京:中国建筑工业出版社,1992.
[28] 中华人民共和国行业标准.JGJ 53—1992 普通混凝土用碎石或卵石质量标准及检验方法[S].北京:中国建筑工业出版社,1992.
[29] 王丽勋.应用新型除雪剂把除雪变防雪[N].中国交通报,2008-01-31(4).

[30] 贺进刚.因地制宜用好四种路面再生技术[N].中国交通报,2008-01-31(4).
[31] 中华人民共和国交通部.JTG D60—2004 公路桥涵设计通用规范[S]. 北京:人民交通出版社,2004.
[32] 中华人民共和国行业标准.CJJ 99—2003 城市桥梁养护技术规范[S].北京:中国建筑工业出版社,2004.
[33] 何川,佘键.高速公路隧道维修与加固[M].北京:人民交通出版社,2006.
[34] 黄成光.公路隧道施工[M].北京:人民交通出版社,2001.
[35] 中国公路学会隧道工程学会等.2001 年全国公路隧道学术会议论文集[C].北京:人民交通出版社,2001.
[36] 张鸿飞.隧道衬砌空洞的探地雷达图谱特征研究[D]. 郑州:郑州大学,2008.
[37] 陈希哲.土力学地基与基础[M].北京:清华大学出版社,2003.
[38] 地基处理手册编写委员会.地基处理手册[M].北京:中国建筑工业出版社,2000.
[39] 刘志远.高聚物注浆材料工程特性的试验研究[D].郑州:郑州大学,2007.
[40] 潘艳辉.高聚物注浆材料的膨胀力试验研究[D].郑州:郑州大学,2008.
[41] 周德培,张俊云.植被护坡工程技术[M].北京:人民交通出版社,2003 .
[42] 赵卫国.公路绿化的新发展方向[J]. 河北林业科技,2007(1):34-36.
[43] 何海宁.道路绿化设计与施工中的几个问题[J].工程与建设,2006(1):39-56.
[44] 顾文芸.高速公路路体绿化研究[D]. 南京:南京林业大学,2003.
[45] 尹吉光.高速公路绿化初探——大保高速公路绿化研究[D].北京:北京林业大学,2003.
[46] 张栋樑.公路边坡植物防护和绿化的研究[D].哈尔滨:东北林业大学,2005.
[47] 姚永锋.陕西省高速公路绿化设计研究[D].杨凌:西北农林科技大学,2005.
[48] 张果.河南省高速公路绿化模式研究[D].南京:南京林业大学,2006.
[49] 刘世奇.植被护坡技术及综合防护体系研究[D].武汉:中国科学院研究生院(武汉岩土力学研究所),2004.
[50] 赵振东,陈惠民.公路养护工程常见病害及防治[M].北京:人民交通出版社,2006.